Gui Wei Ren Shi

贵为人师

——农村教育实践

黄周立 著

光明日报出版社

图书在版编目（CIP）数据

贵为人师：农村教育实践 / 黄周立著 . -- 北京：
光明日报出版社，2018.8

ISBN 978 - 7 - 5194 - 4515 - 7

Ⅰ.①贵… Ⅱ.①黄… Ⅲ.①乡村教育—中小学教育
—文集 Ⅳ.①G63-53

中国版本图书馆 CIP 数据核字（2018）第 188154 号

贵为人师——农村教育实践

GUIWEI RENSHI——NONGCUN JIAOYU SHIJIAN

著　者：黄周立

责任编辑：史　宁　　　　　　　　责任校对：赵鸣鸣
封面设计：中联学林　　　　　　　　责任印制：曹　净

出版发行：光明日报出版社

地　　址：北京市西城区永安路 106 号，100050

电　　话：010 - 67078251（咨询），63131930（邮购）

传　　真：010 - 67078227，67078255

网　　址：http：//book. gmw. cn

E - mail：shining@ gmw. cn

法律顾问：北京德恒律师事务所龚柳方律师

印　　刷：三河市华东印刷有限公司

装　　订：三河市华东印刷有限公司

本书如有破损、缺页、装订错误，请与本社联系调换

开　　本：170mm×240mm

字　　数：386 千字　　　　　　　　印　张：21.5

版　　次：2019 年 1 月第 1 版　　　印　次：2019 年 1 月第 1 次印刷

书　　号：ISBN 978 - 7 - 5194 - 4515 - 7

定　　价：65.00 元

序

黔南州人大常委会原副主任　王圣强

周立是黔南教育战线上一名教师,他把自己在教育教学实践中的所思所感所言集结成书,命其名为《贵为人师——农村教育实践》,并嘱作序,乐而为之。

周立从事教育工作四十载,而我与他的交情不止四十年,我们是同门、同事,也是酒友、朋友。他是贵州职业教育战线上屈指可数的特级教师、黔南州第三批州管专家、贵州省首批教育名师、国家七部委表彰"全国职业教育先进个人"。

我很敬重周立。他工作很投入,勤于观察,善于思考,对教育始终保持一种新锐、前卫的好奇心。我俩酒酣的时候,他喜欢"吹"他的职业生涯规划——即所谓的"人生三部曲":第一部曲是任罗甸职校校长十五年,写了一本《教海逐浪——农村教育探究》;第二部曲是任罗甸县教育学会会长七年,写的这本《贵为人师——农村教育实践》;第三部曲将是现在退休之后要任民办学校泊宁高中校长,打算用三年时间写《泊宁方略——农村教育变革》。可见,他不是为写书而写书,他的书,是他走过的路,趟过的河,心灵的对话,生命的自然流淌。

翻阅这沉甸甸的书稿,其实就是一些讲座提纲、读书笔记、教研论文、演讲稿、散文随笔等,无非就是对本地区教育的思考,对学校文化的探讨,对课堂教学的研究等,看似平淡无奇。但一个第一线的教师应该写什么呢?就应该写自己的工作、自己的生活、自己的所思所感。这样,才更为真实,更为深刻,更为实战,有原创的生动,学术研究的价值,也才真正地"接地气",更有"草根"的味道和独特的美感。其实,我们每一位教育工作者的职业生涯都是丰富多彩的,每一位教师都可以不同凡响，只是需要把他变成文字罢了。

近年来，国家对教育的投入持续增长，连续几年超过 GDP 的 4%，教育的硬件建设已经发生了翻天覆地的变化。随着新时代我国社会主要矛盾的转变，教育的基本矛盾已经转变为人民群众日益增长的对高质量教育的需求与教育发展不平衡不充分的矛盾。什么是高质量教育？见仁见智，但有一点不可或缺，那就是老祖宗留下的"因材施教"，即针对学生个体差异与不同发展需求办适合学生的教育。这是需要静下心来认真思考的东西，可以说现在用钱能买的什么都不缺，我们最缺的就是这些东西，而这又是办教育最关键、最核心的东西。

让孩子从"有学上"到"上好学"已成为人民群众的新愿景。教育大计，教师为本。书名"贵为人师"，当有两层含义：其一，国将兴，当尊师而重傅，全社会当以教师为贵；其二，教师是教育的化身，是为教育而生的，为人师者当自尊、自信、自重、自醒。这样，我们才不辱使命，不负时代，不愧为师。

文如其人，打开《贵为人师——农村教育实践》这部书，作者敏锐的思考、务实的作风、创新的激情跃然纸上，周立是一个终身思考教育、践行教育的人，可谓为教育而生者也。

愿黔南的教师队伍名师辈出，愿黔南的教育事业更加辉煌！

是为序。

2018 年 1 月 18 日　于都匀

目　录
CONTENTS

师道风流

讲座篇 ·· 1

罗甸教育怎么办?

——与全县中小学校长、主任、骨干教师探讨罗甸教育发展 ········ 3

教育赶超三段论

——在普定县校长、骨干教师代表培训会上的讲座提纲 ·········· 24

教育梦想　教师担当

——在安顺开发区中小学校长和骨干教师研修班的专题讲座提纲 ······ 41

正是人生出彩时

——班主任工作漫谈 ······································· 52

创新转型是内涵发展的必由之路

——在县人大常委会教育座谈会上的发言提纲 ·················· 61

善孝忠信　修齐治平

——道德修养的四维目标 ··································· 68

教学关系探微

——在逢亭镇教师培训班上的讲座 ·························· 82

初为人师第一课

——在遵义西点中学教学研讨会上的即席发言 ················· 94

学问究竟

论文篇 ·· 97

马克思再生产原理与我国社会主义积累

　　——贵州教育学院政教系进修毕业论文 ················ 99

一切为了自由而全面的发展(学习笔记) ············· 107

大鹏展翅恨天低

　　——学习《庄子》读书笔记 ······················· 116

风流勇侠　悲壮史诗

　　——学习《墨子》读书笔记 ······················· 128

论教学形态 ·· 136

含蓄淳朴　温文尔雅

　　——布依族传统美德教育探微 ··················· 141

"立德树人"之四维目标

　　——兼论青少年思想道德教育之探源 ········· 147

创新转型是农村中职学校内涵发展的必由之路

　　——基于贵州黔南地区中等职业学校办学的思考 ······ 154

红屯土司亭目遗址调研笔记 ························· 158

广西泗城府调研笔记 ································· 161

红屯布依寨旅游资源调查报告 ··················· 163

激情飞扬

演讲篇 ·· 167

趟一条创新转型的内涵发展之路

　　——关于我县中小学校办学思考的演讲 ······· 169

"立德树人"之我读

　　——在全县中学中高级教师培训班上的演讲 ··· 184

做有思想的校长

　　——与全县校长园长诸君共勉 ··················· 195

追求卓越　拒绝平庸

　　——2016年罗甸县教育系统"道德讲堂"总堂演讲 ····· 210

课堂教学三境界

　　——在沫阳中学的演讲 ···························· 217

青春与梦想同行

　　——在黔南罗甸麻怀村给遵义西点中学教师作的演讲提纲 ····· 227

撸袖加油　重振雄风
　　——与罗甸职校全体教师共勉 ……………………………………… 238

新锐探索

报告篇 ………………………………………………………………… 247

探路三角洲
　　——黔南州职业教育就业服务考察报告 …………………………… 249

进军长三角
　　——罗甸职校学生就业情况考察报告 ……………………………… 253

职业教育服务"三农"的进军号角
　　——参加全国农村劳动力转移培训经验交流会情况汇报 ………… 259

关于大力发展农村职业教育的建议
　　——在黔南州政协职业教育发展座谈会上的发言 ………………… 265

教育强县之典范
　　——参加"全国教育强县建设暨农村劳动力转移培训研讨会"汇报材料……
　　………………………………………………………………………… 269

学习威宁谋发展
　　——威宁教育考察心得 ……………………………………………… 272

贵为教师　一生无悔
　　——申报中学正高级教师职称业绩自述 …………………………… 280

走读人间

杂感篇 ………………………………………………………………… 285

灵秀梵净山 …………………………………………………………… 287

凤凰古韵 ……………………………………………………………… 290

秀美山村　传奇红屯 ………………………………………………… 293

海南词趣 ……………………………………………………………… 301

极目楚天黄鹤楼 ……………………………………………………… 303

巾帼逐梦天涯路 ……………………………………………………… 304

博浪小梅沙 …………………………………………………………… 306

我的美食之旅 ………………………………………………………… 307

相约阳澄湖 …………………………………………………………… 309

《撑起一片蓝天》编撰趣谈 ………………………………………… 310

宝岛之旅 ·· 315

旅美见闻 ·· 318

我们从这里扬帆远航

　　——罗甸职校校歌 ································· 325

我们快乐成长

　　——罗甸龙坪一小校歌 ······················ 326

成长之歌

　　罗甸边阳一小校歌 ·························· 327

《成长之歌》创作笔记 ······························· 328

成长的乐章

　　——罗甸民族中学校歌 ······················ 330

《成长的乐章》创作手记 ·························· 331

后　记 ·· 333

师道风流

讲座篇

育人子弟，善之至也；
误人子弟，罪莫大焉！

——笔者题记

罗甸教育怎么办？

——与全县中小学校长、主任、骨干教师探讨罗甸教育发展
2012 年 7 月 22 日青少年活动中心

各位领导、老师们：

很高兴有机会在这里与大家一起交流。马县长在百忙中抽出时间亲临现场指导,让我倍感荣幸,非常感激,更加充满信心。

首先我要做一点说明:今天我所讲的不代表任何官方,请大家不要过于认真;不针对任何个人,请大家不要对号入座;我讲的话题都是有争议的,那种永远正确的废话我不愿说,大家也不愿听;今天也尽量不讲理论,因为这里不是学术论坛。只不过是把我自己对教育的肤浅认识和不成熟的思考向领导和老师们作一个汇报,抛砖引玉而已。我知道大家来这里参加培训很不容易,你们的时间是用钱买的,非常珍贵。所以,尽管我的认识很肤浅,但是我半点也不敢掉以轻心,是抱着非常认真的态度,为自己讲的每一句话负责的,而且是用 36 年的教龄和不断探索思考作保证的。

主办方黔南师院给我安排的题目是"基础教育发展的瓶颈及其化解的途径",我想了半天,换了一个更加明白的话题"罗甸教育怎么办?"副标题是"与全县教师探讨罗甸教育发展",大家想一想,原题目不是这个意思吗?

教育从来就是一个很沉重的话题。现在的校长和老师确实越来越不好当,安全工作、教学工作、后勤工作、德育工作、师训工作等等,都把校长变成"无限责任公司的总经理"了。教师一天除了备课、上课、批改作业,还要负责学生吃饭、睡觉,是全天候保姆式的服务。教师已经被列为高危职业,是职责意义上的弱势群体——教师的脊梁,已经不堪承受社会压力之重。

影响一个地区教育发展的因素是多方面的。经济政治、历史文化、地理区位、社会风气、政府决策、经费投入、办学思想、师资水平等等,都在影响着教育。一般地说,经济文化较为发达的地区,教育的发展也相对较快,如我省的遵义地区、我州的瓮安县、我县的边阳镇等。但也有经济文化相对落后而教育发展很快的,比

如铜仁地区的德江县、黔西南的兴仁县、黔南的荔波县等,都是国家扶贫开发重点县,但是教育的发展是很快的。(例子略)

在座的各位都是罗甸教育的当事人,不是吗? 不管你是否意识到这一点,也不管你是否愿意,都是不能回避的。罗甸教育怎么办? 不问你问谁? 当然,教育的发展,政府、社会、家庭、学校都有责任。但是,我们是专门干这一行的,我们负的是主要的责任、直接的责任、最后的责任。有些老师只评价别人,而从来不评价自己。我经常听到一些老师议论说:看了,看县长如何抓教育了,看局长如何开展工作了,看校长怎样管理学校了。就是不谈或少谈他自己应该怎样把工作搞好,好像他是局外人,跟他没关系一样。我把这种现象叫作"错位期待"。县长、局长、校长是应该要把工作做好的,这是毫无疑问的。他们的履职情况会有人去考核。我们要问的是,全县所有的教师是不是都已经认真履行了自己的工作职责? 罗甸教育,我们每一个教师都有责任,都应该有所担当。我们要勇挑重担,敢于担当,罗甸教育才有希望。

引言

1. 罗甸教育怎么样?

最近,我参与了罗甸文化长廊教育展板的策划工作,怎样概括形容罗甸教育? 我给策划小组建议搞四个板块,即"学前教育风生水起,义务教育均衡推进,普高教育特色引领,职业教育异军突起"。这是从好的方面来展示的。

教育部前部长周济说:"我们用 30 年时间走完了发达国家 100 年走过的路,世界上规模最大的教育在中国。"咱们国家的教育,数量很大,质量很低,这是中国国情决定的,公平第一,效率第二。罗甸的教育也不例外,经过"两基"攻坚,我们基本解决了孩子们"有学上"的问题,但我们是低层次、低水平办学,办的是一种低标准、低效率、低质量的速成式教育,"两基"攻坚本身就是速成的。

我们的高考,目前在全州处于中等地位,但至今还没有敲开清华北大的大门;我们的中考,在全州一直处于倒数一二的挂末位置。今年的中考,600 分以上的才有 193 人。另一方面,我们的中小学生却在不停地流失,据教育局教育股提供的数据显示:2011 至 2012 学年度,全县小学流失 842 人,流失率 2.6%,初中流失 2923 人,流失率 18.56%,初中毕业滚动数 5588 人,而初三实际在校生为 3925 人,中考报名 3401 人,实际参考人数 3346 人。当然,对于学生流失,要做理性分析,有一部分是随父母打工进城入学了,这部分是小学生居多,这不算坏事,小学问题不大。问题最严重的在初中,初中辍学的原因主要不是经济问题,更多的是教育质量问题。

总之,罗甸教育,借用马县长的话说,是"纵比成绩很大,横比差距很大"。这是客观实际的,是恰如其分的。

2. 罗甸教育哪里去?

根据《国家教育规划纲要》和我县教育"十二五规划",罗甸教育发展的目标应该是:

学前教育要全面建成;

义务教育要均衡巩固;

高中阶段要实现突破;

教育质量要持续提高。

3. 罗甸教育怎么办?

为了实现这个宏伟目标,罗甸的仁人志士们,仁者见仁,智者见智,大家都有许多高见。我个人不揣简陋,提出"教育发展三段论",未必正确,供大家参考而已。

"三段论":

宏观层面:教育发展——资源论;

中观层面:学校改革——目标论;

微观层面:教师成长——学习论。

第一层面主要是对政府,尤其是对教育主管部门的建议;

第二层面主要是对学校,尤其是对校长的建议;

第三层面主要是对教师,尤其是的青年教师的建议。

"三段论"强调政府的资源决策权,发挥校长的办学自主权,强化教师的专业发展权。罗甸教育质量的提高,既要从战略层面思考,又要从策略和战术层面思考。第一层面是战略层面,第二是策略层面,第三层面是战术层面。县长、局长是战略家,校长是策略家,教师是战术家。

一、教育发展——资源论

系统理论认为:部分之和不等于整体,整体不等于部分的简单相加。所有部分功能都服从于整体的最优目标,从而达到最理想的整体效益。教育工作,千头万绪,要说复杂也复杂,要说简单也简单。如果从系统论原理分析,从宏观层面说,政府和教育主管部门,无非就是做资源整合的工作,无非就是把教育的人财物、硬软件各种资源进行科学合理地整合,把涉及教育的各种要素有机地优化,使之最大限度地发挥其效能,从而推动教育事业更好更快地发展。

（一）资源必须整合

必须充分肯定，我县原有的中小学校点布局为全县的"两基"攻坚是作出了巨大贡献的，是功不可没、不能否认的。但是它已经完成了"有学上"的历史使命，要"上好学"，如果不进行必要的调整，一点都不改变，老是这个样子，线长面广，撒胡椒面，广种薄收，效率低、质量低，就永远得不到翻身。不仅如此，还造成国家教育资源的极大浪费。中国教育学会会长顾明远先生说："要使每一个学生享受到有质量的教育，才能谈得上教育公平"。资源整合就是在根本上解决教育公平问题，"抓住这个主要矛盾，其他一切次要矛盾就可以迎刃而解"。（毛泽东语）

据县教育工程办给我提供的材料看，目前我县闲置的中小学有53所，其中产权属于教育部门的有30所。这种资源浪费是触目惊心的，是让人痛心疾首的。

另外，从县招生办给我提供的今年中考参考人数和成绩看，交砚中心校参考43人，500分以上3人；董王中心校参考56人，500分以上7人；云干中学参考57人，500分以上5人；罗暮中心校参考106人，500分以上3人，罗妥中心校参考37人，500分以上2人；红水河中心校参考35人，500分以上1人；董架中心校参考52人，500分以上4人；平岩中心校参考55人，500分以上1人；凤亭中心校参考60人，500分以上3人；班仁中心校参考35人，500分以上为0；大亭中心校参考128人，500分以上为0。

全县3346名考生中，700分以上8人，600—699分193人，500—599分334人，400—499分494人，300—399分776人，200—299分944人，199分以下597人。

由于罗甸教育的这种现状，老百姓对我们的教育缺乏信任，有条件有能力有门路的，都纷纷想办法把孩子送到都匀、贵阳，送到外地就读，历年来中考前10名一般都不在罗甸读；乡村有能力的也想办法让孩子进城读书，大亭乡布江村就有23户人家到县城租房子让孩子上学，并有大人照料。这些现象从一个侧面反映了人民群众对优质教育资源的渴望。

八总乡就是一个典型的案例。由于龙滩库区淹没，原八总小学服务半径内的学生大部分都被家长想办法安排到龙坪镇几所小学读书，尤以龙坪四小为最多。乡政府所在地建了一栋三层12个教室的教学楼，去年我去看只有6个学生，今年增加了1个，一共7个。前不久，乡政府给县政府写了一个报告，要求恢复八总乡中心校。我受领导的委托，带领调研组于7月4日深入八总乡实地调研，召开有乡党委政府班子领导和各村组干部共24人参加的座谈会，每个人都发言。总的来说，愿望很强烈——所有发言的人都异口同声地强烈要求恢复中心校。理由也充分——一是娃娃就近入学方便群众、成本降低。二是不坐车船，安全系数高。

三是乡政府所在地,应该发挥其中心的功能,应该有中心校。可是,当问到如果恢复了中心校,你们能保证有多少学生到中心校来?却没有一个人回答。为什么?因为群众宁愿成本高一点,麻烦一点,也要把孩子送到教学质量好的学校去读书,你强迫不了他。即使像我们后来设想的,把交广小学撤并到八总中心校,也未必有学生过来,他可能更愿意到县城去读书。

所以,教育资源的整合是大势所趋、势在必行。这个外科手术必须要做,这一刀必须割下去。而政府是教育资源整合的决策者,必须作出最终的果断决定。这里需要的是勇气和魄力。

教育资源的整合要遵循"不唯上,不唯书,只唯实"(陈云语)的原则。不管上面怎么说,不管外地怎么做,不管媒体怎么讲,一切都要从罗甸的实际出发,一切都要有利于罗甸教育的发展。华西村老支书吴仁宝说:"中央的政策是正确的,中央的政策是管全国的,哪一条有利于我华西村的发展我就用哪一条。"去年贵州电视台"推动跨越"栏目报道了黔西南兴仁县征地7.8平方公里新建中学城,搞教育园区,把全县所有中学生都集中在中学城就读,600多名中学教师全部调进县城;黔东南丹寨县因为人口少,很早就把全县初中集中县城办学等。这是外地的做法,这些做法是否适合罗甸?值得商榷。

从我县的实际情况看,我个人认为,小学阶段任其自然整合,顺势而为;初中阶段重点整合,视机而动。在我看来,原则上一个片区建好一所初中就行了,最多不超过两所。

龙坪片区:独立高中建成后,保留原县民中,办精品初中。云干中学、板庚中学撤销并入民中和二中。两个乡分别将中学改为小学,小学改为中心幼儿园,这样,就可以不另外投入新建乡中心幼儿园了。

边阳片区:边中的高中部并入罗甸独立高中以后,边阳片区就办边阳中学一所精品初中。边阳工业园区建成后如果人口增加,是否保留栗木中学须认真考虑。董王、交砚的初中必须撤掉。罗沙中学并入边中后,中学改为小学,小学改为幼儿园,乡政府也不用征地新建幼儿园了。

逢亭片区:考虑到木引乡人口较多,逢亭中学和木引中学都应保留。

沫阳片区:撤销董架、平岩、董当的初中,并入沫阳中学。

茂井片区:撤销大亭、班仁、凤亭的初中,并入八茂中学。

罗悃片区:撤销罗暮、罗妥、红水河的初中,并入罗悃中学。

这样撤并之后,就意味着并入的学校要扩大建设规模,教育资源就会相对集中,初中的办学质量就有望得到提高。但资源整合要视条件逐步推进,不要操之过急,不搞一刀切和一哄而起,不要留下后遗症。比如目前条件比较成熟的是茂井片区，八茂中学三分之二的校舍资源剩余、闲置、浪费，而大亭、班仁的硬软件资源都非常紧缺，教学质量也十分低下，我们可以基本不增加投入就能撤并，撤并之后从大亭、班仁整合过来的师资就会增强八茂中学的力量，教育资源就会得到充分开发利用，最大限度地发挥其效能。

教育资源的整合有三个要点：

一是思想动员。乡党委政府领导、广大干部群众、学校师生员工对原学校很有感情，舍不得撤并；集中办学之后可能增加学生及家长的成本负担，从关注民生的角度说，可能思想阻力很大，这些都是可以理解的。但是资源整合的阵痛是必然的，长痛不如短痛，正如阑尾炎病人不能因为恐惧疼痛而不作开刀手术。不愿意付出阵痛的代价，就不能获得新的生命。我们不要为了关注眼前孩子"能上学"的"民生"，而放弃我们的下一代"上好学"的长远民生。

二是规划报批。要在深入调研的基础上制定规划，广泛征求意见，报上级审核批准。最近，教育部出台的《规范农村义务教育学校布局调整的意见（征求意见稿）》（以下简称《意见》）指出："县级人民政府必须严格履行撤并方案的制定、论证、公示、报批等程序。"

三是先建后撤。根据教育部《意见》"学校撤并应先建后撤，保证平稳过渡"的原则，对并入的学校要按国家寄宿制中学的标准进行扩建，要有足够的教学、生活设施设备和教师周转房，以满足撤并后办学规模扩大的需求。力争用三到五年或者稍长一点的时间来完成撤并。

（二）资源必须优化

资源优化的内容是多方面的，我这里主要讲教育人力资源的优化，即教师队伍的优化，亦即教师队伍素质的提高。

一要选好校长。"有一个好校长就有一个好学校"，这句话一点不假。要把那些热爱教育事业、懂得教育规律、对当校长有强烈愿望的人选拔到领导岗位上来。他们要有先进的办学思想、较高的教学素养和独特的教育风格。校长不是做官，而是做事，做事业；校长不是管人，而是带人，带团队；校长必须是教师的教师，以自己的学识才气和人格魅力影响着整个团队。

有些人把校长当成官来做，养尊处优，自我感觉良好，认为当校长就是去管那些老师，哪个不听就整哪个，拿小脚鞋给人家穿；有些校长大权独揽、遥控指挥，不信任、不放心任何人，学校中大大小小的事都必须请示他，而他自己对工作又不得要领，一天忙忙碌碌没有头绪，自己头脑不清醒，思路不清晰，工作安排没有条理，"以己昏昏，使人昭昭"，瞎指挥，还要去批评别人，学校一片混乱；有些校长不作为，所以无所作为，几年下来，学校没有任何变化，江山依旧，像个破落地主。这些人坚决不能让他们当校长,否则误人子弟、害人子弟。

二要配好教师。一是建立健全一套公平公正、本地外地一视同仁的新教师招聘方案,让那些立志于教育事业的品学兼优的大学生从事教师职业,从数量上尽量满足教学对师资的需求,特别是要充实寄宿制学校的后勤管理人员编制;二是建立健全一套公开透明的教师调动机制或绿色通道,从结构上尽可能合理地满足教学对师资的需求;三是建立健全一套教师培训方案,使整个教师队伍的素质不断得到优化提升。教师培训比建大楼更重要,建大楼容易,培养教师难。一方面要鼓励教师在职进修读本读硕读博,实现超一级学历;另一方面采取"送出去,请进来,手把手"的方式进行培训提高。

"送出去"就是外出考察学习开眼界,这一点对教师来说很重要,"读万卷书"还要"行万里路"呢。要设法组织教师利用暑假外出培训考察,不能出国也要在国内走一走,参观学习。沿海发达地区的教师基本上每个假期都外出考察学习,大部分是出过国的,有的校长还到国外做访问学者一年半年。我们有些老师连省城贵阳都没有去过,连一些打工仔都比他的见识还要多,这怎么得了!

"请进来"就是请名人、专家、学者来讲学,让老师们领略大家风范和名人风采。虽然我们做不到他们那一步,但是我们知道了他们怎么做,从而有意无意地以他们为榜样,向他们学习,成为他们的粉丝,模仿他们的做法,做像他们一样的人。如司马迁所说:"高山仰止,景行行止。虽不能至,然心向往之"。

"手把手"就是请高人指点。应该肯定,我们广大教师是爱岗敬业的,是兢兢业业工作的,可是工作效率不高,教学质量也不高。为什么?因为他们做的是粗放的、机械的、重复的劳动、低效的工作,课堂教学的科技含量不高,所以,不管怎样努力,怎样筋疲力尽,教学质量始终提不高。这就需要专家名师通过课题研究的形式,手把手地教,才能较快地成长。

建议:一是与高等院校或科研院所长期合作,申请成为他们的科研实验基地或实验学校,让科研院所的研究成果与一线教师的实践经验高位嫁接,在专家的指导下带出优秀的教师团队,实现教师的专业发展。

二是实施"青蓝工程",充分利用现有的中小学高级教师"带徒弟"。一个高级教师一年带二三个"签约"青年教师,一起备课、上课、听课、评课,一起反思、小结,一起成长。如民中的"名师工作室"、职校的"拜师活动"基本上是这个做法。

三是请"洋教"。现在英语已经普及,小学三年级都要上英语课,请外教在外地已是家常便饭,瓮安、平塘、荔波十多年前就有了,在罗甸却是空白,请外教对训练学生口语、对英语教师的专业成长,都会收到意想不到的效果。

三要奖励机制。建立健全一套科学合理的教师奖励机制,发挥优秀教师的模范带头作用,使整个教师队伍成梯队专业发展。

　　除了历年来我们已经做的县委政府表彰、教育局表彰、学校表彰以外,我建议县政府出台《县级模范教师选拔标准及管理办法》或《县级教育名师选拔标准及管理办法》,每两年评一次,评上的教师享受县政府特殊津贴,每月补贴200元或300元,管理期限5年,每年都要考核,考核不合格取消荣誉称号和津贴。上级也有这种奖励机制,比如我的"特级教师津贴",中央每月补贴300元,终身享受;"州管专家津贴",地方财政每月补贴600元,享受五年(到退休)。

　　"榜样的力量是无穷的"。这些老师被贴上荣誉标签以后,就会像"劳模"一样倍加珍惜这份荣誉,更加严格要求自己,更加自重自爱自律自强,更加努力学习和工作,因而也更具示范引领作用。否则如果荣誉被取消,就是"脱毛的凤凰不如鸡"了。所以他必须尽可能地一直领先、永远优秀。

　　这是教师专业发展的平台,也是教育系统人才辈出的平台。这个平台一经建立,执行下去,就会产生榜样带动的葡萄效应,我们的优秀教师就会不断涌现,从而产生州级、省级、国家级表彰的优秀教师。他们就是县长手中的牌、局长手中的牌、校长手中的牌。我不相信,3000多人的教师队伍,就没有几十个、几百个优秀人才?可是罗甸已经十多年没有产生特级教师了,为什么?原因很多,其中教师自身的努力不够是主要原因,但作为政府应该建立一套人才涌现的激励机制,建好英雄辈出的奖励平台。

　　选拔和奖励优秀教师,不要用完人的标准去衡量,横挑鼻子竖挑眼。相对而言、相比之下,德才品学兼而有之,某一方面比较突出,大家公认即可。

　　(三)资源必须共享

　　一是建议充实壮大专兼职教研队伍。执行教研责任区和教研课题捆绑责任制,积极开展教学技能大比武和各种优质课比赛,充分发挥教研队伍的示范带动作用,大力开展教研活动,形成浓厚的教育研究学术氛围。

　　二是建议教师下乡支教与学校结对帮扶相结合。就是城镇优质学校与乡村薄弱学校结对帮扶,结成工作、学习、教研共同体,同安排、同落实、同检查、同考核,长期合作,共同提高。

　　三是建议组织安排与学校自由结盟相结合。可以利用地域优势或人缘优势建立单项的教研长期合作关系,比如木引中学与逢亭中学某个教研组结成教研联盟,长期合作,这是利用地域优势;比如罗悃中学与罗甸民中某个教研组结成教研联合体,在民中的带动下共同提高,这是利用人缘优势,因为悃中的小朱校长是从民中来的,有很好的人缘关系。

　　四是建议临时交流与长期合作相结合。过去我们开展的教研活动基本上是随机的、临时的,都是短期行为,没有形成长期合作的长效机制,很难取得良好的效果。

五是建议马上建立"罗甸教育网站"。这个网站无所不包,它的作用无可限量。可以在网站上发布新闻、通知、文件,可以设置你所需要的栏目,为我所用。还可以与上级主管部门和教育业务网站以及县内各中小学网站链接。教师们可以在网站上查阅资料,自由交流,资源共享,实现部分无纸办公,极大地提高工作效率。这就是信息化管理。我们已身处信息时代,为什么还要置身度外呢?

二、学校改革——目标论

其实,校长不是完全被动的,是有其办学的相对独立性和自主权的,只不过看你是否充分发挥罢了。我们一些校长整天就是上面安排什么干什么,上面没有安排就无所事事。在学校里也是没有头绪、不得要领、就事论事、见子打子、杂乱无章,这是缺乏办学独立性和自主权的表现,充其量是个事务的校长、行政的校长,不是思想的校长。

《国家教育规划纲要》指出:"改革创新是教育发展的动力"。学校不改革创新就不能发展,要改革创新必须有明确的目标,突破了目标,发展才有可能实现。

(一)目标必须明确

目标不明则方向不清。不知道自己要到哪里去,就不知道该怎样走。一个学校如果没有明确的发展目标,学校工作就没有方向。既没有思路,也没有门路。一天到晚晕头转向,这边刚把葫芦按下去,那边的瓢又浮起来,就是盲目低效的,就像俗话说的"哪里黑哪里歇"。整个工作非常忙乱,大家都很累,就是不见成效,结果只有互相埋怨、推诿,学校很难发展变化。

奋斗目标是一个团体共同的价值取向。中央教科所前所长朱小蔓女士说:"个体绝不是一堆马铃薯,如果他们所生存的集体缺少被共认的价值观的话,集体就变成了没有灵魂的乌合之众。"就是说,一个集体如果没有共同的奋斗目标,就如同"一堆马铃薯",就是一群"没有灵魂的乌合之众",就只是一帮忙碌的男女。

那么,如何明确奋斗目标呢?奋斗目标不是哪个人心血来潮设定的,也不是校长一个人拍脑袋制定的,它是从工作实际出发,以学校的发展为指向,从群众的充分酝酿中产生的,是大家追求的共同愿景。

学校是大家的,我建议各校进行学校发展目标大讨论,大家来分析,针对学校发展,有哪些优势?有哪些劣势?有哪些有利因素?有哪些不利因素?强项是什么?弱项有哪些?动力是什么?阻力有哪些?一年应该有哪些变化?三年应该有哪些发展?五年应该有哪些突破?都要进行充分的讨论,达成共识。

目标的制定要遵循"摘桃子"理论,就是跳一跳可以摘到桃子,定得太低和太高都形同虚设,没有实际意义。制定的形式可以召开教职工大会表决通过,使之具有法定的意义。虽然我们不能把所有工作同时做好,但是我们完全可以逐年地把一项两项工作做得很漂亮。全能冠军做不了,单项冠军也必须拿下。

一所学校的发展目标,不仅全体教职工深入人心,而且全校学生人人知晓,有时甚至同时成为县教育局、县政府的发展目标。

1993年底我从罗甸民中调任罗甸职校校长,当时只有23名教职工,有四个班学生126人,后来并为三个班。学校有一栋教学楼、一栋简易的学生宿舍和一个简易食堂,校园还缺一半围墙。当时黔南有瓮安、福泉、龙里三所职校已评上省级重点。我们韬光养晦,确立了罗甸职校发展的奋斗目标。1995年评为合格学校,2000年评为省级重点,2005年评为国家级重点,2010年进入国家级示范校建设行列。"国家级重点"列为县政府规划,"示范校建设"列为州政府规划,而且都一一如期实现了。

有些学校也有目标,也有"十二五规划",也有年度计划之类的东西,但多是应付上级检查的,是挂在墙上,写在纸上,说在嘴上的目标,而且多是模糊数学,没有具体明确的工作任务。

在座的各位想一想,你们学校的奋斗目标是什么?三年以后要怎么样?五年以后要怎么样?比如民中,罗甸的最高学府,窗口学校,可否把建设"省级示范高中"作为奋斗目标?民中打算何时建成"省级示范高中"?又比如龙坪一小,要建成什么样的学校?在我看来,龙坪一小应该建成全县小学教育改革、教学科研、课题实验的排头兵和俱乐部。1996年我在县教育局主持工作的时候,曾经有过将龙坪一小改为"罗甸县实验小学"的动议,就是要发挥它在全县小学教育的引领作用。

(二)目标必须落实

目标如果不落到实处,任何冠冕堂皇的目标都毫无意义。落实目标的关键在于执行力,校长是落实目标的第一责任人。

1. 落实目标的工作任务。要把总目标分解为若干板块的工作任务,比如德育工作任务、教学工作任务、教研工作任务、体育工作任务、后勤工作任务、安全工作任务等。现在比较流行的叫法有"××行动计划""××工程"等。

2. 落实目标的工作机构。要成立完成目标任务的工作领导小组,明确工作职责,限期完成工作任务。比如德育工作领导小组、教学工作领导小组等。

3. 落实目标的工作措施。要制定完成工作任务的办法,这是落实目标的重点和难点,也是校长发挥办学自主权的关键所在。

怎样完成目标任务,校长不仅要有想法,而且要有办法。苏霍姆林斯基说:"校长首先是思想的领导,其次才是行政的领导。"①校长必须有自己的办学思想,是你在办学,你以什么样的思想办学? 非常重要。而且你想要怎么做,最好在理论上能系统地和大家讲清楚,让大家明白你的意思,才有可能按照你的想法去做,在工作中贯彻你的思想。校长的办学思想是整个学校工作的行动指南。没有思想就没有灵魂,魂都没有,还办什么学? 办什么事? 如果说办学目标是全体教职工的共同愿景,那么办学思想就是校长的教育智慧。思想是没有表达出来的行动,行动是已表达了的思想。校长的办学思想必须贯穿到学校工作的每一个环节,如管理体制、规章制度、教学模式、学校文化等,尤其是课堂教学环节。学校工作中的每一个细节都在诉说、都在体现校长的办学思想。

罗甸职校的办学思想是"先做人,后成才",这是根据职校生源实际和培养目标确定的。我几乎每一个月用一个星期六的上午作这个办学思想的专题讲座。

首先,校园文化建设要按照这个办学思想来构思设计。从校门、孔子雕像、省身亭到黑板报长廊等,学校的一草一木都要体现这个办学思想,都要为这个办学思想说话,成为这个办学思想的教育资源。

其次,学生的行为规范要按照这个办学思想来训练养成。比如实施"学生形象工程",即"人人打招呼,人人说普通话,人人戴校牌,人人有书包,人人讲卫生"。为了养成学生学会打招呼的习惯,我们坚持执行"早迎制度"。早晨七点半钟,五六位老师在学校领导的带领下,准时在校门口迎接学生,其他老师是轮值,我是每天必到,不管刮风下雨、酷暑严寒,十几年如一日,直至离开校长岗位。

再次,课堂教学要按照这个办学思想来改革创新。比如坚持"专业课适用,文化课够用"的教学原则,推行"项目教学法"和"模拟实训",实施学生"过五关"制度(行为关、阅读关、普通话关、英语关、技能关),举行专业技能大赛等,这样,才能达到职校生培养的目标,我们的学生才普遍受到用人单位的欢迎。

4. 落实目标的工作督查。要定期不定期地检查目标落实情况、任务完成情况,适时反馈,限期整改,必要时用倒计时的方式督促完成任务。

(三)目标必须突破

在目标任务落实之后和工作逐步推进的过程中,事关学校发展的重大问题、关键环节和主要难点,校长必须第一时间在第一现场,带领子弟兵一定要攻破最艰难的堡垒,渡过最艰苦的难关。就像我原来经常说的一句话"哪怕脱掉两层皮,也要杀出一条血路来"。只有这样,我们的目标才有可能突破。

---

①　罗楚春. 学校领导首先是教育思想的领导[J]. 教育家,2011(7):38-42.

1. 抓好常规管理。常规管理做得越细,工作效率就越高,教学质量就越好。要从备课、上课、听课、评课、批改作业这些教学常规抓起,从一个班、一个行为习惯、一节课抓起,从"学生行为一日常规"抓起,从"教室管理常规""宿舍管理常规"抓起,从最简单最容易的地方抓起,从教育的每一个细节抓起。细节影响品质,细节体现品位,细节显示差异,细节决定成败。上好每一节课,教好每一个学生。常规管理抓好了,目标的突破就有了坚实的基础,就有了实现的希望。

2. 抓好关键环节。如果说,教学质量是学校办学的生命线,那么课堂教学就是学校办学的关键环节和核心部位。必须把课堂教学置于学校一切工作的中心地位,是学校工作的重中之重。要让学校的所有资源都流向教学。校长对学校的领导就是对教学的领导。学校要以教学为重点,教学要以课堂为重点,课堂要以效率为重点,效率要以质量为重点。校长必须在课堂教学的第一线,在教学改革、课题研究、方法创新的第一线,带领和指挥学校一班人,攻坚克难,从而实现教育教学质量的新突破。这是校长之为校长的真正职责所在、使命所在。

3. 抓好学校特色。办学特色是一个学校提高教育教学质量的切入点和突破口,是实现办学目标的最佳途径,是校长办学思想的具体体现。关于办学特色,新教育研究院院长卢志文教授说:"一流学校创造变化,二流学校顺应变化,三流学校被动变化,四流学校顽固不化"。

据贵州师大原副校长吕传汉教授介绍,贵阳实验三中搞"科技教育",有 47 位学生的科技发明获得了国家专利,这是很了不起的办学特色;我县民中的体艺特色,在黔南是一流的,在全省也小有名气;龙坪四小的"语言文字规范化"正准备申报"国家级示范校";罗甸职校服务"三农"也很有特色;逢亭中学的学生管理,在全县是第一流的;罗甸二中、栗木中学、沫阳中学、罗暮中心校等学校正在搞的"诗教活动"也颇具特色。

这里值得一提的是落脚河小学的"阅读活动",每个班的教室里都有一个书架,书架里摆满了新书,这是校长用生均公用经费订购的适合小学生阅读的书籍。学生在教室里就可以随意阅读,非常方便。而且这些书是流动的,这个班看完就和另一个班交换着轮流看。这样长期坚持,孩子们从小就会养成良好的阅读习惯,激发浓厚的学习兴趣,度过幸福美好高尚的儿童时代。

关于办学特色,我建议有条件的学校尽快把家长学校办起来,这在罗甸还是个空白。去年我们县教育学会在龙坪一小搞了个试点,我亲自上期初第一课,陆继宏上期中第二课,赵乐交上期末第三课,还实行"家长职责考核制度",效果非常好,社会反响很好,得到了省教育厅关工委的高度评价。可惜班子一换,又停办了。家长学校办好了,可以使学校的工作收到事半功倍的效果。

另外,职校"绿色围墙"的构想富有创意、很有特色、值得推荐。职校校园面积扩大之后,有130亩左右。如果要用水泥砖做围墙,预计投资近400万元。他们设想用"栽刺"的办法做围墙,一是投资少,预计不到50万;二是永久性,寿命长,不用维修;三是示范性,是真正的绿色环保围墙。如果建成,那将是一道亮丽的风景线,将在全州、全省起示范作用。我们的一些村小,比如我经常去的沟亭冗响小学、布沙小学、大亭的田坝小学等,校园面积才两三亩,校园里鸡飞狗跳,牛屎马尿臭气熏天。多次写报告要求拨款修围墙。为什么不可以自己动手栽一点阎王刺、霸王鞭、仙人掌之类的东西挡一挡呢,老百姓就是用这个方法围菜园的。

办学特色不是为了好看,为了检查,而是为了教育本身,为了教育教学质量的提高,为了孩子们幸福健康的成长,那种以牺牲教学质量为代价的所谓"办学特色"我们宁愿不要。办学特色不是标语口号,不是商标广告,不是表面浮华,而是最终要体现在学生的言行举止上,体现在老师和学生的精神面貌上,让老百姓一眼就可以认出是哪个学校的老师、是哪个学校的学生,因为只有那个学校的老师才有这种风范,只有那个学校的学生才有这种风采。

办学特色还表现为一个学校的创业精神、创新精神。罗甸职校为了搞短期培训,老师们自带行李和伙食费,到八茂中学和董王中心校,与学生们同吃同住一个月;为了护送学生到沿海城市就业,老师们要和学生一起坐几十个小时的大巴,要和学生一起睡几十天的硬板床,吃盒饭、方便面、饼干;为了搞葡萄种植实验,老师们亲自动手,硬是挖出80厘米宽、70厘米深、总长800米的葡萄沟,又跑到边外河养猪场要肥料,将湿漉漉的猪粪一口袋一口袋扛上车运回来,身上的臭味一个星期都洗不掉,等等等等,不一而足。当2005年底我们申报国家级重点评估介绍到上述情况时,在场的评估专家无不为之动容,蔡厅长也感动得禁不住流下热泪。我们县的"两基"攻坚,也出现了许许多多感天动地、可歌可泣动人故事。不经风雨不见彩虹,这就是感动上帝的精神力量,就是我们的办学特色。

漂亮的校园可以用钱建起来,可是漂亮的校园未必就能自然地产生先进的教育理念。有钱就能买到校长的办学思想吗?相反,有时先进的教育思想往往产生于艰难的办学条件下,洋思中学、杜郎口中学的办学理念就是这样产生的,毛泽东思想也是产生于延安窑洞中的。教育是理想的事业,作为新时代的一校之长,眼界要宽阔,志向要高远。对教育要有一点理想化、一点乌托邦、一点创造奇迹的冲动。他应该是教育理想主义的实干家,必须有对国家教育政策的敏锐把握,有对办学目标的执着追求,有先进前卫的办学理念,有大胆改革的勇气,有锐意创新的魄力,有艰苦创业的精神,有众望所归的人格魅力,像陶行知先生那样,"为一大事来,做一大事去",殚精竭虑,坚苦卓绝,才能办出特色突出、质量较高的教育来。

三、教师成长——学习论

我只要有与老师们交流的机会,都要不厌其烦地反复强调教师学习的极端重要性,都要极力推荐我的"教师专业成长三部曲——阅读、反思、写作"。

教育大计,教师为本,教育事业的发展期盼教师队伍的专业成长。袁贵仁部长说:"教书育人是一项专业性、探索性、创造性极强的工作,要求教育者必须先受教育,具有高度的使命感、责任心,静下心来教书、潜下心来育人,来不得半点急功近利,来不得半点三心二意,来不得半点弄虚作假。"教师的专业发展在很大程度上是个人行为,没有谁能安排我们专业发展,没有谁能代替我们成长。要当一个什么样的教师、甚至要做一个什么样的人,全在我们自己。要学会自己做人,没有任何人能帮我们做人,包括我们的父母。所以教师要学会自己成长。

学习是教师成长的必由之路,而学习的唯一办法是不断地阅读、反思、写作,别无选择。阅读能让教师的视野更宽,心灵更美,境界更高;反思能让教师的智慧更加丰富和卓越,写作能让教师的思想更加厚重和多彩。

有些同志长期在边远地区工作,条件艰苦,就认为看不到希望,就抱怨没有发展前途。我不同意这样的看法。30 多年前,我本身就是从老家高兰小学、八茂中学一路干过来的。那时没有公路,运教材要用马驮;没有电,每月只有两斤煤油,晚上还要刻钢板。我没有感觉到有谁影响我学习,也没有谁不让我努力工作,更没有谁不允许我优秀,这都是我自己个人的事,跟别人无关。老师们,除非自己放弃,没有谁能阻挡我们成长,没有谁能阻挡我们成功。自己努力不够,没有任何理由埋怨客观。正如卢志文教授所说:"埋怨环境,我们可以找一百个理由,环境不会因为我们找了这些理由而发生百分之一的变化。可是改变自己,只要今天去做,明天就会发现自己身上已经发生了翻天覆地的变化。所以,埋怨环境,不如改变自身。"

(一)学习必须阅读

正如人的身体需要营养一样,人的精神也需要营养。而精神营养来源于学习、来源于阅读。宋代黄山谷说:"士三日不读,则其言无味,其容可憎"。苏霍姆林斯基说:"书,这是一种重要的、永放光辉的明灯,是学校集体丰富精神生活的源泉。阅读,这是一个富有智慧而又善于思考的教师借以通向儿童心灵的门径。"①朱永新先生说:"一个人的精神发育史就是一个人的阅读史,而一个民族的精神境

---

①　龚国琛. 让读书成为教师的一种生活方式[J]. 福建教育,2013(4):60 – 61.

界,取决于一个民族的阅读水平。"①人们在阅读中增长知识、发现真理;在阅读中品味生活、修身养性;在阅读中领悟崇高、感受卓越……。阅读使人的灵魂净化、思想厚重、人格崇高。阅读使我们的心灵向真、向善、向美。所以,阅读是教师专业成长的重要基础,是教师取之不尽用之不竭的智慧源泉。没有阅读,作为教师的起码学养是不够的。有人说:"不知道巨人和他们的肩膀在哪里,就无法在传承的基础上创新"。教师不学习,教学就没有文化背景,没有理论支撑,没有科学内涵,没有专业素养,连行话都不会说。上课就只能是平铺直叙、照本宣科、苍白无力、枯燥无味。学生厌学的根本原因在教师,在教师的不学习、不阅读,其人品、学识、才气都不足以吸引学生,不能激发学生的学习兴趣,所以学生就厌学、逃学、辍学。

有专家测试,中国人与犹太人的智商是差不多的,为什么区区 1600 万人口的犹太民族就有 127 位诺贝尔奖获得者,而泱泱 13 亿人口的中国才出现一个莫言和屠呦呦,原因当然很复杂,一言难尽,而且诺奖本身也有争议。但其中一个重要原因是:犹太民族是一个酷爱阅读的民族,这是不争的事实。据联合国教科文组织统计,以国家人均年阅读量为例:以色列为 64 本,美国为 25 本,日本 18 本,法国 11 本,新加坡 8.3 本,中国为 0.7 本。

民进中央副主席朱永新先生倡导把中国国民的阅读上升为国家战略,相当于基本国策。提议将孔子诞辰日 9 月 28 日作为"中国读书日"。他组织了一个庞大的专家团队,从古今中外的名著中精选阅读书目。已选出《小学生阅读书目》《中学生阅读书目》《幼儿阅读书目》,还将选出《教师阅读书目》《公务员阅读书目》等。

目前我县教师的阅读状况令人堪忧。好多老师家里没有几本书,办公室一份报刊杂志都没有,不信你去检查看看。这样下去怎么得了!我们的教师队伍,真正静下心来读书、潜下心来学习的人有没有?有。但恕我直言,为数不多。大多数人都是快餐式、功利性和形式主义的学习。今天学校安排什么就学什么,明天上级考哪本就读哪本,一切都是被动应付,完全不是为了增强教师自身的学养和能力而学。大家都说没有时间读书,可是一提到搓麻将大家又都有时间了。心态浮躁,行为功利是根本原因。这样大量不读书、不学习的人在当教师、在教书、在上课,在日复一日、年复一年地忽悠我们的孩子,而且还在那里自我感觉良好,有时还自以为是,为自己的无知强词夺理。长此以往,怎么不令人堪忧呢?这是非常危险的。

---

① 张淑世. 让读书成为教师生命的常态[J]. 师资建设,2013(9):41-42.

教师自古以来就是读书人。教师以读书为生、以教书为业,不读书怎样教书?教师不学习,作为生物学意义的人还活着,作为教育学意义的生命已经停止。苏联教育家阿莫纳什维利说:"如果教师并不感到自己是与夸美纽斯、卢梭、裴斯泰洛齐、马卡连柯、苏霍姆林斯基等伟大教育家的精神息息相通的,那么怎么也算不得一个优秀的教师。"要把读书作为教师职业的本质要求和前提条件,阅读应当成为教师的嗜好和偏爱,教师的阅读应该产生大智慧而不是小聪明。所谓"学高为师",教师必须是首席学习师、首席阅读师,是学科的形象大使、学问的化身,是学生学习模仿的楷模。不这样,教师凭什么受人尊重?进门要有书香味,出门要有书卷气,这才是教师应有的真正气质和风范。

关于阅读的建议:一是读教育名著,直接与大师对话。比如陶行知的《教育文集》、苏霍姆林斯基的《给教师的建议》、魏书生的《教学漫谈》、朱永新的《我的教育理想》等。这些都是通俗易懂的,并不深奥,给自己打下一点教育理论基础。二是订阅学科专业书刊,其内容一般与教学同步,对教学有直接的帮助作用。这是锤炼学科专业的过硬本领。三是涉猎了解一些科技、文化、艺术等方面的常识和最新知识,以备教学答疑"解惑"之需。因为在信息爆炸时代,说不准有些知识学生懂了而老师未必知道。

(二)学习必须反思

法国哲学家笛卡尔有句名言:"我思故我在。"反思是教师专业成长的源泉和动力。华东师大叶澜教授说:"一个教师备课三十年未必是优秀教师,一个教师反思三年就一定成长为优秀教师。"反思是研究的起点,就是对旧观念的挑战,对保守的批判,对传统的扬弃,对自我的超越。教育既是科学又是艺术,难道不需要我们反思和研究吗?课程改革本身就是反思性的,没有反思就没有课改。没有科研的教育,没有实验的教学,没有课题的教师,这就是我们目前现状的真实写照。没有科研的教育是什么教育?没有实验的教学是什么教学?没有课题的教师是什么教师?一个小学教师,教教教,几年后的知识就跟小学生差不多;一个初中教师,教教教,几年后的知识就跟初中生差不多。不是吗?我们老师与学生一起参加中考,结果有些老师比学生考的还差,这是非常危险的。

北京八十中学教科研主任、特级教师董嘉森在罗甸民中作专题报告说:"三流教师教知识,二流教师教方法,一流教师教思想"。这句话太经典了。我的理解是:教"1+1就是=2",这是教知识,教"1+1怎样=2",这是教方法,教"1+1为什么=2",这是教思想。教思想是引导学生发现学科知识的结构体系及其规律,发现了规律就掌握了方法,掌握了方法就获得了知识。这是教学的更高境界,是学生在老师的指导下经过活跃的思维活动自主发现规律、掌握方法和获得知识的。老师的作用在于激发学生的学习动机和兴趣,让学生自己去发现认知规律,从而产生各自的学习方法,这就是有效教学、高效教学。学生养成高尚的志趣、具有自主学习的能力比获得知识更有价值,学会学习比学懂知识更有意义,会学比学会更为重要。请问:让学生喜欢学习和学得多少哪个重要?养成良好的学习习惯和考多少分、排名第几哪个重要?成绩不过是成长的表征,成长才是学习的目的;成绩固然重要,成长才是本质要求,因而也更为内在、更为核心。学生知道标准答案未必就有思维能力、认知能力、学习能力、创新能力。邱学华先生说:"知识是可能被遗忘的,但能力却不会被丢弃,它将伴随人的终生。"如果从更深层次来理解,那么授人以"鱼"不如授人以"渔",而授人以"渔"又不如授人以"欲"。我们要培养的未来创新型人才是具有求知欲望和学习能力的人,而不仅仅是具有知识的人,我们要追求的正是这样的教学境界。这样的境界,是从教育的价值取向出发,遵循学科思想,把握学习规律,形成教学策略。要达到这样的境界,唯一的办法是教师在学习的基础上对教学进行不断的反思和不懈的探究,领会《课标》意图,深究"课改"理念,洞察学科之全貌和来龙去脉,领略学科之美感,熟悉学科教学之规律,从而把握学科教学之艺术。

那么,教师怎样进行学习反思呢?下面是我的建议:

一是把工作当作学问来做,把教学当作课题来做。工作就是学问,教学就是课题。反思其实就是在实践中学习、在实践中研究。农民种稻谷,袁隆平也种稻谷,但袁隆平种的是做学问的稻谷;农民种蔬菜,李桂莲也种蔬菜,但李桂莲种的是搞科研的蔬菜;我们上课,魏书生也上课,但魏书生上的是教研课题的课。把工作当做学问来做,工作本身就赋予了探索奥秘的意义;把教学当做课题来做,教学本身就赋予了科学研究的意义。从这个意义上说,我们所从事的教学工作,就不仅仅是上课的普通教师,而是同时在做学问的专家,搞科研的学者,教师的专业化成长就是水到渠成的事了。

要学会把教学实践中的问题作为研究对象,反复拷问是什么?为什么?怎么办?从教育教学实践中反观自己的得失,对教育教学实践进行再认识、再思考。所以,有些教育专家就指出:问题即课题,教学即研究,成长即成果。课题要到课堂教学中去选,研究要到课堂教学中去做,答案要到课堂教学中去找,成果要到课堂教学中去用。

二是用专业的眼光观察,从专业的角度反思。俗话说"外行看热闹,内行看门道"。教学是很复杂的多边思维活动,是多学科知识的综合运用。教学活动中的许多现象,要从教育学、心理学、教学论等专业角度去观察、分析、思考,主要是对教育思想、教学目标、教学理念、教学策略、学习方法、教学过程、教学效果等进行反思,用批判的眼光去审视教学行为,善于透过现象看本质,在"热闹"中发现"门道",从中总结出规律性的东西来。这种反思,久而久之,甚至要成为教师的"职业病"。对于教学,既要从教法角度去研究,更要从学法角度去研究;既要分析智力因素,更要分析非智力因素;既要了解智商,更要了解情商;既要熟悉学生的心理特征,更要掌握学生的学习规律;既要面对全体学生,更要尊重个体差异和多元需求,分类分层"因材施教"等等。

比如老师们经常遇到这样的头痛现象:一些学生成绩不好,又贪玩耍,在家大人骂,到学校老师批评,人见人厌,被认为是油盐不进、无可救药的家伙。其实,只要稍微观察分析一下就不难发现,这样的学生有很强的抗挫折能力,心理素质很好,情商很高。你看,他对家长老师长期的批评没有较真,而是采取了不以为然的态度,这就是一种宽容的心态;而且还能硬着头皮从早到晚坚持在教室里听那些既听不懂也学不会的无聊的课,这是需要有极强的意志力才能坚持下来的。不像一些成绩好的学生那样,老师批评一点就寻死觅活,甚至跳楼自杀。这些例子不胜枚举。所以,从专业的角度去反思,就会有许多意想不到的新发现,从而不断修正和完善我们的教学行为,有可能逐步形成独特的教学风格,促成教师的专业化发展。

三是在反思的基础上不断改进教学方法。反思的目的是什么?就是要在反思中不断解放思想,不断发现问题,不断更新观念,不断纠正错误,不断探究方法,不断创新模式,不断提高效率。从原有的思维定式、教学模式、生活方式中解放出来,体验一种新的想法、新的做法、新的活法。

我强烈地建议老师们大胆地进行教学改革,从最差的班级改起,从最差的学生试起,"死马当活马医"。反正都已经这样了,沿用老办法、老套路也好不到哪里去,改用新模式、新方法也不会差到哪里去。不妨试一下,背水一战,"置之死地而后生",或许能够走出一片新天地,取得意想不到的成果来。

青年教师更要试一试,趁早练点本事,学有自己的两下子,将来工作可能轻松一点、见效一点。否则人越老越累、越束手无策、越更加平庸。

现在我们很多老师不愿动脑筋,不研究学生,不分析课标,不钻研教材,不认真备课,不设计教学,不指导学生。上课也是一言堂,满堂灌,老师包揽一切,没有学生思考、提问、发言、讨论、互动的机会和空间。为图方便,给学生订购大量的教辅资料,搞题海战术,让学生的时间和精力无端地耗费在这些教辅题海中,让学生的想象力、创造力无辜地消耗在单调重复的劳动之中。早上6点半起床,一直干到晚上11点。以前在高中教室才能看到的学生桌面推满教辅材料的景象,现在初中教室也有了,下一步可能小学教室、幼儿园教室也要出现了。

我在这里提醒大家，即使仅仅为了考试、为了分数，也必须进行教学改革。因为高考的形式和内容、甚至高校录取的方式都在逐年不断地改进。这两年高考、中考的题目已经逐渐不直接考教材内容了，考的是《课程标准》的要求，那种死啃教材、搞题海战术的做法已经不灵了，再高明的老师押题也不准了。这已经给我们发出明确的信号，再不进行教学改革，连应试教育也做不好，更不要说什么素质教育了。其实素质教育与应试教育并不矛盾，素质教育是包含应试并且超越应试的，素质高了难道考试不好吗？

学生是天生的学习者，与生俱来就具备满足学习的一切要素，学习是学生的本能，他有无穷的学习潜力。学生是自己生长、成长的，学习应该是学生自主建构的过程，老师为什么要拼命包办代替呢？上学之前会说的那些话，已能自如地与人交流，那是谁教的？基本上是自己学的。上学之后为什么不能让他自己学一学呢？学生的学习，是在老师的指导下自己"学"出来的，而不是老师直接"教"出来的。学生自己获得知识的过程，是复杂的心理、思维、认知的综合过程，是教师的讲授所无法替代的。"教学有法，教无定法，教要得法"。陶行知先生说："事怎样做就怎样学，怎样学就怎样教，教的法子要根据学的法子，学的法子要根据做的法子。"老师教学得法，做到"因材施教"，课堂教学就会注入生机和活力，学生的学习动机和兴趣就会得到激发，学习潜力就会得到开发，学习效率就会得到提高，教学行为就从"教"的课堂向"学"的课堂转变，达到"教为不教"的最高境界。老师教不得法，学生自然就学得很苦学得很累就厌学。正如顾明远教授所说："学生学不懂、学不会，产生厌学情绪，家长也认为不如去打工挣钱，于是就辍学"。

关于课堂教学改革，我已分别为新教师作过《初为人师第一课》、为骨干教师作过《用智慧决胜课堂》的专题讲座，这里就不多说。

(三)学习必须写作

高贵人生始于阅读，智慧人生源于反思，精彩人生勤于写作。写作让我们的智慧发挥到极致，让我们的思想走得更远，让我们的价值得到充分体现，让我们的生活摆脱平庸、走向卓越，让我们的人生富于浪漫、臻于高雅。教育本来就美如诗画，写作让我们的教育生活更有诗情画意。不因"激扬文字"，怎得"指点江山"？写作是最好的自我反省，没有写作的人生是不完整的人生，尤其是教育人生、教师人生。

任何科研成果都要通过写作变成文字，任何心得体会、精神生活、思想境界都要通过写作来展现。写作是教师职业的基本功，是教师专业成长的必由之路。目前我们教师队伍最悲哀的一件事情是：不愿写、不会写、不敢写。为了评职称、应付检查，所交的论文和总结也多是从网上下载复制粘贴。

其实,广大教师长期在教学一线工作,也有许多观察、思考、发现和心得体会,也不乏许多真知灼见和奇思妙想,有些见解甚至并不比书上讲的差;工作中也有许多改革和创新,并取得显著的成效,有许多闪光的亮点,可惜没有付诸笔端,没有变成书面语言,没有形成教研成果,"恰似一江春水向东流"。

建议老师们特别是青年教师,要养成动笔写作的习惯,先从简单的工作日记、读书笔记、教学随笔写起,再写一些教育故事、教学案例、课改心得,并与阅读、反思结合起来。因为不是为了发表,也不是写给人看,是为练笔而写的,是为学习写作而写的,所以一开始不必追求完美。这样不断琢磨,反复锤炼,坚持个三年五载,习惯就变成自然了。一般的文章已能熟练写成,较有深度的论文也能写了。正如毛泽东曾经说过的:"入门既不难,深造也是能够办得到的。"入门之后,养成写作的习惯,就会在反思中产生灵感、产生美感,从而萌发写作的冲动,欲罢不能。习作既不难,创作也就顺理成章了。这时,写作又进一步提高反思的质量,进一步巩固阅读的成果,人的精神面貌、思想境界和生活状态都会发生根本变化,教师的儒雅风度和人格魅力就自然形成了。所以,聪明人就懂得下笨功夫,专家学者们就是这样练出来的。"宝剑锋从磨砺出,梅花香自苦寒来",没有人不经过长期磨炼而一夜之间成为作家的。

我个人也不是天天写,但已养成观察思考的习惯,一有灵感就动笔,否则是睡不着觉的。三十多年写了几十个笔记本,现在翻来看,大部分内容是非常幼稚可笑的。但正是这些无数败笔的训练,才让我稍微懂得一点皮毛、掌握一点写作的方法。我的 32 万字的专著《教海逐浪——农村教育探究》,不出意外,8 月份就可以出书了。

最后,我给青年教师推荐一个"教师专业成长线路图":

(1)崇拜几位教育名人,决心做他们那样的人;

(2)加入几个学术组织,成为某个学派的传人;

(3)订阅几份专业书刊,从书刊读者变为作者;

(4)研究几项教学课题,成为某个领域的专家;

(5)撰写几篇教育论文,从普通教师变为学者。

顺便说明一下,我在几个地方区县职校和我个人的例子是不得已的,并非等于说职校和我就做得如何如何的好,要刻意地标榜一下,而是担心有人说:"你叫我们怎么怎么做,你自己又做得怎样呢?"我深知"己所不欲,勿施于人"的古训,我自己都做不到的事,从来不敢勉强别人去做。共勉而已,避嫌而已。

另外,我所讲的,不是要解决同志们"懂不懂"的问题,你们比我懂的多,而是想启发大家"动不动"的问题,如果大家都能动起来就太好了。其实,就算能把马克思从坟墓里叫醒起来教你,也还得要你自己动手。即使专家学者,也只教你怎么做,他不帮你做什么。何况我也不是什么专家学者,其建议也不过是抛砖引玉,仅供参考而已,一切都要我们自己亲力亲为。自助者,神助之;自救者,神救之。

结论

"三段论"是在现有条件下我县教育更好更快发展的基本思想。

"三段论"强调政府的资源决策权,发挥校长的办学自主权,强化教师的专业发展权。

"三段论"简明扼要,易于掌握,便于操作。

"三段论"提出的只是基本思路,初步设想,还很不成熟,需要在实践中不断丰富、完善和发展。

试想,如果全县教育资源得到科学合理的整合优化,如果每一所学校预期的目标都能实现,如果每一位教师都在不断地学习成长,那将是怎样的景象呢?

愿"三段论"能给大家一些启发,为罗甸教育做一点贡献。

教育赶超三段论

——在普定县校长、骨干教师代表培训会上的讲座提纲

2012 年 11 月

开场白

各位领导、同志们：

我叫黄周立，布依族，今年 57 岁，贵州罗甸人，1976 年 9 月参加教育工作，历任中学教师、乡镇中学校长、罗甸二中教导主任，罗甸民中副校长、罗甸县教育局局长、罗甸职校校长等，现在是罗甸县教育学会会长。

今天来到这里，感到非常荣幸。这个缘分，源于彭书记。他虽然比我年轻，但在罗甸工作十多年，是我的老领导。他不止一次地打电话给我，要我来普定与大家交流。我特别害怕，因为我既不是什么学者，也不是什么名人，贵阳、安顺、普定的专家学者多的是，轮不到一个边远地区的普通教师来讲，再说罗甸不管哪方面都比普定落后，我对普定又不了解，普定的任何一位老师来讲都比我讲的好，我有什么好说的？这不是要出洋相吗？所以我不敢答应。彭书记担心我胆小不敢来，又通过省教育厅蔡厅长打电话给我打气，鼓励我、要我一定来。我陷入了来也不好不来也不好的两难选择。

大约过了一个月，我终于开窍了。其实彭书记也好，蔡厅长也好，他们是在给我布置一个作业，让我到普定县来学习的。这样想来，虽受之有愧，但却之不恭，所以就满口答应了。

昨天来到这黔中腹地，一脚踏上普定的土地，一股敬畏之感、敬仰之情不禁油然而生。我一定要借此机会向普定县的同志们好好学习，使自己进步更快、成熟更快一点。

现在，请允许我做几点说明：

第一，今天我所讲的，不是学术报告，不是经验交流，不代表任何官方，不针对任何个人，只是把我自己很不成熟的一些看法和认识向在座的各位作一个汇报，说得不对，还请大家批评指正。

第二,我说的话题是有争议的,因为绝对正确的话又几乎是废话。

第三,虽然我的认识是很肤浅的,但是我半点都没有掉以轻心,而是以三十多年教龄的不断思考为保证的,同时也是为自己所说的每一句话负责的。既然是领导安排的作业,认不认真是态度问题,及不及格是水平问题。我充分理解在座各位的时间是非常宝贵的,我更是不敢敷衍忽悠大家,浪费你们的时间。

引言

1. 我们的教育怎么样?

一是"有学上"的成绩很大。教育部前部长周济说:"我们用30年时间走完了发达国家100年走过的路,世界上规模最大的教育在中国"。二是低标准的速成教育。咱们国家的教育,数量很大,质量很低,这是中国国情决定的,公平第一,效率第二。贵州的教育也不例外,经过"两基"攻坚,我们基本解决了孩子们"有学上"的问题,但是我们是低层次、低水平办学,办的是一种低标准、低效率、低质量的速成式教育,"两基"攻坚本身就是速成的。三是"上好学"的差距很大。要实现上好学的目标,我们还有很长的路要走,确实是任重道远。

2. 我们的教育哪里去?

根据《国家教育规划纲要》和教育"十二五规划",教育发展的目标应该是:

学前教育要全面建成;

义务教育要均衡巩固;

高中阶段要实现突破;

教育质量要持续提高。

3. 我们的教育怎么办?

宏观层面:教育发展——资源论;

中观层面:学校改革——目标论;

微观层面:教师成长——学习论。

第一层面主要是对政府、尤其是对教育主管部门的建议;

第二层面主要是对学校、尤其是对校长的建议;

第三层面主要是对教师、尤其是的青年教师的建议。

"三段论"强调政府的资源决策权,发挥校长的办学自主权,强化教师的专业发展权。

一、教育发展——资源论

系统理论认为:部分之和不等于整体,整体不等于部分的简单相加。所有部分功能都服从于整体的最优目标,从而达到最理想的整体效益。教育工作,千头万绪,要说复杂也复杂,要说简单也简单。如果从系统论原理分析,从宏观层面说,政府和教育主管部门,无非就是做资源整合的工作,无非就是把教育的人财物、硬软件各种资源进行科学合理地整合、把涉及教育的各种要素有机地优化,使之最大限度地发挥其效能,从而推动教育事业更好更快地发展。

(一)资源必须整合

必须充分肯定,原有的中小学校点布局为"两基"攻坚是做出了巨大贡献的,是功不可没、不能否认的。但是它已经完成了"有学上"的历史使命,要"上好学",如果不进行必要的调整,一点都不改变,老是这个样子,线长面广,撒胡椒面,广种薄收,效率低、质量低,就永远翻不了身。不仅如此,还造成国家教育资源的极大浪费。中国教育学会会长顾明远先生说:"要使每一个学生享受到有质量的教育,才能谈得上教育公平"。资源整合就是在根本上解决教育公平问题,"抓住这个主要矛盾,其他一切次要矛盾就可以迎刃而解"。(毛泽东语)

所以,教育资源的整合是大势所趋、势在必行。这个外科手术必须要做,这一刀必须割下去。而政府是教育资源整合的决策者,必须作出最终的果断决定。这里需要的是勇气和魄力。

1. 整合的要点:"不唯上、不唯书、只唯实"。教育资源的整合要遵循"不唯上,不唯书,只唯实"(陈云语)的原则。不管上面怎么说,不管外地怎么做,不管媒体怎么讲,一切都要从当地的实际出发,一切都要有利于本地教育的发展。华西村老支书吴仁宝说:"中央的政策是正确的,中央的政策是管全国的,哪一条有利于我华西村的发展我就用哪一条。"去年贵州电视台"推动跨越"栏目报道了黔西南兴仁县征地7.8平方公里新建中学城,搞教育园区,把全县所有中学生都集中在中学城就读,600多名中学教师全部调进县城;黔东南丹寨县因为人口少,很早就把全县初中集中县城办学等。这是外地的做法,这些做法是否适合我们的实际? 值得商榷。

2. 整合的重点:小学自然整合,初中相对集中,高中阶段调整结构。我个人认为,小学阶段自然整合,顺势而为;初中阶段相对集中,视机而动,重点整合。原则上一个片区建好一所初中就行了,最多不超过两所。

这样撤并之后,就意味着并入的学校要扩大建设规模,教育资源就会相对集中,初中的办学质量就有望得到提高。但资源整合要视条件逐步推进,不要操之过急,不搞一刀切和一哄而起,不要留下后遗症。

3. 整合的难点:调研规划,征求意见,报批实施,先建后撤。

教育资源的整合要解决三个难点:

一是思想动员。乡党委政府领导、广大干部群众、学校师生员工对原学校很有感情，舍不得撤并；集中办学之后可能增加学生及家长的成本负担，从关注民生的角度说，可能思想阻力很大，这些都是可以理解的。但是资源整合的阵痛是必然的，长痛不如短痛，正如阑尾炎病人不能因为恐惧疼痛而不作开刀手术。不愿意付出阵痛的代价，就不能获得新的生命。我们不要为了关注眼前孩子"能上学"的"民生"，而放弃我们的下一代"上好学"的长远民生。

二是规划报批。要在深入调研的基础上制定规划，广泛征求意见，报上级审核批准。最近，教育部出台的《规范农村义务教育学校布局调整的意见》指出："县级人民政府必须严格履行撤并方案的制定、论证、公示、报批等程序。"

三是先建后撤。根据教育部《意见》"学校撤并应先建后撤，保证平稳过渡"的原则，对并入的学校要按国家寄宿制中学的标准进行扩建，要有足够的教学、生活设施设备和教师周转房，以满足撤并后办学规模扩大的需求。力争用三到五年或者稍长一点的时间来完成撤并。

（二）资源必须优化

资源优化的内容是多方面的，我这里主要讲教育人力资源的优化，即教师队伍的优化，亦即教师队伍素质的提高。

一要选好校长（品学兼优、德才兼备）。"有一个好校长就有一个好学校"，这句话一点不假。要把那些热爱教育事业、懂得教育规律、对当校长有强烈愿望的人选拔到领导岗位上来。他们要有先进的办学思想、较高的教学素养和独特的教育风格。校长不是做官，而是做事，做事业；校长不是管人，而是带人，带团队；校长必须是教师的教师，以自己的学识才气和人格魅力影响着整个团队。

有些人把校长当成官来做，养尊处优，自我感觉良好，认为当校长就是去管那些老师，哪个不听就整哪个，拿小鞋给人家穿；有些校长大权独揽、遥控指挥，不信任、不放心任何人，学校中大大小小的事都必须请示他，而他自己对工作又不得要领，一天忙忙碌碌没有头绪，自己头脑不清醒，思路不清晰，工作安排没有条理，"以己昏昏，使人昭昭"，瞎指挥，还要去批评别人，学校一片混乱；有些校长不作为，所以无所作为，几年下来，学校没有任何变化，江山依旧，像个破落地主。这些人坚决不能让他们当校长，否则误人子弟、害人子弟。

二要配好教师（数量充足、素质提高）。一是建立健全一套公平公正、本地外地一视同仁的新教师招聘方案，让那些立志于教育事业的品学兼优的大学生从事教师职业，从数量上尽量满足教学对师资的需求，特别是要充实寄宿制学校的后勤管理人员编制；二是建立健全一套公开透明的教师调动机制或绿色通道，从结构上尽可能合理地满足教学对师资的需求；三是建立健全一套教师培训方案，使整个教师队伍的素质不断得到优化提升。教师培训比建大楼更重要,建大楼容易,培养教师难。一方面要鼓励教师在职进修读本读硕读博,实现超一级学历;另一方面采取"送出去,请进来,手把手"的方式进行培训提高。

"送出去"就是外出考察学习开眼界,这一点对教师来说很重要,"读万卷书"还要"行万里路"呢。要设法组织教师利用暑假外出培训考察,不能出国也要在国内走一走,参观学习。沿海发达地区的教师基本上每个假期都外出考察学习,大部分是出过国的,有的校长还到国外做访问学者一年半年。我们有些老师连省城贵阳都没有去过,连一些打工仔都比他的见识还要多,这怎么得了。

"请进来"就是请名人、专家、学者来讲学,让老师们领略大家风范和名人风采。虽然我们做不到他们那一步,但是我们知道了他们怎么做,从而有意无意地以他们为榜样,向他们学习,成为他们的粉丝,模仿他们的做法,做像他们一样的人。"高山仰止,景行行止。虽不能至,然心向往之"。(司马迁)

"手把手"就是请高人指点。应该肯定,我们广大教师是爱岗敬业的,是兢兢业业工作的,可是工作效率不高,教学质量也不高。为什么? 因为他们做的是粗放的、机械的、重复的劳动、低效的工作,课堂教学的科技含量不高,所以,不管怎样努力,怎样筋疲力尽,教学质量始终提不高。这就需要专家名师通过课题研究的形式,手把手地教,才能较快地成长。

也可以通过实施"青蓝工程",充分利用现有的中小学高级教师"带徒弟"。一个高级教师一年带二三个"签约"青年教师,一起备课、上课、听课、评课,一起反思、小结,一起成长。

三要奖励机制(奖励优秀、人才品牌)。建立健全一套科学合理的教师奖励机制,发挥优秀教师的模范带头作用,使整个教师队伍成梯队专业发展。

除了历年来我们已经做的县委政府表彰、教育局表彰、学校表彰以外,我建议县政府出台《县级模范教师选拔标准及管理办法》或《县级教育名师选拔标准及管理办法》,每两年评一次,评上的教师享受县政府特殊津贴,每月补贴 200 元或 300元,管理期限 5 年,每年都要考核,考核不合格取消荣誉称号和津贴。

"榜样的力量是无穷的"。这些老师被贴上荣誉标签以后,就会像"劳模"一样倍加珍惜这份荣誉,更加严格要求自己,更加自重自爱自律自强,更加努力学习和工作,因而也更具示范引领作用。否则如果荣誉被取消,就是"脱毛的凤凰不如鸡"了。所以他必须尽可能地一直领先、永远优秀。

这是教师专业发展的平台,也是教育系统人才辈出的平台。这个平台一经建立,执行下去,就会产生榜样带动的葡萄效应,我们的优秀教师就会不断涌现,从而产生州级、省级、国家级表彰的优秀教师。他们就是县长手中的牌、局长手中的牌、校长手中的牌。我不相信,全县几千人的教师队伍,就没有几十个、几百个优秀人才?

选拔和奖励优秀教师,不要用完人的标准去衡量,横挑鼻子竖挑眼。相对而言、相比之下,德才品学兼而有之,某一方面比较突出,大家公认即可。

(三)资源必须共享

一是与高等院校和科研院所长期合作。申请成为他们的科研实验基地或实验学校,让科研院所的研究成果与一线教师的实践经验高位嫁接,在专家的指导下带出优秀教师团队,实现教师的专业发展。

二是薄弱校与优质校联盟。就是城镇优质学校与乡村薄弱学校结对帮扶,结成工作、学习、教研共同体,同安排、同落实、同检查、同考核,长期合作,共同提高。

三是建立专家咨询智囊团。组建"教育改革和发展咨询机构"。聘请高等院校和科研院所的专家教授以及本土的资深教育人士为"机构"的顾问,组织他们对全县教育现状进行综合性或专题性的调研诊断,提出整体或单项的解决方案,为教育决策提供智力支持。

总而言之,资源整合是基础,资源优化是关键,资源共享是补充。

二、学校改革——目标论

其实,校长不是完全被动的,是有其办学的相对独立性和自主权的,只不过看你是否充分发挥罢了。我们一些校长整天是上面安排什么就干什么,上面没有安排就无所事事。在学校里也是没有头绪、不得要领、就事论事、见子打子、杂乱无章,这是缺乏办学独立性和自主权的表现,充其量是个事务的校长、行政的校长,不是思想的校长。

《国家教育规划纲要》指出:"改革创新是教育发展的动力"。学校不改革创新就不能发展,要改革创新必须有明确的目标,突破了目标,发展才有可能实现。

(一)目标必须明确

目标不明则方向不清。不知道自己要到哪里去,就不知道该怎样走。一个学校如果没有明确的发展目标,学校工作就没有方向。既没有思路,也没有门路。一天到晚晕头转向,这边刚把葫芦按下去,那边的瓢又浮起来,就是盲目低效的,就像俗话说的"哪里黑哪里歇"。整个工作非常忙乱,大家都很累,就是不见成效,结果只有互相埋怨、推诿,学校很难发展变化。

奋斗目标是一个团体共同的价值取向。中央教科所前所长朱小蔓女士说:"个体绝不是一堆马铃薯,如果他们所生存的集体缺少被共认的价值观的话,集体就变成了没有灵魂的乌合之众。"就是说,一个集体如果没有共同的奋斗目标,就如同"一堆马铃薯",就是一群"没有灵魂的乌合之众",就只是一帮忙碌的男女。

那么,如何明确奋斗目标呢?奋斗目标不是哪个人心血来潮设定的,也不是校长一个人拍脑袋制定的,它是从工作实际出发,以学校的发展为指向,从群众的充分酝酿中产生的,是大家追求的共同愿景。

明确奋斗目标的要点是:分析讨论、"摘桃子"理论、表决通过、目标升位、延伸。

学校是大家的,我建议各校进行学校发展目标大讨论,大家来分析,针对学校发展,有哪些优势?有哪些劣势?有哪些有利因素?有哪些不利因素?强项是什么?弱项有哪些?动力是什么?阻力有哪些?一年应该有哪些变化?三年应该有哪些发展?五年应该有哪些突破?都要进行充分的讨论,达成共识。

目标的制定要遵循"摘桃子"理论,就是跳一跳可以摘到桃子,定得太低和太高都形同虚设,没有实际意义。制定的形式可以召开教职工大会表决通过,使之具有法定的意义。虽然我们不能把所有工作同时做好,但是我们完全可以逐年地把一项两项工作做得很漂亮。复杂的事做不了,可以从简单的一、两件事情做起。全能冠军做不了,单项冠军也必须拿下。

一所学校的发展目标,不仅全体教职工深入人心,而且全校学生人人知晓,如果能够同时升位延伸成为县教育局、县政府的发展目标,就是办学的大智慧了。

1993年底我从罗甸民中调任罗甸职校校长,当时只有23名教职工,有四个班学生126人,后来并为三个班。学校有一栋教学楼、一栋简易的学生宿舍和一个简易食堂,校园还缺一半围墙。当时黔南有瓮安、福泉、龙里三所职校已评上省级重点。我们韬光养晦,确立了罗甸职校发展的奋斗目标。1995年评为合格学校,2000年评为省级重点,2005年评为国家级重点,成为黔南州第一所国家级重点学校,2010年进入国家级示范校建设行列。"国家级重点"列为县政府规划,"示范校建设"列为州政府规划,而且都一一如期实现了。

(二)目标必须落实

目标如果不落到实处,任何冠冕堂皇的目标都毫无意义。落实目标的关键在于执行力,校长是落实目标的第一责任人。

1. 落实目标的工作任务(分解任务)。要把总目标分解为若干板块的工作任务,比如德育工作任务、教学工作任务、教研工作任务、体育工作任务、后勤工作任务、安全工作任务等。现在比较流行的叫法有"××行动计划""××工程"等。

2. 落实目标的工作机构(明确职责)。要成立完成目标任务的工作领导小组,明确工作职责,限期完成工作任务。比如德育工作领导小组、教学工作领导小组等。

3. 落实目标的工作措施（制定办法）。要制定完成工作任务的办法,这是落实目标的重点,也是校长发挥办学自主权的关键所在。主要表现在校长的办学思想、学校的管理体制、规章制度、教学模式、学校文化等。

怎样完成目标任务,校长不仅要有想法,而且要有办法。苏霍姆林斯基说:"校长首先是思想的领导,其次才是行政的领导。"校长必须有自己的办学思想,是你在办学,你以什么样的思想办学?非常重要。而且你想要怎么做,最好在理论上能系统地和大家讲清楚,让大家明白你的意思,才有可能按照你的想法去做,在工作中贯彻你的思想。校长的办学思想是整个学校工作的行动指南。没有思想就没有灵魂,魂都没有,还办什么学?办什么事?如果说办学目标是全体教职工的共同愿景,那么办学思想就是校长的教育智慧。思想是没有表达出来的行动,行动是已表达了的思想。校长的办学思想必须贯穿到学校工作的每一个环节,如管理体制、规章制度、教学模式、学校文化等,尤其是课堂教学环节。学校工作中的每一个细节都在诉说、都在体现校长的办学思想。

罗甸职校的办学思想是:"先做人,后成才",这是根据职校生源实际和培养目标确定的。我几乎每一个月用一个星期六的上午作这个办学思想的专题讲座。

首先,校园文化建设要按照这个办学思想来构思设计。从校门、孔子雕像、省身亭到黑板报长廊等,学校的一草一木都要体现这个办学思想,都要为这个办学思想说话,成为这个办学思想的教育资源。

其次,学生的行为规范要按照这个办学思想来训练养成。比如实施"学生形象工程",即"人人打招呼,人人说普通话,人人戴校牌,人人有书包,人人讲卫生"。为了养成学生学会打招呼的习惯,我们坚持执行"早迎制度"。早晨七点半钟,五六位老师在学校领导的带领下,准时在校门口迎接学生,其他老师是轮值,我是每天必到,不管刮风下雨、酷暑严寒,十几年如一日,直至离开校长岗位。

再次,课堂教学要按照这个办学思想来改革创新。比如坚持"专业课适用,文化课够用"的教学原则,推行"项目教学法"和"模拟实训",实施学生"过五关"制度(行为关、阅读关、普通话关、英语关、技能关),举行专业技能大赛等,这样,才能达到职校生培养的目标,我们的学生才普遍受到用人单位的欢迎。

4. 落实目标的工作督查(整改时限)。要定期不定期地检查目标落实情况、任务完成情况,适时反馈,限期整改,必要时用倒计时的方式督促完成任务。

(三)目标必须突破

在目标任务落实之后和工作逐步推进的过程中,事关学校发展的重大问题、关键环节和主要难点,校长必须第一时间在第一现场,带领子弟兵一定要攻破最艰难的堡垒,渡过最艰苦的难关。就像我原来经常说的一句话"哪怕脱掉两层皮,也要杀出一条血路来"。只有这样,我们的目标才有可能突破。

1. 抓好常规管理——从最简单的行为习惯养成做起(教育)。常规管理做得越细,工作效率就越高,教学质量就越好。要从备课、上课、听课、评课、批改作业这些教学常规抓起,从一个班、一个行为习惯、一节课抓起,从"学生行为一日常规"抓起,从"教室管理常规""宿舍管理常规"抓起,从最简单最容易的地方抓起,从教育的每一个细节抓起。细节影响品质,细节体现品位,细节显示差异,细节决定成败。上好每一节课,教好每一个学生。常规管理抓好了,目标的突破就有了坚实的基础,就有了实现的希望。

对于许多办学的先进经验,要从学校的实际出发,可以学习、借鉴、嫁接,搞出符合本校实际的方案来实施,不能简单死板地克隆复制,生搬硬套,当作灵丹妙药包医百病,弄出东施效颦的笑话。

2. 抓好关键环节——从最核心的课堂教学改革突破(教学)。如果说,教学质量是学校办学的生命线,那么课堂教学就是学校办学的关键环节和核心部位。必须把课堂教学置于学校一切工作的中心地位,是学校工作的重中之重。要让学校的所有资源都流向教学。校长对学校的领导就是对教学的领导。学校要以教学为重点,教学要以课堂为重点,课堂要以效率为重点,效率要以质量为重点。校长必须在课堂教学的第一线,在教学改革、课题研究、方法创新的第一线,带领和指挥学校一班人,攻坚克难,从而实现教育教学质量的新突破。这是校长之为校长的真正职责所在、使命所在。

3. 抓好学校特色——从最突出的学校文化建设展现(质量)。办学特色是一个学校提高教育教学质量的切入点和突破口,是实现办学目标的最佳途径,是校长办学思想的具体体现。关于办学特色,新教育研究院院长卢志文教授说:"一流学校创造变化,二流学校顺应变化,三流学校被动变化,四流学校顽固不化"。

如果说目标的明确是办学的要点,目标的落实是办学的重点,那么,目标的突破就是办学的难点。办学难点的突破就是通过办学特色来提高教育教学质量,也就是说,先把教育搞好才能提高教学质量。

办学特色不是为了好看,为了检查,而是为了教育本身,为了教育教学质量的提高,为了孩子们幸福健康地成长,那种以牺牲教学质量为代价的所谓"办学特色"我们宁愿不要。办学特色不是标语口号,不是商标广告,不是表面浮华,而是最终要体现在学生的言行举止、行为习惯上,体现在老师和学生的精神面貌上,让老百姓一眼就可以认出是哪个学校的老师、是哪个学校的学生,因为只有那个学校的老师才有这种风范,只有那个学校的学生才有这种风采。

办学特色还表现为一个学校的创业精神、创新精神。罗甸职校为了搞短期培训,老师们自带行李和伙食费,到八茂中学和董王中心校,与学生们同吃同住一个月;为了护送学生到沿海城市就业,老师们要和学生一起坐几十个小时的大巴,要和学生一起睡几十天的硬板床,吃盒饭、方便面、饼干;为了搞葡萄种植实验,老师们亲自动手,硬是挖出八十公分宽、七十公分深、总长八百米的葡萄沟,又跑到边外河养猪场要肥料,将湿漉漉的猪粪一口袋一口袋扛上车运回来,身上的臭味一个星期都洗不掉,等等等等,不一而足。当 2005 年底我们申报国家级重点评估介绍到上述情况时,在场的评估专家无不为之动容,蔡厅长也感动得禁不住流下热泪。我们的"两基"攻坚,也出现了许许多多感天动地、可歌可泣动人故事。不经风雨不见彩虹,这就是感动上帝的精神力量,就是我们的办学特色。

漂亮的校园可以用钱建起来,可是漂亮的校园未必就能自然地产生先进的教育理念。有钱就能买到校长的办学思想吗? 相反,有时先进的教育思想往往产生于艰难的办学条件下。洋思中学、杜郎口中学的办学理念就是这样产生的,毛泽东思想也是产生于延安窑洞中的。教育是理想的事业,作为新时代的一校之长,眼界要宽阔,志向要高远。对教育要有一点理想化、一点乌托邦、一点创造奇迹的冲动。他应该是教育理想主义的实干家,必须有对国家教育政策的敏锐把握,有对办学目标的执着追求,有先进前卫的办学理念,有大胆改革的勇气,有锐意创新的魄力,有艰苦创业的精神,有众望所归的人格魅力,像陶行知先生那样,"为一大事来,做一大事去",殚精竭虑,坚苦卓绝,才能办出特色突出、质量较高的教育来。

综上所述,学校改革——目标论就是强调战略上要点明确,战术上重点落实,战役上难点突破。

三、教师成长——学习论

只要有与老师们交流的机会,我都要不厌其烦地反复强调教师学习的极端重要性,都要极力推荐我的"教师专业成长三部曲——阅读、反思、写作"。

教育大计,教师为本,教育事业的发展期盼教师队伍的专业成长。袁贵仁部长说:"教书育人是一项专业性、探索性、创造性极强的工作,要求教育者必须先受教育,具有高度的使命感、责任心,静下心来教书、潜下心来育人,来不得半点急功近利,来不得半点三心二意,来不得半点弄虚作假"。教师的专业发展在很大程度上是个人行为,没有谁能安排我们专业发展,没有谁能代替我们成长。要当一个什么样的教师、甚至要做一个什么样的人,全在我们自己。要学会自己做人,没有谁能帮我们做人,包括我们的父母。所以教师要学会自己成长。除非自己放弃,没有谁能阻挡我们成功。今天我是什么并不重要,重要的是明天我是什么。

学习是教师成长的必由之路,而学习的唯一办法是不断地阅读、反思、写作,别无选择。阅读能让教师的视野更宽,心灵更美,境界更高;反思能让教师的智慧更加丰富、更加卓越,写作能让教师的思想更加厚重、更加多彩。

有些同志长期在边远地区工作,条件艰苦,就认为看不到希望,就抱怨没有发展前途。我不同意这样的看法。30多年前,我本身就是从老家高兰小学、八茂中学一路干过来的。那时没有公路,运教材要用马驼;没有电,每月只有两斤煤油,晚上还要刻钢板。我没有感觉到有谁影响我学习,也没有谁不让我努力工作,更没有谁不允许我优秀,这都是我自己个人的事,跟别人无关。老师们,除非自己放弃,没有谁能阻拦我们成长,没有谁能阻挡我们成功。自己努力不够,没有任何理由埋怨客观。正如卢志文教授所说:"埋怨环境,我们可以找一百个理由,环境不会因为我们找了这些理由而发生百分之一的变化。可是改变自己,只要今天去做,明天就会发现自己身上已经发生了翻天覆地的变化。所以,埋怨环境,不如改变自身"。

(一)学习必须阅读——阅读是教师成长的基础。

正如人的身体需要营养一样,人的精神也需要营养。而精神营养来源于学习,来源于阅读。宋代黄山谷说:"士三日不读,则其言无味,其容可憎。"苏霍姆林斯基说:"书,这是一种重要的、永放光辉的明灯,是学校集体丰富精神生活的源泉。阅读,这是一个富有智慧而又善于思考的教师借以通向儿童心灵的门径。"朱永新先生说:"一个人的精神发育史就是一个人的阅读史,而一个民族的精神境界,取决于一个民族的阅读水平。"人们在阅读中增长知识、发现真理;在阅读中品味生活、修身养性;在阅读中领悟崇高、感受卓越……。阅读使人的灵魂净化、思想厚重、人格崇高。阅读使我们的心灵向真、向善、向美。所以,阅读是教师专业成长的重要基础,是教师取之不尽用之不竭的智慧源泉。没有阅读,作为教师的起码学养是不够的。有人说:"不知道巨人和他们的肩膀在哪里,就无法在传承的基础上创新"。教师不学习,教学就没有文化背景,没有理论支撑,没有科学内涵,没有专业素养,连行话都不会说。上课就只能是平铺直叙、照本宣科、苍白无力、枯燥无味。学生厌学的根本原因在教师,在教师的不学习、不阅读,其人品、学识、才气都不足以吸引学生,不能激发学生的学习兴趣,所以学生就厌学、逃学、辍学。

有专家测试,中国人与犹太人的智商是差不多的,为什么区区1600万人口的犹太民族就有127位诺贝尔奖获得者,而泱泱13亿人口的中国今年才出现一个莫言,原因当然很复杂,一言难尽,而且诺奖本身也有争议。但其中一个重要原因是:犹太民族是一个酷爱阅读的民族,这是不争的事实。据联合国教科文组织统计,以国家人均年阅读量为例:以色列为64本,美国为57本,日本40本,法国20本,韩国16本,中国0.7本。

民进中央副主席朱永新先生倡导把中国国民的阅读上升为国家战略,相当于基本国策。提议将孔子诞辰日 9 月 28 日作为每年的"中国读书日"。他组织了一个庞大的专家团队,从古今中外的名著中精选阅读书目。已选出《小学生阅读书目》《中学生阅读书目》《幼儿阅读书目》,还将选出《教师阅读书目》《公务员阅读书目》等。

目前我们教师的阅读状况令人堪忧。好多老师家里没有几本书,办公室一份报刊杂志都没有,不信你去检查看看。这样下去怎么得了!我们的教师队伍,真正静下心来读书、潜下心来学习的人有没有?有。但恕我直言,为数不多。大多数人都是快餐式、功利性和形式主义的学习。今天学校安排什么就学什么,明天上级考哪本就读哪本,一切都是被动应付,"被学习""被培训",完全不是为了增强教师自身的学养和能力而学。大家都说没有时间读书,可是一提到搓麻将大家又都有时间了。心态浮躁,行为功利是根本原因。这样大量不读书、不学习的人在当教师、在教书、在上课,在日复一日、年复一年地忽悠我们的孩子,而且还在那里自我感觉良好,有时还自以为是,为自己的无知强词夺理。长此以往,怎么不令人堪忧呢?这是非常危险的。

教师自古以来就是读书人。教师以读书为生、以教书为业,不读书怎样教书?教师不学习,作为生物学意义的人还活着,作为教育学意义的生命已经停止。苏联教育家阿莫纳什维利说:"如果教师并不感到自己是与夸美纽斯、卢梭、裴斯泰洛齐、马卡连柯、苏霍姆林斯基等伟大教育家的精神息息相通的,那么怎么也算不得一个优秀的教师。①"要把读书作为教师职业的本质要求和前提条件,阅读应当成为教师的嗜好和偏爱,教师的阅读应该产生大智慧而不是小聪明。所谓"学高为师",教师必须是首席学习师、首席阅读师,是学科的形象大使、学问的化身,是学生学习模仿的楷模。不这样,教师凭什么受人尊重?进门要有书香味,出门要有书卷气,这才是教师应有的气质和风范。

关于阅读的建议:一是读教育名著,直接与大师对话。比如陶行知的《教育文集》、苏霍姆林斯基的《给教师的建议》、魏书生的《教学漫谈》、朱永新的《我的教育理想》等。这些都是通俗易懂的,并不深奥,给自己打下一点教育理论基础。二是订阅学科专业书刊,其内容一般与教学同步,对教学有直接的帮助作用。这是锤炼学科专业的过硬本领。三是涉猎了解一些科技、文化、艺术等方面的常识和最新知识,以备教学答疑"解惑"之需。因为在信息爆炸时代,说不准有些知识学

---

① 康万栋. 对儿童的重新发现——阿莫纳什维利的儿童观评述[J]. 比较教育研究,1989(1):27-31.

生懂了而老师未必知道。

(二)学习必须反思——反思是教师成长的动力。

法国哲学家笛卡尔有句名言:"我思故我在"。反思是教师专业成长的源泉和动力。华东师大叶澜教授说:"一个教师备课三十年未必是优秀教师,一个教师反思三年就一定成长为优秀教师。"反思是研究的起点,就是对旧观念的挑战,对保守的批判,对传统的扬弃,对自我的超越。教育既是科学又是艺术,难道不需要我们反思和研究吗?课程改革本身就是反思性的,没有反思就没有课改。没有科研的教育,没有实验的教学,没有课题的教师,这就是落后地区教育现状的真实写照。没有科研的教育是什么教育?没有实验的教学是什么教学?没有课题的教师是什么教师?一个小学教师,教教教,几年后的知识就跟小学生差不多;一个初中教师,教教教,几年后的知识就跟初中生差不多。不是吗?我们老师与学生一起参加中考,结果有些老师比学生考的还差,这是非常危险的。

有人说:"三流教师教知识,二流教师教方法,一流教师教思想"。这句话太经典了。我的理解是:教"1 + 1 就是 = 2",这是教知识,教"1 + 1 怎样 = 2",这是教方法,教"1 + 1 为什么 = 2",这是教思想。教思想是引导学生发现学科知识的结构体系及其规律,发现了规律就掌握了方法,掌握了方法就获得了知识。这是教学的更高境界,是学生在老师的指导下经过活跃的思维活动自主发现规律、掌握方法和获得知识的。老师的作用在于激发学生的学习动机和兴趣,让学生自己去发现认知规律,从而产生各自的学习方法,这就是有效教学、高效教学。学生养成高尚的志趣、具有自主学习的能力比获得知识更有价值,学会学习比学懂知识更有意义,会学比学会更为重要。请问:让学生喜欢学习和学得多少哪个重要?养成良好的学习习惯和考多少分、排名第几哪个重要?成绩不过是成长的表征,成长才是学习的目的;成绩固然重要,成长才是本质要求,因而也更为内在、更为核心。学生知道标准答案未必就有思维能力、认知能力、学习能力、创新能力。邱学华先生说:"知识是可能被遗忘的,但能力却不会被丢弃,它将伴随人的终生"。如果从更深层次来理解,那么授人以"鱼"不如授人以"渔",而授人以"渔"又不如授人以"欲"。我们要培养的未来创新型人才是具有求知欲望和学习能力的人,而不仅仅是具有知识的人,我们要追求的正是这样的教学境界。这样的境界,是从教育的价值取向出发,遵循学科思想,把握学习规律,形成教学策略。要达到这样的境界,唯一的办法是教师在学习的基础上对教学进行不断的反思和不懈的探究,领会《课标》意图,深究"课改"理念,洞察学科之全貌和来龙去脉,领略学科之美感,熟悉学科教学之规律,从而把握学科教学之艺术。

那么,教师怎样进行学习反思呢?下面是我的建议:

一是把工作当作学问来做,把课改当作课题来做。工作就是学问,教学就是课题。反思其实就是在实践中学习、在实践中研究。农民种稻谷,袁隆平也种稻谷,但袁隆平种的是做学问的稻谷;农民种蔬菜,李桂莲也种蔬菜,但李桂莲种的是搞科研的蔬菜;我们上课,魏书生也上课,但魏书生上的是教研课题的课。把工作当做学问来做,工作本身就赋予探索奥秘的意义;把教学当做课题来做,教学本身就赋予科学研究的意义。从这个意义上说,我们所从事的教学工作,就不仅仅是上课的普通教师,而是同时在做学问的专家,搞科研的学者,教师的专业化成长就是水到渠成的事了。

要学会把教学实践中的问题作为研究对象,反复拷问是什么? 为什么? 怎么办? 从教育教学实践中反观自己的得失,对教育教学实践进行再认识、再思考。所以,有些教育专家就指出:问题即课题,教学即研究,成长即成果。课题要到课堂教学中去选,研究要到课堂教学中去做,答案要到课堂教学中去找,成果要到课堂教学中去用。

二是用专业的眼光观察,从专业的角度反思。俗话说"外行看热闹,内行看门道"。教学是很复杂的多边思维活动,是多学科知识的综合运用。教学活动中的许多现象,要从教育学、心理学、教学论等专业角度去观察、分析、思考,主要是对教育思想、教学目标、教学理念、教学策略、学习方法、教学过程、教学效果等进行反思,用批判的眼光去审视教学行为,善于透过现象看本质,在"热闹"中发现"门道",从中总结出规律性的东西来。这种反思,久而久之,甚至要成为教师的"职业病"。对于教学,既要从教法角度去研究,更要从学法角度去研究;既要分析智力因素,更要分析非智力因素;既要了解智商,更要了解情商;既要熟悉学生的心理特征,更要掌握学生的学习规律;既要面对全体学生,更要尊重个体差异和多元需求,分类分层"因材施教"等等。

比如老师们经常遇到这样的头痛现象:一些学生成绩不好,又贪玩耍,在家大人骂,到学校老师批评,人见人厌,被认为是油盐不进、无可救药的家伙。其实,只要稍微观察分析一下就不难发现,这样的学生有很强的抗挫折能力,心理素质很好,情商很高。你看,他对家长老师长期的批评没有较真,而是采取了不以为然的态度,这就是一种宽容的心态;而且还能硬着头皮从早到晚坚持在教室里听那些既听不懂也学不会的无聊的课,这是需要有极强的意志力才能坚持下来的。不像一些成绩好的学生那样,老师批评一点就寻死觅活,甚至跳楼自杀。这些例子不胜枚举。所以,从专业的角度去反思,就会有许多意想不到的新发现,从而不断修正和完善我们的教学行为,有可能逐步形成独特的教学风格,促成教师的专业化发展。

三是在反思的基础上不断改进教学方法。反思的目的是什么？就是要在反思中不断解放思想，不断发现问题，不断更新观念，不断纠正错误，不断探究方法，不断创新模式，不断提高效率。从原有的思维定式、教学模式、生活方式中解放出来，体验一种新的想法、新的做法、新的活法。

我强烈地建议老师们大胆地进行教学改革，从最差的班级改起，从最差的学生试起，"死马当活马医"。反正都已经这样了，沿用老办法、老套路也好不到哪里去，改用新模式、新方法也不会差到哪里去。不妨试一下，背水一战，"置之死地而后生"，或许能够走出一片新天地，取得意想不到的成果来。

青年教师更要试一试，趁早练点本事，学有自己的两下子，将来工作可能轻松一点、见效一点。否则人越老越累、越束手无策、越更加平庸。

现在我们很多老师不愿动脑筋，不研究学生，不分析课标，不钻研教材，不认真备课，不设计教学，不指导学生。上课也是一言堂，满堂灌，老师包揽一切，没有学生思考、提问、发言、讨论、互动的机会和空间。为图方便，给学生订购大量的教辅资料，搞题海战术，让学生的时间和精力无端地耗费在这些教辅题海中，让学生的想象力、创造力无辜地消耗在单调重复的劳动之中。早上六点半起床，一直干到晚上11点。以前在高中教室才能看到的学生桌面堆满教辅材料的景象，现在初中教室也有了，下一步可能小学教室、幼儿园教室也要出现了。

我在这里提醒大家，即使仅仅为了考试、为了分数，也必须进行教学改革。因为高考的形式和内容、甚至高校录取的方式都在逐年不断地改进。这两年高考、中考的题目已经逐渐不直接考教材内容了，考的是《课程标准》的要求，那种死啃教材、搞题海战术的做法已经不灵了，再高明的老师押题也不准了。这已经给我们发出明确的信号，再不进行教学改革，连应试教育也做不好，更不要说什么素质教育了。其实素质教育与应试教育并不矛盾，素质教育是包含应试并且超越应试的，素质高了难道考试不好吗？

学生是天生的学习者，与生俱来就具备满足学习的一切要素，学习是学生的本能，他有无穷的学习潜力。学生是自己生长、成长的，学习应该是学生自主建构的过程，老师为什么要拼命包办代替呢？上学之前会说的那些话，已能自如地与人交流，那是谁教的？基本上是自己学的。上学之后为什么不能让他自己学一学呢？学生的学习，是在老师的指导下自己"学"出来的，而不是老师直接"教"出来的。学生自己获得知识的过程，是复杂的心理、思维、认知的综合过程，是教师的讲授所无法替代的。"教学有法，教无定法，教要得法。"陶行知先生说："事怎样做就怎样学，怎样学就怎样教，教的法子要根据学的法子，学的法子要根据做的法子。"老师教学得法，做到"因材施教"，课堂教学就会注入生机和活力，学生的学习动机和兴趣就会得到激发,学习潜力就会得到开发,学习效率就会得到提高,教学行为就从"教"的课堂向"学"的课堂转变,达到"教为不教"的最高境界。老师教不得法,学生自然就学得很苦很累就厌学。正如顾明远教授所说:"学生学不懂、学不会,产生厌学情绪,家长也认为不如去打工挣钱,于是就辍学"。

(三)学习必须写作——写作是教师成长的途径

高贵人生始于阅读,智慧人生源于反思,精彩人生勤于写作。写作让我们的智慧发挥到极致,让我们的思想走得更远,让我们的价值得到充分体现,让我们的生活摆脱平庸、走向卓越,让我们的人生富于浪漫、臻于高雅。教育活动本来就美如诗画,写作让我们的教育生活更有诗情画意。不因"激扬文字",怎得"指点江山"?写作是最好的自我反省,没有写作的人生是不完整的人生,尤其是教育人生、教师人生。

任何科研成果都要通过写作变成文字,任何心得体会、精神世界、思想境界都要通过写作来展现。写作是教师职业的基本功,是教师专业成长的必由之路。目前我们教师队伍最悲哀的一件事情是:不愿写、不会写、不敢写。为了评职称、应付检查,所交的论文和总结也多是从网上下载复制粘贴的。

其实,广大教师长期在教学一线工作,也有许多观察、思考、发现和心得体会,也不乏许多真知灼见和奇思妙想,有些见解甚至并不比书上讲的差;工作中也有许多改革和创新,并取得显著的成效,有许多闪光点,可惜没有付诸笔端,没有变成书面语言,没有形成教研成果,"问君能有几多愁,恰似一江春水向东流"。

建议老师们特别是青年教师,要养成动笔写作的习惯,先从简单的工作日记、读书笔记、教学随笔写起,再写一些教育故事、教学案例、课改心得,并与阅读、反思结合起来。因为不是为了发表,也不是写给人看,是为练笔而写的,是为学习写作而写的,所以一开始不必追求完美。这样不断琢磨,反复锤炼,坚持个三年五载,习惯就变成自然了。一般的文章已能熟练写成,较有深度的论文也能写了。正如毛泽东曾经说过的:"入门既不难,深造也是能够办得到的"。入门之后,养成写作的习惯,就会在反思中产生灵感、产生美感,从而萌发写作的冲动,欲罢不能。习作既不难,创作也就顺理成章了。这时,写作又进一步提高反思的质量,进一步巩固阅读的成果,人的精神面貌、思想境界和生活状态都会发生根本变化,教师的儒雅风度和人格魅力就自然形成了。所以,聪明人就懂得下笨功夫,专家学者们就是这样练出来的。"宝剑锋从磨砺出,梅花香自苦寒来",没有人不经过长期磨炼而一夜之间成为作家的。

这里,我送给大家一句话作为共勉:高贵人生,始于阅读;智慧人生,源于反思;精彩人生,勤于写作。

我个人也不是天天写，但已养成观察思考的习惯，一有灵感就动笔，否则是睡不着觉的。三十多年写了几十个笔记本，现在翻来看，大部分内容是非常幼稚可笑的。但正是这些无数败笔的训练，才让我稍微懂得一点皮毛、掌握一点写作的方法。我的35万字的专著《教海逐浪——农村教育探究》，就是在经常阅读和不断反思的基础上坚持练笔写成的。

最后，我给青年教师推荐一个"教师专业成长线路图"：

(1)崇拜几位教育名人，决心做他们那样的人；

(2)加入几个学术组织，成为某个学派的传人；

(3)订阅几份专业书刊，从书刊读者变为作者；

(4)研究几项教学课题，成为某个领域的专家；

(5)撰写几篇教育论文，从普通教师变为学者。

顺便说明一下，我在几个地方举罗甸职校和我个人的例子是不得已的，并非等于说我的学校和我就做得如何如何的好，要刻意地标榜一下，而是担心有人说："你叫我们怎么怎么做，你自己又做得怎样呢？"我深知"己所不欲，勿施于人"的古训，我自己都做不到的事，从来不敢勉强别人去做。共勉而已，避嫌而已。

另外，我所讲的，不是要解决同志们"懂不懂"的问题，你们比我懂的多，而是想启发大家"动不动"的问题，如果大家都能动起来就太好了。其实，就算能把马克思从坟墓里叫醒起来教你，也还得要你自己动手。即使专家学者，也只教你怎么做，他不帮你做什么。何况我并不是什么专家学者，其建议也不过是抛砖引玉，仅供参考而已，一切都要我们自己亲力亲为。自助者，天助之；自救者，神救之。

结论

"三段论"是在现有条件下教育事业更好更快发展的基本思想。

"三段论"强调政府的资源决策权，发挥校长的办学自主权，强化教师的专业发展权。

"三段论"简明扼要，易于掌握，便于操作。

"三段论"提出的只是基本思路，初步设想，还很不成熟，需要在实践中不断丰富、完善和发展。

试想，如果全县教育资源得到科学合理的整合优化，如果每一所学校预期的目标都能实现，如果每一位教师都在不断地学习成长，那将是怎样的景象呢？

愿"三段论"能给大家一些启发，为教育事业作一点贡献。

教育梦想　教师担当

——在安顺开发区中小学校长和骨干教师研修班的专题讲座提纲

2013 年 9 月 14 日

尊敬的曹局长,各位校长,各位老师,大家早上好!

我来自黔南的罗甸。罗甸是贵州最南端的一个县,隔红水河与广西的天峨、乐业遥遥相望。国家在红水河建了一个大电站,叫"龙滩电站",据说仅次于三峡电站。下闸蓄水后形成了 330 平方公里的大水面,罗甸境内就有 80 平方公里的湖面,是旅游的好去处。当然没有我们这里的黄果树那样壮观,但是也有它自己的一些特色。欢迎各位到罗甸观光旅游,指导工作。

今天应邀来到这里,缘于彭贤伦书记。他曾经在罗甸工作十几年,虽然年龄比我小,但他是我的老领导,我们有比较深的交情。彭书记不止一次地打电话给我——七月份打一次,八月份打一次,最近又打了一次——邀请我到安顺开发区来,与各位校长老师们汇报交流一下。我感到诚惶诚恐,非常害怕。因为这里是贵州文化的发祥地之一,也是贵州的发达地区之一,是藏龙卧虎之地,专家学者遍地都是,何必要我一个边远山区的普通教师来和大家交流呢? 交流什么呢? 但是转念一想,这一定是彭书记的特意安排,就是给我提供一个学习的机会——正因为边远落后,才需要到发达地区学习。可见其用心良苦。昨天一脚踏进这黔中腹地,敬畏之情便油然而生,我特别珍惜这难得的学习机会。

根据彭书记的意思,他是想要我讲一下师德师风方面的话题,这个话题我能说清楚吗? 这个话题是可以说得清楚的吗? 我以为,师德师风不是说的学问,而是做的学问。但是既然领导安排了这样一个作业,我也只能硬着头皮汇报我的肤浅的认识了。其实,在座的各位都有各自的观点和看法,谁上台讲都比我讲的好。观点没有对错之分,只有差异之别。正因为差异,世界才如此绚丽多姿,我们的生活才如此丰富多彩。我讲完了,也算完成作业了,至于及不及格,就请各位评判了。

首先,我要做一点小小的说明,今天我在这里所讲的,不代表任何官方,不针对任何个人,不是学术报告,更不是经验交流。我讲的话是有争议的,没有争议的绝对正确的废话我不愿说,你们也不愿听。我讲的事例,主要是黔南的、罗甸的。如果你们认为安顺没有这些现象,就请你们引以为戒;如果你们觉得安顺也有类似现象,就仅供参考,聊作共勉。

我今天向各位汇报交流的题目是:"教育梦想,教师担当"。副标题是:"与安顺市开发区部分校长教师汇报交流"。

毫无疑问,教育梦是中国梦的重要组成部分。教育大计,教师为本。教育梦的实现全赖教师担当。教师责任重大,使命崇高。

历史在发展,思想在流动,教育在变化。教师如何担当教育的梦想,就是我们必须面对、必须回答、必须落实的问题。

那么,教师应该怎样担当教育的梦想呢?

本人不揣简陋,抛砖引玉,从教师形象、教师人格、教师成长三个方面进行探讨,以求教于各位同仁。

一、教师形象三要素

直到现在,我还在天真幼稚地认为,教师的个人形象比教师的教学水平更为重要(我没有说教师的教学水平不重要),教师队伍的形象修为比建教学大楼更为重要(我也没有说建教学大楼不重要)。清华大学的老校长梅贻琦就说:"大学之大,非大楼之大,乃大师之大也。"这里我套用一下,名校之名,非名楼之名,乃名师之名也。因为教师形象问题太简单了,太老生常谈了,所以很容易被人所忽略,也容易出现很多问题。

教师是什么?严格地说,教师是具有教育价值的人,是作为教育学概念上而存在的人。因此,没有教育价值的人就不是教师,就不能当教师。

教师形象是教师内在品质素养的外在表现。教师是公众人物,教师形象是最基本的教育要素,是最宝贵的教育资源。正如大教育家夸美纽斯所说:"教师的任务是用自己的榜样来诱导学生。"[1]

教师形象是学生学习做人的隐形课程,是师生在耳濡目染中潜移默化的隐形课程。美国著名心理学家、情商理论的奠基者戈尔曼说:"我相信,这些隐形课程在人的一生中比是否知道解二次方程还重要。"[2]教师形象是学生学习怎样做人的直观的教科书,是学生直接模仿学习的范本。

---

[1] 南萍. 教师提高自身素质的重要途径[J]. 西藏教育,2002(5):9.

[2] 李佑华. 新课程呼唤 EQ 培养[J]. 山西教育(管理),2008(1):41−42.

一般人认为,学生来到学校,走进教室,老师开始上课,才叫教育。其实,教育无处不在,无时没有。教育对象在哪里,教育的事实就发生在哪里。只要教育对象接触到教育资源,教育就会发生,不是正面作用,就是负面影响。而教师形象则是最为重要的教育资源,它指向明确,具有教育的针对性和选择性。就是说,从规定的意义上讲,学生可以不向其他人学习,但必须向老师学习。

教师形象具有首因效应。教师形象为教育活动的展开打好了基础,好的教师形象使教学活动成功了一半。所谓"亲其师,信其道",学生是先喜欢你这个老师,然后才喜欢你所教的学科。

教师形象具有鲜明的审美价值。车尔尼雪夫斯基说:"形象在美的领域中占着统治地位。"教师"要把学生造就成一种什么人,自己就应当是什么人。"

教师形象是师德师风建设的重要内容。教师要谨小慎微地注重形象修养,小心学生把你的毛病学了去。有些事情就是怪得很:你苦口婆心教的他不学或学不会,你不让学也没人教的他反而学会了。哪个老师教学生抽烟了?为什么有那么多学生学会抽烟?这可能就是所谓的潜移默化的作用。所以教育家卡尔·明格说:"教师是什么样的人比他教授什么更为重要。"学生不在乎老师说什么,而在乎老师做什么,更在乎老师是什么,"身教胜言教"的道理就在这里。

人民教师是否可以理解为是人民的教师,教师形象应该引领一方风气。陶行知在《我们的信条》中说:"我们深信乡村学校应当做改造乡村生活的中心,我们深信乡村教师应当做改造乡村生活的灵魂。"就是说最文明的地方是学校,最文明的人是教师。

学校与社会应当适当拉开一定距离。教师虽然每天生活于世俗之中,但境界要高于世俗之上,要"出污泥而不染",形象上让人一眼就看出是个教师,不能混同于普通老百姓。如果学校和社会一个样,教师和老百姓一个样,那么,学生到学校学什么?学生向老师学什么?

教师形象问题很简单,很容易做到,但也很容易被忽视、被忽略。教育的效果会因教师形象的好坏而增减。教师形象好,教学效果就事半功倍,收效甚佳;教师形象不好,教学效果就会大打折扣,事倍功半,收效甚微。

教师形象主要由仪表、语言、行为三个方面的要素组成。

第一要素:仪表优雅

教师的仪表主要是指教师的仪容和穿着,怎样做到仪表优雅呢?

一要体现职业身份,二要体现精神面貌,三要体现个性气质。

教师的仪容和穿着以不干扰教学为前提,但怎样才是不干扰教学也不好把握。一般而言,以干净整洁、朴素大方为好。男教师不宜穿短马裤上课,否则学生的注意力就很可能在你的飞毛腿上。裤腰上最好不要挂钥匙、手机之类的附着物。女教师不宜浓妆艳抹,可以化一点淡妆,但最好不要染指甲,修剪好即可,人的指甲本来就有天然的美,染了以后反而让人觉得很脏。

另外,爱美之心人皆有之,现在的人们喜欢时尚,这不仅是正常的,而且是社会发展的必然。许多时尚的东西是从西方传过来的,比如西装和牛仔裤,给我们的生活增添了多彩的现代气息。但是从西方传过来的时尚东西未必都是好东西,我们不应不加判断、稀里糊涂地盲目跟风流行,比如网状的黑丝袜。我在罗甸就跟一些喜欢追求时尚的女教师们说,本来这样的事是不应该由我这个年龄段的人来说的,但是我不说又怕你们上当,所以我不得不提醒你们。社会上的人穿网状的黑丝袜就让他们穿去吧,我们管不了他们,但是我们教师千万不能穿,为什么?网状的黑丝袜在西方是性工作者穿的,而且还根据网眼的大小与服务项目的不同有价格上的暗示。

第二要素:语言得体

教师的语言分教学语言和一般语言。教学语言是专业规范语言,有专业的规定性。一般语言是日常用语,日常用语也要符合特定的条件。要随环境、对象、作用的变化而随机应变,不要有失于教师的身份。

第三要素:行为规范

教师的行为要注意检点、注意影响、注意规范。如果已经与学生发生冲突,宁可哭在学生手头,千万不能体罚和变相体罚学生。日常生活中与人发生矛盾也是难免的,一定要自控情绪,千万不能失态、有失于教师的体面。

随身带一个包,装上本子和笔,是爱岗敬业的表现。

所谓"严师",应该理解为是对自己要求严格的老师。

"贵州教育精神"也是首先体现在教师形象和教师的精神面貌上,而不只是挂在嘴上、写在墙上。

总之,教师应当做到行为世范、行为世效、行为世法。

二、教师人格三境界

如果说教师形象比较外在、比较感性,那么教师人格就比较内在、比较理性。教师人格是教师作为教师的品质影响力之所在。苏联教育家乌申斯基说:"教师的人格,就是教师的一切。"①教师人格的高下,是教育成败的重要因素。

德国学者林德:"真正能教导学生的是教师的人格,而不是所谓的教学方法。"

为什么有些老师在学生中很有威信? 有些老师在学生中没有威信? 因为教师的人格魅力不同。教师凭什么受人尊敬? 教师自信的价值是什么? 教师的品位在哪里? 这些只能从教师的人格境界去找答案。

新时期我们要重塑理想的教师人格,教师追求理想的人格。理想的教师人格我理解为三个境界。

第一境界:德要近佛

佛即觉者,是"觉悟的人"。人性即佛性。佛是做人的最高境界。"德要近佛"不是说要老师们做不食人间烟火的苦行僧,而是说教师的德要接近佛的境界——做人的理想境界——就是要有大慈大悲普度众生的大爱情怀,起码要有一点悲天悯人的菩萨心肠。"十八大"就把"立德树人"作为教育的根本任务,可见教师的德有多么重要。

无独有偶,美国的《全美教育协会道德规范》也要求:"教育者有无限接近最高道德标准的责任。"

教师的德包括个人品德、家庭美德、职业道德、社会公德。

个人品德要追求一个"善"字;家庭美德要追求一个"孝"字;职业道德要追求一个"忠"字;社会公德要追求一个"信"字。

"德要近佛"要体现在教师对教育的热爱,对学生的热爱,对学科的热爱。对教育的热爱就是我们平时说的"忠诚党的教育事业",这一点不用我多说。

对学生的热爱就是对孩子的尊重和宽容,眼中有孩子,心中有孩子。从教育伦理的意义上说,教师的爱因其非功利性而具有无比神奇的力量。有人说爱自己的孩子是人,爱别人的孩子是神;爱听话的孩子容易,爱不听话的孩子难能可贵。霍懋征老师说:流失一个学生对一所学校而言可能是千分之一或几千分之一,但是对于孩子本身的命运和他的家庭前途来说就一定是百分之百。

苏联教育家、《无分数教育三部曲》作者阿莫纳什维利为了让自己能更亲近孩子们一些,每天在去学校的路上都练习发音:"孩子们,你们好""你们生活得怎么样""祝你们一路平安",使其更亲切更柔和,以至一些路人觉得他有些怪异。可见要达到这样的境界也是需要经过修炼的。

对学科的热爱。教师在学生的眼中应该是学科的化身,是学科的形象大使。

---

① 陈建霞. 浅谈政治教师的人格魅力在教学中的作用[J]. 课外阅读:中下,2012(2):79.

在学生眼中,语文教师就是文学家,数学教师就是数学家,物理教师就是物理学家。教师对学科的热爱和执着追求就是一种境界,一种人格魅力。

第二境界:学要近道

"道"是老子思想的核心内容,是事物变化发展的客观规律,老子说:"道生一,一生二,二生三,三生万物。"《老子》开篇第一句话就提醒我们说:"道可道,非常道"。我的理解是:"道"如果用语言来表述的话,就与事物的客观规律本身有很大的出入,所以,任何结论都是不可信的,任何人说的话都是值得怀疑的,但是又不得不用语言来表述,否则就无所谓"道"了。

"学要近道"就是我们的学问、学识要接近事物变化发展的客观规律,对于教师而言,就是要掌握教育教学的客观规律。

老子又说:"上士闻道,勤而行之。中士闻道,若存若亡。下士闻道,大笑之。不笑不足以为道。"这就是俗话说的"满壶摇不响,半壶响叮当。"

"学要近道"就要像《论语》中"子曰:朝闻道,夕死可矣"那样,要有对真理的敬畏和执着追求的精神。

"学要近道"就要像《礼记·学记》所讲的那样:"君子既知教之所由兴,又知教之所由废,然后可以为师也。"

"学要近道"就要像司马迁在《报任安书》中所说的那样:"究天地之际,通古今之变,成一家之言。"

第三境界:才要近仙

爱因斯坦说:"使学生对教师尊敬的唯一源泉在于教师的德和才。"

"才要近仙"就是教师要有手到病除、点石成金、化腐朽为神奇的能力和水平。成不了大仙,也要做个小半仙,要有自己的两下子。

三流教师教知识,二流教师教方法,一流教师教思想,超一流教师教信仰。教"1+1就是等于2",这是教知识,教"1+1怎样等于2",这是教方法,教"1+1为什么等于2",这是教思想。毛泽东的老师只教信仰,所以是超一流的。

虽然我们做不到德达佛、学达道、才达仙,但是我们可以不断地接近它,要像司马迁在《史记·孔子世家》所说的那样:"高山仰止,景行行止。虽不能至,然心向往之。"

三、教师成长三部曲

教师成长是个体行为,没有谁能安排我们成长。

除非自己放弃,没有谁能阻挡我们成长、成功。

今天我是什么并不重要,重要的是明天我是什么。

第一部曲:勤于阅读

朱永新先生说:"一个人的精神发育史就是一个人的阅读史,而一个民族的精神境界,取决于一个民族的阅读水平"。朱永新认为,美丽中国应该从阅读开始。他说:"建设美丽中国仅仅靠环境是不够的,更要有心灵的美丽。建设美丽中国,要从全民阅读开始。我倡议设立国家阅读节,不仅有提倡阅读的意义,更有文化的象征。"

阅读就是给自己的心灵安个家,建立自己的精神家园。现在我们的物质生活丰富了,我们缺乏的是精神家园,在精神生活方面没有家、找不到家,无法安顿自己的心灵。生活中就显得浮躁和急功近利,看问题也很肤浅、不深刻,只能就事论事、见子打子。苏联教育家阿莫纳什维利说:"如果教师并不感到自己是与夸美纽斯、卢梭、裴斯泰洛齐、马卡连柯、苏霍姆林斯基等伟大教育家的精神息息相通的,那么怎么也算不得一个优秀的教师"。

目前,我们教师阅读的状况令人堪忧。不知道巨人和他们的肩膀在哪里,就很难在传承的基础上创新。我想象某一天,大街上所有的电子游戏厅都变成阅览室,那么,我们国民的素质会是怎样呢?我们民族的实力会是怎样呢?

2013年全国两会期间,百名政协委员建议全民阅读立法,把孔子诞辰纪念日——9月28日设立为中国"全民读书节"(世界读书日——4月23日——莎士比亚逝世纪念日)。

教师阅读建议:教师应当是首席学习师、首席阅读师。霍懋征:"只有源源不断而来,才能滔滔不绝而去。"进门要有书香味,出门要有书卷气。我们可以平凡,但千万不能平庸。

第二部曲:善于反思

为什么要提倡反思?反思是教师成长的动力。

其实广大教师都在兢兢业业地工作的,为什么教学质量不高?为什么学生厌学、逃学、辍学?因为我们的劳动、我们的教学,科技含量不高,教育之美的含量就更少,不符合教育教学的客观规律。是粗放的、机械的、重复的、低效的、甚至无效的劳动。

华东师大资深教授叶澜教授说:一个不善于反思的教师教书三十年未必是优秀教师,一个善于反思的教师教书三年就一定是优秀教师。是不是一定?这是叶教授说的,一定有她的道理。不反思就没有进步,不反思就没有专业成长。一个小学教师,教教教,几年以后就跟小学生差不多;一个中学教师,教教教,几年以后就跟中学生差不多。这就是落后地区教育的真实写照。

1. 对"教育"的反思

(1)关于"教育"

"教"字由"孝"和"文"组成。《孝经》说:"孝,德之本也,教之所由生也"。孝是德的根本,教育就从这里产生。可见,我国传统教育是跟孝有直接关系的,教育是从孝开始的。没有孝就没有教,没有孝的内容就没有教育本身。

《论语》写道"子曰:弟子入则孝,出则悌,谨而信,泛爱众,而亲仁,行有余力,则以学文"。孔子说,学生学习,要先把孝、悌、谨、信、爱众、亲仁这些内容学好做好,在这个基础上还有余力,再去学"文"。("文"指礼、乐、射、御、书、数六种基本技能)。可见"文"没有孝、悌、谨、信、仁、爱重要。就是学怎样做人比学什么技能更重要,也相当于今天说的"立德树人"比学数理化更重要。

《说文解字》对"教育"的解释是:"教,上所施下所效也","育,养子使作善也"。"教"就是家长做给孩子效仿、老师做给学生效仿的。"育"就是培养孩子行善事、做好人。

(2)教育理论

我国古代经典如《论语》《学记》《劝学》《师说》以及诸子百家的著述有着丰富的教育理论,我们对传统文化尤其是传统教育理论的传承是远远不够的,比如我们已经不能用文言文写文章了,不要说一般的大学生,就是中文系毕业的学生也未必能写。这是值得我们反思的一个文化传承的大问题。

(3)"钱学森之问"——"为什么我国的教育培养不出杰出人才?"

钱学森在2009年11月5日《人民日报》上发表文章:"今天我们办学,一定要有加州理工学院的那种科技创新精神,培养会动脑筋、具有非凡创造能力的人才。我回国这么多年,感到中国还没有一所这样的学校。都是些一般的,别人说过的才说,没说过的就不敢说。这样是培养不出顶尖帅才的。"

"中国还没有一所大学能够按照培养科学技术发明创造人才的模式去办学,都是人云亦云,一般化的,没有自己独特的创新东西,受封建思想的影响,一直是这个样子。我看,这是中国当前的一个很大问题。"

"所谓优秀学生,就是要有创新。没有创新,死记硬背,考试成绩再好也不是优秀学生。""在这里,你必须想别人没有想到的东西,说别人没有说过的话。"

(4)中国人的"诺奖情结"

大家知道,"诺贝尔奖"是瑞典化学家诺贝尔生前设立的用其财产的一部分作为奖金、奖给在科学研究方面作出突出贡献的科学家的奖项。开始时设物理、化学、生物(包括医学)三项,后来又增设经济、文学、和平三项。大家知道,直到去年,我国的莫言才获得"诺贝尔文学奖"。

关于"诺奖",我个人的看法是,没有诺奖不等于没有科技,没有诺奖不等于没有经济,没有诺奖不等于没有文学。在我看来,一个袁隆平可以抵得过三个诺奖获得者,鲁迅、巴金的影响也并不比海明威差。有些诺奖就有很大的争议,比如达赖喇嘛就获得"诺贝尔和平奖",在座的各位,你们同意吗?越战结束的时候,挪威皇家诺奖评委会把当年的和平奖分别奖给美国的基辛格和越南的黎德寿,因为黎德寿拒绝领奖使该奖项蒙羞,几个评委因此被迫辞职。

但是话又说回来,我国在科技方面,尤其在基础学科的研究方面,至今还只有一人获奖,不能不承认我们的落后,总不能说"葡萄是酸的"吧。

诺贝尔三大科技类奖总排名(469 人,分属于 26 个国家)

1. 美国—204 人　2. 英国—69 人　3. 德国—63 人　4. 法国—27 人　5. 瑞典—16 人　6. 荷兰—13 人　瑞士—13 人　7. 俄罗斯—11 人　8. 丹麦—8 人　9. 奥地利—7 人　10. 意大利—6 人　加拿大—6 人　日本—6 人　11. 比利时—4 人　澳大利亚—4 人　12. 匈牙利—2 人　阿根廷—2 人　13. 挪威,芬兰,捷克,爱尔兰,西班牙,葡萄牙,南非,印度,巴基斯坦均为 1 人

(5)高考状元的悲哀

中南大学蔡言厚教授退休后任中国校友会网大学评价课题组学术负责人。他带领的课题组发表的《中国高考状元调查报告》,显示出这样的结果:1977 年至 2008 年 32 年间的高考状元几乎没有一个成为做学问、经商、从政等方面的顶尖人才,他们的职业成就远低于社会预期。

蔡言厚坦言,他们课题组在进行大学评价排行时发现,社会公认的杰出政治家校友榜、院士校友榜、杰出人文社会科学家校友榜、富豪企业家校友榜上的顶尖人才,几乎无一是当年的"高考状元"。高考状元职业发展低于社会预期,这出乎我们课题组成员的预料。

(6)《2012 年理论热点面对面》的调查

一次对全球 21 个国家的调查显示:中国孩子的计算能力排名第一,想象力倒数第一,创造力倒数第五。

现在的教育:幼儿园学小学,小学学初中,初中学高中,高中学大学,大学学幼儿园——学怎样做人。

(二)对"教学"的反思

1. 教学源流

夸美纽斯的"班级授课制"

赫尔巴特的"五步教学法"（即组织教学、检查复习、讲授新课、巩固练习、布置作业）

凯洛夫的"教育学"

2. 中国青少年研究中心的调查

中国青少年研究中心副主任、研究员孙云晓："在我们做的全国中小学生学习与发展状况调查中发现，因为喜欢读书而上学的学生中，小学生仅占8%，初中生仅占11%，高中生仅占4.3%。也就是说，绝大多数孩子缺乏热爱学习的宝贵元素——认知需要。在我看来，这是一个十分可怕的巨大事实"。

另据《北京晚报》7月18日报道：调查称，仅1%在校大学生忙学习，超九成曾经逃课。（哈佛的毕业淘汰率是20%，中国是多少？）

把工作当做学问来做，把问题当做课题来做，我们平凡的工作就具有科学研究的意义，上课的教师成了科研的专家。

教学改革：课改本身就是反思性的。反正已经这样了，不试也好不到哪里去，试了也坏不到哪里去，或许还可能有所改进。（目前教改"一放就乱，一统就死。"恐惧层层上传，压力层层下达。）

坚持本土经验，坚持校本原创，不搞移植克隆，避免教育泡沫化（虎妈、狼爸，各种"模式"）

3. 影响教学的因素是多方面的

智力因素：注意力（有意、无意）、记忆力（艾宾浩斯）、思维力（形象、逻辑）、想象力等。

非智力因素：动机、兴趣、意志、情绪等。

传授式教学与体验式教学。

三维目标也是有所侧重的。

挽救一个罪恶的灵魂与指导一个学生考100分哪个更重要？哪个更辛苦？

评价指标内容

品德发展水平——包括行为习惯、公民素养、人格品质、理想信念。

学业发展水平——包括知识技能、学科思想方法、实践能力、创新意识。

身心发展水平——包括身体形态机能、健康生活方式、审美修养、人际沟通。

情绪行为调控

兴趣特长养成——包括好奇心求知欲、爱好特长、潜能发展。

学业负担状况——包括学习时间、课业质量、课业难度、学习压力。

第三部曲:长于写作

写作是教师成长的重要途径(写作是最好的反思)。

写作是教师的职业基本功(教育本身就美如诗画,写作让我们的生活更有诗情画意)写作让我们的思想走得更远。

写作是教师生涯的宝贵财富(有些老师的见解并不比书上讲的差,可惜就是没有付诸笔端,建议青年教师从写教育随笔开始练习)

与君共勉:

高贵人生,勤于阅读;智慧人生,善于反思;精彩人生,长于写作。

我的教育梦想:

让最优秀的人当教师

让学校成为未来社会的样板

让所有的孩子能读书、爱读书、读成书

正是人生出彩时

——班主任工作漫谈

（2013 年 12 月 7 日下午在罗甸职校的讲座）

各位领导、各位老师、同志们：

学校领导邀请我来作一个有关怎样做班主任工作方面的讲座，我感到非常为难，因为在我的教育生涯中，我当班主任的时间很短，就是 1980 年到 1983 年在高兰小学带了一个班从初一到初三，1993 年在罗甸民中带了一个高三班，仅此而已，非常可怜。所以，我是不够资格讲这个话题的。但是领导规定的话题我又不能拒绝，因此，对我来说这是个两难的话题。不过，从互相学习的角度说，我是乐意和大家交流的。

我离开学校已经五年，刚才来到校园，看到学校的变化很大，我非常高兴。

当前，包括我们学校在内的整个罗甸教育正处于一个发展的关键时期，面临许多新的挑战。新挑战就是新机遇，挑战本身就孕育着机遇。这个时期，需要广大教育工作者付出更为艰辛的努力，也只有在艰苦的磨炼中我们才能专业化成长。你们中间，有些是经验丰富的老班主任，有些是年富力强的青年班主任，有些是刚刚上任的新班主任，有些是随时准备上岗的候选班主任、准班主任，从罗甸教育发展关键节点的意义上说，现在正是我们人生出彩的关键时期。所以，我汇报的题目是"正是人生出彩时"，副标题是"与县职校诸君共勉"，我打算从四个方面来展开这个话题，请大家批评指正。

一、中华复兴逐梦始

我们处在一个伟大的时代，一个逐梦的时代。现在大家讨论最热门的话题是有关梦想的话题，国家梦、民族梦、个人梦，在我看来，这些梦想都是相互联系、相辅相成的。这个时代给我们每个人都提供了施展才华的广阔舞台，为我们每个人实现人生价值创造了无限的可能性。

中国梦。首先是到 2020 年建成全面小康社会，进而实现两个一百年的奋斗目标,然后就是实现中华民族伟大复兴的中国梦。

为了实现全面小康的教育目标,中央出台了《国家中长期教育改革和发展规划纲要(2010－2020年)》,提出了"优先发展,育人为本,改革创新,促进公平,提高质量"的工作方针。这是实现中国教育梦的必由之路。

贵州梦。贵州提出加速发展、加快转型、推动跨越、同步小康的奋斗目标。

为了实现同步小康的教育目标,省教育厅提出了贵州教育精神:"开放自信,乐于奉献,攻坚克难,勇于争光。人一之,我十之,咬定青山不放松,不达目的不罢休"。同时实施许多教育计划和工程,其中和我们关系密切的有"9＋3"计划和"百校大战"。对我们而言,这就是挑战和机遇。

我的梦。我们的梦是什么,对于学校而言,就是从"国家级重点"走向"示范校学校":对于个人而言,就是从"双师型教师"成长为"专家型教师",这是学校发展和个人成长的必由之路。

二、莘莘学子盼良师

这个伟大的时代,是拒绝平庸的时代。这个关键的时期,是渴望卓越的时期。莘莘学子的成长坚决地拒绝庸师,迫切地期盼良师,期盼优秀教师。要当好班主任,首先自己必须是一个优秀教师,也只有优秀教师才能担当班主任。

何为良师? 以下是我在多个场合反复强调的几个观点:

教师形象三要素——仪表优雅,语言得体,行为规范。教师优雅的仪表本身就是优质的教育资源,得体的语言充分展示教师的职业身份,规范的行为成为学生的楷模和社会的表率。教师应当做到行为世范、行为世效、行为世法。

教师人格三境界——德要近佛,学要近道,才要近仙。教师的师德要接近大慈大悲、普度众生的佛。教师的学问要洞悉教育规律、把握教育真理。教师的才华要做到点石成金、化腐朽为神奇。这三种境界应当成为教师一生的追求,"高山仰止,景行行止。虽不能至,然心向往之。"(司马迁《史记·孔子世家》)

教师成长三部曲——勤于阅读,善于反思,长于写作。阅读是教师成长的基础,反思是教师成长的动力,写作是教师成长的捷径。教师没有阅读,就不可能有新的教育源头,你拿什么教学生? 教师没有反思,就不可能有新的教学方法,你怎样去教学生? 教师没有写作,就不可能有新的教育成果,你如何做到专业成长? 因此,高贵人生,勤于阅读;智慧人生,善于反思;精彩人生,长于写作。

以上讲的是教师的基本素质,以下讲教师的教学能力(不入流者不讨论)。

三流教师教知识,这是知识课堂——教教材知识点。这种教学,是教教材内容。老师讲,学生记。老师讲多少,学生学多少。老师讲到哪里,学生跟着学到哪里。老师按照教学进度传授教材上的知识点，学生只要记住老师讲的内容和答案，能够做书上的习题，就算已经学好了。这是传授式教学，主要靠记性。

我们县多数教师是这一类教师，他们虽然兢兢业业，任劳任怨地工作，但是由于他们讲课的科技含量很低，是粗放的、机械的、重复的劳动，尽管十分辛苦，效率仍然是很低的，教学质量是很难提高的。教了一辈子的书，最后连教学最核心的东西也未必掌握、未必能对教学说出个所以然而不甚了。

二流教师教方法，这是能力课堂——用教材教课程。这种教学，是以教材内容为范例来教课程。老师针对不同学生制定各自的学习计划，用导学案的方式指导每个学生采用适合自己的方法进行学习。一般地说，学生要对教材内容先预习，再到课堂上进行讨论，不懂的由老师讲解。让学生在体验中掌握知识，在训练中形成能力。这是体验式教学，主要靠理解。

我们县有部分优秀教师已经达到或者正在成长为这一类教师，他们对课程标准和教材内容谙熟于心，对每个学生的学习情况了如指掌，善于将教学方式的安排建立在科学的原理之上，其教学行为有着深厚的理论基础，有足够的文化底蕴支撑，能在长期的教学实践中探索出一套自己的教学模式，形成独特的教学风格，达到科学的境界。

一流教师教思想，这是智慧课堂——教学科思想。这种教学，是通过学科思想来教课程体系。我们知道，每一门课程都是按照特定的学科思想而自成体系，如果我们从系统论的原理出发，搞清楚学科思想的来龙去脉，从整体上去把握课程体系的结构，同时根据课程特点采取不同的学习方法去掌握体系结构中的关键环节和重点难点，学习效率就会大大提高，可以一个单元一个单元、一个版块一个版块地整体学习。这是系统性教学，主要靠悟性。

目前我们县尚未发现这一类教师，先进发达地区这一类教师就有很多。他们对学科知识体系的构成，学科的发展沿革，学科与实际运用的关系，学科的发展前景，学科的重要人物等都了然于心。他们能激发学生对学科的浓厚兴趣，教学生把握学科的思想脉络，采用适合自己的方式学习，从而掌握整个学科的知识。北京市著名特级教师孙维刚老师，用一年的时间教完了三年的初中数学，而且学生特别热爱数学，认为数学很有意思，很多学生因此立志要做数学家，用一辈子研究数学，他们不仅不怕数学考试，而且喜欢数学考试，觉得数学考试有乐趣。这是教育家在上课，达到艺术的境界。

超一流教师教信仰，这是自由课堂——自我构建学科思想。这种教学，是成熟的思想家和成长中的思想家在聊天。徐志摩在《吸烟与文化》的文章中引用了一位牛津教授的调侃："对准弟子的脑壳抽烟。"也就是说，牛津的学生是教授用烟斗熏出来的。大师着力培养学生对科学、对艺术的信仰和献身精神。学生自然生成自己的学科思想，甚至对原有学科进行颠覆性的改造。大科学家、大艺术家、大教育家就是这样成长起来的。这是创造性教学，主要靠创新。钱学森、巴金、陶行知的老师就是这一类大师，是哲学家在上课，达到超越的境界，甚至是划时代的境界。

教师成长是个人行为，成不了卓越教师、优秀教师也要做一个有品位的教师，就是做一般教师也同样需要修炼。我们要贵为人师，不要愧为人师。

三、愿君诚勇担大任

我个人认为，担任班主任工作是教师的光荣，它让我们的教师生活更加丰富多彩，现在正在担任班主任工作的老师，正是你们人生出彩的美好时光。因为不是所有的教师都可以当班主任的，当了教师而没有担任班主任工作是教师生涯的一大缺憾，我本身就是一个例子，因为我担任班主任工作的时间太少。

班级流变。班级授课制又称课堂教学，是把一定数量学生按年龄特征和学习特征编成班组，使每一班组有固定的学生和课程，由教师按照固定的授课时间和授课顺序（课程表），根据教学目的和任务，对全班学生进行连续上课的教学制度。1632 年，捷克教育家夸美纽斯出版了《大教学论》，形成了班级授课制的系统化理论，班级授课制就产生了。后来德国教育家赫尔巴特和苏联教育家凯洛夫先后完善了这一理论。我国在清政府颁布《奏定学堂章程》（即 1903 年的"癸卯学制"）后，才在全国广泛推广。

班级授课制是工业化社会的必然产物，是夸美纽斯在人类教育史上的伟大贡献，它推动了几乎全世界教育事业几百年的发展，目前仍然是课堂教学的基本组织形式。但随着人类社会的不断进步和教育科学技术的不断发展，班级授课制越来越暴露出其缺点。为了弥补班级授课制的不足，国内外进行了许多改革实验，主要有班级小型化、选科制、开展小队教学等。希望大家在这方面多做探索，我这里只讲一些个人的基本认识。

三种类型的班主任。由于对班主任工作的意义和作用理解不同，投入的精力和实施的方式方法也不一样，所以，班主任工作的成效就千差万别。大体上可以分为三种类型：

事务型的班主任。这种班主任，学校安排什么就做什么，安排多少就做多少。就事论事，见子打子。工作被动，忙于事务，疲于奔命。班级管理混乱，出的问题也很多。这是被动式的班主任。

技巧型的班主任。这种班主任，工作有计划，有措施，有班级规章制度，分工明确,责任落实。班级管理有条不紊,班级活动丰富多彩,很好地完成学校安排的各项工作任务。这是主动式的班主任。

智慧型的班主任。这种班主任,只给学生出点子、拿主意,班级管理的一切事务几乎全部交给学生自主解决。班主任工作的重点在于怎样指导学生群策群力去营造一种适合他们成长的和谐的班级文化氛围,比如班级常规管理的方案,各项计划的实施细则,班会课的主题设计,班级活动的策划,甚至班徽、班歌、班级誓词、教室文化等。整个班级别具一格,独具特色,充满生机活力,展现诗情画意,是学校一道独特亮丽的风景线。这是创新式班主任。

班级是学生接触到的类社会性群体组织,是学校最基本的组织形式,是学生学习生活的文化载体,是学生成长的主要环境。班级是学校行政管理的基本单位,是实现教育功能的基层组织,学校的教育目标主要通过班级和课堂来实现。所以班主任工作使命光荣,责任重大,非同小可。

常规工作

作为班主任工作,班级常规工作是基本动作,是班级管理从简单到复杂、从必然王国走向自由王国的必由之路。我理解的班级常规工作主要有以下几项:

1. 掌握班情。在接手一个班之前,必须掌握这个班的基本情况,制作《班级基本情况登记表》或《花名册》,内容包括姓名、性别、年龄、族别、家庭住址、家长姓名、家长职业和单位、家长联系方式、原毕业学校、原班主任、是否共青团员、是否担任过班干团干队干、中考成绩、兴趣爱好、获奖情况等。然后做一个基本统计,包括男女比例、民族构成、地域分布、成绩状况,兴趣类别等。根据掌握的基本情况做一个大体的分析,比如是男生多还是女生多? 各民族之间的比例是多少? 各乡镇以及外地生源的分布怎样? 中考成绩各分数段状况如何? 学生兴趣爱好和个性特点都有哪些类别等。并根据这些分析作出大致的判断,再根据这些判断采取基本的措施。

2. 建立班委。班委的建立可采取自荐、推选、任命、轮值的方式产生。可制作《班委推荐表》,在全班范围内征求意见,由全班同学按班委职数公推(或自荐)班委人选,然后由全班投票产生。也可以由班主任提供建议名单,在班上征求意见后投票产生。也可以先编组,由各小组自行推选一套班委,轮流担任班委干部,管理班级事务。

3. 健全班规。班级管理需要建立哪些规章制度,班主任要心中有数。可以由班主任根据班级管理实际拟出初步方案,交由全班讨论制定。也可以把制定规章制度直接交给班委,由班委组织全班同学讨论决定。其实,征求意见的过程也是凝聚共识的过程。这样,更加体现"从群众中来,到群众中去"的民主化管理理念。

同时也更能锻炼学生的自我约束、自主管理的能力。

4. 制定计划。班级工作计划不是班主任工作计划。班级工作计划要全部交给班委组织全班同学制定,班主任只能做一些必要的引导,千万不要包办代替。班主任可以把学校工作的总体安排、整体思路和具体要求告诉同学们,并谈谈班主任自己的意见建议,班委和全班同学根据学校要求和班主任建议充分地酝酿讨论,结合本班实际制定班级工作计划。有年级计划(三年计划)、学年度计划、学期计划等。各小组根据班级工作计划也可制定相应的小组工作计划。

5. 开展活动。班主任要善于指导班委根据班级工作计划开展班级活动。班委要先按照班级工作计划排列出每一学期开展班级活动的内容及其时间表,集中全班同学的智慧,根据活动内容策划切实可行的工作方案,反复琢磨推敲,制定完备的实施细则和各项具体的保障措施,确保每一项活动不仅能丰富多彩地开展,而且是全校最具特色和个性风格的班级活动。

班级活动的开展不只是为了完成学校安排的工作任务,而主要是通过活动的开展,营造一种适合学生健康成长的情景、氛围、生态,搭建学生展示才艺的舞台,提供学生经受各种锻炼和考验的场景,从而陶冶学生的美好情操,形成学生的良好品德,激发学生的学习兴趣,磨炼学生的坚强意志,达成学生的多种能力。让班级活动像过节一样,成为美的享受,成为人生难忘的记忆。

推陈出新

以上讲的是班主任常规工作的基本做法,在我看来,这只是最低要求而不是最高追求。优秀的班主任应当是在谙熟班级常规工作的基础上推陈出新,把班级工作放到更大的范围去思考,更宽的领域去谋划,更高的境界去追求,对班级工作进行多维度、全过程的创新,把班级工作做到极致,达到艺术美的境界。

1. 角色定位。班主任是什么?班主任是与学生一同成长的伙伴和朋友。班主任自身也要成长,班主任的成长必须与学生为伴,也只有和学生一起才能成长。班主任是学生的高级服务员,是以教育家的水平作为要求给学生提供优质服务的工作者。班主任是学生思想的导师,学生精神的领袖,学生学习的楷模。在学生面前,班主任是首席学习师,是思想的启蒙者,是学科的形象大使,是教育之美的艺术家。班主任是学生一生取之不尽用之不竭的优质教育源泉。

2. 带班理念。班主任不是管人而是带人,要带领不同个性的孩子健康成长;不是管班而是带班,要把一个参差不齐的班级带成一个温馨和谐的团队。不要把班主任工作只是理解为对班级的管理,班主任不是居高临下的领导,也不是警察式的管理者,更不是这个班级的救世主。

班主任是严父慈母,恩威慈严兼而有之。要帮助孩子们克服学习和生活中的各种困难,带领孩子们一起应对各种困惑,共同走出成长的烦恼。这样,对班主任就提出更高的要求,班主任应该是小小的社会活动家,要能够协调学生之间、学校与家庭、学校与社会等各种关系,使班级更适合于学生的成长,成为孩子们精神慰藉的家园、健康成长的乐园。

3. 班级文化。教育是人学,要对班主任工作进行教育哲学思考,用古今中外最优秀的文化武装我们的头脑,指导班级工作,使班级工作呈现出人性化、理想化的教育生态,使学生受到各种先进思想熏陶,形成体现时代精神的理想教育。比如组建科研社团、艺术社团、各种兴趣研究小组以及相应活动的开展等。

教育是美学,要对班级工作进行美学思考,用人类最美的东西——古典之美、现代之美、科学之美、艺术之美来教育学生,让学生受到美的感染。教育学生学会观察美、认识美,形成审美意识,具有发现美的眼光,从而培养创造美的能力。

4. 品牌打造。班级工作不要千篇一律、千人一面,搞同质化管理,同质化竞争。班级工作要有鲜明的个性,每个班都有别具一格的个性特色,整个学校呈现出一派百花齐放的生动局面。要探索自己独特的路子,进行差异化竞争,要追求这样一个目标,不仅把班级建成全校最好的班级,而且还要把班级打造成全县、全州、全省最好的班级。

5. 实现成果。班主任工作一定要出成果,这个成果不是名,不是利,而是教育本身应有的水到渠成的自然结果,全县、全州、全省最好的班级是指教育的理想状态而非荣誉奖项。班级工作的理想成果是,这个班的学生具有不同凡响的良好行为习惯和卓尔不群的气质,他们能寓清于浊,处污不染,让家长、社会和同行感觉到他们与其他学生的明显区别,让老百姓一眼就能看出是这个班级的学生,因为只有这个班的学生才有这样的现象。比如某个班的学生在任何情况下都不吃零食,就是饿了父母给也不要,非要到规定的就餐时间才吃饭。比如某个班的学生能劳逸结合地科学安排自己的时间,随身带有一本书,一旦有空隙,马上阅读。比如某个班的学生随身带着笔和本子,随时记下自己的所见所闻和思考的东西等等,这就是教育的真正成果。

学习他们

班级授课制产生以来,特别是近代以来,国内外优秀的班主任、卓越的班主任、杰出的班主任、著名的班主任可以说是灿若星辰、不胜枚举,都是值得我们学习的榜样,我们要在学习前人的基础上有所创新、有所发展。下面略举几个例子,以供大家参考。

苏霍姆林斯基。苏联伟大的教育理论家和教育实践家,中学教师。他的教育理论著作《把整个心灵献给孩子》和《给教师的一百条建议》是班主任工作的经典百科全书。

阿莫纳什维利。格鲁吉亚当代杰出教育家,小学教师,"无分数教育"理论的创立者。他的教育理论代表作《孩子们,你们好!》《孩子们,你们生活得怎样?》《孩子们,祝你们一路平安!》是班主任工作的教科书。

雷夫。美国洛杉矶市霍巴特小学五年级教师,当代全美最有影响力的天才青年教师。他的专著《第56号教室的奇迹》是美国最热门的教育畅销书,是班主任工作的典范杰作,"第56号教室"从此闻名天下。

陶行知。中国现代杰出的平民教育家,乡村教育实践家,"生活即教育""社会即学校"教育理论和"教学做合一"教学论的创立者。迄今为止,中国近现代教育界尚未出现超过陶行知者。《陶行知文集》是中国伟大的教育名著,是中国版的教育百科全书。

霍懋征。我国当代著名教育家,北京第二实验小学语文教师、班主任,全国首批特级教师。她担任班主任工作五六十年,没有放弃任何一个学生。《班主任工作札记》《霍懋征小学语文教学经验谈》是班主任工作的丰碑之作。

魏书生。我国当代著名教育改革家,卓越班主任的杰出代表,班级自我管理理论的创立者与倡导者。《当代中学生用功术》《语文教学探索》《班主任工作漫谈》《初中生科学学习方法》《语文自学导引》(共6册)《家教漫谈》《素质教育理论与教学模式》是他的理论代表作。

李镇西。我国当代著名特级教师,苏霍姆林斯基式的优秀班主任,语文民主教育思想的提出者和实践者。代表著作《青春期悄悄话——给中学生100封信》《爱心与教育——素质教育探索手记》《走进心灵——民主教育手记》《从批判走向建设——语文教育手记》《教育是心灵的艺术》《花开的声音》《风中芦苇在思索》《教有所思》《民主与教育》等12部专著。

正是人生出彩时

各位班主任老师以及准备担任班主任工作的老师们,对于班主任工作,我们要从"教育要面向现代化,面向世界,面向未来"的高度重新认识,从立德树人的根本任务出发,努力破解"培养什么人""怎样培养人"的答案,使班主任工作从合格走向优秀,从优秀走向卓越。我个人有以下理解:

班主任是一项事业

班主任工作是青春逐梦的舞台,是成就事业的切入点,是实现教师价值的突破口,是人生出彩的大好时光。当班主任是教师的光荣,我们要用挑重担,敢于担当,把班主任工作作为教育事业中更为荣耀的事业来干。人生能有几回搏此时不搏,更待何时?

班主任是一门学问

班级是一个小社会,要做好班级工作,需要具备包括教育学、心理学、管理学在内的各相关学科的理论知识,要把班主任工作当作科研课题来做,用科研的方法进行班主任工作。通过班主任工作的锻炼,总结出自己的班级管理经验,并上升成为理论。从而,从优秀走向卓越。仅仅为了个人成长,也必须经历这个过程的磨炼。

班主任是一笔财富

能与孩子们一起平等地成长,和他们一同分享成长的欢乐,分担成长的烦恼,不管他们是谁,是富人的孩子还是穷人的孩子,是成绩好的学生还是成绩差的学生,都完全一样,千万不要选择学生,也不要选择班级,这是人生难得的缘分,要特别珍惜这个缘分。缘分比编班重要,相知比相识重要,过程比结果重要,成长比成绩重要,精神比物质重要。要设法采取不同的形式分别与全班所有孩子沟通交流,了解他们的困难、诉求和内心想法,他们的理想,他们的苦恼,要和孩子们做推心置腹的朋友。若干年后,不管他们是杰出的人物还是普通的劳动者,这些当年的学生再来拜访老师的时候,我们的成就感和幸福感就会油然而生,这是人生无与伦比的财富。

与君共勉

中华复兴逐梦始

莘莘学子盼良师

愿君诚勇担大任

正是人生出彩时

创新转型是内涵发展的必由之路

——在县人大常委会教育座谈会上的发言提纲

（2014 年 7 月 15 日）

一、我所了解和思考的罗甸教育

必须承认，我对罗甸教育的调研是不算多的，也是不够深入的，思考也不可能全面和深刻，所以，我的看法、意见、建议，仅供参考而已。

（一）对罗甸教育的总体看法

罗甸教育已经取得了很大成绩，这是不容置疑的，功不可没，怎样评价都不过分，今年的中高考又取得了很好的成绩，刚才刘局长已通报了有关情况。但是罗甸教育确实也还存在不少问题，教育教学质量相对较低，在全州的排名还属于中下位置，我们甚至还有许多空白和短板。总之，纵比成绩很大，横比差距不小。

（二）对罗甸教育的几点反思

1. 为什么学校的办学条件越来越好，而学生辍学流失率却居高不下，初中阶段是重灾区？（数据。辍学的直接原因不是家庭困难而是学习困难，是厌学）

2. 为什么老师教得很累学生学得很苦而教学质量提高的幅度不令人满意？（因为教学的科技含量低，可持续性不强。有些老师教教教，几年下来就跟学生差不多，有些连行话都不会说了）。

3. 为什么政府投入越来越大但还是满足不了人民群众对优质教育资源的需求？（投入可以解决硬件问题，不能解决软件问题，有钱买不到先进的教育思想。其实，没有明确的办学思想和办学目标，再有钱也未必能办成事，这样的例子是有很多的。而有了明确的办学思想和办学目标，即使没有钱也未必不能办事，这样的例子也是有很多的）。

（三）对罗甸教育的基本判断

1. 在我看来，相比之下，罗甸教育目前最缺乏的不是物质的东西，而是精神的东西；不是硬件，而是软件；不是肌肉，而是头脑；不是办学的条件，而是办学的思想、教学的智慧。缺乏科研的教育,缺乏实验的教学,缺乏智慧的教师,缺乏特色的学校,这就是我们目前办学现状的真实写照,这也是落后的写照。我们办学,都有一些小聪明,但缺一点大智慧,还没有找到四两拨千斤的支点。

2. 罗甸教育的唯一出路是深化改革。深化的关键词是一个"转"字,即转观念,转作风,转方式,(要下决心转变陈旧的人才观、学习观、质量观;工作作风、教风、学风;质量提升方式、教育发展方式)。

必须指出,越取得成绩越要保持高度的清醒,既不要因为今年比去年好一点、本校比其他同类校好一点就自我感觉良好,更不能因为多了几个600分而沾沾自喜,被胜利冲昏头脑,必须看到罗甸教育在整体上、基本面上仍然是落后的,千万不能故步自封,停滞不前。

我们已经到了必须转型跨越赶超的重要关头。可以说,过去我们教学质量的提高,很大程度上是依靠外延式的增加作业量、搞题海战术的老办法取得的。这样的老办法已经走到尽头,还能再挖掘的潜力、还能再开发的空间已经十分有限,已经没有多少红利可以释放了,唯一的出路就是深化改革。必须转变教学质量提升方式,从那种靠拼时间、拼汗水的办学状态下解放出来,转移到靠拼智慧、拼方法的内涵式办学模式,靠课程改革、创新驱动、增加教学的科技含量来提高教学质量,走内涵发展的道路。

3. 罗甸教育正处于改革发展的最好时期,目前是一个可以跨越赶超的"时间窗口"。一是国家政策好,投入越来越大。投入占GDP的4%,建设项目越来越多,几乎做到全免费教育;二是县委政府的高度重视;三是办学条件的改善已经达到相当的水平,完全具备展开一系列教育教学改革的基本条件;四是多数校长是有事业心的,工作是积极进取的;五是广大教师是爱岗敬业的,吃苦耐劳的。

4. 罗甸教育目前的形势犹如逆水行舟,不进则退,慢进则停。要有如履薄冰、如临深渊的危机感和紧迫感,否则一不小心随时有可能要落伍。(你看,去年高考龙里县还在我们后边,今年又跑到我们前面去了。瓮安的职业教育原来也在我们后边,现在也跑到我们前面去了)。

罗甸教育目前的状况,我把它叫做成长的烦恼、走向成熟的苦恼。如果我们没有比惠水、平塘、独山更先进、更有效、更好的办法,老是用陈旧的方法在他们的后边亦步亦趋地追赶,我们是无论如何也超越不了他们的,是永远追赶不上的。其实我们就缺那么一点点,哪一点呢?校长缺一点思想,教师缺一点追求,教学缺一点智慧。我们的教育迫切需要转型,需要赶超,需要跨越,我们要抓住机遇,转变观念,改变方法,勇挑重担,迎接挑战,重点突破,才能实现罗甸教育的升级改版和提速发展。我们的教育渴望有思想的校长,有追求的教师,有智慧的教学。

二、对政府工作的建议

（一）校点布局

要根据城镇化发展和行政区划的变动做好布局调整，整合教育资源。按照省教育厅"高中出城，初中进城，小学到乡镇"的原则，如果县城人口计划增加到10万，目前县城内原有的中小学和幼儿园的容量是不够的，要尽早规划，以满足城镇扩容对教育资源的需求。同时，也要下大力气解决县城各中小学幼儿园大班额问题。各乡镇校点布局调整也要同步进行。

（二）师资配备（略）

（三）依法投入（略）

（四）控辍保学（略）

（五）环境治理（略）

（六）奖励机制

1. 建议每年教师节召开一次隆重的表彰大会，县政府四家班子领导、各乡镇主要领导和分管领导、各涉教部门股级以上干部参加。表彰优秀教师、优秀班主任、优秀校长、园长、优秀教育工作者（100名左右）；尊师重教先进单位、尊师重教先进个人、教育世家、捐资助学爱心人士等进行表彰，先进代表上台作典型经验交流发言。把氛围搞浓一点。（政府表彰学生我保留意见。我个人认为政府不宜表彰学生，尤其是高考学生。政府可以奖励补助学校，由学校自己去奖励学生）。

2. 建议设"县级模范教师奖励基金"和"县级教育名师特殊津贴"。分别出台《管理办法》，比如各推选50名，每两年评一次，管理期为五年，管理期满自动取消。评上"县级模范教师奖励基金"的一次性奖励五千至一万元，评上"县级教育名师特殊津贴"的每个月享受政府特殊津贴500元等等。这样，才能产生正能量，形成人才辈出的良好局面。

（七）避免干预

政府应该有所为，有所不为。尽量减少和避免对学校办学的干预，给校长以足够的办学自主权。比如民中与二中的生源分配问题，应当尊重两所学校的意见，不宜过多干预。

三、对初中办学的建议

初中的情况是：控辍保学形势严峻，质量提升不容乐观。

（一）进一步解放思想

要从那种就事论事、见子打子、安排什么就干什么的事务型领导和简单的行政管理转到办学思想的领导和超越制度的人性化管理。未雨绸缪，主动作为，善于从本县本校实际出发，用古今中外最优秀的教育思想来武装我们的头脑，从孔夫子到陶行知，从夸美纽斯到苏霍姆林斯基，都要学习，要用他们的思想指导我们的工作。要能够聆听改革的先声，捕捉发展的良机，突破创新的难点。因此，办学者眼界要再高一点，想法要再远一点，心胸要再宽一点，胆子要再大一点，办法要再活一点，点子要再新一点。

校长办学，最为宝贵的东西是办学思想。办学思想是校长对教育的哲学思考，是对教育内涵的深刻独到的见解，是校长怎样办学的具体表达，并使之成为全体师生的共同价值追求，形成具体的办学目标。解放思想的重要标志之一就是有明确的办学目标。办学目标是大势所趋，人心所向。（建议进行学校办学目标专项检查）

（二）进一步落实责任

办学的职责是多方面的，其中最主要的职责就是控辍保学，就是要从那种只关注一部分学生转到关注所有学生，"一个都不能少"，体现孔夫子的"有教无类"思想。一个把所有学生都送到高中阶段的校长和一个流失了三分之一学生但培养了几个600分的校长哪个贡献大？拯救那些罪恶的灵魂，让社会上减少犯罪，使不幸的孩子都得到不同的发展，与指导几个学生考得100分哪个更重要？

建议对初中校长的考核要先数个数，先考核数量，再考核质量。没有数量，焉有质量。先表彰控辍保学搞得好的学校，再表彰教学质量高的学校。否则，"9 + 3"计划和普及高中阶段教育的任务就无法完成。霍懋征老师："流失一个学生对于一个学校而言也许是几千分之一，但对于一个家庭来说就是百分之百。"我们的孩子没有读到高中毕业，以后连一个驾照都没有办法考，他如果反问我们：为什么不把我培养到高中毕业？我们是负有不可推卸的责任的。

要加强过程督导，进一步落实乡镇政府的控辍保学职责。学校要把控辍保学作为重要的教研课题来做，建议建立学生多元评价机制和多元展示平台，以活动吸引学生、留住学生。要从关注弱势群体、关注民生的高度来认识控辍保学问题。

（三）进一步带好队伍

要从那种单纯的管理人转到带好队伍。队伍建设比建大楼更为重要，再有豪华的教学楼也要好老师来教才行。任何队伍都是参差不齐的，不要指望所有人都是积极分子。管人在管心，要有超越制度的人性化管理，注重非权力因素的作用和校长个人魅力的影响，在校长的引领下把子弟兵带出来，没有子弟兵怎能打胜仗？校长的手头要有几张牌。

（四）进一步深化课改

课改的核心部位是课堂教学,要从那种机械、重复、低效的教学模式转到智慧、高效、可持续的教学模式,增加课堂教学的科技含量,增强教和学的活力。把教学质量的提高建立在依靠教学实验、课题研究、学法指导、教法革新的基础上。反正已经这个样子了,用老办法也好不到哪里去,采用新办法也不会坏到哪里去,不如大胆试一下,或许能杀出一条新路来。（举例:历史课《甲午战争》;董架东跃村小学赵志雄的故事）

（五）进一步开放办学

欠发达的一个重要原因是欠开放。我们的办学比较冷清。要从那种故步自封、闭门造车的封闭式办学方式转到主动与科研院所对接,与优质教育资源嫁接的开放式办学方式。（举例:一中与北京八十中学,二中的"自我管理",班仁中心校的"梦想课堂"等）

罗甸是否可以承办全省、全国的教育学术研讨会？罗甸是否可以提"教育强县"的口号？罗甸能否做到三年(或五年)后让高中和职校毕业生都能上大学？

四、对高中办学的建议

办学总目标:努力达到省级示范校办学标准。（以示范校标准来办学）

（一）教学示范是核心

这是高中办学的切入点。示范校的核心是教学示范。教学不能示范,即使其他方面很好,也不具备示范校最本质的属性。示范高中,不仅外在条件要达标,而且内涵精神要具有示范的品质。

我们姑且不谈素质教育,仅仅为了高考,也必须深入进行课改,否则下一步连高考也考不好。因为高考从形式到内容已经和正在进行大幅度的旨在有利于中小学实施素质教育的改革,如分类考试、综合评价、多元录取等,以便更好地发挥指挥棒的作用。高考的改革将掀起课程改革的浪潮,看谁能抢占先机。

三流教师教知识(教教材内容),二流教师教方法(用教材教课程),一流教师教思想(用课程教学科),超一流教师教信仰(学生自主构建学科思想)。

我们要进一步探索启发、讨论、参与的教学方式和自主、合作、探究的学习方式,在努力构建学生学科思想的基础上培养训练学生思维的深度和广度,以教材为基础,又超乎教材之上,形成学生自己的知识结构和学科体系。应试技巧也要建立在学科体系的基础上,建立在扎实的学科基础知识之上。

罗甸一中应该是全县课改的龙头,课改的示范。

（二）培养名师是关键

这是高中办学的着力点。梅贻琦：大学之大非大楼之谓也，乃大师之谓也。名师可以任命，但必须公认，不是自封。

罗甸一中的特级教师现象。（数学教研组曾经出现五个特级教师）

建议实施"名师培养计划"，包括"读硕读博工程""青蓝工程"、学术引领（课题研究、学会活动、技能大赛、全国大奖）、梯队推进。

（三）办学特色是要点

这是高中办学的品牌。特色就是人无我有，人有我优、我强。办学特色必须建立在确保教学质量的基础上，没有质量就谈不上办学特色。

贵阳实验三中的科技教育就是一个品牌（吕传汉：学生获47项国家专利）。

建议：

1. 艺体生的办学特色要进一步优化、提升、做强。（引进优质教育资源）

2. 努力探索民族贫困地区特色高中办学之路。（民族贫困地区是少数民族多、农民多、穷人多）要努力让每个学生都有人生出彩的机会。是不是可以提这样的口号："让罗甸一中的学生人人都能上适合自己的大学"。这是否可以理解为办让人民满意的教育？

五、对职校办学的建议

办学总目标：努力达到国家示范性职校标准。

（一）办学结构要调整

从一元导向向多元导向转型。就是从以就业为导向的办学模式向就业、升学、创业等多元导向的办学模式转变。《决定》"（七）完善职业教育人才多样成长渠道"。

一是全国职教会后高等教育办学结构体系的大手术、大调整、大重组。

二是随着我国经济的转型，企业和社会对人才素质的要求在逐渐提高，中等职业教育以就业为导向的比较优势在逐渐下行，中职生就业的吸引力在逐步减弱。（职业教育的特点是与市场联系比较紧密，反应比较灵敏）

李总理强调："要围绕技术进步、生产方式变革、社会公共服务要求和扶贫攻坚需要"这几个方面来办学。

建议实施"对口升学工程""某某创业工程"等新的办学模式。

结构调整的关键是做出第一个蛋糕来，然后再把蛋糕做大。比如以升学为导向，就要想方设法把一个升学班办起来，又比如把一个公共服务的创业班办起来。

（二）教学模式要创新

1. 要总结过去。

一是总结技能大赛的成功经验，扩大战果，做强做大。

二是项目教学法是值得总结的课改成果，要归纳总结，形成一种相对稳定的教学模式并为老师们普遍掌握，成为学校课改的一大亮点。

2. 要谋划未来。

一是继续与高校、科研院所对接，探索中职——高职——本硕连读的路子，最好能培养出一两个种子来，比如某个全国技能大赛获奖者破格录取本科，本硕连读。

二是进一步加强与企业的深度合作，探索案例教学、工作过程导向教学等新的教学模式好"双证书"制度，形成对接更加紧密、特色更加鲜明的职业教育课程体系。

（三）办学特色要打造

贵州中等职业教育的特点是以就业、升学为导向的外向型办学模式。贵州中等职业教育的大头在农村，而农村职业教育大都不为农，这是办学的盲区和短板。如果我们能在为"三农"服务方面、为当地培养现代新型农民方面、为农村即将兴起的现代服务业的服务方面探索出一条办学路子来，切实地为城镇化服务，为农民变市民服务，为农业的各项种养殖产业链的延长服务，为农村培训村组干部、培养后备干部服务。有可能进一步增强办学活力，办出人无我有的特色。

总而言之，罗甸教育要选择内涵发展的办学方式，创新转型是必由之路。

善孝忠信　修齐治平

——道德修养的四维目标

时间:2015 年 4 月 29 日上午
地点:县政府三楼大会议室
听众:全县各部门、各乡镇宣传干部

各位领导、同志们:

受县委宣传部领导的邀请,要我来做一个道德讲堂的学习交流,我感到力不从心,诚惶诚恐,一是才粗学浅,二是已经退休。只能就我所学向大家作个汇报。

话题背景:今天我们交流的话题有三个背景:中国梦、罗甸梦、我的梦,我的话题是在这三个时代背景下展开的。

中国梦——我们知道,十八大确定的奋斗目标就是到 2020 年把我国建成全面小康社会。到建国一百年,要把我国建成富强、民主、文明、和谐的中等发达国家,实现中华民族伟大复兴的中国梦。

改革开放三十多年来,中国一步一步超英赶美成为经济大国,这在全世界都没有人怀疑了。就在今年,以"一带一路"战略的实施和"亚投行"的建立为标志,中国部分地主导国际社会的时代开始了。

我个人认为,中国梦的内涵应该包括:中国不仅要做经济大国,军事大国,政治大国,而且要做科技大国,文化大国。中国不是要让人畏惧,而是要让人佩服。不仅有肌肉,更要有头脑。不仅有杰出的政治家,企业家,更要有杰出的科学家、文学家、思想家。

英国著名历史学家汤因比认为,19 世纪是英国人的世纪,20 世纪是美国人的世纪,而 21 世纪将是中国人的世纪。汤因比主要是指中国的文化尤其是儒家思想能够引领人类走出迷误和苦难,走向和平与安定。他认为以中华文化为主的东方文化和西方文化相结合的产物,将是人类未来最美好和永恒的新文化。

从 2004 年第一家孔子学院在韩国首尔建立时起,十多年来,全球 126 个国家和地区建立起 475 所孔子学院,851 个孔子课堂,全球汉语学习者从 10 年前的不足 3000 万人,快速攀升至 1 亿人。先后有 10 万名专兼职教师、志愿者和管理人员参与了孔子学院工作。孔学堂和汉语热还在以不断扩大的趋势迅猛发展。

中华文明偏重于讲究个人修养,西方文明偏重于讲究社会规则,事实上,中西文化是完全可以互鉴互补的。比如说,社会主义思想是源于法国空想社会主义的,马克思把社会主义思想从空想变为科学,中国共产党人把科学社会主义变为现实,社会主义核心价值观的内容很难说是中国传统价值观还是西方价值观,(富强、民主、文明、和谐。自由、平等、公正、法治。爱国、敬业、诚信、友善),它是人类文明的共同成果。在经济全球化、信息快速化、生活智能化的新媒体、自媒体时代,我们要继承和发扬中华民族的传统文化,同时要学习世界上一切优秀文化,以形成我们的文化自信、价值自信、民族自信。

罗甸梦——同步小康,后发赶超是贵州梦当然也是罗甸梦。

大家知道,水陆空交通条件的改善将使罗甸华丽转身,排尾变排头不只是可能性,而是指日可待的现实性。我们准备好了吗? 恕我直言,我们领导干部对物质文明建设的研究和落实是非常出色的,而对精神文明建设的研究和应对却相对较弱。我们在各项硬件工程建设方面成效很好,但对如何提高国民素质、提升地方文化影响力方面的建设却显然非常不够。

我以为,罗甸梦的内涵不只是人民群众生活水平的不断提高,更应该包括人民群众文化素养、文明程度的不断提高。以什么样的形象展现罗甸人的风采与让罗甸人的口袋里有多少钱同样重要甚至更为重要。

我的梦——每个人努力实现自己的人生价值就是每个人的梦想。人生价值是值得研究的重要课题,对人有用才有价值。一个人的价值主要是指他为家庭、为他人、为社会、为国家付出什么? 贡献多少? 不是拥有什么? 得到多少?

关于富贵。富就是拥有财富,包括物质财富和精神财富。(曹雪芹、齐白石等没有物质财富而拥有极大的精神财富)。贵只能是精神方面的东西,主要是指一个人的道德修养和他对家庭、社会、国家的贡献。人之为贵在其社会价值,在其文化素养和道德修养。

在我看来,大到一个民族、一个地区,小到一个家庭、一个人,精神比物质更为重要,头脑比肌肉更为重要。

各位是罗甸宣传文化战线中生代、新生代精英,不仅是罗甸物质文明的建设者,同时又是罗甸精神文明的引领者,在道德修养和人文素养方面应当起到表率和楷模的作用。如何发现传统文化元素的当代价值,对传统文化进行当代话语解读,在当代文明中传承与弘扬中华传统文化,让中华传统文化充满无限的生机活力,焕发出无穷的生命力,成为人们的价值追求,就是我们必须研究和解决的重要课题。另外,修养问题不是靠说教而是靠践行,这又对我们提出更高的要求,要能做到内化于心,外化于行。

中华传统文化浩如烟海,源远流长,取之不尽用之不竭,我们学习要为我所用。我学传统文化,略知一些皮毛。愿意把自己在道德修养方面的肤浅认识向大家作汇报交流,未必正确,希望得到大家的批评指正。

我汇报的题目是:"善孝忠信　修齐治平",副标题是"道德修养的四维目标",我准备讲什么是"道"? 什么是"德"? 什么是"道德"? 然后讲我对"道德修养四维目标"的解读。

什么是"道"?

"道"作为一个哲学概念最先出现在老子的《道德经》,开头的第一句话是:"道可道,非常道"。道如果可以用语言来表达的话,那就不是"常道"。意思是:道是不能用语言表达的,当你一定要用语言表达道的时候,所表达的语言就与道的事实本身有很大的出入、有很大的误差,就不是"道"。

老子是伟大的思想家,是道家思想的创始人,也是先秦诸子的启蒙者。《道德经》就是道家思想的经典之作,但即使如此,在这部著作中,他仍然一开始就告诫人们要提高警惕:"道可道,非常道"。"道"如果可以用语言来表述的话,就不是"常道"。用哲学术语来讲就是所谓绝对真理和相对真理的关系,"常道"是绝对存在的真理,但是任何道的存在又都是相对的,随条件的改变而变化的,不是一成不变的。语言与语言所表述的对象本身存在很大的误差,甚至与事实本身相去甚远,况且事物的运动是瞬息万变的。当我们试图说明某一事物的时候,该事物可能已经发生了变化。老子是教我们要用运动、变化、发展的观点看问题,而不要用静止的、僵化的、教条的观点看问题,正如古希腊哲学家赫拉克利特所说的那样:"人不能两次踏进同一条河流"。所以我们对任何道理、任何科学、任何学问、任何理论、任何真理、任何大师的学说,包括老子的《道德经》,都要特别小心,千万不要轻信、不要迷信,要用科学的、批判的观点去理解。

老子本来是不写书的,担心写出来的文字会给人造成误解,形成误导。传说老子要到西方去,从家乡鹿邑出发,要经过灵宝的函谷关。有一天清早,函谷关令尹喜登上城楼,看见东方紫气腾腾,霞光万道,观天象奇景,欣喜若狂,大呼"紫气东来,必有异人通过"。忙令关吏清扫街道,恭候异人。果然,见一老翁银发飘逸,气宇轩昂,倒骑着青牛向城门徐徐而来。尹喜赶忙上前迎接,诚邀老子在此小住并著书立说,以传后人。老子开始不从,经不住尹喜软磨硬泡、执意挽留,欣然应诺,在此写下了彪炳千秋的《道德经》。开篇第一句就告诫人们:"道可道,非常道"。

我举两个例子:"一加一等于二"在十进位制里是完全正确的,但是在二进位制里则是完全错误的,而二进位制是计算机的基础语言。"三角形的三个内角和等于一百八十度",在平面上是完全正确的,但是在凸球面上则大于一百八十度,在凹球面上则小于一百八十度。所以任何真理都是有条件的。

在《道德经》里,老子又说:"道生一,一生二,二生三,三生万物"。还说:"人法地,地法天,天法道,道法自然"。老子认为千变万化的世界有一个总的源头,叫"道"。"道"无形无象,而又生育天地万物,人们看不清它是圆的还是方的,看不清它的细节,只知道它是存在的。老子用"道"的智慧来把握世界的本质与来源,这是一个深层的精神追求,这是中国哲学的开端。在这里,万物生于道,而道是源于自然的,是自然而然的。由此我们可以得出结论:道是一切事物发生、运动、变化、发展、衰退、消亡的客观规律。简而言之,道就是规律。

什么是德?

德就是按道去行事。就是人们按照事物运行的客观规律去办事。做任何事情都遵循客观规律、符合客观规律就是德,不管是自然规律还是社会规律,都是如此。对待自然界要遵循自然规律,对待社会要遵循社会人伦规律,否则就是无德、缺德,就要受到客观规律的惩罚。一句话:得道者有德。

宋代朱子:"君臣有义,父子有亲,夫妇有别,长幼有序,朋友有信。"清代陈宏谋:"学也者所以学为人也,天下无伦外之人,故自无伦外之学"。

"道生之,德畜之,物形之,势成之。是以万物莫不尊道而贵德。道之尊,德之贵,夫莫之命而常自然"(第五十一章)。"修之于身,其德乃真;修之于家,其德乃馀;修之于乡,其德乃长;修之于邦,其德乃丰;修之于天下,其德乃普"(第五十四章)。"道"在人和万物中的显现就是"德",故万物莫不尊道而贵德。比如农作物,不到春天不发芽,不到夏天不开花,不到秋天不成熟,不到冬天不落下,这就是"尊道"。人们发现和掌握了农作物的这个规律,并按照这个规律去办事——春耕、夏锄、秋收、冬藏,这就是不违农时,就是"贵德"。

习近平主席说:"国无德不兴,人无德不立。"[1]要做到有德,就必须"闻道,悟道,行道、得道"。所以,古往今来,许多仁人志士都用毕生的精力来"求道"——追求真理。陈景润用毕生的精力来证明哥德巴赫猜想,袁隆平用毕生的精力来研究杂交水稻,魏书生用毕生的精力来研究教学等等,不胜枚举。"子曰:朝闻道,夕死可矣。"只要早上我认识了真理,傍晚让我死去也可以了。为了追求真理,有些人

---

[1] 中华家风:国无德不兴,人民德不立[N]. 中国青年报,2016 – 7 – 11.

甚至付出了生命的代价。"闻道",就是认识真理;"悟道",就是发现真理;"行道",就是践行真理;"得道",就是掌握真理。要经过长期、复杂、曲折、艰苦的锻炼,才能得道,才是有德。就是《易经》里说的:"天行健,君子以自强不息;地势坤,君子以厚德载物","自强不息"就是生命的意义和价值,是生命活力的顽强释放与张扬。"厚德载物"就是承载和担当,要有深厚的德行才能承担重大的责任。要通过"自强不息"的磨炼,使人的德行达到相当的水平,才能"厚德载物",才能担当重任。这句话被清华大学作为校训,就是说,清华大学出来的人,就不只是找一份工作,买一套房,买一部车,娶个老婆这样的目标,而是要对国家、对社会、对民族有所担当,要对国家、社会、民族承担更大的责任。这句话也被许多人用作人生的座右铭。

要成为一名教师,首先要用十多年的时间把小学到中学到大学的课程读完,而且在这十多年中要经过各种历练,在德的修养上渐渐形成优秀的人格,还要在教育实践中不断打磨,才有可能成为一名称职的人民教师。要成为一名称职的医生、公务员、专技人员,也同样要经过长期艰苦的磨炼。"合抱之木,生于毫末;九层之台,起于累土;千里之行,始于足下"(《老子》第六十四章)。德的形成是慢慢积累的,这就是所谓的"积德",没有一定的"厚德"是很难"载物"的,很难有所担当的。专家学者、著名人物的修炼就更加艰苦卓绝了。孟子说:"故天将降大任于斯人也,必先苦其心志,劳其筋骨,饿其体肤,空乏其身,行拂乱其所为,所以动心忍性,曾益其所不能。"民间的许多自然领袖在社会中有很高的威望,有很强的个人魅力,有很大的影响力,就是所谓德高望重的人物。国家的栋梁,民族的领袖,社会的精英,那就更是厚德载物、力挽狂澜、担当大任。

什么是"道德"?

道德是人们共同生活的行为准则与规范。道德往往起到判断人们行为是否正当的作用,代表着社会的正面价值取向。道德是一个与法律相对应的伦理学的概念,法律是最低限度的道德,道德是最高界限的法律。法律靠国家机器强制执行,道德靠自我约束和社会舆论控制。道德制约于未然,法律治理于已发。道德的力量往往大于法律的力量,德治与法治相结合维系着整个社会的稳定、和谐、文明。

怎样进行道德修养?

全球化时代是多元文化互相交融的信息化开放时代,各种思想都已碎片化,儒家只是其中一种。如何处理好传统文化与现代文明的关系,让传统文化在现代文明中发扬光大,就是我们必须解决的新课题。传统经典是基础哲学,它提供最基本的思想方法、思维方式。儒家的价值体系从个人修为出发,以期实现社会秩序的治理。其实仁义并不只是圣贤才能做到,我们每一个人都可以做到,比如你能做到不害人,你就是仁者;你能做到不偷东西,你就是义者。

道德修养是一个很大的课题,从现代文明的角度说,它包括个人品德、家庭美德、职业道德、社会公德四个方面。这四个方面的修养应当从中国传统文化中吸收丰富的精神营养,开发优质的中华民族文化资源,赋予传统文化以新的时代内涵,形成当代崭新的中国精神、中国人格与中国智慧。

一、个人品德求"善"——以善修身

1. 什么是善?

汉朝许慎《说文解字》:"善,从羊从言,吉也。"羊是祭祀用的牲品,是吉祥的象征。远古的人们在祭祀活动中向上苍祈求幸福吉祥就叫"善"。现在引申过来就是"吉祥""善良""美好"的意思。

《国语·晋语》:"善,德之建也"。就是说,德是在善的基础上建立起来的,善是德的基础,是德的起码要求,没有善就没有德。善是人品中最基本的元素。

《大学》第一句:"大学之道,在明明德,在亲民,在止于至善。"大学的宗旨在于弘扬光明正大的品德,在于使人弃旧图新,在于达到最完美的境界。

《大学》是四书之一,是儒家的经典著作,其核心理论是"修身齐家治国平天下",简称"修齐治平"。我把它串起来,就是修身讲个人品德,齐家讲家庭美德,治国讲职业道德,平天下讲社会公德。我把它理解为以善修身,以孝齐家,以忠治国,以信平天下。"物有本末,事有始终,知所先后,则近道矣"。

《三字经》:"人之初,性本善。性相近,习相远。"儒家思想的"性善论"认为人的本性一开始都是向善的,人都有向善的本性、向善的基因。之所以有善恶的区别,是因为后天的学习使然。所以人人都是可以向善的。法国启蒙运动思想家卢梭说:"善良的行为使人的灵魂变得高尚"。

关于荀子的性恶论。荀子说:"人之生也固小人。"认为人的本性具有恶的道德价值,强调道德教育的必要性。人必须接受教育,才能成为君子,否则就是小人。荀子为此还写了著名的《劝学篇》和《修身篇》。性善论注重道德修养的自觉性,性恶论强调道德教化的必要性,二者既是对立的,又是相辅相成的。其实人性本无善恶之分,人性是自然之性,是多维可能性,它既有恶的可能,也有善的可能,随着条件的改变而变迁。我们这里主要讲儒家的性善论。

2. 善的特征

善有利他的特征,所有的善都是非功利性的。善良的行为就是善举。为人处世的出发点至少必须是善意的。

73

善有美的特征,所有的善都是美的,所有的美也都是善的。"最美乡村教师"一定是最善的乡村教师。"最美乡村医生"也一定是最善的乡村医生。

善观念的绝对性——每个人都有向善的可能、行善的资格、识善的智慧。

善标准的相对性——在此条件下的善在彼条件下未必是善。(例子略)。

行善有选择的权利,一般处于强势。受善有拒绝的权利,一般处于弱势。当受方确有需求时,行善才是真正的善。我平时常说的"有求必应,无求不扰"就是一种真正的善。"善欲人见,不是真善;恶恐人知,便是大恶"。那种做了一点好事真怕人家不知道,有了一点善举就要极力宣扬,甚至访贫问苦也是为了要镜头,而当人确有困难需要帮助时又漠然视之等等,这些林林总总、形形色色的作秀就是可怕的伪善现象。

3. "善"的三个层次

第一层次是"己所不欲,勿施于人",第二层次是"己欲立而立人,己欲达而达人",第三层次是"老者安之,朋友信之,少者怀之"。

4. 善行表现

善行表现为一种内在的自觉。《礼记》:"修身践言,谓之善行。"《老子》:"善者,吾善之;不善者,吾亦善之。德善。"孔子:"人不独亲其亲,不独子其子。""择其善者而从之,其不善者而改之。"孟子:"老吾老以及人之老,幼吾幼以及人之幼。"这些都是善的体现。

老子说"上善若水"是有深刻的道理的。"上善若水"的意思是最高的善要像水一样。"上善若水,水善利万物而不争"。水是生命之源。水滴石穿。日本学者江本胜写的《水知道答案》揭示了水的秘密。(但这本书在科技界有争议)。

善的反面就是恶。《国语》:"从善如登,从恶如崩。"管仲曰:"善人者,人亦善之。"《三国志》载:刘备临终嘱刘禅:"勿以善小而不为,勿以恶小而为之。"道家格言:"人为善,福虽未至,祸已远离;人为恶,祸虽未至,福已远离。"这些都是讲善的意义和影响。

5. 求"善"的关键词是"爱"

一颗善良的仁爱之心就是善。秋瑾先烈:"芸芸众生,孰不爱生。爱生之极,进而爱群"。马克·吐温说:"善良的、忠心的、心里充满着爱的人不断地给人间带来幸福。"[1]就像韦唯唱的《爱的奉献》那样:"只要人人都献出一点爱,世界将变成美好的人间"。

---

① 周慧.珍藏一颗公益心——访 12316 新农村热线法律专家屈春雷[J].吉林农业月刊,2010(9):29.

二、家庭美德求"孝"——以孝齐家

1. 什么是孝？

《说文解字》："孝，善事父母者。从老省，从子，子承老也。"孝字上老下子，写的就是老人与子女的关系。《尔雅》："善事父母为孝"。

儒家经典《孝经·开宗明义章》："夫孝，德之本也，教之所由生也。"说孝是德的根本，教化就是从这里发生的。教化是比教育更大的概念，它包含教育。教育的教就是一个"孝"字和一个"文"字的组合，中国的教育就是从孝开始的。中国的教育就是孝的教育，没有孝就没有教育，离开了孝就不是中国的教育。

《孝经》："子曰：夫孝，天之经也，地之义也，民之行也。"孔子说：孝道犹如天上日月星辰的运行，地上万物的自然生长，天经地义，乃是人类最为根本的首要品行。孝在中国是天经地义的事情，不孝就是天理难容的事情。

《论语》："子曰：弟子入则孝，出则悌，谨而信，泛爱众，而亲仁，行有余力，则以学文。"《弟子规》就是清朝秀才李毓秀按照《论语》的孝的思想来编写的。"子曰：孝，德之始也；悌，德之序也；信，德之厚也；忠，德之正也。曾参中夫四德者也"。孝，是德的起点；悌，是德的次序；信，是德的敦厚；忠，是德的方向。曾参就是具有这四种道德的人。

我个人认为，孝是中华传统文化源远流长的总源头，是我国最初始的道德规范形态，是中华传统文化的精华，它蕴藏着中华民族古老文化的全部密码，在中华传统文化中随处都可以找到孝文化的经典。可以说，中国是孝文化的发源地，中国有孝文化的经典教科书《孝经》，我们华夏子孙身上都流淌着孝文化的血液，骨子里蕴藏着孝文化的基因。在中国，孝的理论是博大精深的、孝的文化是浩如烟海的。

我举一个例子，我国一年一度的春运，去年统计有 36 亿人在流动，等于 13 亿人口平均每人流动近三次。每年都在上演着波澜壮阔的可歌可泣的一票难求的动人故事。有些人下了飞机上火车、下了轮船上大巴，或者不远万里，或者千里迢迢，艰难曲折地在除夕的晚上赶回老家吃年夜饭，第二天大年初一可能又匆匆忙忙地赶回去了。全世界只有中国有这种所谓的春运现象，这是为什么？西方人甚至专家学者们是很难看懂这种现象的。这样的现象只能用孝来解释，它的标准答案是孝文化。中国人的家庭观念是根深蒂固的。

2. 尽孝的表现

《论语·为政》："子游问孝。子曰：今之孝者，是谓能养。至于犬马，皆能有养；不敬，何以别乎。"子游问怎么做才是尽孝。孔子说："现在人们认为的孝，是能

养活父母。(其实)连狗马都能饲养。如果对父母不敬,供养父母与饲养狗马又有何区别呢?"孟子曰:"孝子之至,莫大于尊亲。"可见,这里说的孝的要点是"敬",就是要尊敬父母啊。曾子曰:"孝有三,大孝尊亲,其次弗辱,其下能养。"尽孝有三个层次:最大的尽孝是对父母的尊敬,其次是不让父母蒙羞,最后是能赡养父母。

尽孝具体表现在哪些方面呢?子曰:"身体发肤,受之父母,不敢毁伤,孝之始也。立身行道,扬名于后世,以显父母,孝之终也。夫孝,始于事亲,中于事君,终于立身。"这句的意思是说,人的身体毛发皮肤,都是父母给予的,不能损毁伤残,这是尽孝的开始。在世上立足要遵循道义,有所建树,显扬名声于后世,使父母觉得荣耀,这是尽孝的终极目标。所谓尽孝,最初是从侍奉父母开始,然后效力于国家,最终建功立业,功成名就。

我认为尽孝道是做的学问,不是说的学问。老子说:"以身教者从,以言教者讼。"作为家长、教师和国家干部,身教重于言教。先做好父母的孩子,再做好孩子的父母。

3. 求"孝"的关键词是"顺"

庄子曰:"夫事其亲者,不择地而安之,孝之至也。"庄子说:对待自己的亲人,不管在什么地方都要让他们安心,这是尽孝的最高境界啊。孟子也说:"不得乎亲,不可以为人;不顺乎亲,不可以为子。"可见,这里说的孝的最高境界是"顺",但不是完全的百依百顺。就是说,不管什么事情,不管在哪种情况下,都不要让父母、家人为我们担心、操心、伤心,这才是真正的孝顺,真正的尽孝。说得简单一点,让父母高兴就是孝,让父母不高兴就是不孝。

4. 孝道教育的极端重要性

因为家庭是社会的细胞,是维系社会稳定的基本单位,尽孝是德的核心元素,是家庭美德追求的终极目标。所谓"百德孝为本,百善孝为先"。所以自古以来就有"求忠臣于孝道之门"。据说清华北大录取新生要审查是否孝子,组织部门在提拔干部时也要考察是否孝子。习近平主席在今年春节团拜会上说:"家庭是社会的基本细胞,是人生的第一所学校。不论时代发生多大变化,不论生活格局发生多大变化,我们都要重视家庭建设,注重家庭、注重家教、注重家风,紧密结合培育和弘扬社会主义核心价值观,发扬光大中华民族传统家庭美德,促进家庭和睦,促进亲人相亲相爱,促进下一代健康成长,促进老年人老有所养,使千千万万个家庭成为国家发展、民族进步、社会和谐的重要基点。"可见家庭在社会建设方面的重要意义以及尽孝对个人成长,对家庭关系,对社会影响的极端重要性。因此,如何在社会中开发孝文化的精神资源,贯彻孝文化的思想,渗透孝文化的元素,就是我们必须深入研究和具体实施的重要课题。

孝道教育或者说孝道修养应该渗透在日常生活的点点滴滴细节之中,逐渐养成良好的行为习惯,形成优秀的人品、优秀的美德。

在多元文化相互交融的今天,孝文化的教育对我们来说是太重要不过了。孝道教育搞好了,思想道德教育就会取得好的效果,整个社会的良好道德风尚就会建立起来。我就不相信,一个孝顺的孩子,难道他不注意道德规范、不努力学习、不努力工作吗?不注意道德规范、不努力学习、不努力工作的人能叫孝顺吗?

三、职业道德求"忠"——以忠治国

1. 什么是忠?

《说文》:"忠,敬也,尽心曰忠。"古人云:忠者,德之正也。《康熙字典》载:《疏》:"中心曰忠。中下从心,谓言出于心,皆有忠实也。"《诗·邶风·北风笺》:"诗人事君无二志,勤身以事君,忠也。"《左传·成公九年》:"无私,忠也"。司马光《四言铭系述》:"尽心于人曰忠,不欺于己曰信"。

以上的大意是:忠就是敬畏,尽心就叫忠。忠就是不偏不倚的德。忠是发自内心的自觉行动。对待职业没有二心、勤勤恳恳地干事业就是忠。司马光还说:尽心尽力地为人办事就叫忠。

古人以竭尽心力任其事、服其职曰忠。忠是相对于职业而言的,忠的对象是职责,尽忠就是尽职尽责。庄子曰:"夫事其君者,不择事而安之,忠之盛也。"用现在的话说,庄子的意思是:对待自己的本职工作,不管做什么事情,都要让你所服务的对象放心,这是忠的最佳效果。这里庄子强调的是工作质量。由此看出,职业道德追求的目标就是忠,就是爱岗敬业。

职业道德求"忠",对于公务员而言,就是认真履行公务职责;对于医生而言,就是认真履行医务工作职责;对于教师来说,就是我们平常说的"忠诚于人民的教育事业",就是教书育人,为人师表。做到袁贵仁部长说的三个"半点":"教书育人是一项专业性、探索性、创造性极强的工作,要求教育者必须先受教育,具有高度的使命感、责任心,静下心来教书、潜下心来育人,来不得半点急功近利,来不得半点三心二意,来不得半点弄虚作假。"我想,袁部长的三个"半点"对其他行业也是适用的。

2. "忠"的三个层次:敬业,专业,创业

要做到爱岗敬业,除了要有良好的道德修养,还要具备较高的素质能力和专业水平,就是俗话说的"没有金刚钻,不揽瓷器活"。

岳飞是忠孝的典范,他之所以能"精忠报国",无非是因为他有本事,能带领千军万马"驾长车,踏破贺兰山缺",才能有"三十功名尘与土,八千里路云和月"的

精神境界和"壮士饥餐胡虏肉,笑谈渴饮匈奴血"的英雄气概。如果没有带兵打仗的能力水平,即使是岳飞,纵有"还我河山"的英雄气概,也不过是愚忠愚孝而已。鲁迅先生对愚忠愚孝现象是深恶痛绝的。

不干出一番事业来,忠的含金量是不够的。敬业未必专业,好心未必做好事。只有在工作实践中不断打拼磨炼,才能使自己迅速地成长,才能干出一番事业来。而成长又是个人行为,除非自己放弃,没有谁能阻挡我们成功。难道领导不让你刻苦学习吗?难道组织上不准你努力工作吗?难道有谁不允许你优秀吗?

3. 求"忠"的关键词是"义"

许多有关"义"的词语都在说明忠。例如坚持正义是忠,义不容辞是忠,义无反顾是忠,舍生取义更是忠。等等,不一而足。文天祥:"人生自古谁无死,留取丹心照汗青",林则徐:"苟利国家生死以,岂因祸福避趋之",吉鸿昌:"恨不抗战死,留作今日羞。国破尚如此,我何惜此头。"夏明翰:"砍头不要紧,只要主义真;杀了夏明翰,还有后来人。"等等,就是舍生取义的典型代表,忠的典型代表。

我们应当在求"忠"的过程中为社会作出更大的贡献,书写更加精彩的人生,实现自己美好的人生价值,进而实现我们的梦想。

四、社会公德求"信"——以信平天下

1. 求"信"的关键词是"诚"

《说文解字》:"信,诚也,从人从言"。《论语》:"与朋友交,言而有信。""人而无信,不知其可也。"人言为信,人说的话叫信。信的要点是诚,诚就是说话算数。和朋友交往,要说话算数。人如果不诚信,不知道他可以做好什么事。

在儒家经典《论语》中,"信"有三重含义:一是信仰,二是信任,三是信用。信仰比信任重要,信任比信用重要,信用是君子最起码的要求。

2. "信"的作用

《论语》:子贡问政。子曰:"足食,足兵,民信之矣。"子贡曰:"必不得已而去,于斯三者何先?"曰"去兵。"子贡曰:"必不得已而去。于斯二者何先?"曰:"去食。自古皆有死,民无信不立。"

这段话翻译过来就是:子贡问怎样治理政事。孔子说:"足够的粮食,充足的军队,老百姓的信任。"子贡说:"如果迫不得已要去掉一项,在这三项之中先去掉哪一项呢?"孔子说:"去掉军队。"子贡又问:"如果迫不得已还要去掉一项,在这两项之中又先去掉哪一项呢?"孔子回答说:"去掉粮食。因为,自古以来谁也免不了一死,没有粮食不过是饿死罢了,但一个国家没有老百姓的信任就要垮掉。"在这里,信用、信任、信仰是比军队和粮食更为重要的东西,也就是比饿死、比生命更

加重要的东西。所以,取信于民是政府的生命线。

"人无信不立",诚信构成现代社会生活与合作的伦理基础。社会公德求"信",对公民个人来说,是如何做到诚实守信;对社会公众而言,是如何构建诚信社会体系,如何树立大众的公德意识,这恰恰是当今中国最为缺失的部分。

诚信观念是和契约、承诺等联系在一起的,所谓"一诺千金"是也,犹太裔美国政论家阿伦特认为,承诺是人类安排未来的一种独特方式。

3. 诚信社会的建立

我这里说的社会公德求"信",不仅要身体力行遵守社会公德,而且要把建立诚信社会作为大家努力的目标。从小的方面说是做合格的公民,从大的方面说是为建设文明社会贡献力量。具体讲,就是要遵守社会人伦的公序良俗原则和行为规范,包括在公共场所要有良好的行为习惯,比如不随地吐痰,不大声喧哗,过马路走人行横道,不闯红灯等等。更重要的是,通过政府推动,全社会齐抓共管,形成强大合力,构建一个与国际接轨的现代化的社会诚信体系,为建设富强、民主、文明、和谐的社会主义国家、为建设现代诚信社会打下坚实的公众信用基础。这些任务又对我们提出了新的挑战,我们在这方面仍然是任重道远的。

孟子说:"诚者,天之道也。诚之者,人之道也。"传统的诚信观念主要指个人品质而非制度安排。诚信社会就是文明、和谐的社会。《礼记·礼运》描绘了大同社会的理想景象:"大道之行也,天下为公,选贤与能,讲信修睦。故人不独亲其亲,不独子其子,使老有所终,壮有所用,幼有所长,鳏寡孤独废疾者皆有所养,男有分,女有归。货恶其弃于地也,不必藏于己;力恶其不出于身也,不必为己。是故谋闭而不兴,盗窃乱贼而不作,故外户而不闭,是谓大同。"

诚信是人类的无形资产,诚信教育是家庭教育、学校教育、社会教育最基本的出发点,也是社会主义核心价值观的根本要求。要采取各种各样群众喜闻乐见的方式,开展丰富多彩的诚信教育活动,让每个家庭都对孩子进行诚信管理,让孩子从小就养成诚实守信、说话算数的良好习惯,并养成一诺千金的优秀人格。主观上我们要培育和践行社会主义核心价值观,客观上我们要建设一整套国家社会信用体系,这是我们努力的方向。

据网上信息报道,国家社会信用体系建设规划已上报国务院,近期将发布。根据规划,信用体系将覆盖政务、商务、社会、司法四大领域,包括政务诚信制度建设方案、建立以公民身份证为基础的公民统一社会代码制度方案和建立以组织机构代码为基础的法人和其他组织统一社会信用代码制度。到2017年,将建成集合金融、工商登记、税收缴纳、社保缴费、交通违章等信用信息的统一平台,实现资源共享。我们期待着这一天的到来。

以上是我对"道德修养"的肤浅认识，皮毛之见而已，连起来说就是个人品德求"善"，以善修身，求"善"的关键词是"爱"；家庭美德求"孝"，以孝齐家，求"孝"的关键词是"顺"；职业道德求"忠"，以忠治国，求"忠"的关键词是"义"；社会公德求"信"，以信平天下，求"信"的关键词是"诚"。从传统文化的角度看，这四个方面是"道德修养"的重要思想来源，是传统文化与现代文明的有机结合，是道德修养追求的四维目标。为此，我在这里向大家倡议：德自我修，功自我建，言自我说，威自我树，福自我求。

党的十八大提出要坚定中国特色社会主义的道路自信、理论自信、制度自信。为了培育和践行社会主义核心价值观，我们要从中华传统文化这个最可宝贵的精神财富中汲取涵养，并以敏锐的世界眼光，赋予鲜活的时代精神，从而"推动中华文明的创造性转化和创新型发展"，从这个意义上说，还会更加坚定我们的文化自信、价值自信、民族自信。

最后，我想给大家讲一段老子的故事，作为结束时的共勉。《史记·孔子世家》讲了这么一个故事，说是鲁国的鲁昭公派孔子前往周国向老子请教周礼，给孔子配备了一辆两匹马的高档车，一个高级驾驶员，还有一名书童陪伴。孔子在老子那里进修学习了一段时间，要回去了。在告别的时候，老子对他说：我听说富贵的人用财物送人，仁义的人用言语送人。我不富贵，只好盗用仁人的名义，用话来送你，这句话是："为人子者毋以有己，为人臣者毋以有己。"这句话直译过来就是：做人的孩子不要有自己，做人的臣子不要有自己。孔子牢记了老子的话回到鲁国办学，按照老子的话去身体力行，老老实实地去做人、办事，结果办学规模不断扩大，教育事业蓬勃发展——弟子三千，七十二贤，而且因此创立了他的儒家学说，成为儒家学派的创始人，成为万世师表。对于孔夫子的评价，司马迁说："高山仰止，景行行止，虽不能至，然心向往之"。

为什么老子这句话有着如此神奇的力量呢？它有什么深刻的含义呢？我觉得核心在"毋以有己"，就是思考问题不要以我为中心，不要凡事先想到自己、不考虑别人。在处理与父母家人的关系上不要有自己，在处理与工作对象的关系上不要有自己。"毋以有己"就是无私，就是无我、忘我啊，同志们！如果我们对待任何事情的态度都是"毋以有己"，都是先人后己、公而忘私、大公无私，那么，进一步延伸，这就是范仲淹的"居庙堂之高则忧其民，处江湖之远则忧其君"，"先天下之忧而忧，后天下之乐而乐"的大我境界！就是林则徐的："苟利国家生死以，岂无祸福避趋之"的报国情怀！事实上，"毋以有己"与中国共产党"全心全意为人民服务"的宗旨也是一脉相承的。

一个人，如果一事当前只是考虑自己，不考虑别人，只是为自己打算，不为别人打算,那他对于别人而言就显得不那么重要,就是一个可有可无的人,就失去应有的人的价值。如果一个人对亲人、家庭没有什么帮助,那么他在家庭里就显得不那么重要;对学习、工作没有什么建树,对国家、社会没有什么贡献,那么,这个人就基本失去了应有的价值。一个人要做到亲人、家庭离不开他,工作岗位离不开他,进而至于国家、社会离不开他,这个人才显得极为重要,才具有真正的人生价值。

儒家思想是入世的,它教我们应该做什么和怎样去做,塑造社会人格。道家思想教我们不要做什么和怎样不做,塑造自然人格。两者虽有差异甚至对立,但都有异曲同工之妙。

最近,我在网上看到河南省临颍县南街村"共产主义小社区"的事迹,他们有一句口号:"大公无私是圣人,先公后私是贤人,公私兼顾是好人,损公肥私是坏人。"

我突发奇想,假如有那么一天,我们所有的领导、干部、公务员、教师、医生及其他专技人员对家庭、对他人、对工作、对事业、对社会都是"毋以有己"——没有自己,只有别人,我想,我们就是"爱国、敬业、诚信、友善"的公民,我们就能建设"自由、平等、公正、法治"的社会,我们就能建成"富强、民主、文明、和谐"的国家。所以,现在我想套用老子的话送给你们:"贵为人者,毋以有己。华夏子孙,皆为尧舜"!我说的未必对,老子说的一定是对的。

教学关系探微

——在逢亭镇教师培训班上的讲座
（2017 年 1 月 7 日下午）

毋庸置疑，广大教师都是爱岗敬业的，都是在兢兢业业地工作的，为什么教学质量不高？为什么学生厌学、逃学、辍学？因为我们的劳动，我们的教学，科技含量不高，教师的精力耗费在枯燥无味填鸭式教学中，教学没有思维活动，没有乐趣，没有智慧的火花，教育之美的含量就更少，不符合教育教学的客观规律。老师死板的教，学生死板的学。是粗放的、机械的、重复的、低效的、甚至无效的劳动。有些老师对此浑然不觉，还自我感觉良好。有些老师有所觉察但束手无策，感到无可奈何。有些老师作了种种努力也不见效，感到委屈和冤枉。

让我们回到问题的原点，追问最基本的东西，比如学习的本质是什么？教学是什么关系？怎样提高教学效率？等等，弄清问题的来龙去脉，找到问题的根源，才能把握教育教学的客观规律，有效地变革教学方法，从而提高教育教学质量。

一、什么是学习？

学习是如何发生的？学习的本质是什么？学习的过程是怎样的？什么样的学习方式是有效的、高效的？怎样才能提高学习效率？这些都是我们必须搞清楚的重要课题，不然我们的教学就是无的放矢。

学习包括"学"和"习"两个方面，《论语》："学而时习之，不亦说乎"？"学"是探讨未知的领域，"习"是尝试、练习、实践。

国际社会对学习的定义：学习是个人通过经历、实践、探究、听讲而在信息、知识、理解力、态度、价值观、技能、胜任力或者行为方面的获取或改变。

（一）学习理论综述

1. 联结派学习理论

联结学习理论认为，学习是通过条件作用，在刺激和反应之间建立直接联结的过程，强化起重要作用，个体学到的是习惯，是反复练习和强化的结果，习惯形成后,只要原来的或类似的刺激情境出现,习得的习惯性反应就会自动出现。

①桑代克的联结说

桑代克是美国著名心理学家,是最早用动物实验来研究学习规律的实证主义心理学家。

桑代克的经典实验是"迷笼实验",就是饿猫学习如何逃出迷笼获得食物的实验。通过这类猫开笼取食实验,桑代克提出学习是建立刺激—反应(S—R)联结,这种刺激—反应联结主要是通过尝试错误、不断修正行为而形成的,是随着错误反应的逐渐减少和正确反应的逐渐增加而形成的。学习就是通过渐进的尝试错误形成刺激—反应联结的过程。桑代克的联结说又叫试误说。

桑代克理论的主要缺陷在于机械论和简单化,抹杀了人类学习的主观能动作用,也把复杂的学习过程简单化了。

②巴甫洛夫的经典条件反射

诺贝尔奖金获得者、俄国生理学家伊凡·巴甫洛夫(Ivan Pavlov,1849 – 1936)是最早提出经典性条件反射的人。他在研究消化现象时,观察了狗的唾液分泌,即对食物的一种反应特征。他的实验方法是,把食物显示给狗,并测量其唾液分泌。在这个过程中,他发现如果随同食物反复给一个中性刺激,即一个并不自动引起唾液分泌的刺激,如铃响,这狗就会逐渐"学会"在只有铃响但没有食物的情况下分泌唾液。一个原是中性的刺激与一个原来就能引起某种反应的刺激相结合,而使动物学会对那个中性刺激做出反应,这就是经典性条件反射的基本内容。

巴甫洛夫利用条件反射的方法对人和动物的高级神经活动作了许多推测,发现了人和动物学习的最基本的机制,认为学习是大脑皮层暂时神经联系的形成、巩固与恢复的过程,"所有的学习都是联系的形成,而联系的形成就是思想、思维、知识"。

③斯金纳的操作条件反射

由美国心理学家斯金纳命名的"操作条件反射",是一种由刺激引起的行为改变。操作条件反射与经典条件反射不同,操作条件反射与自愿行为有关,而巴甫洛夫条件反射与非自愿行为有关。

操作性条件反射的建立与消退。

如果一个操作发生后,接着给予一个强化刺激,那么其强度就增加。斯金纳的操作性条件反射所建立的原理,在许多动物和人类的学习中得到印证。例如,鸽子偶一抬高头,受到强化,此后会继续抬高它的头。婴儿偶尔叫一声"妈",妈妈便报以微笑和爱抚,于是孩子学会了叫"妈妈"。斯金纳甚至依据这个原理,训练两只鸽子玩一种乒乓球游戏,获得成功。实际上,只要巧妙安排强化程序,可以训练动物习得许多复杂的行为。

反应的消退表现为一个过程。即一个已经习得的行为并不即刻随强化的停止而终止,而是继续反应一段时间,最终趋于消失。消退的时间,则与该习得反应本身力量的强弱成正比,即如果原来反应非常牢固,那么消退的时间较长,反之亦然。

操作性条件反射这一概念,是斯金纳新行为主义学习理论的核心。其核心内容是:如果一个人做出组织所希望的行为,那么组织就与此相联系提供强化这种行为的因素;如果做出组织所不希望的行为,组织就应该给予惩罚,据此,就让组织成员学习组织所希望的行为并促使组织成员矫正不符合组织要求的行为。

④班杜拉的社会学习理论

社会学习理论是由美国心理学家阿尔伯特·班杜拉提出的。它着眼于观察学习和自我调节在引发人的行为中的作用,重视人的行为和环境的相互作用。

所谓社会学习理论,班杜拉认为是探讨个人的认知、行为与环境因素三者及其交互作用对人类行为的影响。按照班杜拉的观点,以往的学习理论家一般都忽视了社会变量对人类行为的制约作用。他们通常是用物理的方法对动物进行实验,并以此来建构他们的理论体系,这对于研究生活于社会之中的人的行为来说,似乎不具有科学的说服力。由于人总是生活在一定的社会条件下的,所以班杜拉主张要在自然的社会情境中而不是在实验室里研究人的行为。

班杜拉指出,行为主义的刺激—反应理论无法解释人类的观察学习现象。因为刺激—反应理论不能解释为什么个体会表现出新的行为,以及为什么个体在观察榜样行为后,这种已获得的行为可能在数天、数周甚至数月之后才出现等现象。所以,如果社会学习完全是建立在奖励和惩罚之结果的基础上的话,那么大多数人都无法在社会化过程中生存下去。为了证明自己的观点,班杜拉进行了一系列实验,并在科学的实验基础上建立起了他的社会学习理论。

2. 认知派学习理论

认知学习理论认为学习是一种顿悟,当个体面临一个问题时,会产生认知上的不平衡,这会促使个体努力去解决问题以求得新平衡,而问题解决是在对问题情景有了整体把握,并对其内在实质有所顿悟后才实现的。

①苛勒的完形—顿悟说

苛勒的经典实验。德国心理学家苛勒曾在 1913—1917 年,对黑猩猩的问题解决行为进行了一系列的实验研究,从而提出了与尝试—错误学习理论相对立的完形—顿悟说。苛勒的实验主要有两个系列:箱子问题与棒子问题。

完形—顿悟说的基本内容:

学习是通过顿悟过程实现的。换言之,顿悟是对目标和达到目标的手段、途径之间关系的理解。

学习的实质是在主体内部构造完形。完形是一种心理结构,它是在机能上相互联系和相互作用的整体结构,是对事物的关系的认知。由此可见,学习的过程就是一个不断地进行结构重组、不断地构建完形的过程。

完形—顿悟说作为最早的一个认知性学习理论,肯定了主体的能动作用,强调了心理所具有的组织功能,把学习视为个体主动构造完形的过程,强调观察、顿悟和理解等认知功能在学习中的重要作用,这对反对当时行为主义学习论的机械性和片面性具有重要意义。但是,苛勒的顿悟学习与桑代克的尝试—错误学习并不是互相排斥和绝对对立的。尝试—错误往往是顿悟的前奏,顿悟则是练习到某种程度时出现的结果。尝试—错误和顿悟在人类学习中均极为常见,它们是两种不同方式、不同阶段或不同水平的学习类型。一般说来,解决简单的、主体已有经验可循的问题时,往往不需要进行反复的尝试—错误;而对于复杂的、创造性的问题解决,大多需要经过尝试—错误的过程,方能产生顿悟。

②布鲁纳的认知—结构说

布鲁纳主张学习的目的在于以发现学习的方式,使学科的基本结构转变为学生头脑中的认知结构。因此,他的理论常被称为"认知—结构论"或"认知发现说"。

布鲁纳认为不能以实验室内研究狗、猫、鼠、猩猩等的学习现象来推论人类个体的学习过程,必须要到学习的第一线进行研究。他强调学生的主动探索,从事物和现象的变化中去发现原理,才是构成学习的主要条件。因而他的学习理论被称为发现学习论。他认为人是通过认知表征的过程来获得知识、实现学习的。所谓认知表征,就是指通过知觉而将外在事物转换为个体内在心理事实的过程,而其认知表征方式则会随个体年龄而发展,表现为三个阶段:动作表征——儿童靠动作来认知世界、获得知识;映象表征——儿童用头脑中的表象去表现世界、获得知识;符号表征——儿童运用符号、文字再现世界、获得知识。

他还认为,发现学习具有一系列优点:1)提高智慧潜力;2)使外部奖赏向内部动机转移;3)学会将来做出发现的最优策略和方法;4)帮助信息的保持和检索。

他十分强调学生学习时对学科知识结构的掌握。知识结构也就是某一学科领域的基本观念,不仅包括一般原理,而且也包括学习的态度和方法。他认为,学生掌握学科的知识结构有助于更容易地理解学科的基本原理、提高记忆的效果、促进学习迁移、缩短"高级"知识和"初级"知识之间的间隙。

③奥苏贝尔的认知同化说

戴维·奥苏贝尔吸收了同时代著名心理学家皮亚杰、布鲁纳等人的认知同化理论和认知结构论思想,提出了意义—同化学习理论。意义—同化学习理论的核心内容之一是意义接受学习,是指学生将以定论形式呈现给自己的新的学习材料与其脑海中原有认知结构联系起来,通过理解所学材料的意义进而掌握新的学习材料,使新的学习材料所代表的观念与学习者认知结构已有的适当观念之间建立实质性的、非人为联系的一种方法。在这种方式的学习中,学生所学知识基本上是由教师以定论的形式传授给学生的,学生不需要进行任何独立发现,只要求他把教学内容加以内化,即把它结合进自己的认知结构之内,以便将来能够再现或派作他用。可见,意义接受学习的实质是新旧知识同化的过程,其结果会导致学习者原有认知结构的重组,因此,该学习理论也被称为"认知结构同化理论"。

由于非人为的实质性联系是一种非任意性质的联系,奥苏贝尔认为这种联系的建立是有条件的,这些条件也是意义学习的条件:1)学习者必须有意义学习的心向,即学习者积极主动地把新知识与认知结构中原有的适当知识加以联系的意向。2)学习者认知结构中必须具有适当的知识,以便与新知识进行联系。3)学习材料对学习者具有潜在意义。

奥苏贝尔认为,同化是意义学习的心理机制。所谓同化,就是将新知识、新材料归入已有的认知结构中。奥苏贝尔同化理论的核心是:学生能否学得新知识,主要取决于他们认知结构中已有的有关概念,当学生把教学内容与自己认知结构联系起来时,意义学习便发生了。意义—同化学习理论强调,在新知识的学习中,起决定作用的是学生的认知结构,即学生现在知识的数量、清晰度和组织方式,它是由学生眼下能够想出的事实、概念、命题、理论等构成的。有意义学习是通过新信息与学生认知结构中已有的有关概念的相互作用才得以发生的,由于这种相互作用的结果,导致了新旧知识的意义的同化。

意义学习的具体过程是:1)学生从已有的认知结构中找到对新知识起固定作用的观念,即寻找一个同化点;2)将新知识置入到认知结构的合适位置,并与原有观念建立相应的联系;3)对新知识与原有知识进行精细的分化;4)在新知识与其他相应知识之间建立联系,使之构成一个完整的观念体系,继而学习者原有的认知结构得到丰富和发展。例如,学习细胞分裂,首先我们要学习细胞结构。

意义学习的结果是形成认知结构。在奥苏贝尔看来,认知结构是指个体头脑中已形成的,按层次组织起来的,能使新知识获得意义的概念系统。良好的认知结构应该具备四个特征:可利用性、可辨识性、稳定性和结构性。因此,奥苏贝尔特别强调在新学习之前设计一个"先行组织者",目的是为新的学习提供概念上的固定点,增加新旧知识之间的可辨别性,在新的学习任务与学习者原有认知结构之间架设一座桥梁,以促进知识的学习。

3. 当代学习理论

①人本主义学习观(罗斯杰)

人本主义心理学家认为,教育的目标、学习的结果应该是使学生成为具有高度适应性和内在自由性的人。

根据学习对学习者的个人意义,可以将学习分为无意义学习与意义学习两大类。意义学习,是指一种涉及学习者成为完整的人,使个体的行为、态度、个性以及在未来选择行动方针时发生重大变化的学习,是一种与学习者各种经验融合在一起的、使个体全身心地投入其中的学习。

罗杰斯认为,情感和认知是人类精神世界中两个不可分割的有机组成部分,彼此是融为一体的。因此,罗杰斯的教育理想就是要培养"躯体、心智、情感、精神、心力融汇一体"的人,也就是既用情感的方式也用认知的方式行事的情知合一的人。这种知情融为一体的人,他称之为"完人"或"功能完善者"。当然,"完人"或"功能完善者"只是一种理想化的人的模式,而要想最终实现这一教育理想,应该有一个现实的教学目标,这就是"促进变化和学习,培养能够适应变化和知道如何学习的人"。他说:"只有学会如何学习和学会如何适应变化的人,只有意识到没有任何可靠的知识,只有寻求知识的过程才是可靠的人,才是真正有教养的人。在现代世界中,变化是唯一可以作为确立教育目标的依据,这种变化取决于过程而不是静止的知识。"可见,人本主义重视的是教学的过程而不是教学的内容,重视的是教学的方法而不是教学的结果。

②建构主义学习观(维果斯基)

建构主义主张,世界是客观存在的,但是对于世界的理解和赋予意义却是由每个人自己决定的。我们是以自己的经验为基础来建构现实的(或者至少说是在解释现实的),每个人的经验世界是用他自己的头脑创建的,由于每个人的经验和产生这些经验的过程和社会文化——历史的背景的不同,导致每个个体对外部世界的理解也迥异不同。所以:

1. 学习不是由教师把知识简单地传递给学生,而是由学生自己建构知识的过程。学生不是简单被动地接收信息,而是主动地建构知识的意义,这种建构是无法由他人来代替的。

2. 学习的过程应该同时包含两方面的建构:一方面是对新信息意义的建构,同时又包含着对原有经验的改造和重组。这与皮亚杰通过同化与顺应而实现的双向建构的过程是一致的。只是当今建构主义者更重视后一种建构,强调学习者在学习过程中并不是发展出一种仅供日后提取出来以指导活动的图式或命题网络,恰恰相反,他们所形成的对概念的理解应该是丰富的、是有着经验背景的,从而使学习者在面临新的情境时,能够灵活地建构起用于指导活动的图式。

3. 任何学习都要涉及到学习者原有的认知结构,学习者总是以其自身的经验,包括正规学习前的非正规学习和科学概念学习前的日常概念,来理解和建构新的知识和信息。即学习是以自己的经验为背景,对外部信息进行主动的选择、加工和处理,从而获得自己的意义。应该注意的是就外部信息本身而言是没有什么意义的,意义是学习者通过在新旧知识经验间反复、双向的相互作用过程中而建构成的。因此,学习不像行为主义所描述的"刺激—反应"那样。学习意义的获得,是每个学习者以自己原有的知识经验为基础,对新信息进行重新认识和编码,建构自己的理解的过程。在这一过程中,学习者原有的知识经验因为新知识经验的进入而发生调整和改变。所以,建构主义者关注如何以原有的经验、心理结构和信念为基础来建构知识。

建构主义教学的目的是培养善于学习的终身学习者,使他们能够自我控制学习过程,具有自我分析和评价能力;反思与批判能力以及创新精神。因此,建构主义学习理论给我们提出了新的学习观,也给传统教学带来了一场革命。使教学的中心由教师向学生转移。

(二)学习的心理机制

人通过视觉、听觉、味觉、嗅觉、触觉五个感觉器官感知外部世界。这些感觉器官将感知到的外部世界的信息储存到大脑中。

大脑的秘密:1. 大脑喜欢色彩,颜色能帮助记忆。2. 大脑集中精力最多只有25分钟。3. 大脑需要休息才能记得牢。4. 大脑需要燃料,饮食结构影响智商。5. 大脑是一个电气化学活动的海洋,如果脱水,就无法集中精力。6. 大脑和身体有它们各自的节奏周期。7. 气味影响大脑。

人的大脑平均重量1350—1400克,有860亿个神经元。一个神经元由树突和轴突两部分组成。树突是输入储存信息的,轴突是输出信息的。

圆珠笔头大小面积的大脑可储存1000个神经元。神经元是人体中寿命最长的细胞,有的神经元要伴随人的一生。

神经元之间要通过一个电气化学活动过程交流信息,一个神经元的树突与另一个神经元的轴突建立的连接叫突触,突触的发生和巩固形成神经建、神经节,这个过程就是学习的过程。

每一个神经元可以建立1000—10000个突触。为了建立这种连接,必须通过感官的刺激。学习的过程就是通过刺激建立神经元之间连接的过程,没有建立连接就没有真正的学习。遗憾的是,大多数人的大脑都是浪费的,没有建立充分的连接,就是爱因斯坦也没有建立全面的连接。

教育工作者就是要创造条件,通过有效的刺激,使学习者建立起神经元的连接,完成学习过程。学习者建立的神经建、神经节越多越好,越巩固越好。

老年痴呆的本质就是原先建立的神经建、神经节因老化而损毁,形成所谓"脑筋搭铁"。所以,预防老年痴呆的最好办法是学习。

(三)影响学习的心理因素

1. 智力因素与非智力因素(智商与情商?)

智力因素(智商):观察力、记忆力、注意力、想象力、思维力、创造力等。抽象思维能力是智力的核心,创造力是智力的最高表现。

非智力因素(情商)主要包括:情绪、情感、性格、气质、动机、兴趣、意志、需要、目标、抱负、信念、世界观等,表现为自我意识、适应社会、情绪控制、自我激励、人际关系等方面的能力。

就一定程度而言,智力因素属于先天因素,非智力因素则侧重于后天的养成。一般认为,人们成功的因素里,情商占80%,智商占20%。

智商主要用于解决逻辑关系、推理演算、创新创意等一系列相对比较程序化的问题,而情商主要用于解决情绪调节、关系认知、待人接物、角色互换等方面的问题。

各年龄段的学生表现出不同的学习心理特点,教师必须了解这些特点。

2. 动机与兴趣:动机是学习的原动力,兴趣是学习的助推器。

3. 有意注意与无意注意:一般来说,年龄越小,有意注意的能力就越差。

4. 形象思维与逻辑思维:相对而言,学文科的更多地倾向于形象思维,而学理科的则更多地倾向于逻辑思维。

5. 传授式学习与体验式学习

人的学习无非靠记性和悟性。传授式学习靠记性,形成知识;体验式学习靠悟性,形成能力。

(四)学习的升华

1. 学习的目的是形成智慧

学习不只是获取知识,更重要的是上升为智慧。从知识到智慧不是自动完成的,要经过发现、吸收、应用、互动、反思、探究、深化理解等复杂过程,才能形成智慧。

2. 各种学习方式的感受比重

一般而言,读过的感受10%,听过的感受20%,看见的感受30%,看见和听到的掌握50%,说过(讨论过)的掌握70%,说过并做过的掌握90%。所以,参与式学习特别重要,"学中做,做中学"就是让学生参与、观察、发现、讨论、操作,才能从知识上升到智慧。毛泽东同志说:"读书是学习,使用也是学习,而且是更重要的学习。"①

3. 学习的三个层次

①学习者对知识的掌握程度

②学习者应用知识解决现有问题的能力

③学习者在不可预见的环境中,用知识、能力解决偶然问题的能力

4. 学习成果的多样性

社会变革、科技进步日新月异,周期越来越短,每个人一生中要适应的新变化越来越多,而人们一生中大部分的知识、能力、情感、价值观等实际上是通过非正规和无形的渠道获得的,正规的学校学习只是其中的一小部分。

二、什么是教学?

教学是教师必须研究的永恒主题,也是每一个教师必须研究的重点课题。

教学就是教与学,就是教师的教和学生的学。教学必须有教与学双方的参与,否则就不是真正意义上的教学。自己看书自学不是教学,听讲座、看录像不是教学。教学是在一定时空条件下由师生双方参与的为了实现特定教学目标、完成具体教学任务的群体性学习活动。教学本质上是一种特殊的学习活动。

根据现状分析,现在是信息时代,学习手段多元化,学生学习手段不是问题,学习方法也容易掌握,关键的关键,制约学习效果的是学生学习的动机和兴趣。所以,激发学生学习动机、培养学生学习兴趣,就是教学需要研究的核心课题,就是教师创新的关键环节。

三、教学的基本要素

①学生主体与教师主导。学生是学习的主体,教师是学习的主导,两者是内因和外因的关系。毛泽东同志说:"内因是变化的根据,外因是变化的条件,外因通过内因而起作用"。

②智力因素与非智力因素(加德纳的"多元智能理论")

智力因素包括:观察力、记忆力、注意力、想象力、思维力、创造力等。抽象思

---

① 陈华蓉. 读书是学习,使用也是学习——论毛泽东知行合一的学习观[J]. 金融管理与研究,1993(4):68-73.

维能力是智力的核心,创造力是智力的最高表现。

非智力因素主要包括:情绪、情感、性格、气质、动机、兴趣、意志、需要、目标、抱负、信念、世界观等,表现为自我意识、适应社会、情绪控制、自我激励、人际关系等方面的能力。

就一定程度而言,智力因素属于先天因素,非智力因素则侧重于后天的养成。非智力因素的高低是学生成绩优与差的重要因素之一,也是步入成功的重要保证之一。智力因素好比种子,非智力因素好比土壤,优良的种子只有播在肥沃的土壤里才能茁壮成长。

三维目标实际上就是要充分发挥智力因素和非智力因素的作用,充分利用它们之间的互相影响,来达到教学的理想效果。

③形象思维与逻辑思维。相对而言,学文科的更多地倾向于形象思维,而学理科的则更多地倾向于逻辑思维。

④传授式学习与体验式学习。人的学习无非靠记性和悟性。传授式学习靠记性,形成知识;体验式学习靠悟性,形成能力。邱学华先生说:"知识是可能被遗忘的,但能力却不会被丢弃,它将伴随人的终生。"

四、教学的内在联系

(一)何为教学?

教学就是教与学,就是教师的教和学生的学。教学必须有教与学双方的参与,否则就不是真正意义上的教学。自己看书自学不是教学,听讲座、看录像不是教学。教学是在一定时空条件下由师生双方参与的为了实现特定教学目标、完成具体教学任务的群体性学习活动。教学本质上是一种特殊的学习活动。

(二)内因外因

毛泽东同志说:"内因是变化的根据,外因是变化的条件,外因通过内因而起作用。"

(三)主体主导

学生是学习的主体,教师是学习的主导,两者是内因和外因的关系,要充分体现学生的学习主体地位,充分发挥教师的学习主导作用。

(四)教学相长

《学记》:"虽有佳肴,弗食,不知其旨也。虽有至道,弗学,不知其善也。是故,学然后知不足,教然后知困。知不足,然后能自反也;知困,然后能自强也。故曰:教学相长也。"

陶行知说:"我们要跟小孩子学习,不愿向小孩学习的人,不配做小孩的先生。

一个人不懂小孩的心理,小孩的问题,小孩的困难,小孩的愿望,小孩的脾气,如何能救小孩? 如何能知道小孩的力量? 而让他们发挥出小小的创造力?"

(五)如何体现学生的主体地位

以学生为学习中心,在学习中充分体现自主、合作、探究的要求。学习内容、教学设计、学习指导、学习环境、教学资源等要围绕学生的学习需要来策划。以激发学生学习动机为教学研究的核心课题,以培养学生学习兴趣为教师课改创新的关键环节。

(六)如何发挥教师的主导作用

1. 培养学科兴趣

做好学科介绍,教师要成为学科的代言人,学科的形象大使。要揭开学科的奥秘,指出学科对人类生活的重大意义,引发学生对学科的好奇心、激发学习动机和兴奋点,启发学习兴趣,培养学生热爱学科并树立学科的远大理想。

2. 指导学习方法

三流教师教知识,二流教师教方法,一流教师教思想,超一流教师教信仰。

《课标》就是依据学科思想制定的,它体现国家对不同阶段的学生在知识与技能、过程与方法、情感态度与价值观等方面的基本要求。

学科思想——学科体系——学科素养

例(1) 语文的学科素养:以语文能力为核心的综合素养,包括语文知识、语言积累、语文能力、语文学习方法和习惯,以及思维能力、人文素养等。简言之,就是听、说、读、写四个方面的素养。

例(2) 数学的学科素养:直观想象、逻辑推理、数字运算、数学建模、数据分析等。

五、教学的四种形态

(一)教学的自然形态

现代心理学研究表明,人有学习的本能,人是天生的学习者,每个人身上都蕴藏着巨大的学习潜能。学习是人的生命状态、生存状态、生活状态。学习主动性是人的天性,这是一种自然形态,正是这种自然形态才使教学成为可能。

(二)教学的差异形态

人的个体差异是指人们之间在稳定的心理特点上的差异,既表现在人们是否有某方面的特点上,也表现在同一特点的不同水平上。个体差异是具体独特的,是一种存在状态,差异意味着发展的无限可能性。

（三）教学的尝试形态

尝试中蕴藏着丰富的教学资源，学生在尝试中体验学习的过程，激发浓厚的学习兴趣，总结学习的方法，养成敢于探究的精神品质，形成良好的学习习惯和较强的学习能力。所以，学会尝试、学会探究、学会学习比学到什么更为重要，这就是教学的尝试形态的价值所在。

（四）教学的审美形态

教学的审美形态是指教学的美感效应，教学应有的境界，包括教师形象之美，教学情景之美，学科内涵之美，教学过程之美，教学语言之美等等。如何把教学活动变成一种艺术的享受，就是教学的审美形态需要研究的课题。

六、走向智慧教学

没有枯燥无味的知识，只有枯燥无味的教学。

有智慧的教学是统筹三维目标的教学。

有智慧的教学是符合四种形态的教学。

有智慧的教学是非功利性的，它注重激发学生的学习动机、培养学生的学习兴趣，只关注学生的学习效果和学习品质本身，而非考试成绩，是超越分数的学习。这样的学习，成绩自然很好，考试分数自然很高。

有智慧的教学才能做到"学而不厌，诲人不倦"，老师有智慧的教，学生有智慧的学。做到苦中有乐，淡中有美。

目前我们最缺的东西是教学的艺术之美，它应当是教师追求的教学的最高目标。当学习变成一种乐趣、一种诗意、一种美的享受的时候，就是教学艺术的最佳状态、最高境界。

初为人师第一课

——在遵义西点中学教学研讨会上的即席发言

2017 年 7 月 22 日上午

各位领导,老师们:

刚才,我们观摩了几位老师的教学片段,也聆听了河南郸城三中孙校长、付校长的点评,给人以很大的启发,对我来说,是一次难得的学习机会。

我们的培训已经进入实战阶段。看得出来,大家的基本功是扎实的,扎实的基本功是搞好教学的先决条件。但是,要搞好教学则要从头学起,尤其是从来没有上过课的同志,更要认真的学习和摸索。

俗话说:"好的开头是成功的一半。"我以为,怎样上好第一节课最为关键,是值得我们认真研究的重要课题,要发挥好"第一印象"的"首因效应"。我愿意就这一问题谈谈个人的肤浅认识,与大家交流,供大家参考,题目是《初为人师第一课》。(板书题目和小标题)

我认为,第一节课最好先不要教教材内容,应该先讲"学科介绍"和"学法指导",而且还要做足功课,做好"第一节课"的充分准备。

一、研究学科

你教的是什么学科?请你马上找来这个学科的《课程标准》《学科素养》和《高考大纲》以及整个高中这门学科的所有教材来认真研究,看看课程设置都有哪些内容?由哪几部分组成?知识结构体系如何建构?培养学生哪些素养?要考哪些内容?要让整个学科知识烂熟于心,要对学科的每一个知识点都能熟练把握,像刚才付校长示范的那样,他很清楚《劝学篇》在高中的哪一册教材上,更清楚其知识点和教学方法。

过去是我们自己学习这门学科,现在是我们要去教别人学这门学科,如果不认真地研究,不从整体上把握学科内容,就是盲目教学,就是打无准备之仗。即使学校不用这个教材,也必须熟悉它,在熟悉的基础上才能编写校本教材。

二、研究学情

你接手的是哪个班？班主任是谁？研究一下《班级花名册》，全班有多少人？男生女生各是多少？民族结构、地区分布情况怎样？来自哪些学校？

可以用中考题目对全班进行一次测试，以了解每个同学对本学科基础知识的掌握情况，并根据这个情况大致将学生分成几类，以便有针对性地进行补差教学。同时，还可以根据了解的需要进行学科问卷调查，比如学生对本学科的兴趣如何？学习本学科有哪些困难？过去没有学好本学科的原因是什么？今后打算怎样学好本学科？等等。

此外，还要了解学生的年龄特征、心理特点与学习本学科的关系。了解学生学习本学科与其他学科之间的关系，比如物理、化学与数学的关系，历史、地理与语文的关系等。

三、学科介绍

在充分研究学科和学情的基础上，如何进行学科介绍，激发学生的学习动机，培养学生的学习兴趣，让学生因为你的介绍而喜欢这门学科，热爱这门学科，这也是我们必须认真研究的重要课题。

为什么高中生要学习这门学科？要揭开学科的奥秘，指出学科对人类生活的重大意义和价值所在，学科之美在哪里？引发学生对学科的好奇心，激发学习动机和兴奋点，启发学习兴趣，培养学生热爱学科并树立学科的远大理想。

教师应该是学科的代言人，是学科的形象大使。学生经常说：我的语文老师，我的数学老师，我的英语老师等等。语文教师应该是学生心目中的李白、杜甫、鲁迅、巴金；数学教师应该是学生心目中的华罗庚和陈景润。……

李镇西老师在介绍语文学科时是以深情的朗诵切入的，声情并茂的朗诵把他的学生深深地吸引住了。王金战老师在《学习哪有那么难》里向学生介绍数学之美时，甚至讲到女人穿高跟鞋为什么好看，那是因为符合数学上"黄金分割"的比例0.618，一下子启发了学生学习数学的浓厚兴趣。当学习变成一种乐趣、一种诗意、一种美的享受的时候，就是教学艺术的最佳状态、最高境界。

每个老师在开讲教材内容之前，必须做好学科介绍，让学生迷恋上你所教的学科，并以这门学科作为终身学习、探究、追求的目标，形成自主学习的积极状态，养成热爱学习的良好习惯。

四、制定计划

凡事预则立,不预则废。教师一定要帮助学生根据自己的情况制定好学科学习计划,并切实地按计划完成学习任务。每个学生的学习计划都可能不尽相同。

学习计划包括学期计划、月计划、周计划。本学科的学习计划要与其他学科的学习计划统筹起来考虑。

制定学习计划目标要明确,统筹安排时间,尊重自己的生物钟,要用黄金时间进行记忆,要集中精力限时完成计划确定的学习任务。

五、学法指导

这是最为重要的环节,授人以鱼不如授人以渔。要记住:学习方法比知识本身重要,学生学会学习比他学到什么更为重要。因此,教师的"教",不是照本宣科地教知识,更重要的是教给学生学习的方法。

教师一定要抓好学法指导这个环节,教会学生在不同情况下采取若干不同的学习方法,比如记忆的方法、讨论的方法、听课的方法、作业的方法等等。同时,要教会学生预习的策划、上课的准备、复习的策略、错题的整理等等,不一而足。

教师可以大胆地告诉学生:你们碰上我是你们的科任老师是找对了,我教给你们的这些学习方法,是我独创的"李氏教学法"或"张氏教学法"。我们集体备课设计的"导学案",非常管用,也可以叫"西点秘笈"。著名特级教师孙维刚、王金战等老师已经用这些方法把许多人送到北大清华了。这些方法是学校一级机密,不能外传。你们按照我的这些方法去学习,考不上本科来问我,条件是:你必须按照这些方法去做,坚决完成学习任务。

补差教学的"差",更多的是学习方法上的"差"。学法指导做好了,学生学习的效率就会大大提高,教学活动就会收到事半功倍的效果。

以上是我的一点肤浅认识,仅供参考,祝大家成功! 谢谢!

学问究竟

论文篇

眼前看说法，
心中有想法，
笔下写做法。

——笔者题记

马克思再生产原理与我国社会主义积累

——贵州教育学院政教系进修毕业论文

指导教师：罗时法

（1990 年 7 月）

　　物质资料的生产是人类社会生存和发展的基础。任何一个社会都不能停止消费，因而也就不能停止生产。生产总是一个周而复始、连续不断和相继更新的过程，这种过程就是社会再生产的活动过程。由于人们的消费需求与日俱增，社会再生产的量的扩张和质的飞跃也是无止境的。

　　"生产的扩大，要取决于剩余价值到追加资本的转化，也就是要取决于作为生产基础的资本的扩大。"社会主义再生产的特征是扩大再生产，要实现扩大再生产就必需追加各种生产资料，这个追加的部分主要来源于积累。社会主义积累是社会主义扩大再生产的主要源泉。社会主义扩大再生产的规模和速度，在很大程度上取决于社会主义积累的数量和积累增长的速度。因此，探讨积累与再生产的关系是社会主义经济学的研究课题之一。

　　我国经济是社会主义市场经济，资源配置主要由市场调节。为避免经济活动中的盲目行为和失调现象，必须正确地确定适应经济发展的积累率，协调积累与消费的比例关系，发挥宏观调控功能，以便取得最佳的经济效益，从而最终实现社会主义生产的目的。

一、再生产原理概述

　　马克思考察了资本主义条件下社会资本的再生产和流通，对社会总产品从实物形态上和价值形态上作了科学的划分，即从实物形态上划分为生产资料和消费资料两大类，与此相对应，整个社会的生产也分为生产资料的生产（Ⅰ）和消费资料的生产（Ⅱ）两大部类。在价值形态上把社会总产品分为不变资本（C）、可变资本（V）和剩余价值（m）三个部分。这一理论的核心是社会总产品的实现问题，即在实物形态上得到替换，在价值形态上得到补偿，归根到底是社会生存的比例发展的问题。

马克思关于社会资本简单再生产和扩大再生产实现条件的概括,反映了两大部类之间互为市场、互为条件、互相制约的关系。其中,简单再生产的基本实现条件是:$I(v+m)=IIC$;扩大再生产的主要前提条件是:$I(v+m)>IIC$;而扩大再生产的最基本的实现条件是:I部类原有的可变资本(V),加上追加的可变资本($\triangle V$),再加上本部类资本家用于个人消费的剩余价值($\frac{m}{x}$),三者之和必须等于II部类原有的不变资本(C)加上追加的不变资本($\triangle C$),即:

$$I(V+\triangle V+\frac{m}{x})=II(C+\triangle C)$$

可见,扩大再生产的前提条件与实现条件矛盾的,前者要求$I(v+m)>IIC$,后者则要求$I(v+m)=IIC$,而解决这两者之间的矛盾的是积累。

根据马克思对扩大再生产的分析,扩大再生产的前提是C、V、m三要素的不同组合,并且积累首先从I部类开始。

扩大再生产的开端公式是:

$$\left.\begin{array}{l} I\ 4.000C+1.000V+1.000m=6.000 \\ II\ 1.500C+750V+750m=3.000 \end{array}\right\}总额=9.000$$

公式中,$I(1.000V+1.000m)>II\ 1.500C$,$I$部类多出500m,积累便从$I$部类开始,并由此带动了$II$部类的积累。

但$I(v+m)>IIC$是一个不平衡公式,为了扩大再生产的实现,各种要素之间还必须进行调整,重新组合。"为积累的目的而改变的组合"如下:

$I\ 4.400C+1.100V+500$ 消费基金 $=6.000$

$II\ 1.600C+800V+600$ 消费基金 $=3.000$

$$总计同上=9.000$$

这样,$I(1.100V+500m)=II\ 1.600C$,因而落实了扩大再生产。$I$部类积累500,引起$II$部类积累150,平衡了$I$部类与$II$部类之间的买卖。$I\ 500+II\ 150$,两大部类共积累650。

"如果实际积累现在是在这个基础上进行的,这就是说,如果用这个已经增加的资本实际进行生产,在第二年结束时"扩大再生产的结果如下:

$$\left.\begin{array}{l} I\ 4.400C+1.100V+1.100m=6.600 \\ II\ 1.600C+800V+800m=3.200 \end{array}\right\}9.800$$

从公式可以看出,I部类与II部类的总产值共增加800,I部类增长10%,II部类增长6.6%。I部类的生产增长得较快,同时又出现了新的不平衡:

Ⅰ(1.100V + 1.100m) > Ⅱ1.600C。

以上分析说明,由于Ⅰ(v+m) > ⅡC,积累从Ⅰ部类开始,并带动了Ⅱ部类的积累,且又通过积累来调整,使Ⅰ(v+m) = ⅡC,保证了扩大再生产的顺利进行。接着又出现新的Ⅰ(v+m) > ⅡC,又通过积累来调整,进行新的扩大再生产过程。如此循环往复,以至无穷,从而推动社会生产不断向前发展。其中,积累在扩大再生产过程从不平衡到平衡的调整中,即在扩大再生产的最终实现中,处于举足轻重的地位。

社会主义生产和资本主义生产都是社会化大生产,再生产积累规律是一条共同的普遍规律。剔除资本积累的资本主义生产关系等因素后,马克思的再生产原理以及对积累所作的科学规定完全适用于社会主义再生产过程。同时,由于积累在扩大再生产中的特殊作用,探讨与积累有关的诸方面的问题,具有极其重要的意义。

二、积累界定问题

什么是积累? 经济学教科书上的传统定义是:积累是将一部分国民收入转化为扩大再生产基金。积累基金就是指国民收入中用于扩大再生产的那一部分基金。这种定义是不符合马克思再生产原理和关于积累的科学规定的,在实际经济生活中也是无益的。

首先,马克思说:"把剩余价值当作资本使用,或者说,把剩余价值再转化为资本,叫做资本积累。"[①]"剩余价值一部分由资本家作为收入消费,另一部分作为资本或积累起来。"[②]"这是资本化了的剩余价值。"[③]马克思的话清楚地说明了:积累是剩余价值的一部分,而不是国民收入中的一部分。

其次,积累的源泉也只能是剩余产品(m),没有剩余产品(m)就没有积累,就不能追加各种生产资料,就不能实现扩大再生产。马克思再生产的常识告诉我们:不管哪个部类,某生产过程所追加的不变资本和可变资本加上资本家用于个人消费的那一部分剩余价值,刚好就等于本部类该生产过程的全部剩余价值。可用公式表示如下:

$$Ⅰ \triangle C + \triangle V + \frac{m}{x} = m$$

① 张婷,杜建智. 资本积累理论与企业的资本积累[J]. 经济师,2009(1):44 – 45.
② 张厚义. 怎样看待我国社会中私营企业主的劳动与剥削[J]. 中州统战,2001(9):8.
③ 张厚义. 怎样看待我国社会中私营企业主的劳动与剥削[J]. 中州统战,2001(9):8.

$$\text{II} \; \triangle C + \triangle V + \frac{m}{x} = m$$

再次，国民收入是指全部可变资本加全部剩余价值，即（V + m）。工人工资（V）虽然是国民收入中的一部分，但理论上不能参加积累，因为它是上一个生产过程中耗费掉的劳动力的补偿，并为再生产劳动力而被工人用以直接的补偿性消费，根本不可能用于积累。

另外，在资本主义条件下，$\frac{m}{x}$ 是表示资本家用于个人消费的那一部分剩余价值。而在社会主义条件下，由于资本家阶级的基本消灭，$\frac{m}{x}$ 是用作非生产性建设，即用作社会消费的（包括社会福利开支，国防费用，政府行政开支等）。它与扩大再生产过程没有直接的联系，因此，不能列入积累的范围之内。

根据以上分析，如果用 S 表示积累率，则

$$S = \frac{m - \frac{m}{x}}{m} = \frac{\text{I}(\Delta C + \Delta V) + \text{II}(\Delta C + \Delta V)}{\text{I} m + \text{II} m} \times 100\%$$

可见，马克思再生产理论本身就没有把积累看作是国民收入（V + m）的一部分，而只是剩余价值中的一部分。就是说，工人工资（V）和社会消费（$\frac{m}{x}$）应排除在积累之外，即应当把工人工资（V）总额从国民收入（V + m）中减去，再把社会消费（$\frac{m}{x}$）从剩余产品（m）中减去，然后才是积累。"积累"应界定为：全部社会基金（m 或全部剩余产品）中用于扩大再生产的那一部分基金。积累率就是积累量与剩余产品量（m）之比乘以百分之百。

传统定义在理论上混淆了积累与消费的界限，使积累率带有模糊性和不精确性。在实践中容易造成积累与消费的比例失调，引起经济生活的混乱局面：一方面，为片面追求经济的高速度增长而增大积累率，不仅挤压维持再生产劳动力所必需的工人工资，使人民生活水平下降。而且容易使基建战线过长，基建规模失控，引起原材料供不应求等矛盾。另一方面，为追求高消费而不惜动用积累基金，互相攀比，滥发奖金，使消费膨胀而积累萎缩。然后再来勒紧裤带，增加积累，如此交替出现，恶性循环。

三、积累率分析

如何确定恰当的积累率是长期困扰我国经济学界的理论问题，同时又是一个

敏感的实际问题。马克思说:"在积累时,首先要考察的是积累率。"①说明了确定积累率的重要性。

传统社会主义产品经济模式下,积累率的确定是计划指令行政干预的结果,是事先决定的"指标"。事实已无情地证明,这种做法是成效甚少的。20世纪80年代末,随着商品经济的发展,我国理论界对积累率的确定流行两种观点:

第一种观点:从"一五"时期提供的经验数据出发,论证25%左右的积累率是我国的最佳积累率。

第二种观点:从哈罗德—多马模型出发,以1980年—2000年国民收入增长速度为7%,积累率以25%为计算基数,得出二十世纪后二十年积累率以28%为宜。

显而易见,第一种观点(即25%积累率)在一定时期内无疑是正确的,但如果套用于不同的经济发展时期是有害无益的,至少在方法论上是形而上学的。

至于第二种观点,由于哈罗德—多马模型只有三个变量,舍弃了大量制约和影响积累率的因素,所以模型本身是片面的,根据模型算出的结果必然缺乏应有的精确度。

同时,两种观点都认为积累在国民收入($V + m$)中进行,并把$\dfrac{m}{x}$也计入积累,根据前面关于积累界定的分析,显然是不科学的。

那么,如何确定一个适应经济发展的积累率呢?我们应当从动态和静态两个方面来进行分析,才能确定相应的积累率。

从动态方面看,积累率应当是一个变数而不是常数。因为影响和制约积累率的因素是多方面的、复杂的,诸如人口增长、技术进步、产业结构、积累效率、消费率等因素,只要其中某个因素稍有变化都会引起积累率的变化,况且这些因素也是处在经常不断的变化之中的。所以,那种企图确定一个一成不变的积累率,并套用于各个经济发展时期的做法,显然在理论上是不可能成立的,在实际经济生活中也是行不通的。

从静态方面看,在某一经济发展阶段,如果没有一个明确的、稳定的积累率,积累就会在变化的经济要素面前无所适从,或者大起大落波动过大,积累与消费的比例也会因之失调,我们的经济活动就会陷入盲目与被动之中。

因此,积累率从动态方面看应该是上下波动的,但波动的幅度又不能过大;从静态方面看是趋于稳定的但又不能长期固定在一个指标上。两者是辩证统一的,即在波动与稳定的矛盾运动中求平衡。这种平衡功能形成了一个积累曲线区间:

---

① 李南峰. 银行信用与积累率[J]. 学习与探索,1984(3):55-57.

其上限,最大不能挤压为再生产劳动力所必需的工人工资(V);其下限,最小不少于上一生产过程所需的追加量。一般说,在其他影响积累率的因素不变的情况下,某一时期围绕上下波动的较稳定的积累指标,可按前面的关于积累界定的公式求出。

例:假设: $I \triangle C = 400$　　$I \triangle V = 100$　　$I m = 1000$

$II \triangle C = 100$　　$II \triangle V = 50$　　$II m = 750$

根据公式 $S = \dfrac{I(\triangle C + \triangle V) + II(\triangle C + \triangle V)}{I m + II m} \times 100\%$

则: $S = \dfrac{400 + 100 + 100 + 50}{1000 + 750} \times 100\% = 37.14\%$

那么,37.14%就是所假设的该时期围绕其上下波动的较为稳定的积累率指标(积累曲线或积累率区间值)。但这个指标的稳定性是相对的,而上下波动的性质是绝对的。只要所设的因素($I \triangle C$ 、 $I \triangle V$ 、 $I m$ 、 $II \triangle C$ 、 $II \triangle V$ 、 $II m$ 等)中的某个因素略有变化,根据公式所求到的指标就会马上变化,更不用说其他因素对积累的制约与影响了。所以说积累率是一个变数而不应当是常数。

四、积累与消费

我们知道,影响制约积累的因素是多方面的,除了前面提到的诸如人口增长、技术进步、产品结构、积累效率等因素以外,消费是对积累的制约和影响最为直接和敏感的因素,因为社会主义生产的目的最终要落实到人民群众的消费问题上。

所谓消费,广义地说,应包括三个部分:(1)原有的工人工资(V),(2)追加的工人工资($\triangle V$),(3)用于社会消费的剩余产品($\dfrac{m}{x}$)。

实际上,原有的工人工资(V)虽被工人直接用于个人消费,但这是上一生产过程中消耗的工人劳动价值的补偿,这是维持简单再生产所必需的部分。而追加的工人工资($\triangle V$)则又是由积累基金而来,并非由消费基金而来,这是保证扩大再生产得以实现的条件。以上两项消费仅能维持简单再生产和扩大再生产的顺利进行,即仅能保证劳动者不至于饿死的最基本的不可缺少的消费,是维持劳动人民起码生活水准的消费。这两部分只是再生产过程的补偿基金,它并非使人民的收入有所提高,并非使人民的生活得到进一步改善,并非实现社会主义生产的真正目的。

狭义的消费,是指用于社会消费的那一部分剩余产品($\dfrac{m}{x}$)。这是用于逐步改善人民生活条件和人民福利事业的部分(包括国防费用、行政支出、各事业单位职工工资以及其他非生产性建设投资),这是真正体现社会主义生产目的的部分,是严格意义上的消费,即是提高人民群众物质文化生活水平的那一部分消费,这才是再生产过程中真正意义上的消费基金。

从以上分析可得到有关消费的两个量:

第一个量:是指相对整个国民收入而言的消费量(即广义的消费量)。如果用 N' 代表广义消费率,

$$则:N' = \frac{V + \Delta V + \frac{m}{x}}{V + m} \times 100\%$$

$$即:N' = \frac{I(V + \Delta V + \frac{m}{x}) + II(V + \Delta V + \frac{m}{x})}{x I(V + m) + II(V + m)} \times 100\%$$

从广义消费率可以看出消费与国民收入的比例关系以及人民群众物质文化生活水平的提高幅度,在确定积累与消费比例关系时,只作参考系数。

第二个量:是指与积累一起相对于社会全部剩余产品(m)而言的消费量(即狭义的消费量,真正意义上的消费量),若用 N 表示狭义率,则:

$$N = \frac{\frac{m}{x}}{m} \times 100\%$$

例:设 $I \frac{m}{x} = 500$ $II \frac{m}{x} = 600$

$I m = 1000$ $II m = 750$

$$根据公式 N = \frac{I 500 \frac{m}{x} + II 600 \frac{m}{x}}{I 1000m + II 750m} \times 100\% = 62.86\%$$

这个量与前面所分析过的积累率(37.14%)形成比例关系,狭义消费率可以保证在不影响人民群众生活的前提下,根据经济发展的需要确定积累与消费的比例关系。

积累与消费,在理论上是互相对应的经济范畴,是相辅相成的一组对应概念。在质上用途相反;在量上此长彼消。合理积累率目标应该是二元的:一方面要保证人民生活消费和社会消费的不断增长;另一方面要保证社会生产的不断发展,因为这是社会主义生产目的的根本要求。

综上所述,积累从再生产过程中产生,积累又协调再生产从不平衡到平衡,从而解决再生产过程中的主要矛盾,进而推动再生产过程不断实现和向前发展。

积累界定问题是确定积累率的前提,而确定一个适应一定经济发展阶段的积

累率,则是解决经济生活中比例失调现象的一个重要方面。在诸多失调现象当中,积累与消费的失调现象是决不能回避的,因为它直接关系到社会主义生产目的能否实现,以及人民群众的当前利益和长远利益的兼顾问题。

参考文献:

1.《资本论》马克思著

2.《政治经济学教程》宋涛主编

3.《政治经济学教材》蒋学模主编

4.《社会主义宏观经济学》戴国晨著

5.《政治经济学》(社会主义部分)谷书堂、宋则行主编

6.《社会主义初级阶段经济概论》吕荣侃等编

7.《政治经济学疑难问题探讨》关梦觉主编

8.《社会主义经济问题研究》薛暮桥著

9. 中国人民大学复印报刊资料《政治经济学·社会主义部分》中的以下各期篇目:

(1)1986 年 6 期《积累是一个变数》

(2)1987 年 11 期《论消费与积累的最佳比例》

(3)1988 年 1 期《对积累消费和资源配置的重新认识》

(4)1988 年 2 期《论积累与积累率结构》

(5)1988 年 8 期《积累率新探》

一切为了自由而全面的发展

（学习笔记）

"一切为了自由而全面的发展"这个提法对吗？有什么理论根据？它的内容是什么？这个提法有何积极意义？我们有必要从这些问题的原点出发,去寻找它的逻辑起点,把握它的思想脉络,领会它的精神实质。

一、马克思主义的科学命题

"人的自由而全面的发展"是马克思主义的一个科学命题。马克思主义关于人的自由全面发展理论,是马克思主义理论宝库的主要组成部分,是科学社会主义的理论体系。

马克思主义关于人的自由全面发展理论,是相对于人的不自由和片面畸形发展而提出来的。在马克思恩格斯的《神圣家庭》《1844年经济学哲学手稿》《英国工人阶级状况》《德意志意识形态》《共产党宣言》《政治经济学批判大纲》和《资本论》等经典著作中,都有关于人的自由全面发展的大量论述。

马克思主义认为:社会分工使人的发展片面化畸形化,而私有制的存在和阶级的划分又巩固和强化了这个趋势。马克思恩格斯在《德意志意识形态》中指出:"就个人自身来考察个人,个人就是受分工支配的,分工使他变成片面的人,使他畸形发展,使他受到限制"。

这些论述说明社会分工使人的发展片面化畸形化。同时又指出:"阶级对各个人来说又是独立的,因此各个人可以看到自己的生活条件是早已确定了的:阶级决定他们的生活状况,同时决定他们的个人命运,使他们受它支配。这和屈从于分工是同类的现象"。这些论述又说明了私有制的存在和阶级的划分进一步巩固和强化了人的片面畸形发展的趋势。

常识告诉我们,在原始社会,由于生产力水平十分低下,只存在性别年龄的自然分工,不存在社会分工。脑力劳动和体力劳动原始地结合在每个劳动者身上,并在劳动中获得统一发展,因此不存在人的片面发展问题。

随着生产力的发展,原始社会末期出现了社会分工,先是畜牧业从农业分离出来,后是手工业从农业分离出来,接着商业也出现了。社会分成了农民、牧民、手工业者、商人等群体。"如果说,农民占有土地,城市居民占有手艺,那么,土地就同样地占有农民,手艺同样地占有手工业者。由于劳动被分成几部分,人自己也随着被分成几部分。为了训练某种单一的活动,其他一切肉体的和精神的能力都成为了牺牲品"。(《马克思恩格斯选集》第三卷第330页),由此可见,人类社会就是从社会大分工开始,从很不发展的原始人变成片面发展的文明人。

社会分工进一步提高了生产力的发展水平,使社会产品逐渐丰富起来,并开始有了剩余产品,在这个基础上出现了私有制和阶级划分,于是人类进入了奴隶制文明社会。阶级划分使一部分人成为凌驾于人民之上的统治者和管理者,以及一部分专门从事宗教、科学、艺术等精神活动的人,他们不参加体力劳动,是专门的脑力劳动者,片面发展其智力。其他大多数人则终日从事体力劳动而成为体力劳动者,片面发展其体力。统治阶级极力宣扬这种"劳心者治人,劳力者治于人"的合理性并竭力使之合法化,以巩固这种制度。正是由于社会分工和阶级划分交织在一起,引起并加深了脑力劳动和体力劳动的分离与对立,使"一些人靠另一些人来满足自己的需要,因而一些人(少数)得到了发展的垄断权,而另一些人(多数)经常地为满足最迫切的需要而进行斗争,因而暂时(即在革命的生产力产生以前)推动了任何发展的可能性"(《马克思恩格斯全集》第三卷507页)。由于精神发展或体力发展的基础遭到破坏,造成了个人的体力和智力的片面发展。

资本主义生产从简单协作发展到工场手工业时代,除了社会分工之外,又出现了生产机构内部的分工,使工人一生束缚于一定操作和一定工具之上。马克思在《资本论》中进一步提出:工人"变成局部机器的一部分""工人被当做活的附属物并入死机构"。资本主义"工场手工业人为地加速了劳动者的片面技巧的发展,牺牲了生产者的全部素质和本能,从而使劳动者畸形化"。从工场手工业发展到产业革命之后,资本主义制度不仅造成工人的片面发展,而且造成社会全体成员普遍畸形化。

历史证明,社会分工是生产力发展的必然要求,也是社会进步的重要标志。分工虽然造成个人的片面发展,但是分工也促进科学技术的全面进步和生产力的不断提高。马克思、恩格斯在《共产党宣言》中指出:"资产阶级在它的不到一百年的阶级统治中所创造的生产力,比过去一切世代创造的全部生产力还要多,还要大"。尤其是进入资本主义社会以后生产力发展更为迅猛。工业革命后,社会生产进入机器大工业时期,"大工业的本性决定了劳动的变换、职业的更动和工人的全面流动性","用那种把不同社会职能当作互相交替的活动方式的全面发展的个人,来代替只承担一种社会局部职能的局部个人"。片面发展的人已经不能适应机器大工业生产的需要,必须代之以全面发展的人,这是现代化工业生产的普遍规律,也是历史的必然。马克思在一百多年前就作出了这个科学结论。

然而,近百年来工人的全面发展即使是在最发达的资本主义国家里也没有实现,这是因为生产的社会化和生产资料私人占有之间的矛盾所致。在资本主义生产方式中,工人同生产资料分离,生产的目的是为了追求利润的最大化,而不是为了工人的生存和发展。一方面大工业的本性要求工人全面发展,另一方面资本主义生产方式阻碍工人全面发展。这个绝对矛盾是资本主义社会的基本矛盾和社会问题,是资本主义社会本身无法解决的矛盾。

那么,如何解决这个矛盾呢? 马克思恩格斯在《共产党宣言》中明确提出:"代替那存在着阶级和阶级对立的资产阶级旧社会的,将是这样一个联合体,在那里,每个人的自由发展是一切人的自由发展的条件。"未来社会是"一个更高级的、以每个人的全面而自由发展为基本原则的社会形式"。这就是说,资本主义的基本矛盾只有被新的社会形式——共产主义社会取代之后才能彻底解决。也就是说,只有到了共产主义社会,人的自由而全面的发展才有可能完全实现。

人的自由而全面的发展,不仅是社会化大生产的客观要求,而且是共产主义社会的本质规定性。马克思指出:"在共产主义高级阶段上,在迫使人们奴隶般服从分工的情形已经消失,脑力劳动与体力劳动的对立也随着消失之后;在劳动已经不仅仅是谋生手段,而且本身成了生活的第一需要之后;在随着个人的全面发展,生产力也增长起来,而集体财富的一切源泉都充分涌流之后——只有在那个时候,才能完全超出资产阶级法权的狭隘眼界,社会才能在自己的旗帜上写上各尽所能,按需分配。"(《马克思恩格斯全集》第三卷,第516页)

马克思恩格斯在其合著的《德意志意识形态》中曾经生动地描述过共产主义社会自由全面发展的理想人格:"在共产主义社会里,任何人都没有特定的活动范围,每个人都可以在任何部门内发展。社会调节着整个生产,因而使我有可能随我自己的心愿今天干这事,明天干那事,上午打猎,下午捕鱼,傍晚从事畜牧,晚饭后从事批判,但并不因此就使我成为一个猎人、渔夫、牧人或批判者。"

马克思主义创始人所描绘的"自由人联合体"即共产主义社会,是人类的理想社会。虽然我们距离它还十分遥远,但这并不意味着人们一点都不能自由而全面的发展。恰恰相反,当今社会,人类文明进步的速度大大加快,科技日新月异,知识经济、信息爆炸、网络时代、经济全球化等等,为人的自由全面发展提供了广阔的天地。人们也不断地从必然片面的发展走向自由全面的发展,事实上已经是部分地与日俱增地实现了,并且在不停地与时俱进地朝着自由发展的方向迈进。

二、自由的涵义

"自由"一词最早起源于拉丁文 liker，是从约束、拘束或束缚中解除出来的意思，也包含有从监禁或奴役中解除的语义，在《罗马史》里有平民阶级向贵族阶级争取自由的斗争的描述。

在实现生活中，人们使用"自由"一词，有多方面的涵义，它们相互联系又有概念区别，下面选择主要几点分述之。

（一）自由的经济涵义。自由的获得是在起码的经济条件的基础上才有可能。马克思说：自由"永远不能超出社会的经济结构"。人类社会"只有通过大工业所得到的生产力大大提高，才有可能把劳动时间大大缩短，使一切人都有多余的时间来参加社会理论和实际公共事物"。所以，美国总统罗斯福就曾指出：贫困的人不是自由的人。

（二）自由的法律涵义。自由是以法律为条件的，真正的自由是与相应的制度规范相容的。马克思主义认为："自由就是从事一切对别人没害处的活动的权利，每个人所能进行的对别人没有害处的权利的界限，是由法律规定的。"①孟德斯鸠也说："自由是做法律所许可的一切事情的权利。"②自由若离开法律，就成为恣意任性、放任自流、随心所欲、我行我素，就不是真正意义上的自由。

（三）自由的伦理涵义。自由是权利和义务的统一。一个人的自由权，作为道德权利而言，每个人都享有和其他人一样多的自由的权利。但每个人在享受自由权利的时候，都应该而且必须有义务和责任去尊重其他人的自由，必须承担相应的责任，比如职业道德、社会公德等，否则，这种自由就是不道德的。

（四）自由的政治涵义。自由意味着从压迫和奴役中解放出来。在资产阶级为确立市场经济和本阶级政治统治而扫荡封建专制主义的时候，自由的口号响彻云霄，它代表了上升时期的资产阶级为夺取自由而战的坚强决心，也反映了广大人民群众反封建专制主义的战斗精神，吸引了无数爱国者投身于争取自由的斗争中。法国国歌《马赛曲》的歌词就有"不自由，毋宁死"的诗句。举世闻名的自由女神像，高高地耸立在纽约港口的自由岛上，她脚上残留着被挣断的锁链，右手高擎火炬，象征着美国人民争取自由的崇高理想，表达美国人民对自由的无比热爱和无限向往。匈牙利伟大诗人裴多菲的著名诗句更是被全世界的仁人志士所高歌吟颂："生命诚可贵，爱情价更高，若为自由故，两者皆可抛。"自由思想，理所当

① 王起奎. 马克思的自由观辨[J]. 东岳论丛,2000(1):84-87.
② 王文昌."中国式无序",核心是对自由的误读[J]. 民主与科学,2012(6):75.

然地成为人类共同的价值理念和奋斗目标,它是资产阶级先驱前辈们给人类社会留下的无比珍贵的思想文化遗产。

(五)自由的哲学涵义。自由是对必然的认识和对客观世界的改造。德国古典哲学家黑格尔说:"自由是对必然的认识"。马克思说:"自由就在于根据对自然界的必然性的认识来支配我们自己和外部自然界。"所谓"必然",就是客观事物发生、发展、变化的规律性,人们只有在认识把握了事物规律,从而利用这些规律来改造世界和人类本身之后,才能获得真正的自由。恩格斯指出:"自由不在于在幻想中摆脱自然规律而独立,而在于认识这些规律,从而能够有计划地使用自然规律为一定目的服务"。因此,我们可以说,在认识的领域,自由就是人们对自然界、人类社会和人类思维的认识和改造。正如毛泽东所说:"人类的历史,就是一个不断地从必然王国向自由王国发展的历史,这个历史永远不会完结……因此,停止的论点、悲观的论点、无所作为和骄傲自满的论点,都是错误的。"

三、如何理解"全面"

人的全面发展和德智体全面发展是涵义不同的两个概念,它们现有区别又有联系,二者不能混同起来。人的全面发展是马克思主义政治经济学、科学社会主义的概念,是针对作为生产要素的人来说的,是十九世纪中叶大工业兴起以后由马克思恩格斯提出来的。德智体全面发展是教育学概念,是针对学生来说的,是古已有之的教育的应有之义。

(一)马克思主义政治经济学意义上的人的全面发展

恩格斯在《共产主义原理》中说:"通过消除旧的分工,进行生产教育,变换工种,共同享受大家创造出来的福利,以及城乡的融合,使社会全体成员的才能得到全面发展。"马克思在《资本论》中把全面发展的人表述为能够"把不同社会职能当作互相交替的活动方式的全面发展的个人。"恩格斯在《反杜林论》中又一次提出,到共产主义社会,"通过社会生产,不仅可以保证一切社会成员有富足的和一天比一天充裕的物质生活,而且还可以保证他们的体力和智力获得充分的自由的发展和运用。"

我国学者赵纯心通过对马克思和恩格斯以上的论述进行分析,认为马克思和恩格斯在讲到人的全面发展时,尽管措辞有所不同,但主要是指全面地发展人的一切能力,就是使人的体力和智力以及才能得到全面的、充分的、自由的发展。他认为马克思主义关于人的全面发展概念还应包含三个层次的涵义:一是人的全面发展意味着个人的智力和体力得到统一发展;二是人的全面发展是指个人的智力和体力的发展统一于现代化的物质生产过程;三是人的全面发展是指社会的一切成员的智力和体力以及才能都得到充分的、自由的发展,而不是指某些个人或少数人得到全面发展。

(二)马克思主义教育学意义上的人的全面发展

马克思指出:"生产劳动同智育和体育相结合,它不仅是提高社会生产的一种方法,而且是造就全面发展的人的唯一方法"。"人的全面发展意味着自己获得真正解放。"一般认为,马克思主义关于人的全面发展学说,主要是指生产劳动同智育和体育的结合。也有学者认为,人的全面发展,是指人的各方面的素质和潜能的普遍提高与充分发展。包括德智体美劳等几方面的均衡发展,又包括个性心理、性格、兴趣、意志、气质等因素的健全发展。也有学者指出,人的全面发展是指人的劳动能力、社会关系和个体素质诸方面的自由而又充分地发展。还有学者认为,人的全面发展,就是既达到充分的社会化,又达到充分的个性化。(吴德刚《关于马克思主义人的全面发展学说的再认识》,载《教育研究》2008 年第 4 期)

(三)全面发展就是各方面平均发展吗

所谓"全面发展"是否指各方面平均发展?"全面发展的人"是否意味着是"全才"? 有谁见过无所不知无所不晓的"全才"吗? 显然,绝对意义上的"全面发展"是不存在的,也不可能存在。全面如果指的是方方面面、面面俱到、平均发展,那就很可能使发展本身的价值出现疑问。既然这样,我们为什么还要提"全面发展"呢? 其实,我们所指的"全面发展"是相对意义上的全面发展。我国学者张楚廷认为:全面发展的实质是个性发展。"每个人的全面发展是他自己发展的全面,因而必是有个性的全面发展,或个性下的相对全面发展,……实质上是个性发展"。这就是说,所谓"全面发展"不是样样都懂,什么都行,而是充分发展人的个性、包括人的能力、才智、气质、性格、动机、兴趣、理想、信念等,就是马克思所说的"每一个成员都能完全自由地发展和发挥他们的全部才能和能力"。全面发展的个性就是内涵丰富的人格。是相对完整中的独特,独特意义的完整。只能这样来理解,否则天才都有缺陷,我们去哪里找"全面发展"的人? 那么,我们又怎样理解全面发展与片面畸形发展的关系呢? 张楚廷先生说:"其实,每个人都与片面打交道,都经历片面,只是我们不停留于片面,只是我们不要片面主义,不要片面性。"

四、自由而全面发展的应有之义

马克思主义所说的人的自由全面发展,是指每个社会成员的体力智力获得全面发展和自由运用,个人的全部智慧、力量、潜能、素质都能全面自由地尽量发挥,每个社会成员可以按照自己的兴趣、爱好、意愿以及社会的需要自由地选择职业和变换工作。

（一）德智体美全面发展

马克思在《1857－1858 年经济学手稿》中给出了一幅清晰完整的关于自由全面发展的个人的图像,那就是德智体美都能得到全面发展的个人,所以,个人自由全面发展的目标就是成为一个德智体美都得到全面发展的个人,人的德智体美的全面发展也就是个人的自由全面发展的目标。

个人的自由全面发展的实现最终就取决于构成人的条件的一切要素都要发生合理性的变化,个人的自由全面发展的目标也只有通过这种合理性的变化才能够得到充分彰显。

（二）潜能的开发,个性的张扬

马克思认为,人的全面发展还包括个性自由,人的性格、智慧的发展等方面,他一向认为人的全面发展与人的个性发展是相容的。

人的自由而全面的发展就是人的潜能得到充分开发的发展,是人的个性得到充分释放的发展,是人的成长过程中经历曲折的发展,是人的符合社会规范的发展,是人的合乎时代呼唤的发展。

五、怎样做到自由而全面的发展

马克思认为,人的自由而全面的发展的实现条件是:人们完全摆脱生产资料私有制和阶级压迫的束缚,完全摆脱旧式分工的束缚,完全摆脱仅仅是谋生手段的劳动的束缚,完全摆脱了接受教育和训练的限制。

每个人的自由全面发展是社会发展的最终目的,充分体现了人类发展的必然趋向。自由的充分实现和人类的彻底解放,是人类从必然王国飞跃到自由王国的标志,也是自由和解放的最高境界。

（一）需要的全面满足

恩格斯说:"马克思发现了人类历史的发展规律,即历来为繁茂芜杂的意识形态所掩盖着的一个简单事实:人们首先必须吃、喝、住、穿,然后才能从事政治、科学、艺术、宗教等等。"①因此,人们最初的发展总是和人的生存需要联系在一起,人的发展首先是获取物质生活资料的能力。

需要的全面满足是个人自由全面发展的内在动因和前提条件。个人要获得自由全面的发展,首先要维持自身的生存,即满足个人的需要。

然而,人的需要不只是生存需要,在生存需要得到基本满足的基础上,人也产

---

① 劳承万 . 马克思美学文艺学体系的逻辑起点:审美的主观形式［J］. 学术月刊,1991（9）:
　　10－16.

生了从事政治、科学、艺术、宗教等等活动的需要。人的需求是多样性、多层次性的，人为满足爱与归属的需求、尊重的需求以及自我实现的需求，在社会生活和社会实践中，与其他社会成员建构起诸如亲戚关系、朋友关系、同事关系等社会关系。每个为使自己需求得到满足，都按照自己的意愿与社会中的部分成员结成多种多样的关系。

需要的发展，是"人的本质力量的新的证明和人的本质的新的充实。"人的发展与人的需要的发展存在非常大的正相关关系。在马克思看来，在历史形成的需要的基础上，人的需要仍然会得到进一步的开发与更加充分地满足。

（二）交往的全面实现

个人的自由全面发展需要以普遍的交往为基础，"交往的普遍性，从而世界市场成了基础。这种基础是个人全面发展的可能性，……个人的全面性不是想象的或设想的全面性，而是他的现实联系与观念联系的全面性。"

交往与人的自由全面发展之间的密切联系不是主观臆造的，也是由人的现实存在客观规定的。追溯人类的历史，任何时代的现实的个人都是在一定的关系范围存在的，即都是通过交往而存在和发展的。

共同的利益能够成为人们交往的真正动因，"每个人只有把自己当作自为的存在才能把自己变成为他的存在，而他人只有把自己当作自为的存在才把自己变成为前一个人的存在。"——这样的相互关联成为人们真正关心和认可的事实。

（三）自由时间的获得

如果说需要的全面满足是个人自由全面发展的内在根据和动因，普遍交往的实现为个人的自由全面发展开辟了空间条件的话，自由时间则是个人获得自由全面发展不可或缺的又一重要时间性维度。

对于时间的意义，马克思这样指出过："时间实际上是人的积极存在，它不仅是人的生命的尺度，而且是人的发展的空间。""节约时间等于增加自由时间，即增加使个人得到全面发展的时间。"

在未来社会中，科学技术的进步所发挥出的巨大作用将不再为少数人服务，而是为全社会谋福利，它将成为节约劳动时间的重要手段，使全体社会成员都能够获得更多的自由时间，来充实自己的知识，投身于艺术和科学的领域，最终使每个人都能得到全面的发展。

（四）社会制度的保障

马克思认为，个人的自由全面发展是一个历史过程，在不同社会历史条件下，个人所获得的发展条件是不同的，因而个人的完善程度也是不相同的。

资本主义时代所造成的个人自由，"同时也是最彻底地取消个人自由，而使个性完全屈从于这样的社会条件,这些社会条件采取物的权力的形式而且是极其强大的物,离开彼此发生关系的个人本身而独立的物。"

因此,要真正实现个人的自由而全面的发展就必须超越资本主义制度,在一种新的社会形式下来寻求个体生命的安顿和意义的体现,这种社会形式就是以发展人的自由个性为目的的社会形态和制度安排。只有社会的发展与解放,个人的自由发展才是可能的。

"代替那存在着阶级和阶级对立的资产阶级旧社会的,将是这样一个联合体,在那里,每个人的自由发展是一切人的自由发展的条件。"

"共产主义是私有财产即人的自我异化的积极扬弃,因而是通过人并且为了人而对人的本质的真正占有;因此它是人向自身、向社会的即合乎人性的人的复归,这种复归是完全的、自觉的和在以往发展的全部财富的范围内生成的。"

参考文献:

1. 恩格斯.《资本论》第二卷序言[A]. 马克思恩格斯全集:第45卷[M]. 北京:人民出版社,2003.

2. 马克思,恩格斯. 马克思恩格斯全集:第39卷(上)[M]. 北京:人民出版社,1974.

3. 韩庆祥,亢安毅. 马克思开辟的道路——人的全面发展[M]. 北京:人民出版社,2005.

4. 马克思,恩格斯. 德意志意识形态(节选本)[M]. 北京:人民出版社,2003.

5. 赵家祥. 马克思关于人的本质的三个界定[J]. 思想理论教育导刊,2005,(7):20 - 26.

6. 马克思,恩格斯. 马克思恩格斯全集:第3卷[M]. 北京:人民出版社,1960.

7. 马克思,恩格斯. 马克思恩格斯全集:第30卷[M]. 北京:人民出版社,1995.

8. 马克思,恩格斯. 马克思恩格斯全集:第47卷[M]. 北京:人民出版社,1979.

9. 袁贵仁、韩庆祥:《论人的全面发展》第190页,广西人民出版社2003年版。

大鹏展翅恨天低

——学习《庄子》读书笔记

　　我读先秦诸子,最崇拜庄子。我是庄子的铁杆粉丝,对庄子佩服得五体投地,虔诚地拜倒在他的脚下。

　　如果说儒家思想是入世的,它教导人们应该做什么和怎样去做,那么道家思想就是出世的,它教导人们不要做什么和怎样不做。两者若要合起来就是以出世的精神干入世的事业。"仁义"是儒家思想的标志,"道德"是道家思想的精华。

　　如果说老子是道家学派的创始人和奠基者,他教导人们不要做什么,那么庄子就是道家学派的继承人和发展者,他教导人们怎样不做。老子是先秦诸子的思想启蒙者,庄子是先秦诸子的思想引领者。老子重在确立"道"的世界观,庄子长于阐释"道"的方法论。

　　庄子是千古奇才。《史记》云:"其学无所不窥,然其要本归于老子之言"。他自甘淡泊,安贫乐道,含蓄幽默,坚守清静无为品格;他目空一切,特立独行,潇洒飘逸,尽显狂人豪放风采。唐·成玄英《南华真经疏序》:"夫庄子者,所以申道德之深根,述重玄之妙旨,畅无为之恬淡,明独化之窅冥,钳揵九流,囊括百氏,谅区中之至教,实像外之微言者也。"

　　《庄子》是旷世奇书。李白《大鹏赋》:"吐峥嵘之高论,开浩荡之奇言"。《庄子》一书有"意出尘外,怪生笔端"的多彩思想世界和瑰丽奇特的文学意境,文笔汪洋恣肆,意象雄浑飞越,情致风趣旷达;包容天地,涵盖万有,是浪漫主义艺术巨著,乃先秦诸子典范文章无与伦比的源头之作。鲁迅先生说:"其文则汪洋辟阖,仪态万方,晚周诸子之作,莫能先也。"金圣叹称之为"天下第一奇书"。

　　我仰慕庄子安贫乐道的人生智慧,自然朴素的审美思想,汪洋恣肆的豪放气派,纵横驰骋的思辨艺术,特立独行的人格魅力,纵情旷达的精神境界,潇洒飘逸的浪漫情怀。

　　我读《庄子》,以其眼界审视我的灵魂,以其智慧启发我的思想,以其精神激励我的意志,以其魅力陶冶我的情操。

一、天道无为——自然清静的哲学思想

《庄子》中论述了"天道无为"。曰:"天道运而无所积,故万物成;……夫虚静恬淡寂漠无为者,万物之本也"。天道无为是老庄的一种哲学观点,认为宇宙万物的存在和发展都是自然而然的,不受任何意志的支配。自然的天道是万物的本源,是万物发生、运动、变化、发展、衰亡的客观规律,人们做任何事情必须遵循自然的天道。天道作为宇宙本体自然而然地生成天地万物,就其自然而然来说,天道自然无为;就其生成天地万物来说,天道又无不为。

天道是老庄对天最深刻的哲学思考。老庄所谓的天,既是自然之天,又是精神之天。庄子曰:"何谓道? 有天道,有人道。无为而尊者,天道也;有为而累者,人道也。主者,天道也;臣者,人道也。天道之与人道也,相去远矣,不可不察也"。认为无为自然,有为徒劳。人只能顺应自然,不可能改变自然。体认了天道,人类才能按照至高无上的天道行事,自觉地把人道与天道统一起来,致力于天人合一,自由幸福地生活,并追求一种个人精神绝对自由的"逍遥"境界。

"自然"就是按照客观规律做事,"无为"就是按照客观规律不该做的不要乱做。自然无为不是无所作为,而是在不该为处无为,不做无效的工作,不做适得其反的事情。怎样做到无为呢? 就是必须遵循自然的天道。因为"道法自然",所以"人法地,地法天,天法道"。自然无为是生存和发展的大智慧,所以才能做到"无为而无不为"。

无为其实就是无主观臆断的作为,无人为之为,是一切遵循客观规律的行为。无为,就是顺应自然科学的作为,就是合理的作为,因而也是积极的作为。具体地讲,就是要做到"顺天之时,随地之性,因人之心"。

生活中人们往往更多地研究做什么和怎样做,而往往忽略了研究不做什么和怎样不做。我们有太多的做法是乱作为,违反了自然无为的道,违反了自然规律,所以我们也饱受自然规律的惩罚。比如说:农民的拔苗助长破坏了庄稼自然生长的规律;家长的包办代替破坏了孩子自然成长的规律,剥夺了孩子自我成长的权利;教师的满堂灌破坏了学生自主学习的规律,剥夺了学生主动思维的权利。这样的例子在社会生活的各个领域都是不胜枚举的。

庄子把老子的思想发挥到了极致。自然无为思想是一个哲学命题,它确立了一种独特的思想方法,是独树一帜的思维方式,开启了人们思考问题的不同视角,从而建立了道家思想的哲学基础,丰富了道家思想的哲学内涵。庄子的自然无为思想在哲学上给人以振聋发聩的作用,给我国历代的思想家和文学家以深刻的、巨大的影响,在我国思想史、文学史上都占有极其重要的地位。

二、鲲化鹏飞——超凡脱俗的想象空间

《逍遥游》："北冥有鱼,其名为鲲。鲲之大,不知其几千里也。化而为鸟,其名为鹏。鹏之背,不知其几千里也;怒而飞,其翼若垂天之云。是鸟也,海运则将徙于南冥。南冥者,天池也"。

我们知道,中国自古是农耕文明,"日出而作,日落而息","种瓜得瓜,种豆得豆"已经成为人们长期以来的思维定式。而庄子描写的鱼化为鸟,鲲化为鹏;由小而大,由大而化;从北海到天池,依靠水到凭借风,完成了由水里游到空中飞的转换。庄子破天荒地展开奇特的想象,这是超凡脱俗的想象。第一次打破了人们习以为常的思维习惯,使人受到极大的启发,有醍醐灌顶之感。人们突然发现,原来人是可以这样思想的,原来人们都具有无限的想象力。从而开发了中国人的思维,开启了中国人的智慧,解放了中国人的思想,从而大大拓展了中国人的思想新境界,把人们对世界的认识提高到一个新的水平。人们开始从按部就班、循规蹈矩和故步自封的思想藩篱中解放出来,从世俗观念的束缚中解脱出来,走向创新求变的思想新天地,进入超脱的自由境界。

"化"是事物从无到有,由小变大,由弱变强转换的关键;是事物从量变到质变的飞跃;是从必然王国走向自由王国的过程。"化"必须遵循和凭借自然规律,让人的自由理想、美好愿望与天地自然结合起来,"天地与我并生,而万物与我为一",实现天人合一。"化"是值得人们深思的另类哲学思维,它是一切事物发生、运动、变化、发展的必然过程和客观规律。"化"就是"道"。

对于一个人而言,"化"就是人的转变,就是改变自己,就是对故我的否定。改变自己是改变世界的第一步。"化"是一个人成长的必由之路,没有"化"就是顽固不化。如果人人"化"成了天使,那么,人间就是天堂。自由的理想、美好的愿望未必在遥远的他乡,关键在于如何"化"自己,把理想变成现实。

庄子以人的完整生命为起点来思考人应当度过一个怎样的生活旅程,他把一个人"化"的渐进过程分为四个层次或四种境界:

常人境界:"故夫知效一官,行比一乡,德合一君,而征一国者,其自视也亦若此矣。"

宋荣子境界:"而宋荣子犹然笑之。且举世而誉之而不加劝,举世而非之而不加沮,定乎内外之分,辩乎荣辱之境,斯已矣。"

列子境界:"夫列子御风而行,泠然善也,旬有五日而后反。彼于致福者,未数数然也。"

庄子境界:"若夫乘天地之正,而御六气之辩,以游无穷者,彼且恶乎待哉? 故

曰:至人无己,神人无功,圣人无名。"

冯友兰先生在《新原人》中继承了天人合一的思维模式,提出人生境界说,列出人生四种境界:即自然境界,功利境界,道德境界,天地境界。这也许就是对庄子"鲲化鹏飞"的"化"的递进过程的一种诠释。

"化"还意味着变革和创新,是对旧事物的断然否定,对新事物的欣然接受;是对传统文化的继承和扬弃,对当代潮流的适应和发展。庄子的哲学是最为适应创造力的需要的。所有的现代化应该体现在人的创造力的释放,应该首先是人的现代化,或者说,人的现代化是一切现代化的前提。而观念的转变、思想的现代化又是人的现代化的关键。现代化本身就体现一种创新的精神。

"化"的最高境界是"逍遥游"。一个人要达到"逍遥游",必须立志高远,心不为物所役,身不为形所累。庄子曰:"故德有所长而形有所忘。人不忘其所忘而忘其所不忘,此谓诚忘"。他告诫我们要忘记不该记住的,记住不该忘记的。这样,才能立乎大,处之高,才能达到逍遥游的境界。一个人的境界逐渐提升的过程,突显了大高远的生命价值,大高远就是道的精神。一个人只有心胸足够大,志向足够高,眼界足够远,才能真正达到逍遥游,达到精神自由的境界。

三、庄周梦蝶——睿智深刻的诗性哲理

《齐物论》:"昔者庄周梦为蝴蝶,栩栩然蝴蝶也,自喻适志与,不知周也。俄然觉,则蘧蘧然周也。不知周之梦为蝴蝶与? 蝴蝶之梦为周与? 周与蝴蝶,则必有分矣。此之谓物化。"

庄子是一个大思想家,充满了对世界的好奇。"庄周梦蝶"是庄子借由其寓言故事提出了一个哲学论点,其探讨的哲学课题是"作为认识主体的人究竟能不能确切地区分真实和虚幻"。庄子提出这样一个哲学问题——人如何认识真实。如果梦足够真实,人没有任何能力知道自己是在做梦。在一般人看来,一个人在醒时的所见所感是真实的,梦境是幻觉,是不真实的。庄子却以为不然。虽然,醒是一种境界,梦是另一种境界,二者是不相同的;庄周是庄周,蝴蝶是蝴蝶,二者也是不相同的。但庄周看来,他们都只是一种现象,是道运动中的一种形态,一个阶段而已。

庄子以其浪漫的想象力和美妙的文笔,通过对梦中变化为蝴蝶和梦醒后蝴蝶复化为己的事件的描述与探讨,提出了人不可能确切的区分真实与虚幻和生死物化的观点,渗透了庄子诗化哲学的精义。庄子以"庄周梦蝶"的方式来思考存在的真实性,从而寻求人类的精神家园。

西方著名哲学家笛卡尔在《形而上学的沉思》中阐述了类似的观点,他认为人

通过意识感知世界,世界万物都是间接被感知的,因此外部世界有可能是真实的,也有可能是虚假的。这一论点是怀疑论的重要前提。

由于个体存在的偶然性与感性因素的存在,存在的真实性很容易迷失在现象世界中,人的自我意识也会迷失其中,难辨真伪。庄子极力追寻存在的真实,但相对主义却把他拖入认识与思辨的无限循环之中,结果存在的真实感也因此而失去了——因之便有了"人生如梦"的感受。"梦饮酒者,旦而哭泣;梦哭泣者,旦而田猎。方其梦也,不知其梦也。梦之中又占其梦焉,觉而后知其梦也。且有大觉而后知此其大梦也,而愚者自以为觉,窃窃然知之。君乎、牧乎、固哉!丘也与女,皆梦也;予谓女梦,亦梦也。"

"庄周梦蝶"给人的启发是:人们认识世界和认识自我都是有局限性的,很难一下子把握到事物的真实性。我们对外部世界的感知和认识有可能正确有可能错误,尽管如此,我们必须追求主体与客体的统一,做到物我为一,天人合一,超越于物我,进入"天地与我并生,万物与我为一"的神秘境界。

"庄周梦蝶"中的迷失也就带有了一种浓厚的哲理意味——人类整体的存在与追求似乎失去根本性的意义与价值依据,这是悲剧性的,反映在"庄周梦蝶"中便是追寻精神与失落情绪的并存。庄子"以悲剧情绪透入人生,以幽默情绪超脱人生"。"庄周梦蝶"以感性人生为出发点,以对个体存在的追问得出了人生的悲剧认识,但具有浪漫主义自由气质的庄子却要在现实感性生活中超越有限的悲剧人生,"以美启真",把握存在的本真状态,追求一种自由的理想境界——人的诗意栖居。

清人张潮写的《幽梦影》:"庄周梦为蝴蝶,庄周之幸也;蝴蝶梦为庄周,蝴蝶之不幸也。"禅不可说,清言不可译。庄周化为蝴蝶,从喧嚣的人生走向逍遥之境,是庄周的大幸;而蝴蝶梦为庄周,从逍遥之境步入喧嚣的人生,恐怕就是蝴蝶的悲哀了。

"庄周梦蝶"的寓言故事充满了梦幻迷离,庄周的"蝴蝶梦"就像那只栩栩飞舞的蝴蝶一样让人梦魂牵绕。故事因其深刻的意蕴,浪漫的情怀和开阔的审美想象空间而备受后世文人们的喜爱,同时也成为了后世诗人们借以表达离愁别绪、人生慨叹、思乡恋国、恬淡闲适等多种人生感悟和体验的一个重要意象。人们往往借助"庄周梦蝶"的故事抒发他们人生如幻,变化无常,时光易逝,富贵不可求的惆怅与感叹。由于它包含了浪漫的思想情感和丰富的人生哲学思考,引发后世众多文人骚客的共鸣。

陆游《遣兴》诗:"听尽啼莺春欲去,惊回梦蝶醉初醒。"

方凤《庄生梦蝶图》:"素来梦觉两俱空,开眼还如阖眼同。蝶是庄周周是蝶,百花无口骂春风。"

唐人崔涂《春夕旅怀》:"水流花谢两无情,送尽东风过楚城。蝴蝶梦中家万里,杜鹃枝上月三更。"

李商隐《锦瑟》:"庄生晓梦迷蝴蝶,望帝春心托杜鹃。"

苏轼《题清淮楼》:"观鱼惠子台芜没,梦蝶庄生冢木秋。惟有清淮供四望,年年依旧背城流。"

马致远《夜行船·秋思》曲:"百岁光阴如梦蝶,重回首往事堪嗟。"

四、庖丁解牛——游刃有余的神来之笔

《养生主》:"庖丁为文惠君解牛,手之所触,肩之所倚,足之所履,膝之所踦,砉然向然,奏刀騞然,莫不中音。合于《桑林》之舞,乃中《经首》之会。"

庄子先描述庖丁解牛的高超技艺:技巧的纯熟,神态的悠然,动作的优美,节奏的和谐,身心的潇洒。再由庖丁阐述他的解牛之道,并借此揭示了做人做事都要顺应自然规律的道理。他给了我们这样的启发:

第一,人是可以认识世界的。一切事物虽然错综复杂,但都有它内在的规律性。通过长期实践,又善于思考,就能认识和掌握规律,从而发挥主观能动性,取得行动的自由。掌握了客观事物规律的人,技术纯熟神妙,做事得心应手。

第二,在反复实践中去认识世界。做任何事情都不可主观冒进,而应该通过反复实践,逐步掌握事物的内部规律,然后遵循客观规律处理错综复杂的问题,只有这样,才能使自己永远立于不败之地。它说明世上事物纷繁复杂,只要反复实践,掌握了它的客观规律,就能运用自如,迎刃而解。

第三,在实践中认识世界要讲方法。那么,怎样在反复的实践中去把握事物的客观规律呢?庄子首先告诉我们解牛三部曲:

第一部曲:目视——仔细观察。"始臣之解牛之时,所见无非牛者。"开始时庖丁看到的是一头一头大小高矮肥瘦毛色不同的具体的牛。

第二部曲:心知——行为谨慎。"三年之后,未尝见全牛也。"庖丁看到的是抽象的牛,所有的牛,无论大小高矮肥瘦毛色不同,其结构肌理都是一样的,把握了这一点,就把握了解牛的规律。

第三部曲:神遇——把握规律。"方今之时,臣以神遇而不以目视,官知止而神欲行。"掌握了规律,还要反复实践训练,"所解数千牛矣",使技术技巧形成较为稳定的行为模式,才能做到心领神会,炉火纯青,游刃有余。

其次,用刀的方式也是把握解牛规律的关键。"良庖岁更刀,割也;族庖月更刀,折也。今臣之刀十九年矣,所解数千牛矣,而刀刃若新发于硎。"切割的方法虽

然简单,但不符合牛的自然肌理结构规律,不可能做到迎刃而解。所以,"一刀切"的办法往往是注定要失败的。

现实生活中所谓事半功倍和事倍功半的区别就在于是否掌握了事物的客观规律所致。教学活动中老师教得很累学生学得很苦而教学效果不好教学质量不高,其原因也就在于老师没有把握教学规律、学生没有掌握学习规律的缘故。教学的科技含量不高,不符合学生自然成长的规律,不能做到轻松自如,游刃有余。

再次,符合科学规律的也是符合美的韵律的。庖丁解牛,因为符合牛的肌理结构,所以才"奏刀騞然,莫不中音。合于《桑林》之舞,乃中《经首》之会"。姚明的投射,因为命中,才展现出优美的抛物线。刘翔的跨栏,因为越过,才展现出优雅的姿态。杨丽萍的舞蹈,因为符合孔雀的运动规律,才展现出优美的舞姿。当我们掌握了某种事物的规律,娴熟地把握某项工作的方法,我们就能够展现出行云流水、挥洒自如的艺术之美来,就可以体现出优雅大方的人生审美价值。

其实,每个人的生活也各有各的面貌,其基本原理也是相似的,我们在懂得利用这种普遍性规律的同时,更要去反复实践,像庖丁"所解数千牛矣"一样,不停地重复,终究会悟出事物的真理所在。对于人生而言,少年用肉眼看人生,中年用心眼看人生,老年用天眼看人生,就可以做到"随心所欲而不愈矩"。

五、鱼乐之辩——纵横驰骋的思辨艺术

《庄子·秋水》:庄子与惠子游于濠梁之上。庄子曰:"鲦鱼出游从容,是鱼之乐也。"惠子曰:"子非鱼,安知鱼之乐?"庄子曰:"子非我,安知我不知鱼之乐?"惠子曰:"我非子,固不知子矣;子固非鱼也,子之不知鱼之乐全矣!"庄子曰:"请循其本。子曰'汝安知鱼乐'云者,既已知吾知之而问我,我知之濠上也。"

辩论中所反映出来的敏捷的思路,使人应接不暇;睿智的谈锋,令人拍案叫绝;丰富的奇想,更能启人遐思。是洋溢着机趣横生的思辨力量和浓郁的抒情色彩。"濠梁之辩"的绝妙之处,除了它的雄辩之外,还在于它具有无穷的韵味。辩论的双方都紧扣主题,但辩者的思维方式却截然不同,因而辩论的结果也就很难判断出谁是谁非。

庄周完全是以艺术心态去看待世界的。人乐鱼亦乐,这是典型的"移情"作用。所谓"移情"就是把自己的情感移到外物身上,仿佛觉得外物也有同样的情感。自己高兴时,大地山河都在扬眉带笑。自己悲伤时,风云花鸟都在叹气凝愁。惜别则蜡烛垂泪,兴到则青山点头,柳絮有时轻狂,晚峰有时清苦(朱光潜语)。庄周把自己游濠梁之上的快乐,移栽到出游的鱼身上,反过来更加衬托出庄周的快乐。所以,本篇所写不但不会使人感到庄子是在狡辩,强词夺理,相反倒觉得庄周

说得机趣横生,使人读后感到其乐融融,趣味盎然。

惠子说:是的,既然不是鱼,你便不会了解鱼的感受。但庄子说:不是,即使你不是鱼,你也能从它的表现中了解它的感受,你可以读懂它,当你和它的情感一致之时。惠子自然是本着唯物的立场上说的,不讳言他是真正正确的,但你从中会感受到冷漠。庄子自然是本着道的立场上说的,道是一切的道,万物齐一,物我同心,我自然能了解到和我所出相同的他。

这就是典型的思辨,直到二十世纪八十年代,哲学家才说出类似的话:"如果我不知道我看不见,则我看不见;但如果我知道我看不见,则我看见了。"庄子的话比这位 Heinz Yon Foerster 说得更完整,因为这种离开具体事物而仅通过逻辑推理进行纯概念思考的方式,通常会将最开始所提出的问题代入回答该问题的答案之中,进而形成循环或是悖论。思辨不仅带来了逻辑推理的思维方式,也带来了循环论证和悖论。(李航《道纪》)

庄子对于外界的认识,常带着观赏的态度。他往往将主观的情意发挥到外物上,而产生移情同感的作用。惠子则不同,他只站在分析的立场,来分析事理意义下的实在性。

庄子偏于美学上的观赏,惠子着重知识论的判断。庄子具有艺术家的风貌,惠子则带有逻辑家的个性。一个超然物外,但又返回事物本身来观赏其美。一个走向独我论,即每个人无论如何不会知道第三者的心灵状态。

六、腐鼠权贵——安贫乐道的人生智慧

贫而不惫——《山木》:庄子衣大布而补之,正絜系履而过魏王。魏王曰:"何先生之惫邪?"庄子曰:"贫也,非惫也。士有道德不能行,惫也;衣弊履穿,贫也,非惫也,此所谓非遭时也。"

庄子身上穿着件缝补的粗布衣裳,又用麻绳绑着他那双快要露出脚丫子的破鞋子,前去见魏王。魏王本来是想揶揄庄子的一副潦倒相,然而庄子却针锋相对、反唇相讥地指出,知识分子不能坚持自己的精神信念,放弃理想,那才是真正的潦倒。衣服破烂,只能算贫穷。如今我沦落到这般田地,还不是由于生不逢时?从庄子一生来看,他虽然缺衣少食、家境贫寒,但却从未在人格志操上有丝毫退让。可以说,庄子确实做到了"贫而不惫"、穷且益坚。

涸辙之鲋——《外物》:庄周家贫,故往贷粟于监河侯,监河侯曰:"诺。我将得邑金,将贷予三百金,可乎?"庄周忿然作色曰:"周昨来,有中道而呼者。周顾视车辙中,有鲋鱼焉。周问之曰:'鲋鱼来!子何为者邪?'对曰:'我,东海之波臣也,君岂有斗升之水而活我哉?'周曰:'诺,我且南游吴越之王,激西江之水而迎子,可

乎?'鲋鱼忿然作色曰:'吾失我常与,我无所处。吾得斗升之水然活耳,君乃言此,曾不如早索我于枯鱼之肆!'"

庄子用十分简练的文笔,描绘出监河侯这个吝啬鬼的形象。这个寓言故事揭示出了一个道理:当别人有困难的时候,要诚心诚意尽自己的力量去帮助,绝不能只说大话,开空头支票,大话和空话是不能解决问题的,要解决实际问题,必须有实事求是的精神和脚踏实地的作风。

垂钓拒聘——《秋水》:庄子钓于濮水,楚王使大夫二人往先焉,曰:"愿以境内累矣!"庄子持竿不顾,曰:"吾闻楚有神龟,死已三千岁矣,王巾笥而藏之庙堂之上。此龟者,宁其死为留骨而贵乎,宁其生而曳尾于涂中乎?"二大夫曰:"宁生而曳尾涂中"。庄子曰:"往矣! 吾将曳尾于涂中。"

庄子向往自由,超然物外,不为世俗所羁,视名利为浮云。表现出其机敏善辩,超凡脱俗,珍爱生命,珍爱自由,不为名利所动,不屑与统治者同流合污的形象。庄子拒绝到楚国做高官,宁可像一只乌龟拖着尾巴在泥浆中活着,也不愿让高官厚禄来束缚自己,让凡俗政务使自己身心疲惫。这种处世行为与庄子顺乎自然修身养性的思想是一致的。他追求的是精神上的绝对自由,他以恣肆的笔触嘲讽那些争权夺利的统治者,劝诫人们不必受时间和空间的限制而枉费心机。

腐鼠权贵——《秋水》:惠子相梁,庄子往见之。或谓惠子曰:"庄子来,欲代子相。"于是惠子恐,搜于国中,三日三夜。庄子往见之,曰:"南方有鸟,其名鹓鶵,子知之乎? 夫鹓鶵,发于南海而飞于北海;非梧桐不止,非练实不食,非醴泉不饮。于是,鸱得腐鼠,鹓鶵过之,仰而视之曰:'吓。'今子欲以子之梁国而吓我邪?"

庄子将自己比作鹓雏,将惠子比作鸱,把功名利禄比作腐鼠,表明自己鄙弃功名利禄的立场和志趣,讽刺了惠子醉心于功名利禄且无端猜忌别人的丑态。辛辣地讥讽了醉心于功名富贵者的嘴脸,表现了庄子对功名利禄的态度。庄子往见惠子,表明自己的清高,无意功名利禄,指责惠子为保住官位而偏狭猜忌的心态,但这些并没有直接道出,而是寓于一个虚构的故事中,使人感到意味深长,具有更强的讽刺性。

穷闾陋巷——《列御寇》:宋人有曹商者,为宋王使秦。其往也,得车数乘;王说之,益车百乘。反于宋,见庄子曰:"夫处穷闾陋巷,困窘织屦,槁项黄馘者,商之所短也;一悟万乘之主而从车百乘者,商之所长也。"庄子曰:"秦王有病,召医,破痈溃痤者得车一乘,舐痔者得车五乘,所治愈下,得车愈多。子岂治其痔邪? 何得车之多也? 子行矣!"

庄子借寓言故事阐述忘我的思想,人生在世不应炫耀于外,不应求仕求禄,不应追求智巧,不应贪功图报。

七、鼓盆而歌——空灵旷达的精神境界

《庄子·至乐》：庄子妻死，惠子吊之，庄子则方箕踞鼓盆而歌。惠子曰："与人居，长子老身，死不哭亦足矣，又鼓盆而歌，不亦甚乎！"

庄子曰："不然。是其始死也，我独何能无概然！察其始而本无生，非徒无生也而本无形，非徒无形也而本无气。杂乎芒芴之间，变而有气，气变而有形，形变而有生，今又变而之死，是相与为春秋冬夏四时行也。人且偃然寝于巨室，而我噭噭然随而哭之，自以为不通乎命，故止也。"

庄子认为，生与死同为自然现象，就好像春夏秋冬四时运行一般。人生来是从无到有，人死了是从有到无，也都是自然的变化。所以，生不足以喜，死不足以悲。《知北游》："生也死之徒，死也生之始，孰知其纪！人之生，气之聚也。聚则为生，散则为死。若死生为徒，吾又何患！"

既然生死是人生中不可避免的事，既然生必然要转化为死，死也要转化为生，既然生有生的意义，死也有死的价值，那么人们对生死的态度就应该是坦然地面对它，安然地顺从它。在庄子看来，人的出生是应时而来，人的死亡是顺物之化。包括老子也是这样，"适来，夫子时也；适去，夫子顺也。"生是时机，死是顺化。不以得荣，不以失辱。"生寄也，死归也"。人只有能够坦然地随顺生死之化，才算是真正领悟了生命的真谛。

为免除人生忧患，庄子主张顺天安命，然后肯定生之价值，过着健全的一生，才能享受圆满的死亡，从而肯定死的价值。同时强调变化是必然的，死亡只是人生戏剧中的最后一幕，那是从某一种存在转化为另一种存在。来自无，复归于无，进入"天地与我并生，万物与我为一"的胜境。独与天地精神相往来，因而能够泯合天人，冥绝生死。一切外在的成毁变化，都不能扰乱内心的宁静，故能齐万物、外生死。生命的辩证法就在其中，自然之道超越一切。这是修养的极致，虽非常人之所能，然宜心向往之。

《列御寇》：庄子将死，弟子欲厚葬之。庄子曰："吾以天地为棺椁，以日月为连璧，星辰为珠玑，万物为赍送。吾葬具岂不邪？何以加此！"弟子曰："吾恐乌鸢之食夫子也。"庄子曰："在上为乌鸢食，在下为蝼蚁食，夺彼与此，何其偏也。"

庄子的生死观以等生死、齐荣辱始，以至道逍遥终。虽然带有些许感伤的成份，但他于生死之中所表现出的空灵旷达的精神境界至今仍令人嫉妒。

八、天地大美——自然朴素的审美观点

庄子认为，美与宇宙万物同源于"道"。"道"的根本特点是自然无为而无不

为。《刻意》:"澹然无极,而众美从之,此天地之道,圣人之德也。"

庄子向往"美",即超越世俗的"大美"。崇尚"大美"是庄子美学思想的突出表现,他的整个美学体系都贯穿着"大美"的思想。《知北游》:"天地有大美而不言,四时有明法而不议,万物有成理而不说。圣人者,原天地之美而达万物之理"。《让王》:"日出而作,日入而息,逍遥于天地之间,而心意自得"。

庄子认为,天地之大,本来含有"大美"在其中。一旦有人为的因素介入,就已经离开了"大美"。因为任何人为的东西都以破坏事物的自然天性为前提和代价,因而都违背了美真统一的原则,所以天工自然之美是人工之美无法比拟的。"大美"应该表现为朴素自然,大巧若拙。高超的艺术应当"既雕既琢,复归于朴",雕琢的最终目的是要重新展现自然之美。

庄子对美的追求绝不只是一种知识和理性的探求,而是一种带有浓郁的感情色彩,伴随着强烈的感性经验的生命体验。善于用超现实的手法反映社会现实,寓深刻的思想于神奇莫测的寓言之中。《刻意》:"故曰,夫恬淡寂寞,虚无无为,此天地之平,而道德之质也。""众人重利,廉士重名,贤人尚志,圣人贵精。"

《至乐》:髑髅曰:"死,无君于上,无臣于下;亦无四时之事,从然以天地为春秋,虽南面王乐,不能过也。"

自然为美是庄子的审美理想。朴素是庄子所极力推崇的一种美,朴素的实质仍在于自然无为。它是人们的思想复归精神家园的一种表现,是纯正天性的本然状态。《天道》:"静而圣,动而王,无为也而尊,朴素而天下莫能与之美。"在庄子美学中,自然的东西和审美的东西是相通的,外部世界与内部世界不是分离的,而是一个统一体的两个侧面。从以自然为美的审美追求出发,庄子认为自然原本就是美好的,所以它的美是根本不必修饰或者说也根本不可能修饰出来的,所以对体现"道"之无为的自然描绘也应是客观和极其自然的。

庄子的"大美"思想以其丰富的内涵体现了中国独特的美学智慧和艺术精神,它表现了古人热爱大自然、拥抱大自然的宽广博大的情怀,对大自然灵性的深刻领悟以及对自身品格升华的追求。

《让王》:"形在江海之上,心存魏阙之下,故寂然凝虑,思接千载,悄然动容,视通万里。"《渔父》:"同类相从,同声相应,固天理也。"

庄子崇尚自然美,他笔下塑造了众多离奇怪诞的美的形象,富有浪漫的艺术色彩。他颂扬至人真人,都是他对自由永恒的不懈追求。自然表现为真实,自然之美也是率真之美。相反,虚伪矫饰就是丑。他认为世人所说的美丑都是相对的,因各人的主观偏见而异,不具有普遍有效性。一切价值判断又是以人为中心的,《齐物论》:"毛嫱丽姬,人之所美也;鱼见之深入,鸟见之高飞,麋鹿见之决骤,四者孰知天下之正色哉?"

《外篇·在宥》:"出入六合,游乎九州,独往独来,是谓独有。独有之人,是谓至贵。"

《外篇·天地》:"视乎冥冥,听乎无声。冥冥之中,独见晓焉;无声之中,独闻和焉。故深之又深而能物焉,神之又神而能精焉。"

《杂篇·天下》:"天能覆之而不能载之,地能载之而不能覆之,大道能包之而不能辩之。知万物皆有所可,有所不可,故曰选则不遍,教则不至,道则无遗者矣。"

庄子的"大美"思想对于当代理想人格的建构和人生境界的提升,以及美学和文艺学的建设都具有极为重要的意义。

闻一多先生曾评论:"读《庄子》,本分不出哪是思想的美,哪是文字的美。那思想与文字,外形与本质的极端的调和,那种不可捉摸的浑圆的机体,便是文章家的极致。只那一点,便足注定庄子在文学中的地位。"

庄子者,人如其言。不刻意而高,无仁义而修。无功名而治,无江海而闲。不道引而寿,无不忘也,无不有也。其生也天行,其死也物化。静而与阴同德,动而与阳同波。不为福先,不为祸始。其生若浮,其死若休,淡然独与神明居。庄子者,特立独行于古今,天马行空于日月者也!

风流勇侠　悲壮史诗

——学习《墨子》读书笔记

我读先秦诸子,最崇拜的,除了庄子,还有墨子。

墨子与诸子相比,显得那么的特立独行。墨家不仅仅是学术的流派,而且是准军事组织,准政治组织,是民间强大的政治力量,他们是智者、学者、演说家、辩论家、技术家及武士的集合,有儒家的责任感,有法家的严谨,有名家的智慧,有道家的广博,有兵家的谋略,有纵横家的才气。

在中国的传统中,如此具有当代价值和世界意义的思想家、实践家、学派、学说是不多见的,是我们子孙后代,特别是生活在今天的中国人必须高度重视的最珍贵的财富。

现将自己阅读《墨子》的有关资料收集如下:

一、伟人们对墨子的评说

骂过墨子的孟子:"摩顶放踵,利天下为之!"

眼高过顶的庄子:"墨子真天下之好也,将求之不得也,虽枯槁不舍也,才士也夫!"

墨家弟子曾经说过:"天下无人,墨子之言犹在!"

孙中山:"古时最讲'爱'字的莫过于墨子。墨子所讲的'兼爱',与耶稣所讲的博爱是一样的"。

毛泽东:"墨子是个劳动者,他是比孔子高明的圣人……。是古代辩证唯物论大家。"

鲁迅:"墨子是中国的脊梁。"

蔡元培:"先秦唯墨子颇治科学。"

胡适:"墨翟也许是中国出现过的最伟大人物。"

杨向奎:"中国古代墨家的科学成就等于或超过整个古代希腊。"

成中英:"墨家强调生产,重视经济,提倡科学研究,具有实事求是的精神、理性思考的能力,以及逻辑的探讨,再加上它的兼爱精神,表现出一种高度群体性的功利主义。这些,都可以成为现代科技发展的促进力量"。

对墨子尊崇的不只是中国的伟人,而是得到国际一流人物的广泛认可。

汤因比:"把普遍的爱作为义务的墨子学说,对现代世界来说,更是恰当的主张,因为现代世界在技术上已经统一,但在感情方面还没有统一起来。只有普遍的爱,才是人类拯救自己的唯一希望。"

李约瑟:"在西方,有弩机的弓最早于10世纪在意大利出现,墨者的发明比西方要早1400年左右。"

池田大作:"墨子的爱,比孔子的爱更为现代人所需要。"

二、我为何崇拜墨子?

墨子是伟大的科学家。英国著名汉学家李约瑟在其巨著《中国之科学与文明》中指出:中国由公元第1世纪到第18世纪之间,早已有丰硕的发明,传达到欧洲及其他地区,计算起来,中国传到西方的机械及技术,至少有二十六种之多,其中,大部分是墨家的发明。他举例指出墨经的几何学"点"的定义:"端(即点),体之无序而最前者也。"他对中国数学非常感叹。

墨子是伟大的发明家。墨子的木工工艺超过鲁班,车辆和云梯的制造是他的强项。"云梯",古时称"輣车"。《经说下》:"两轮高,两轮为輣,车梯也。重在前,弦其前,载弦其轴而悬重其前,是梯。"这是滑轮和秤锤的实际应用,这机械的普通名称,就是"云梯"。墨子《备梯》篇云:"云梯者,重器也。……若此,则云梯之攻败矣。"

墨子是伟大的外交家。公元前440年前后,墨子约29岁时,楚国准备攻打宋国,请著名工匠鲁班制造攻城的云梯等器械。墨子听到消息后非常着急,一面安排大弟子禽滑厘带领三百名精壮弟子,帮助宋国守城,一面亲自出马劝阻楚王。

他从家乡鲁山出发,日夜兼行,十天后到达楚的国都郢。先找到鲁班,说服他停止制造攻宋的武器,鲁班引荐墨子见楚王。在墨子的据理斡旋下,彻底打消了楚王攻宋的念头,被迫放弃了攻打宋国的计划。这就是历史上著名的"止楚攻宋"的故事。

墨子是伟大的社会活动家。墨子长期从事教育、游说,其内容涉及社会政治、哲学、道德观念、科学理论和工程技术。他的门徒数量巨大,而且主要来自手工业者。墨子四处奔走,深入生活,交游广泛,生活简朴,吃苦耐劳,见义勇为,坚持理想,重视实践,身体力行,这些在当时是特立独拔的。

三、我所归纳的墨子思想

《墨子·鲁问》中记载了墨子的基本思想:"凡入国,必择务而从事焉。国家昏乱,则语之尚贤、尚同;国家贫,则语之节用、节葬;国家熹音湛湎,则语之非乐、非命;国家淫僻无礼,则语之尊天、事鬼;国家务夺侵凌,即语之兼爱、非攻。"

1. 兼爱非攻——博爱和平的核心思想

"视人之国,若视其国;视人之家,若视其家;视人之身,若视其身。是故诸侯相爱,则不野战,家主相爱,则不相篡;人与人相爱,则不相贼。"

"若大国之攻小国也,大家之乱小家也,强之劫弱,众之暴寡,诈之谋愚,贵之敖贱,此天下之害也。"

"兼爱"是墨子思想的核心。认为要把别人与自己同等看待,首先是我对别人亲爱和有利,然后别人也回报我以爱和利。这样人与人之间就平等了,也就是"爱无差等"。与儒家讲爱有亲疏厚薄是不同的。"兼爱"反映了墨子的一种理想,事实上是不可能实现的。这反映了他企图调和统治者与劳动者之间的矛盾。他希望维护自身的利益,使各方面的利益相安无事。但是这只能是一种不合实际的空想。

"非攻"即反对战争,是"兼相爱,交相利"发展的必然结果,体现了墨子反对破坏生产,保全其生命财产安全的价值主张。在墨子看来,春秋战国的兼并战争都是违背"兼爱"原则的。他揭露这种战争在春天进行就使农民不能耕种庄稼,在秋天进行就使农民不能在田间收获。因此,它是"夺民之用,废民之利。"这反映了小生产者为确保其生命财产的愿望。但是,墨子并不一概反对战争,他只是反对无故"攻伐无罪之国"的侵略战争,对防御性的战争,他是支持的。他也曾帮助宋国抵御楚国的进攻。

中国古代文化中的"侠义"精神,多存在于民间,究其本原的话,与墨家大有关系。扶弱以抗强,一直是墨者的本色。这我们从墨子的徒弟禽滑厘的一句话中看出:"甲兵方起于天下,大攻小,强执弱,吾欲守小国,为之奈何?"先秦诸子中,象墨家这样坚定地站在弱者一边,实在是绝无仅有,而同情弱者,正是侠义精神的发端。

2. 尚贤尚同——选贤举能的政治主张

墨子推崇贤人政治,"尚贤"是墨子思想的重要论题之一。"官无常贵,而民无终贱,有能则举之,无能则下之"。

墨子所谓的"贤"实际上是"贤良"或"贤能"的简称。不贤者则被墨子称为"不肖"或"暴"。墨子所确立的"贤"之标准有三:

一是"厚乎德行"。德行敦厚之士,就是能够"兴天下之利、除天下之害"[2]
(《兼爱下》)的"仁人""兼士"。那些与"仁人""兼士"言行相反的人墨子称其为
"别士"。墨子称赞"兼士"否弃"别士",实际上是把德行作为"贤"的首要标准。

二是"辩乎言谈"。把"辩乎言谈"做为贤者的一项基本标准,是与当时的社
会历史条件下对人才的需要相符的。"贤良"之士要图见或用于诸侯,就不得不推
销自己的治世韬略,就要具备高超的言谈技巧和灵活的交际能力。否则,纵使胸
怀经世治国之才亦难被诸侯青睐。从这个意义上说,"辩乎言谈"实际上是墨子为
"贤能"设定的一条能力标准。

三是"博乎道术"。墨子所说的"道术"是一个涵义相当广泛的概念,既包括
形而上的东西,也包括形而下的东西,实际上就是现代人们所说的学识。

墨子所确立的"厚乎德行、辩乎言谈、博乎道术"的"贤之标准"是比较客观全
面的,涉及到德行、才能、学识等三个方面。

"尚同"则是"尚贤"思想的扩大,不仅一般官吏要"尚贤",而且"天子"也要由
贤者来担任。墨子认为,在国家出现之前,意见不能统一,各人有各人的是非标
准,因而天下大乱。所以,他主张选举天下的贤德、善良、人格高尚而又有智慧、能
言善辩的人立为天子,"使从事乎一同天下之义。"然后,天子又选择贤者来任"三
公、诸侯、国君"与各级的"正长",以帮助天子统一民众的思想。这样做就是尚同
于天的意志,因为天的意志是"兼爱"。若是人人都做到"兼爱",天下当然也就太
平了。

墨子"尚同"的主张,在当时只是一种善良的愿望,是不可能实现的幻想。但
是这种学说倾向于中央集权专制主义的模式,在一定程度上符合当时历史发展的
趋势,有其积极的意义。

3. 节用节葬——增收节支的经济政策

为了改变"富贵者奢侈,孤寡者冻馁"的不公平现状,针对战国时期侈靡的经
济现状,墨子发出"俭节则昌,淫佚则亡"的呼唤,提倡"节用",引导人们正确合理
地利用资源,协调人与自然的和谐关系,实现社会、资源与环境的可持续发展。
《史记》中谈到墨子时说:"强本节用,则人给家足之道。此墨子之所长,虽百家弗
能废也"。墨子一生节俭,坚决反对铺张浪费,同时还要求他的弟子和他一样,"以
裘褐为衣,以跂蹻为服,日夜不休,以自苦为极。"

节葬之法:"棺三寸,足以朽体;衣衾三领,足以覆恶。以及其葬也,下毋及泉,
上毋通臭,垄若参耕之亩,则止矣。死则既以葬矣,生者必无久哭"。

"节用""节葬"的思想,是墨子思想中的精华部分。墨子认为,为政者应该增
加生产,使物质财富成倍增长。他说"圣人为一国,一国可倍也。大之为政天下,

天下可倍也。"用什么办法来达到这个目的呢？他认为并不需要扩张领土，只要尽量开发本国的资源，而又厉行节约，去掉不必要的开支，物质财富就可以成倍增长了。同时，墨子还主张国家的财政开支要对人民有利。他说："诸加费不加利民者，圣王弗为"。根据这个原则，墨子激烈反对儒家的"厚葬""久丧"，而主张"节葬"。他认为葬礼不分贵贱，一律"桐棺三寸"，也不需守丧。埋葬以后，马上就去参加生产劳动。他指出，"厚葬"要把财富多埋在坟墓里，而"久丧"则影响劳动生产。这样做要想使国家富强，是根本办不到的。

4. 非乐非命——废糜无神的务实作风

"是故子墨子之所以非乐者，非以大钟、鸣鼓、琴瑟、竽笙之声，以为不乐也。"——《墨子·非乐上》

基于"节用"思想，墨子主张"非乐"。之所以"为乐非也"：

其一，统治者"为乐"加重了人民的负担，"将必厚措敛乎万民""亏夺民衣食之财"。

其二，"为乐"不能解决社会动乱和人民的疾苦，"撞巨钟，击鸣鼓，弹琴瑟，吹竽笙而扬干戚，民衣食之财将安可得乎？即我以为未必然也。……天下之乱也将安可得而治与，即我以为未必然也。"

其三，"《万》人"（《万》，古代舞名，《万》人指从事《万》舞表演之人）不但脱离生产劳动，而且还要依赖他人供给吃穿，"使丈夫为之，废丈夫耕嫁树艺之时；使妇女为之，废妇人纺绩织之事"。《万》人"食必粱肉，衣必文绣。此掌（通常）不从事乎衣食之财，而掌食乎人者也。"

其四，欣赏音乐还会妨碍政务和生产，"与君子听之，废君子听治；与贱人听之，废贱人之从事。"是故，君子"将欲兴天下之利，除天下之害，当在乐之为物，将（必定）不可不禁而止也。"

墨子把音乐作为享乐的部分，认为统治者欣赏音乐，占用了治理国家的时间，老百姓欣赏音乐也要占用劳动生产的时间，而且浪费资源，有碍天下进步，否定音乐对于人们的调节作用，因此要废除音乐。

墨子主张"天志"，但是又主张"非命"。他认为强调"命"的危害性很大，如果相信天命的学说并用以指导行动，则王公大人必然懒于断案和治理政事，卿大夫必然懒于治理官府，农夫必然懒于耕种田地，妇女必然懒于纺纱织布，其结果必然是天下大乱，社会财富必然不足。墨子认为，"命者，暴王所作"，"此皆疑众迟朴"，即认为命是由古代暴君制造出来欺骗民众的。"天命"的说法，上不利于天，中不利于鬼，下不利于人。主张这种论调，是一切坏言论、坏行为的总根子。因此，墨子认为，天下的士人君子，若真要天下富裕，而不是贫苦，要国家大治而不是混乱,就不要那种"天命"的言论,因为它是天下最大的祸根!

墨子揭露了"命"并非是"天"产生的,而是人制造出来的,这是对"天命"论的有力打击,这里包含了无神论思想的闪光。

5. 尊天事鬼——顺天笃义的行为准则

"天志"在墨子看来是十分重要的,它是衡量一切的标准。无论是"王公大人",还是"万民"的所作所为,都可以用它来量度。他说:"上将以度天下之王公大人为刑政也,下将以量天下之万民为文学,发言谈也。"

"天之行广无私,其施厚而不德,其明久而不衰。"

"劝之以赏誉,威之以刑罚,我以为人之于就兼相爱、交相利也,譬之犹火之就上、水之就下也,不可防止于天下。""爱人利人者,天必福之;恶人贱人者,天必祸之。"

"天下有义则生,无义则死,有义则富,无义则贫,有义则治,无义则乱。"

"凡言凡动,利于天鬼百姓者为之;凡言凡动,害于天鬼百姓者舍之;凡言凡动,合于三代圣王尧舜禹汤文武者为之;凡言凡动,合于三代暴王桀纣幽厉者舍之。"

这在一定程度上反映了墨子的宗教思想。他认为天对一切国家、一切人都一视同仁。天还有赏善罚恶的威力,顺天意的必然得到报偿,逆天意的必然遭到惩罚。他还认为"天志"是衡量"王公大人"和"万民"的规矩。他的"天"是小生产者的幻想,反映了小生产者的利益。他只是想利用"天"的观念为他的主张服务,使他的学说易于为人所接受。

"明鬼",也就是相信鬼神,是从"鬼神"可以帮助"天"赏善罚恶而提出来的。他说,如果使天下的人都相信鬼神能够"赏善罚恶",则天下怎么会乱呢! 但是这是一种幼稚的迷信思想。

四、我最欣赏的精彩片段

《墨子·公输》原文

公输盘为楚造云梯之械,成,将以攻宋。子墨子闻之,起于鲁(鲁山县),行十日十夜而至于郢,见公输盘。

公输盘曰:"夫子何命焉为?"子墨子曰:"北方有侮臣者,愿借子杀之。"

公输盘不说。子墨子曰:"请献千金。"公输盘曰:"吾义固不杀人。"子墨子起,再拜,曰:"请说之。吾从北方闻子为梯,将以攻宋。宋何罪之有?荆国有余于地,而不足于民。杀所不足而争所有余,不可谓智;宋无罪而攻之,不可谓仁;知而不争,不可谓忠;争而不得,不可谓强。义不杀少而杀众,不可谓知类。"

公输盘服。子墨子曰:"然胡不已乎?"公输盘曰:"不可,吾既已言之王矣。"

子墨子曰:"胡不见我于王?"公输盘曰:"诺。"

子墨子见王,曰:"今有人于此,舍其文轩,邻有敝舆而欲窃之;舍其锦绣,邻有短褐而欲窃之;舍其粱肉,邻有糠糟而欲窃之——此为何若人?"王曰:"必为有窃疾矣。"子墨子曰:"荆之地方五千里,宋之地方五百里,此犹文轩之与敝舆也。荆有云梦,犀兕麋鹿满之,江汉之鱼鳖鼋鼍为天下富,宋所为无雉兔鲋鱼者也,此犹粱肉之与糠糟也。荆有长松文梓梗楠豫章,宋无长木,此犹锦绣之与短褐也。臣以王吏之攻宋也,为与此同类。"王曰:"善哉!虽然,公输盘为我为云梯,必取宋。"

于是见公输盘。子墨子解带为城,以牒为械,公输盘九设攻城之机变,子墨子九距之;公输盘之攻械尽,子墨子之守圉有余。公输盘诎。而曰:"吾知所以距子矣,吾不言。"子墨子亦曰:"吾知子之所以距我,吾不言。"

楚王向其故。子墨子曰:"公输子之意,不过欲杀臣;杀臣,宋莫能守,乃可攻也。然臣之弟子禽滑厘等三百人,已持臣守圉之器,在宋城上而待楚寇矣。虽杀臣,不能绝也。"楚王曰:"善哉!吾请无攻宋矣。"

子墨子归,过宋。天雨,庇其闾中,守闾者不内也。故曰:治于神者,众人不知其功。争于明者,众人知之。

译文

公输盘给楚国制靠造云梯这种器械,制成后,要拿去攻打宋国。墨子听到这个消息,就从鲁国动身,走了十天十夜,到达郢都,去见公输盘。公输盘说:"先生有什么指教呢?"墨子说:"北方有人欺侮我,我想借用您的力量杀掉他。"

公输盘不高兴了。墨子说:"请让我奉送给您十金。"公输盘说:"我是讲道义的人,绝不能平白无故杀人。"墨子站起来,拜了两拜,说:"请让我说几句话,我在北方听说您造了云梯,要拿去攻打宋国。宋国有什么罪呢?楚国有的是土地,缺少的是民众,如今去杀害自己缺少的民众而争夺自己并不缺少的土地,不能说是聪明。宋国并没有罪而要去攻打它,不能说是仁义。懂得这个道理,却不据理力争,不能说是忠诚。争论而达不到目的,不能说是坚强。自己说讲道义,杀少量人还懂得不合理,却要去杀众多的人,不能说是明白事理。"公输盘被说服了。墨子说:"那么,为什么不停止攻宋呢?"公输盘说:"不能,因为我已经对楚王说过了。"墨子说:"您为什么不介绍我去见楚王呢?"公输盘说:"好吧。"

墨子见了楚王,说:"现在这里有个人抛弃自己华丽的车子,看到邻人有破车子便想去偷;抛掉自己的锦绣衣裳,看见邻人有粗布衣服就想去偷;抛掉自己的白米肥肉,看见邻人有糟糠便想去偷。这是什么样的人呢?"楚王说:"(这个人)一定患了偷窃病了。"墨子说:"楚国的土地方圆五千里,宋国的土地方圆只有五百里。这就好像华丽的车子和破车子相比。楚国有云梦泽,那里满是犀兕、麋鹿之类,长江、汉水里的鱼、鳖、鼋、鼍多得天下无比,宋国真像人们说的那样,是个连野鸡、兔子、鲤鱼都没有的地方。这就好像白米肥肉和糟糠相比。楚国有松、梓、楩、楠、樟这些大树,宋国却没有什么大树。这就好像锦绣衣裳和粗布衣服相比。我认为大王攻打宋国,正和这个害偷窃病的人一样。"楚王说:"对呀! 虽然是这样,但是公输盘给我造好云梯了,(我)一定要打一下宋国。"

于是,楚王召见公输盘。墨子解下衣带当作城,用竹片当器械。公输盘一次又一次地设下攻城的方法,墨子一次又一次地挡住了他。公输盘的攻城器械都用尽了,墨子的守城办法还绰绰有余。公输盘技穷了,但他说:"我知道怎么对付你了,可是我不说。"墨子也说:"我也知道你要怎么对付我,可是我也不说。"

楚王问这是怎么回事。墨子说:"公输盘的意思,只不过是想要杀死我。杀了我,宋国就守不住了,就可以攻下了。可是我的学生禽滑厘等三百人已经拿着我的防守器械,在宋国城上等待楚国来进攻了。即使杀了我,也不能杀尽保卫宋国的人。"

楚王说:"好啦! 我不攻打宋国了。"

墨子从楚国归来,经过宋国,天下着雨,他到闾门去避雨,守闾门的人却不接纳他。所以说:"运用神机的人,众人不知道他的功劳;而于明处争辩不休的人,众人却知道他。"

《墨子·鲁问》公输子谓子墨子

公输子谓子墨子曰:"吾未得见之时,我欲得宋。自我得见之后,予我宋而不义,我不为。"子墨子曰:"翟之未得见之时也,子欲得宋,自翟得见子之后,予子宋而不义,子弗为,是我予子宋也。子务为义,翟又将予子天下。"

译文

公输盘对墨子说:"我没有见到你的时候,我想得到宋国。自从我见了你之后,给我宋国,假如是不义的,我不会接受。"墨子说:"我没有见你的时候,你想得到宋国。自从我见了你之后,给你宋国,假如是不义的,你不会接受,这是我把宋国送给你了。你努力维护正义,我又将送给你天下。"

论教学形态

【摘　要】教学的自然形态、差异形态、尝试形态、审美形态是客观存在的,是教学应有的基本常态,也是教学理论研究的重要课题。在教学活动中,如果学生能在自然形态中自主,在差异形态中合作,在尝试形态中探究,在审美形态中创新,这就是理想的教学形态。

【关键词】教学形态

为了更好地实施新课程改革,进一步提高教学的有效性和学习质量,有必要对教学形态进行反思和探究,最大限度地把握教学规律,回归教学的本质,遵循教学的基本常识,进行有益的探索与变革,从而提高教学的效率和质量。

形态是指事物在一定条件下所具有的相对稳定的外部表现形式和内部结构性要素。教学形态是指在教学过程中,各种教学要素组合在一起并相互作用所呈现出来的动态特征。教师对教学形态的研究和掌握,是教学活动从必然王国走向自由王国的必由之路,也是教师专业成长的重要途径。

教学形态是一种客观存在,它并不神秘,其实就是教学最基础的常识,只不过我们在教学活动中没有引起足够重视罢了。我们有必要追本溯源,再回到问题的原点,遵循教学应有的基本规律,以进一步提高教育教学质量。本文试图对教学的各种形态作粗浅的分析,以供商讨,并求教于大方。

一、教学的自然形态

所谓教学的自然形态,就是说教学活动的实施必须建立在尊重人的自然本性的基础上,遵循人的自然本性的规律来进行。人是大自然的重要组成部分,有其自然生长的客观规律性。正如杜威所说:"教育即生长,除此之外别无目的。"①生

---

① 蒋莹莹,李款. 试析杜威的"教育无目的"观[J]. 黑龙江生态工程职业学院学报,2009(1):80 – 82.

长就是自然地成长,教育应当顺其自然,顺势而为。这种自然生长的规律性一经人们掌握并运用于教学活动,就使教学活动具有科学性。人的自然本性有许多共同的地方,这里讲的教学的自然形态主要探讨教学活动中人的自然共性,有些是与生俱来的,有些是后天训练养成的。

现代心理学研究表明,人有学习的本能,人是天生的学习者,每个人身上都蕴藏着极大的学习潜能,学习主动性是人的天性,这是一种自然形态,正是这种自然形态才使教学成为可能。毛泽东说:"内因是变化的根据,外因是变化的条件,外因通过内因而起作用。"在教学活动中,学生的"学"是内因,教师的"教"是外因。事实上,学生的学习是沿着本身与生俱来的自然天性在教师的引导下自己学出来的,并非教师直接教出来的,教师的"教"只起到指导的作用,而且这个指导作用只有在学生"学"的条件下才能发挥出来。这就是教学的自然形态。

传统的教学模式基本上是考什么教什么,教什么学什么,怎样教就怎样学。因为教师对学生的控制和设计太多,学生很大程度上只能跟在老师后面亦步亦趋地被动地学,反而抑制了学生学习的自然天性,即学习的主动性。学生不愿学或学不会的原因并非他没有学习能力,而是他的学习兴趣不在老师所教的内容上,或者是老师"教"的方法不符合学生"学"的规律,违反了教学的自然形态。这就是为什么老师教得很累学生学得很苦而教学仍然收效甚微的原因之一。所以,新课改的"自主、合作、探究",就是要求我们在教学活动中必须明确学生"学"的主体地位和教师"教"的主导地位并充分发挥各自的作用。

教学的自然形态客观上要求我们从人的自然本性出发,在教学活动中以激发学生学习动机和启发学生学习兴趣为根本任务,促使学生自然生成、自主觉醒、自由发展。《论语》中"不愤不启,不悱不发,举一隅不以三隅反,则不复也",讲的就是激发学习动机、启发学习兴趣、举一反三的道理。教学自然形态下的教师,应该像农民一样,不违农时,春耕夏锄秋收冬藏,该播种播种,该浇水浇水,该施肥施肥,让庄稼在阳光雨露的照耀滋润下自然生长,而不要像工人那样,总是希望通过一个统一固定的模子把同样的产品成批量地制造出来。

二、教学的差异形态

差异是宇宙的根本法则。德国哲学家莱布尼茨有一句经典名言:"世界上没有完全相同的两片叶子",形象地说明了事物的特殊性和世界的差异性。正因为差异才有多彩自然和人间万象。

人的个体差异是指人们之间在稳定的心理特点上的差异,既表现在人们是否有某方面的特点上,也表现在同一特点的不同水平上。个体差异是具体独特的,是一种存在状态，差异意味着发展的无限可能性。

教学的差异形态就是教学活动中学生实际存在的个体差异状况，即学生的个性是千差万别的，这种差异性恰恰是可供利用、相互促进的丰富教学资源。根据中央教科院华国栋教授在其专著《差异教学论》中的论述，学生的个体差异主要表现为性格差异，兴趣差异，能力差异等。性格差异，如性格内向、性格外向的差异；兴趣差异，如兴趣品质、兴趣发展水平、兴趣稳定性的差异；能力差异，如观察力、记忆力、思维力、想象力的差异等。比如记忆力，根据艾宾浩斯的遗忘曲线理论，记忆力有强弱差异；又如思维力，有些人长于形象思维，有些人则长于逻辑思维等等，不一而足。个体差异只有风格不同，没有优劣之分。

因材施教就是教学的差异形态下重要的教学原则。它源自孔子的教学思想，因材施教原则要求教学必须承认和尊重学生的个体差异，教师在教学中要从学生实际出发，根据不同对象的具体情况，采取不同的方法，实施不同的教育，使每个学生都能在各自原有的基础上得到充分发展。贯彻因材施教原则就是在弄清教学差异形态的基础上提高教学质量的重要途径。

由于教学差异形态的存在，贯彻因材施教原则一方面要在承认差异、尊重差异的前提下形成学生的学习主体性，培养学生的个性，另一方面要面向全体学生，处理好个体差异和整体提高的关系，兼顾效率和公平，在适应主体的基础上逐步超越个体差异，防止两极分化、片面发展、畸形发展，促进全体学生的全面发展。总之，那种企图用一统天下的某种教学模式、一劳永逸的某种教学方法来进行教学是很难奏效的。

三、教学的尝试形态

尝试是人类进步的阶梯。一部人类文明史就是一部人类尝试发展史，无不体现着人类对自然、对社会、对科学、对艺术的不断尝试和探索。人类就是在不断尝试中进化而走向文明的，人类还要在不断尝试中走向未来。尝试就是学习，就是质疑，就是探究。尝试才有创新，才有发明创造。教学的过程就是反复尝试的过程，符合教学规律的探究状态就是教学的尝试形态。

尝试中蕴藏着丰富的教学资源，学生在尝试中体验学习的过程，激发浓厚的学习兴趣，总结学习的方法，养成敢于探究的精神品质，形成良好的学习习惯和较强的学习能力。所以，学会尝试、学会探究、学会学习比学到什么更为重要，这就是教学的尝试形态的价值所在。

华东师大邱学华教授在其专著《尝试教学论》中指出：尝试必须有思维活动参与，尝试的指向必须明确，尝试的结果必然多元。教学的尝试形态有三个特点：一是尝试目标明确。就是要通过尝试教学活动达到新课标规定的教学目标；二是有指导的尝试。尝试教学过程要有教师的指导；三是解决尝试问题。尝试形式主要是解决教师根据教学内容所提出的尝试问题。邱教授进一步指出：生活尝试、科研尝试有可能失败，而教学尝试，"由于有教师的指导，尝试任务又比较明确和单一，因此学生的尝试活动能得到成功。"

教学的尝试形态要求教师不要包办一切，而应当从学情出发，根据教学目标、教学内容设计并提出尝试问题，让学生在尝试中学习，在尝试中解决问题，在尝试中敢于"第一个吃螃蟹"（鲁迅语）。要充分信任学生，相信他们能尝试、能学习，把学习的自主权交给学生。允许失败和异想天开，在老师的引导下提高学习品质，培养探索创新的精神，这就是最佳的教学尝试形态。

四、教学的审美形态

教育是科学，教育也是艺术。科学的特征是求真，艺术的特征是求美，唯有艺术之美方能与科学之真相通融合。英国哲学家罗丹说："生活中不是缺少美，而是缺少发现美的眼睛。"我们的教学应当追求一种艺术之美。

其实，世上的万事万物本无所谓美不美。美是一个哲学命题，是人的心灵对外界事物的感悟，不同的人对相同事物的感悟是不一样的。所以，人们认识世界的过程其实就是一个审美过程，认识世界就是学习，学习本身就具有审美价值，教学活动就应当是一种审美形态。

教学的审美形态是指教学的美感效应，教学应有的境界，包括教师形象之美，教学情景之美，学科内涵之美，教学过程之美，教学语言之美等等。如何把教学活动变成一种艺术的享受，就是教学的审美形态需要研究的课题。

审美形态的教学一定是兴趣盎然的，充满美学韵味的，如行云流水般协调流畅，学生感觉到学习是一种享受。他们在教学艺术美的享受中获取知识，训练技能，陶冶情操，净化心灵，三维目标是在快乐幸福的状态下不知不觉地得到落实的，这才是高效的教学，反之就是枯燥无味的教学，低效或无效的教学。学生厌学很大程度上是因为教学的索然无味，没有美感。

教学的审美形态最符合人的成长规律，教学艺术美的非功利性（不是为了考试分数，而是为了认识世界，为了当下的享受）具有无比神奇的力量，它可以生成新的教学资源，引发探究的冲动，产生创作的灵感，从而形成创新的精神气质，真正实现人的自由而全面的发展。所以，党的十八届三中全会提出：要"提高学生审美和人文素养。"可见教学审美形态的重要意义。

上述几种教学形态之间不是孤立存在、截然分开的，它们是相互联系、蕴含交融、相辅相成的。在教学活动中,如果学生能在自然形态中自主,在差异形态中合作,在尝试形态中探究,在审美形态中创新,这就是理想的教学形态。如何充分发挥各种教学形态的作用,是一个值得深究的重要课题。如果我们能够透过纷繁复杂的教学现象把握住教学形态这个本质,思路就豁然开朗了。唐朝诗人刘禹锡有诗云:"千淘万漉虽辛苦,吹尽狂沙始到金。"只要老师们能在长期的教学实践中,根据学生实际、课程标准和教学内容的要求,在教学方式、结构、途径上下功夫,有意识地在教学形态上开发利用,创意策划,进行科学的整合创设,变封闭为开放,变机械为灵动,变传授为体验,形成常规的教学策略和相对稳定的结构模型,就可以成为激活教学的艺术,进入教学的新境界,形成独特的教学风格,就一定会逐步使教学效果最大化,从而提高教育教学质量。

参考文献:

1. 李秉德《教学论》北京:人民教育出版社 1991

2. 华国栋《差异教学论》北京:教育科学出版社 2007

3. 邱学华《尝试教学论》北京:教育科学出版社 2006

4.《中共中央关于全面深化改革若干重大问题的决定》

含蓄淳朴　温文尔雅

——布依族传统美德教育探微

【摘　要】布依族是我国少数民族之一,该民族有许多传统美德。民族地区的教育就是民族教育,应当把布依族含蓄淳朴、温文尔雅的传统美德作为学校德育工作的重要组成部分、作为弘扬中华民族传统美德的有益补充,只要实施得法,定能收到事半功倍的德育成效

【关键词】布依族　美德　教育

布依族是我国少数民族之一,在贵州黔南占人口的比重较大。布依族是一个勤劳善良、智慧勇敢的民族,也是一个伦理德行非常优秀的民族,有许多自身独特的传统美德。由于各民族文化的长期交流融合,布依族在传统文化上与其他民族呈现出大同小异的特征,但也仍然保留着本民族特有的或比其他民族更为明显的传统美德。这些传统美德是中华民族传统美德的重要组成部分,不仅都是可资利用和开发的优质教育资源,而且也是应该传承和弘扬的宝贵精神财富。

民族地区的教育实质上就是民族教育。为了贯彻落实党的十八大提出的"立德树人"的教育根本任务,积极培育和践行社会主义核心价值观,使布依族地区中小学校的德育工作取得实质性的效果,笔者建议布依族地区中小学校把布依族含蓄淳朴,温文尔雅的传统美德与学校的德育养成结合起来,使布依族传统美德的乡土气与现代教育的书卷气有机融合起来,将布依式的生活态度和审美方式与学生良好行为习惯的养成捆绑起来,只要实施得法,不仅会取得意想不到的德育成效,而且有可能成为学校文化特色的一道亮丽风景线。

一、为什么要实施布依族传统美德教育?

布依族传统美德与学校德育养成有没有关系? 如果有,是什么样的关系? 两者可以结合起来吗? 怎样结合起来? 这些问题,就是我们要研究的课题。

1. 布依族是贵州黔南人口较多的少数民族

黔南布依族苗族自治州有近 400 万人口,布依族是黔南的世居土著民族,也是黔南州的主要少数民族,占全州人口的 65%,全州各地均有分布。布依族有本民族独特的风俗习惯和文化特点,布依族地区的学校教育应当根据该民族的文化特点来实施,把传承布依族传统美德与养成教育结合起来,这不仅是对本民族及其传统文化的尊重,而且也是遵循教育规律、围绕民族地区青少年成长特点来有效提高教育教学质量的重要举措。

2. 布依族传统美德是实施学校德育的有力抓手

在当今这个多元文化相互交融的信息时代,布依族地区中学校德育工作如何解决课堂说教与现实生活的"两张皮"问题?学校德育工作的切入点和突破口在哪里?学生的养成教育从哪里"养"起才更有效?这些都是我们需要研究的课题。

布依族传统美德是在历史发展的长河中与其他民族交流互鉴逐渐形成的,事实上,布依族正是通过这种潜移默化的家庭教育才使得本民族美德得以延续和传承。其子女从小就在这样的习俗和民族文化的熏陶中逐渐成长的,他们的血液里天生就流淌着布依族的传统文化基因,这种天然的文化基因与学校实施的德育有着本质上的内在联系——一方面布依族传统美德可以在家庭的自然生态中逐渐养成,另一方面学校德育的目的恰恰就是学生的优秀品德。布依族地区的学校教育应当抓住这个内在联系,把布依族传统美德作为实施德育的有力抓手,就可以找到学校德育工作的切入点和突破口,从而提高德育工作的有效性。

3. 把传承布依族传统美德与学校德育结合起来事半功倍

布依族传统美德是在布依族地区成千上万的家庭中耳濡目染、潜移默化地形成的,尽管不统一、也不尽规范,参差不齐、各有千秋,但都已经打下了行为习惯的良好基础,完全具备两者结合的条件。布依族地区的中小学校应当顺势而为,把传承布依族传统美德与德育工作结合起来,作为弘扬中华民族传统美德的必要补充,定能取得事半功倍的教育效果。

二、布依族有哪些传统美德?

布依族有许多传统美德,这里介绍的仅仅是其中较为突出的几个方面。布依族的这些传统美德,其他民族也有。我们很难找出布依族独有而其他民族没有的传统美德,这是很难切然区分的。只不过在这几方面布依族更为明显而已,这里所说的传统美德是布依族名义上的传统美德,并不排除其他民族也有这些美德。布依族传统美德只是中华民族传统美德百花园中的一小部分,是五十六朵民族之花中的一朵。

1. 整洁朴素,容貌端庄

布依儿女喜欢漂亮,注重容貌端庄。服装不求名贵,以其干净整洁、朴素大方为特征。在布依人家里,堂屋设有神龛,似乎老祖宗时刻都在监督每个家庭成员的一举一动。无论男女老少,一般要洗漱穿戴或梳妆打扮周正才出来见人。面容洁净清爽,形象赏心悦目。在任何情况下都绝不穿着睡衣走出卧室,否则将被认为是很不礼貌的。如果由于太忙来不及收拾完毕而略显凌乱,一定要诚恳地表示歉意。布依族一般不穿裙子和短裤,现在开始有一些穿了,但女生不穿短裤,裙子也要长过膝盖以下。女生一般化一点淡妆,不染头发指甲、不浓妆艳抹,香气过重是粗俗的表现。敞胸露怀和打光背是最不文明的举动,为布依人所不齿。

2. 形象谦恭,仪表优雅

布依人很在意自己在人前尤其是公共场合的精神面貌和个性气质,特别注重仪表优雅。一是讲究仪态庄重、表情灵动,和蔼可亲、平易近人。见了人一般都会主动热情地打招呼,如果不认识,也会微笑点头示意。二是讲究遇事稳重、态度诚恳,有理有节、不卑不亢。对人比较客气,尽量避免与人争执。如有争议,就与对方心平气和地解释清楚,一般不会强词夺理,也不会得理不饶人。三是讲究精神焕发、谈吐不俗,彬彬有礼,风度翩翩。无论任何场合都不乱发议论,更不会对人品头论足,说人长短。需要发言时,想好再说。不说则已,要说就要有自己的见解,不会人云亦云,去重复别人的话。这些都从不同侧面体现了布依人善良、自信、乐观、优雅的风采。

3. 举止文静,健美大方

布依人在一颦一笑、举手投足间往往比较羞涩、含蓄、笑不露齿。举止落落大方,追求文静之美。在交往中如需大笑,一般要用手遮住嘴巴。布依族青少年讲究坐姿文静,站态自然,走姿轻盈敏捷,步履刚劲矫健,体现一种青春之美、阳光之美。布依人的坐姿要求两足着地,两膝并拢。切忌在公众场合两腿叉开、跷二郎腿、抖脚等不雅动作。布依人无论在家里还是在外做客,都不轻易从别人的座位前走过,如果有人坐着,就一定要从座位后边绕过去,实在绕不过非要从前面过时,要特别地表示歉意:"对不起,从您面前过了。"在长辈面前更要注意这一点,否则如果是无意就是不懂礼貌,如果是有意那将被视为没有家教。

4. 尊老爱幼,礼节文雅

布依族特别讲礼节,注重家庭传统礼节教育,尊老爱幼、知书达礼,在礼节上很文雅。小辈在长辈面前一定要称自己"小的"(布依话叫"昵")"晚辈"或自己的名字,称长辈的称谓如"婆婆""大伯"等,而不能直呼"你""我",否则就是不懂礼貌。成年人之间也不称"你""我",一般会说"小孩他爸"或"娃娃家舅"等等。在公共场合也多用谦称,如在老师面前称自己"学生"或自己的名字,称老师为"某某老师",切忌直呼"你""我"。布依族学生尤其是罗甸县八茂地区的学生从来绝不在老师面前称你我。

布依族在待人接物方面非常注意礼节,布依族青年在与长辈、客人谈话时,往往声调委婉随和、轻言细语。说话不带鼻音,不说粗话。当长辈站着说话时,年幼的不得坐下。在长辈面前说话,不要声高气傲,但也不能声音太低听不清楚。当长辈问话时,要起身回答,正视对方,不可东张西望。在交往中,不随便打断他人说话,耐心地、平静地听他人把话说完。听到别人的批评时,也不冲动,而是谦虚地倾听,微笑点头表示已经听懂,有则改之,无则加勉。

路遇老人,不管是否认识,男的称"公公",女的称"奶奶"。路遇长者、客人或负重者,要主动让路。让路要自己站在有危险的一边,如果骑马必须下马,骑单车摩托必须下车。与人同行,长者在前,儿童居中,青年殿后,既尊重老人,又爱护小孩,是较为传统的礼节。

长辈和客人进家,全家人都要起身主动让座。用餐时,长辈、客人坐上方,晚辈坐下方,需等最年长的老人入席后才能开饭。长辈未拈动的菜,晚辈不得先吃。喝酒先敬长辈,有好吃的要先端给长辈。给长辈、客人端茶、盛饭都是双手捧给,客人也是双手接过,否则会被认为不懂礼貌。先吃完的要逐个对长辈、客人说"慢吃"再离席,晚辈不能落在全桌人之后吃完饭。

5. 团结互助,乐于助人

布依族热情好客,进到布依村,见到客人来了,他们都会亲热地打招呼,请你到家里坐,你会感受到一种自然的温馨。布依族最肯帮助别人,喜欢助人为乐。看见别人在做事情,如果没有什么不便,布依人总是要上前去帮上一把,很少有别人在那里忙着而布依人站在一边闲着的现象。布依族注重团结互助,布依寨里,一家办酒,全寨请客,平时也互相陪客拉客。一家有事,全寨帮忙,而不管是否有矛盾和恩怨。如果发现少了谁,这个人将遭到家人、族人的指责,在大家面前是很难抬得起头的。

在家里,看到老的在做家务,一般小的要赶忙接替起来或参与一起做。如果老的在做家务而小的在那里无所事事,就是非常不好的、很冷漠、不懂事的表现。

出门作客,看到主人在忙,也喜欢帮上一把,除非主人再三强调不必,否则都乐意做一些主人一时忙不过来的事。若与挑东西的长者同行,如果顺路,则要主动帮其抬担或挑东西并送到目的地或送到分手的地方,这已经是布依族的良好行为习惯了,也已经成为布依族的传统美德了。

三、怎样在学校中实施布依族传统美德教育？

在学校中实施布依族传统美德的养成教育，必须从各个学校的实际情况出发，根据学生的不同年龄特征和养成教育的规律，以及学校德育工作的总体规划，循序渐进地逐步落实。建议从以下几个方面组织实施。

1. 切实可行的实施方案

根据工作实际，要制定切实可行的实施方案。方案的内容可以包括：指导思想、预期目标、主要内容、工作任务、领导小组、职责分工、计划时间、具体措施、预期效果、工作总结等等。把布依族传统美德分解细化成需要养成训练的若干行为习惯，然后根据方案分阶段组织实施，确保工作任务落到实处，必要时要进行过程督导，对工作进行微调整改，使之不断完善。

2. 家校结合的联动方式

家庭是孩子的第一学府，也是最高学府。父母是孩子的第一任教师，也是终身教师。学校教育与家庭教育要一致，才起作用，才有效果。实施布依族传统美德的养成教育，必须与家庭教育结合起来，结成家校联盟，形成家校互动，产生强大合力，让学校德育的训练项目在布依族家庭家风家教的耳濡目染中潜移默化地发挥作用，受到熏陶，从而养成布依族传统美德良好行为习惯，收到德育工作事半功倍的效果。

3. 办学模式的课题研究

学校要把布依族传统美德教育作为学校办学模式创新的重要课题来研究，可称为"布依族传统美德教育课题研究"。通过三五年的课题研究，进一步深入把握民族地区学生养成教育的规律，总结出一套行之有效的办学模式。一方面在教育教学实践过程中学会做课题研究，培养出布依族传统美德养成教育的教师专家团队，另一方面在教学模式的创新上探索出一条新路子来，形成稳定的办学模式和鲜明的办学特色，成为学校办学的新亮点。

4. 坚持不懈的养成模式

要建立实施布依族传统美德养成教育的长效机制，长期坚持下去，作为一项制度经常进行常规检查，不能一日曝十日寒，更不能只是作秀摆摆样子。要把布依族传统美德养成教育作为学生操行评定和班级考核的重要内容。要设立若干奖项，对表现突出的学生要大张旗鼓地进行表彰。要开展丰富多彩、喜闻乐见的各种活动，让学生在这些活动中受到感染、受到震撼，从而感受到布依族传统美德之美，外化为当代青少年学生的行为之美，收到美育的效果。

5. 学校文化的亮丽风景

"越是民族的就越是世界的"。通过实施布依族传统美德教育,要把布依族传统美德作为学校文化品牌来打造,让布依族传统美德成为独具特色的学校文化,使人有耳目一新之感。这个耳目一新,不是在墙上,不是在纸上,也不在校长的口头汇报上,而是实实在在地体现在每一个学生身上,体现在学生的日常行为习惯上,体现在学生日常生活的细节之中。他们经过布依族传统美德养成教育的春风化雨,润物无声般的训练,内化于心,外显于行;心存善念,明德强能,既传承了布依族的传统美德,又有鲜明的时代特征,形成具有时代精神的价值取向,成为学校师生的共同记忆和身份标识,让人一眼就能看出,这就是咱们布依族的好孩子、好后生,我们就是要培养这样的好后代,因为在他们身上充分展现了布依族的含蓄淳朴、温文尔雅的传统美德,成为学校一道亮丽的风景线。

"立德树人"之四维目标

——兼论青少年思想道德教育之探源

【摘　要】为了落实立德树人的根本任务,应当在青少年思想道德修养中提倡个人品德求"善",家庭美德求"孝",职业道德求"忠",社会公德求"信",做到德自我修,功自我建,言自我说,威自我树,从而更加坚定中国青年一代的文化自信、价值自信、民族自信。

【关键词】立德树人　善　孝　忠　信

党的十八大把"立德树人"明确为教育的根本任务,"立德树人"到底蕴涵着怎样深刻的含义? 这就是我们需要研究的重要课题。笔者理解,"立德树人"是一个博大精深的教育思想,是取之不尽用之不竭的教育理论宝库,它既是源远流长的中国传统文化的传承,有着深厚的中国传统文化的内涵,又具有鲜明的时代精神,"十八大"本身就是一个新时代的标志。"立德"不仅仅是一个浅层面的道德修养,而是深层次的教育思想;"树人"就是培养人,培养什么人? 怎样培养人? 这是素质教育要回答的核心问题。合起来说,"立德树人"就是用"立德"的教育思想来培养人。

"立德"最早出自《左传》:"太上有立德,其次有立功,其次有立言。虽久不废,此之谓三不朽"。这是古圣先贤关于"立德"的最初思想。

我们今天讲"立德",一定是"道德"的"德"。那么,什么是"道德"呢? 这里,我们有必要先了解什么是"道",什么是"德",什么是"道德"。

"道"在老子的《道德经》里出现在开头的第一句话:"道可道,非常道。"又说"道生一,一生二,二生三,三生万物"。"人法地,地法天,天法道,道法自然"。老子认为,万物生于道,道是源于自然的,是自然而然的。由此我们可以得出结论:道是一切事物发生、运动、变化、发展、衰退、消亡的客观规律。简而言之,道就是规律。

"德"就是按"道"去行事,就是人们按照事物运行的客观规律去办事。《大学》："物有本末,事有始终,知所先后,则近道矣"。《荀子》："不知则问,不能则学,虽能必让,然后为德"。做任何事情都遵循客观规律,不管是自然规律还是社会规律,符合客观规律就是德。对待自然界要遵循自然规律,对待社会要遵循社会人伦规律,否则就是无德、缺德,就要受到客观规律的惩罚。一句话:得道者有德。

要做到有德,就必须"闻道,悟道,行道、得道"。所以,古往今来,许多仁人志士都用毕生的精力来"求道"——追求真理。"子曰,朝闻道,夕死可矣"。为了追求真理,有些人甚至付出了生命的代价。"闻道",就是认识真理;"悟道",就是发现真理;"行道",就是践行真理;"得道",就是掌握真理。《孟子》:"得道者多助,失道者寡助"就是这个道理。要经过长期、复杂、曲折、艰苦的锻炼,才能得道,才是有德。《易经》:"天行健,君子以自强不息;地势坤,君子以厚德载物","自强不息"就是生命的意义和价值,是生命活力与张力的顽强释放;"厚德载物"就是担当,要有深厚的德行才能承担重大的责任。要通过"自强不息"的磨炼,使人的德行达到相当的水平,才能"厚德载物",才能担当重任。孟子说:"故天将降大任于斯人也,必先苦其心志,劳其筋骨,饿其体肤,空乏其身,行拂乱其所为,所以动心忍性,曾益其所不能"。国家的栋梁,民族的脊梁,就更是厚德载物、德高望重、力挽狂澜、担当大任。"自强不息,厚德载物"被清华大学作为校训,也被许多仁人志士用作人生的座右铭。

什么是"道德"呢? 道德是人们共同生活的行为准则与规范。道德往往起到判断人们行为是否正当的作用,代表着社会的正面价值取向。道德是一个与法律相对应的伦理学概念,法律是最低限度的道德,道德是最高界限的法律。法律靠国家机器强制执行,道德靠自我约束和社会舆论控制。道德制约于未然,法律治理于已发。道德的力量往往大于法律的力量,德治与法治相结合维系着整个社会的稳定、和谐、文明。

今天我们讲"立德树人",就是要用"立德"的教育思想来育人。对于中职思政课而言,就是要深度挖掘、不断开发新的教学资源,即传统文化与时代精神相结合的人文内涵,使学生能够自觉地学习和体会古今中外立德树人的大智慧,切实有效地培育和践行社会主义核心价值观,从而提高中职思政课教学质量。那么,怎样落实"立德树人"的根本任务? 怎样在"立德树人"的教育思想指导下进行青少年道德修养教育呢? 笔者提倡个人品德求"善",家庭美德求"孝",职业道德求"忠",社会公德求"信"。

一、个人品德求"善"

汉朝许慎《说文解字》:"善,从羊从言,吉也。"羊是祭祀用的牲品,是吉祥的象征。远古的人们在祭祀活动中向上苍祈求幸福吉祥就叫"善"。现在引申过来就是"善良""美好"的意思。

《国语·晋语》:"善,德之建也"。德是在善的基础上建立起来的,善是德的基础,是德的起码要求,没有善就没有德,善是人品中最基本的元素。

《大学》第一句:"大学之道,在明明德,在亲民,在止于至善"。《大学》的核心理论是"修身齐家治国平天下"。修身讲个人品德,齐家讲家庭美德,治国讲职业道德,平天下讲社会公德。

《三字经》:"人之初,性本善。性相近,习相远"。儒家思想的"性善论"认为人的本性一开始都是向善的,人都有向善的本性,向善的基因。之所以有善恶的区别,是因为后天的学习使然。所以人人都是可以向善的。性恶论者荀子说:"人之生也固小人",认为人的本性具有恶的道德价值,强调道德教育的必要性,性善论注重道德修养的自觉性,二者既是对立的,又是相辅相成的。其实人性本无善恶之分,人性是自然之性,它既有善的可能,也有恶的可能,随着条件的变化而变迁。

善行表现为一种内在的自觉。老子说:"善者,吾善之;不善者,吾亦善之。德善"。"上善若水,水善利万物而不争"。孔子说:"人不独亲其亲,不独子其子"。"择其善者而从之,其不善者而改之"。孟子说:"老吾老以及人之老,幼吾幼以及人之幼"。这些都是善行的体现。法国启蒙运动思想家卢梭说:"善良的行为使人的灵魂变得高尚"。

善的反面就是恶。《国语》:"从善如登,从恶如崩"。管仲曰:"善人者,人亦善之。"《三国志》载:刘备临终嘱刘禅:"勿以善小而不为,勿以恶小而为之。"《了凡四训》:"人为善,福虽未至,祸已远离;人为恶,祸虽未至,福已远离。"这些都是讲行善的意义和影响。

《礼记》:"修身践言,谓之善行"。对于教师而言,善是最基本的师德。求"善"的最高境界是爱,是师德的基本要求。从夸美纽斯到苏赫姆林斯基,从陶行知到顾明远,所有的教育家无不异口同声地说:"没有爱就没有教育"。教师应该有对教育、对学生的大爱情怀。教师对学生的善良爱心因其非功利性而具有无比神奇的力量,是取之不尽用之不竭的教育资源。

学校教育实质上具有道德建构的重要功能,建构善的道德体系,是教育的崇高使命。通过善的教育,要在个人品德形成中强化"善"的要求,教育学生"明德至善"，要有一颗善良的心，要做一个善良的人，要和一切恶的行为作坚决的斗争。培养学生爱心与良知的内在品质和善的内生动力，成为善德之人，形成一种善良的价值追求，善待自己，善待他人，善待自然，善待社会，从而传递一种社会正能量，形成人人向善的社会风气。让善的教育贯穿于学生成长的整个过程，渗透于学生成长的方方面面。

二、家庭美德求"孝"

《说文解字》："孝，善事父母者。从老省，从子，子承老也。"孝字上老下子，就是老人与子女的关系。《尔雅》："善事父母为孝"。

笔者认为，孝是中华传统文化源远流长的总源头，是我国最初始的道德规范形态，是中华传统文化的精华，它蕴藏着中华民族古老文化的全部密码，在中华传统文化中随处都可以找到孝的文化。中国有孝文化的经典教科书《孝经》，可以说，中国是孝文化的发源地，我们华夏子孙身上无不流淌着孝文化的血液，骨子里无不蕴藏着孝文化的基因。改革开放以后，我国一年一度的春运现象，就是世界上绝无仅有的，连西方的学者们都看不懂。这样的现象只能用孝来解释，它的标准答案就是孝文化。

儒家经典《孝经·开宗明义章》讲："夫孝，德之本也，教之所由生也"。说孝是德的根本，教化、教育就是从这里发生的。"教"字就是一个"孝"字和一个"文"字的组合。中国的教育就是从孝开始的，中国的教育就是孝的教育，没有孝的内容就不是中国教育，离开了孝就不是正宗的中国教育。

《孝经》："子曰：夫孝，天之经也，地之义也，民之行也。"孝在中国是天经地义的事情，不孝就是天理难容的事情。《论语》："子曰：弟子入则孝，出则悌，谨而信，泛爱众，而亲仁。行有余力，则以学文。"《弟子规》就是清朝秀才李毓秀按照儒家孝的思想来编写的。

那么，按照儒家思想，怎样才能做到孝呢？

孟子说："不得乎亲，不可以为人；不顺乎亲，不可以为子"。庄子曰："夫事其亲者，不择地而安之，孝之至也"。可见，孝的最高境界是"顺"，但也不是百依百顺。就是说，不管什么事情，不管在哪种情况下，都不要让父母和家人担心、操心、伤心，这才是真正的孝顺，真正的尽孝。

尽孝具体表现在哪些方面呢？子曰："身体发肤，受之父母，不敢毁伤，孝之始也。立身行道，扬名于后世，以显父母，孝之终也。夫孝，始于事亲，中于事君，终于立身"。所谓尽孝，最初是从侍奉父母开始，然后效力于国家，最终建功立业，功成名就。

笔者认为尽孝道是做的学问，不是说的学问。老子说："以身教者从，以言教者讼"。作为教师，身教重于言教，先做好父母的孩子，再做好孩子的父母。

家庭是以血缘亲情为中心的基本社会结构，是社会的细胞，是维系社会稳定的基本单位。孝是亲情之爱，是个人品德之根源。尽孝是德的核心元素，是家庭美德追求的终极目标，也是整个社会的伦理道德基础。所谓"百德孝为本，百善孝为先"。所以自古以来就有"求忠臣于孝道之门"。据说清华北大录取新生要审查是否孝子，组织部门在提拔干部时也要考察是否孝子。可见尽孝对个人成长，对家庭关系，对社会影响的极端重要性。因此，如何在学校教育中开发孝文化的精神资源，贯彻孝文化的思想，渗透孝文化的元素，就是我们必须深入研究和具体实施的重要课题。

在多元文化相互交融的今天，在独生子女和留守儿童并存的社会环境下，我们要重新认识学校德育工作的特殊性和复杂性，重新认识孝道教育的极端重要性和时代价值，把孝道教育提高到是否继承中华传统文化、是否培育践行社会主义核心价值观的高度来认识，切实把孝道教育贯穿于教育教学的相关环节，渗透在学生日常生活的点点滴滴细节之中，增强孝道教育的生活化，逐渐养成孩子们良好的行为习惯，形成孩子们优秀的品德。

三、职业道德求"忠"

《说文》："忠，敬也，尽心曰忠。"古人云：忠者，德之正也。《康熙字典》载：《疏》："中心曰忠。中下从心，谓言出于心，皆有忠实也。"《诗·邶风·北风笺》："诗人事君无二志，勤身以事君，忠也。"司马光《四言铭系述》："尽心于人曰忠，不欺于己曰信。"

忠就是敬畏，尽心就叫忠。忠就是不偏不倚的德。忠是发自内心的自觉行动。对待职业没有二心、勤勤恳恳地干事业就是忠。司马光还说：尽心尽力地为人办事就叫忠。

古人以竭尽心力任其事、服其职曰忠。忠是相对于职业而言的，忠的对象是职责，尽忠就是尽职尽责。庄子曰："夫事其君者，不择事而安之，忠之盛也"。对待自己的本职工作，不管做什么事情，都要让你所服务的对象放心，这是忠的最佳效果。由此看出，职业道德追求的目标就是忠，就是爱岗敬业。

职业道德求"忠"，对于教师来说，就是我们平常说的"忠诚于人民的教育事业"，就是教书育人，为人师表，做到袁贵仁部长说的三个"半点"："教书育人是一项专业性、探索性、创造性极强的工作，要求教育者必须先受教育，具有高度的使命感、责任心，静下心来教书、潜下心来育人，来不得半点急功近利，来不得半点三心二意,来不得半点弄虚作假。"教师的忠,就是让学生放心,让家长放心,让社会放心,让领导放心,最终让人民满意。

笔者以为,求忠的最高境界是"义"。许多有关"义"的词语都在说明忠。例如坚持正义是忠,义不容辞是忠,义无反顾是忠,舍生取义更是忠。等等,不一而足。文天祥:"人生自古谁无死,留取丹心照汗青",林则徐:"苟利国家生死以,岂因祸福避趋之",吉鸿昌:"恨不抗战死,留作今日羞。国破尚如此,我何惜此头"。夏明翰:"砍头不要紧,只要主义真;杀了夏明翰,还有后来人"等等,就是舍生取义的典型代表,忠的典型代表。

对于学生,我们要进一步强化职业道德求"忠"的教育,树立干一行爱一行、行行出状元的思想,养成爱岗敬业的良好职业道德。同时还要加强爱国主义教育,使孩子们从小就树立信心,努力学习,时刻准备着,做社会主义事业的建设者和接班人,在实现民族复兴的中国梦的征途上实现自己的梦想。

四、社会公德求"信"

《说文解字》:"信,诚也,从人从言"。《论语》:"与朋友交,言而有信。""人而无信,不知其可也。"在《论语》中,"信"有三重含义:一是信仰,二是信任,三是信用。信仰比信任重要,信任比信用重要,信用是君子最起码的要求。《论语》:子贡问政。子曰:"足食,足兵,民信之矣。"子贡曰:"必不得已而去,于斯三者何先?"曰"去兵。"子贡曰:"必不得已而去。于斯二者何先?"曰:"去食。自古皆有死,民无信不立。"在这里,信用、信任、信仰是比军队和粮食更为重要的东西,也就是比饿死、比生命更加重要的东西。所以,取信于民是为政的生命线。

"人无信不立",诚信构成现代社会生活与合作的伦理基础。社会公德求"信",对公民个人来说,是如何做到诚实守信;对社会公众而言,是如何构建诚信社会体系,如何树立大众的公德意识,这恰恰是当今社会最为缺失的部分。

传统的诚信观念主要指个人品质而非制度安排。由于我国目前大众的公德意识较为欠缺,新形势下出现了信仰危机、信任危机、信用危机的种种现象,这些现象又给我们的青少年以极大的影响,已经成为当今社会的一大公害。公害不除,公德难立。孟子说:"诚者,天之道也。诚之者,人之道也"。社会公德求"信",不仅要教育学生遵守社会公德,而且要把建立诚信社会作为努力的目标。从小的方面说是做诚信的公民,从大的方面说是为建设文明社会贡献力量,构建一个与国际接轨的现代化的社会诚信体系,为建设富强、民主、文明、和谐的社会主义国家、为建设现代诚信社会打下坚实的公众信用基础。这些任务又对教育工作提出了新的挑战,我们在这方面仍然是任重道远的。

诚信社会就是文明、和谐的社会,就是理想的大同社会。《礼记·礼运》描绘了大同社会的理想景象:"大道之行也,天下为公,选贤与能,讲信修睦。故人不独亲其亲,不独子其子,使老有所终,壮有所用,幼有所长,鳏寡孤独废疾者皆有所养,男有分,女有归。货恶其弃于地也,不必藏于己;力恶其不出于身也,不必为己。是故谋闭而不兴,盗窃乱贼而不作,故外户而不闭,是谓大同。"

诚信是人类的无形资产,诚信教育是学校教育最基本的出发点,也是社会主义核心价值观的根本要求,要采取各种各样学生喜闻乐见的方法,开展丰富多彩的活动进行诚信教育。同时,要开展家校合作,紧密配合,从小对孩子进行诚信管理,让孩子从小就养成诚实守信、说话算数的良好习惯,并养成一诺千金的优秀人格。

以上是笔者对"立德树人"的心得体会,连起来说就是个人品德求"善",家庭美德求"孝",职业道德求"忠",社会公德求"信"。从传统文化的角度看,这四个方面是"立德树人"教育思想的重要来源。既有中华传统文化的传承,也有鲜明时代精神。我们应该深入学习,深刻领会,认真贯彻,落实到教育教学工作各个环节当中去。为此,笔者向所有师生倡导:德自我修,功自我建,言自我说,威自我树。

党的十八大提出要坚定中国特色社会主义的道路自信、理论自信、制度自信。为了培育和践行社会主义核心价值观,为了落实立德树人的根本任务,我们要从中华传统文化这个最可宝贵的精神财富中吸取涵养,并以敏锐的世界眼光,赋予鲜活的时代意义,从"立德树人"的角度说,在笔者看来,还会更加坚定我们的文化自信、价值自信、民族自信。

创新转型是农村中职学校内涵发展的必由之路

——基于贵州黔南地区中等职业学校办学的思考

【摘　要】中等职业教育的大头在农村,农村职业教育应该为农,创新转型是农村中职学校发展的必由之路。新形势下,农村职业学校办学思想要领先,办学目标要明确,办学结构要调整,教学模式要创新,办学特色要打造。

【关键词】农村中职　思想　目标　结构　模式　特色

刚刚结束的全国职教会上,国务院印发了《关于加快发展现代职业教育的决定》,吹响了新时期职业教育改革的进军号角。一方面,包括985、211在内的600多所高校要转型为技术型、应用型大学。这是一个必然的外科手术,高校的改革是必由之路,以后高等教育的半壁江山将是职业教育。另一方面,从中职到高职到本科到研究生的升学绿色通道已经打通,打破了职教生成长的"天花板",真正建起了职教生多元选择的"立交桥"。高等教育的这一改革将引发整个职业教育体系的一系列深度改革,职业教育迎来了发展的春天。百舸争流,奋力者先。

贵州中等职业教育的大头在农村,重点在民族地区,难点在贫困地区。黔南是民族贫困地区,是典型的农村职业教育,也是职业教育重点难点相对集中的地区,要打好贵州职业教育的"百校大战"、实现"9+3计划"的既定目标,中职学校的唯一出路是改革,其关键词是一个"转"字,即转观念、转作风、转方式,走创新转型的内涵发展之路,从而实现职业教育的跨越式发展。

一、办学思想要领先

办学思想是学校办学的灵魂。教育是一种生命关怀,它指向学生成长的无限可能。办学思想不是凭空想象的,作为校长,要从学校的实际出发,从学生的实际出发,汲取古今中外优秀教育理论的精华,加入自己对教育的哲学思考,对教育的本质、教育的宗旨、教育的使命、教育的内涵,要有深度的拷问。对教育现象要有另类思考,对教育要有独到的深刻的理解,对教育规律要有深度把握。既知教育其然,又要知教育其所以然,对教育有自己的领悟。办学思想是回答"培养什么人""怎样培养人"的具体做法,应当形成全体师生的价值追求,并贯彻到办学的各个环节之中。

流行的办学思想不等于正确的办学思想,时尚的办学思想也未必是先进的办学思想。从教育对象的实际出发,适应经济社会发展需要、遵循教育客观规律、使教育对象得到健康成长的办学思想就是先进的办学思想。儒家的"有教无类""因材施教""业精于勤"等,虽然古老,但它就是先进的办学思想。

黔南不是北上广,甚至也不是贵阳。黔南是少数民族多,农民多,穷人多,有其特殊性。在黔南办职业教育,必须从这"三多"出发,敏锐地判断人才市场的变化,重新认识国家教育体制改革的新形势,并在此基础上确立其办学思想,才能找到学校发展的出路。如果办学思想不实际、不端正,就仍然是没有差异性、缺个性、无特色的同质化办学、同质化竞争,千篇一律,千校一面。

职业教育是最直接的民生。在笔者看来,农村职业教育的办学思想必须为农:为农村初高中毕业生的多元选择服务,为农村劳动力就业创业服务,为农村培养新型农民、职业农民服务,为农村城镇化农民变市民服务,为农村新兴服务业服务,为新农村建设服务,为农业现代化服务,为农村建成全面小康服务。

二、办学目标要明确

没有目标就没有方向,不知道自己要到哪里去,就不知道每一步该怎样走。办学目标是办学思想的具体体现,也是全体师生共同的价值追求和发展愿景。办学目标是大势所趋,人心所向。学校应该进行办学目标大讨论,进行办学目标的归零思考(我是谁?我在哪里?我要到哪里去?我的条件如何?我的状态怎样?我要怎样走?)

1. 目标必须明确。学校办学目标要遵循跳一跳就可以摘到桃子的"摘桃子理论",与当地经济社会发展目标结合起来,成为当地经济社会发展目标的重要组成部分,并力争将其延伸为县政府、州政府、省政府的目标。有条件的学校办学目标应该是"国家级示范性中等职业学校"。

2. 目标必须落实。要先把目标分解为若干工作任务,再把任务落实到若干工作专门小组并明确工作职责,最后还要把各项保障措施落到实处,以确保各项工作任务的完成。

3. 目标必须突破。必须集中优势力量突破工作重点,化解工作难点。必要时指明突破的路线图,规定突破的时间表。一般地说,常规工作限时完成,重点难点和关键环节必须实现突破,突破的方向主要是结构调整、办学模式、办学特色、学校文化等。要求每一年都有新的变化,决不能三五年后仍然江山依旧。总之,思想要讲高度,执行要讲力度,突破要讲速度。

三、办学结构要调整

办学结构要从单一向多元调整,从一元导向向多元导向转型。就是从单一的以就业为导向的办学模式向就业、升学、创业等多元导向的办学模式转变,"完善职业教育人才多样成长渠道"。

必须看到,全国职教会后高等教育办学结构体系的大手术、大调整、大重组,逼迫我们必须尽早谋划中高职衔接办学的途径。另外,职业教育与市场联系比较紧密,反应比较灵敏。随着我国经济的转型,企业和社会对人才素质的要求在逐渐提高,这两年中职生的就业优势渐渐不如高职生,中职生就业的吸引力在逐步减弱,中等职业教育以就业为导向的比较优势在逐渐下降,学生的就业需求逐渐转化为升学需求。只有顺应我国职业教育改革形势的新变化,及时地调整办学结构,才能走出一条民族贫困地区职业教育的发展之路。

李克强总理在全国职教会上强调:"要围绕技术进步、生产方式变革、社会公共服务要求和扶贫攻坚需要"这几个方面来办学。笔者建议农村中职学校实施"对口升学工程""创业之星成长工程""新型农民培养工程"等,开拓新的办学空间,以满足不同学生的多元选择和经济转型对人才的需求。

结构调整的关键是做出第一个"蛋糕"来,然后再把"蛋糕"做大。比如以升学为导向,就要想方设法把一个升学班办起来,让这个班的学生真正顺利地升入高等学校;又比如实施"创业之星成长工程",就要想方设法把一个创业班办起来,让这个班的学生毕业以后每个人都办有自己的企业;再比如实施"新型农民培养工程",就是要千方百计把这个新型农民班办起来,让这些农民学生能够真正在农业现代化建设中发挥示范作用。

四、教学模式要创新

一是根据《中等职业学校德育大纲》的要求,进行德育工作的创新转型,要从那种运动式、活动化的德育转变为渗透式、生活化的德育。进一步强化"先做人,后成才"的人生信念,将德育渗透于各科教学之中,融入学生的日常生活细节之中,使德育更加人文化和喜闻乐见,更加贴近青少年的生活,更有利于青少年的健康成长。

二是进行教学模式创新的课题研究。通过课题研究,让"项目教学法""案例教学法""工作过程导向教学法"等取得重大突破,出重大课改成果,形成相对稳定的教学模式并为老师们普遍掌握,成为学校课改的一大亮点。

三是进一步探索专业设置、专业课程内容与职业标准相衔接,中等和高等职业教育培养目标、教学过程等方面的衔接。进一步推动专业设置与产业需求对接,课程内容与职业标准对接,教学过程与生产过程对接,毕业证书与职业资格证书对接,职业教育与终身学习对接。继续实施好学历教育、技术推广、扶贫开发、劳动力转移培训和社会生活教育。

四是继续与高校、科研院所对接,探索中职——高职——本硕连读的路子,最好能培养出一两个"种子"来,比如某个全国技能大赛获奖者破格录取本科学校,本硕连读,使之形成"葡萄效应",逐年扩大战果。

五是进一步加强与企业的深度合作,并与学校的课题研究结合起来,在专业对产业、课堂对车间、教学对岗位的研究中总结出新的教学模式,形成对接更加紧密、特色更加鲜明的职业教育课程体系。

五、办学特色要打造

目前,贵州中等职业教育的特点是以就业、升学为导向的外向型办学模式,学生毕业往往就是送出去就业。这是功不可没的,也是必须继续坚持的办学方向之一。但是,我们也要看到,贵州中等职业教育的大头在农村,而新农村建设和农业现代化需要培养大量的新型农民,大规模的城镇化建设又使得大批农民需要变市民,新的户籍制度的实施将有数以亿计的农民需要改变身份,同时农村新兴服务业需要大量技术人才,这些都是农村职业教育应当承担的历史重任,也只有农村职业教育才能担当这个历史重任。

农村职业教育大都不为农,这是让人匪夷所思的现象,是办学的盲区和短板。如果我们能在为"三农"服务方面、为当地培养现代新型农民方面、为农村即将兴起的现代服务业的服务方面探索出一条办学路子来,切实地为城镇化建设服务,为农民变市民服务,为农业的各项种养殖产业链的延长服务,为农村培训村组干部、培养后备干部服务。有可能进一步增强办学活力,办出人无我有的特色。广阔天地,大有作为。让我们共同努力,打造农村职业教育的"农"字品牌吧。

红屯土司亭目遗址调研笔记

    2017 年 12 月 6 日,由罗甸县民研所黄俊光所长、罗甸县布依学会黄周立副会长、茂井镇王家学老镇长、罗甸职校退休教师罗如亮老师、罗悃镇教育办班积玉老师等 5 人组成调研小组,深入红屯村,对红屯明朝时期的土司亭目遗址进行为期 1 天的考察调研。

    调研小组实地考察了遗址坐落的方位,具体丈量遗址的尺度,对遗址的文物逐一进行登记、拍照;在村委会办公楼二楼会议室召开了有村组干部和部分寨老参加的调研座谈会;分别走访了部分寨老及土司后裔;实地察看了土司的墓碑,获取了相关数据和第一手调研素材,基本完成了考察调研任务。笔记如下:

一、红屯概况

    红屯是个布依山寨,坐落在罗甸县城东南面约二十公里的地方,是茂井镇政府所在地,居住着王、黄、罗等姓氏的布依族村民,人口近 1000 人,有 4 个村民小组。村民们安居乐业,民风淳朴。

    红屯老寨子是个古老的布依村落,依山而建,坐落有致。寨子的对面是个小盆地,盆地中间是数千亩良田。一条小河从田野中弯曲流淌,绕过寨脚,流向南方。田野四周,群山环抱。这里有独特的自然景色和秀丽的田园风光。

    茂井镇政府从八达搬到红屯以后,大部分村民纷纷从老寨子迁往新址。现在,红屯已成为罗甸东南片区的一个交通枢纽,成为政治、文化交流活动中心。

二、遗址方位及建筑规模

    土司亭目遗址坐落在红屯山寨的东南面,整个建筑占地约三十余亩,依山而建,蔚为壮观。为 10 米宽的三台石阶,两边有石鼓、石凳、拴马桩、上马石等装饰石雕。第一台有 33 步石梯,高约 10 米,然后是 50 平米左右的平台。平台的右边是杂役居舍,左边是临时关押犯罪嫌疑的班房。第二台有 10 步,约 3 米高,然后是 200 平米左右的平台,应该是个操场。第三台仅有三步,不到 1 米。第三台石阶上建有三间大房,中间是审案大堂,两边是衙役的办公文房。

除了以上亭目主建筑外,还有周边还有专为土司服务的农户房舍,也属于土司建筑群的组成部分。离主建筑右上角约 400 米的山上,还建有一个小亭目建筑,三间房屋以及房前的石码条庭院。

土司建筑,基本上是夯筑土墙,土司衙门建筑共分为三层,即所谓的"三堂"。正堂在前,为土司审案的地方。二堂有三开间,东为土司平时办事的房间,西为师爷居住的地方,中间是土司的会客室。三堂则为土司一家居住的地方。其建筑特点是前朝后寝,衙舍合一。

三、座谈走访情况

调研座谈会于上午 11 时在村委会办公楼二楼会议室举行,参加会议的人员有:调研小组的 5 位成员,村委会主任王海山,三组组长王德昌,寨老罗品忠、黄光爱、王治超,群众代表罗如权,土司嫡系后裔代表黄宝权等近 20 人。

座谈会后,调研小组分别走访了寨老罗品忠、黄光爱、王治超,土司嫡系后裔代表黄宝权等人,更详细地了解、核实一些具体情况。

通过座谈和走访,我们了解到当年土司活动的一些基本情况。

1. 红屯土司一直是黄家世袭担任亭目,是地方的基层政权组织,掌管地方行政和司法事务。辖区东面管到整个大亭社区,南面管到湾河、湾井,西面管到沫阳的里燕、里怀,北面管到黄腊寨。

2. 土司占有许多名称的良田,如"点灯田""削筷子田""整床田"等。

3. 布依语关于土司的各种称谓。

4. 村民余庆良的祖母就是从土司家嫁到余家的。

5. 土司嫡系后裔黄宝权的父亲小名叫"老长",原来就住在土司遗址里,民国时期从红屯搬到交色村。

四、土司黄朝亢的墓碑

土司黄朝亢的墓原来在镇政府办公大楼的位置,现已迁到镇政府西面的山上。调研小组亲自上山实地查看黄朝亢、黄廷科两所坟的墓碑。根据碑文判断,黄朝亢是黄廷科的父亲,但黄朝亢的碑上有"皇清待赠黄公老大人"字样,而黄廷科的碑上有"皇清先考黄公老大人"字样,都是"大清嘉庆十五年岁次庚午孟夏月吉旦立"。

关于"皇清待赠"。"皇清"是对清朝的敬称;"待"是等待、期待;"赠"是授赠或封赠,是对死者而言。"待赠"就是皇帝准备赐封还没有赐封,相当于现在说的

"追认"。"皇清待赠"这个词的意思是:等待官方的追赠。也可理解为生前未得赠封,希望死后子孙有功,能得到赠封。

"皇清先考"说明已故的父亲是朝廷的命官或士大夫,不是普通的平民百姓。

这里要特别提出的是,在迁坟的时候,人们发现黄朝亢的墓碑后面还有一块墓碑,虽然规格要小得多,但历史价值更大。碑的中间竖排镌刻着非常清晰的大字"广西泗城军民府恩授総府显祖讳黄公王、李氏灵墓",有力地证明了红屯土司是广西泗城府授权、被泗城府管辖的。于"康熙伍拾贰年岁次癸已季春月谷旦重修碑志"。从康熙五十二年(公元1713年)到嘉庆十五年(1810年)相隔97年。

另据寨老黄光爱介绍,因为他家是地主,老人过世都有立碑,所以从黄朝亢一直到他的父辈,在碑上一代接一代,一脉相承,脉络清晰,没有断代,也是有力的佐证材料。

五、关于红屯土司的传说

据传,一日,亭目老爷正在审案,旷日持久,很不耐烦。忽觉内急,就离案上茅房。把事问老爷:"如何判"?老爷在半路上向他摆摆手,意思是等上完厕所回来再说。但把事贪财心切,急于了断。就对原被告说:"你们也看见老爷挥手了,老爷五个指头的意思是你们各出五十两银子"。于是乎,双方无可奈何地各交五十两银子给把事才算了结。这就是流传很久的"挥手五十两"典故,后来引申为"长辈意见,非常重要"的意思了。

2017年12月7日

广西泗城府调研笔记

  2017 年 12 月 18 日，由县民族研究所黄俊光所长、县布依学会黄周立副会长、茂井镇王家学老镇长、县职校退休教师罗如亮老师等四人组成的调研组，前往广西凌云县民族局，对广西泗城府的有关历史资料进行调研。

  调研组于 12 月 18 日下午 2:30 分到达广西凌云县，受到凌云县民族局韦华福副局长的热烈欢迎。韦副局长带领调研组参观了"凌云县民族历史博物馆"，讲解员小冉详细地解说泗城府土司的兴起、强盛和衰亡的历史过程，并逐一地介绍馆藏文物，让调研组的同志们大体了解泗城府土司的基本历史概况。

  在韦副局长的带领下，调研组实地参观考察了泗城府的古城门、古桥、古堤坝、土司墓、土司莲园、文庙、武庙、水源寺、崖刻、石雕等遗存，对这些遗存进行拍照，并在城门前合影留念。

  晚上，凌云县民族局邓明升局长、韦华福副局长与调研组进行了广泛的交流，使调研组的同志们更加深入地了解了广西泗城府土司的相关历史。归纳起来，主要有以下几个方面：

  一、泗城府版图。从博物馆陈列的泗城府版图上明显地看出，泗城府所管辖的红水江以北的地盘占整个泗城府版图的三分之一。宋皇佑五年（1053 年）在凌云县置泗城州至 1658 年，管辖的范围包括广西西北部今隆林、凤山、田林、百色、南丹、天峨、乐业等壮族聚居区，还包括贵州西南部今望谟、册亨、贞丰、罗甸等布依族聚居区，历经宋、元、明、清，清顺治十五年（1658 年）泗城州提升为泗城军民府，直到雍正五年（1727 年），泗城府改土归流，始以红水江为界，江南的隆林、凤山、田林、南丹、天峨、乐业等地划归广西管辖，江北的望谟、册亨、贞丰、罗斛划归贵州管辖。

  二、泗城府历史。元朝天顺元年，公元 1328 年，凌云土司始祖岑怒木罕随狄青南征农智高农民起义，农智高的残部逃到凌云，形成凌云后来的四大蛮王，岑怒木罕又受命征剿四大蛮王，平定四大蛮王后，岑怒木罕长期驻守凌云，即成为泗城土司。土司制度是我国封建社会时期边疆少数民族地区的一种政治制度，土司就是地方的土皇帝,在政治、经济、军事上高度自治,土司可以分封和世袭。泗城土司直到清朝雍正五年,公元1727年,最后一任土司岑映宸,泗城土司共延续了20代,历时399年。

三、泗城府司政。岑氏土司作为泗城州最大的世袭领主,岑怒木罕因有功于元皇朝,被朝廷封为泗城世袭土司,成为泗城岑氏始祖。王国宾因功授武备将军分守塘兴,开始分甲设亭,命有功战将黄朝守鞋里、罗耶等13亭,每亭设兵50名。

如果说岑怒木罕为泗城州奠定了兴旺的基础,那么岑继禄则是把泗城州推向兴旺的高潮。正是他在位的49年里,泗城州一晋再晋,从泗城州升为泗城府再升为泗城军民府,泗城岑氏土司达到了前所未有的盛世辉煌。

明朝洪武以后,泗城岑氏土司势力已经涉越红水河北岸,辖境扩大,再划甲分亭,由所属头目世袭土职。如黄氏迁衬江北罗斛八甲三亭,王氏守桑即长罨十甲,覃氏、杨氏分守上林八甲,潘氏、许氏分守潞城八甲,李氏分守天峨二甲。各头目"世袭土职,各招佃户,各抚其民,而总听制于土州",形成了泗城州从土知州,到头目、甲目、亭目的政治与经济相结合的具有民族特性的封建领主经济之上的政治制度。

广西泗城府调研小组
2017年12月20日

162

红屯布依寨旅游资源调查报告

红屯布依寨是一个自然村落,位于罗甸县城东南面约20公里的地方,是茂井镇人民政府所在地。有4个村民小组,214户,911人。

红屯山寨,依山而建。山寨对面是个盆地,盆地中间是数千亩良田。一条小河从田野中弯曲蜿蜒、绕过山村,向南流去。盆地四周,群山环抱,是个风景秀丽的布依村寨。

目前,县城的环湖北路即将开通,一旦开通,从县城到红屯的车程将从现在的一个小时左右缩短到半个小时以内,交通更加便利。

红屯布依寨有神奇的自然景观,悠久的历史遗存,多彩的民族文化,富饶的土地资源等,这些丰富的资源,是尚待开发的处女地,蕴藏着极大的乡村旅游开发价值,值得我们去调查、研究、规划、开发、打造、经营。应当引起政府和社会各界的高度重视。

一、神奇的自然景观

红屯自然村以山地为主,东西长5公里,南北长5公里,国土面积约25平方公里。境内群山起伏,一脉延绵,水源丰富,水质优良。植物种类繁多,森林覆盖率达60%以上,是天然的大氧吧,也是钟灵毓秀的风水宝地。

红屯冬无严寒,夏无酷暑,气候宜人。在大山深处,野生动物经常出没,密林修竹,空谷幽深,流水潺潺,鸟语花香,是开辟禅寺道观的好去处,也是养生的好环境、好地方。

红屯山寨对面,有一座神奇的山峰,高数百丈。山的正面是肥沃的土地,密林荫蔽;山的背面是陡峭的红石悬崖,险峻挺拔。从山下仰望,高耸入云,峰顶直插云端。悬崖上有一坨黑色的巨型岩溶石,远远望去,酷似一匹黑骏马粘在峭壁上,头朝下,尾朝上,似乎随时都要飞跃而下,真可谓绝壁奔马,非常奇特。自古以来,人们都一直认为是天上落下来的神马,是保佑红屯山寨的,所以对它顶礼膜拜,故名此峰为"啦马"。"啦"是布依语"下"的意思,"啦马"就是"马下"。布依人用这样的名称命名一座山峰,足见其神奇了。"啦马"山就是一道神奇的自然景观。

此外,红屯对面有个溶洞直通镇政府的后山,红屯后面的河边有个红岩石山"岜丐",也是非常绮丽险峻的峡谷风光。

二、悠久的历史遗存

一是红屯古堡。红屯山寨有一座红岩石峰,高高地耸立在山坡上,顶宽几十亩,四周是悬崖峭壁,云雾缭绕。岩上古木葱葱,枝繁叶茂。其中有一棵几人合抱的红椰古树,高百余尺,雄姿挺拔。其冠如华盖,繁荫数亩,远在十里之外都能看见,人们把红椰祭为神祖,虔诚供奉。

红岩古屯,高百丈,南面仅有一条羊肠小道通到屯外,一夫当关万夫莫开,是个易守难攻的城堡。历史上,红屯曾经被土匪入侵,几度惨遭劫难,面临严峻险境,几近灭顶之灾。红屯人民凭借古屯天险,一次次打退顽匪的进攻,取得战争的胜利。所以,红屯城堡,固若金汤,美名传扬。

屯上立有一米多高的石碑,勒石记功。可惜年代久远,碑上的文字已无可辨认,内容无从知晓。但可以推断的是:上面铭刻的,一定是红屯人民不畏艰险、惊心动魄、机智勇敢、可歌可泣的英雄事迹。

二是土司遗址。史料记载,明朝洪武年间,红水河流域的罗甸属广西泗城府管辖,在红屯设有土司亭目,是旧时统治阶级最基层的衙门,相当于乡镇一级的地方政府。这是罗甸县境内能够找到的一个封建社会地方政府遗址。

土司亭目遗址坐落在红屯山寨的东南面,整个建筑占地约30余亩,依山而建,蔚为壮观。为10米宽的三台石阶,石阶的石麻条大部分仍完好,两边有石鼓、石凳、拴马桩、上马石等装饰石雕。第一台有33步石梯,高约10米,然后是50平米左右的平台。平台的右边是杂役居舍,左边是临时关押"犯罪嫌疑"的班房。第二台有10步,约3米高,然后是200平米左右的平台,应该是个校场。第三台仅有3步,高不到1米。第三台石阶上建有三间大房,中间是审案大堂,两边是衙役的办公文房。

除了以上亭目主建筑外,后面高约2米的基础上建有三开间房屋,为土司一家的居室。周边还有专为土司服务的农户房舍,也属于土司建筑群的组成部分。离主建筑右上角约400米的山上,还有一个小亭目建筑,3间房屋以及房前的石麻条庭院。

三、多彩的民族文化

红屯村民全部是布依族,原住民以王、黄、罗三姓为主。镇政府迁到红屯后,有部分其他村的居民迁入,但也基本上都是布依族。

布依族有其灿烂的民族文化,浩如烟海,篇幅所限,以下略举一二:

(一)劳动工具:包括锄头、镰刀、犁、耙等农具;风箱、大锤、小锤、火钳等铁匠用具;斧头、锯子、长刨、短刨等木匠用具;钢钎、大锤、小锤、凿子等石匠用具;柴刀、小锯等篾匠用具。

(二)生活用具:如石磨、水碾、碓子、箩筐、晒席、竹篮等。

(三)布依语言:如布依谚语、成语、传说、故事等等。

(四)布依服饰:如董蓬、蓑衣、绑腿、背带、围腰、阑干衣服等。

(五)布依歌舞:如山歌、对歌、酒歌、亲家歌;吹唢呐、花包舞、粑槽舞等。

(六)布依习俗:如婚俗、丧俗、走亲戚、年节习俗等。

(七)布依美食:如猪庖汤、狗硼肠、血豆腐、黄豆鸡等。

这些布依族劳动工具、生活用具、语言、服饰、歌舞、习俗、美食等体现了布依族不同历史发展阶段的文化,是布依族先民智慧的结晶,是布依民族的无价之宝,值得我们去研究、挖掘、抢救、保护、传承和创新。

四、富饶的土地资源

红屯是国土面积较大的自然寨,有土地面积约 25 平方公里。其中,田面积2700 亩,这些良田土质肥沃,盛产稻谷。土 36000 亩,可种植多种粮食作物和经济作物。近年,政府在小河上游修了一个中型水库,几乎所有的农田都实现满栽满插,旱涝保收。完全具备实行土地流转、建设现代农业的必要条件,是农业现代化的理想试验田。

红屯的森林覆盖率在 60% 以上,山地土质深厚,自然肥力较强,荒山荒坡资源也较为丰富,可供进行林业项目开发。

五、红屯旅游资源开发建议

为了实现红屯旅游资源整合效率的最大化,拟提出以下建议意见:

(一)科学策划,统筹规划。采取政府主导、多元投入、市场运作的合作机制进行开发。通过专业部门进行规划设计,农民以土地入股,专家以科技入股,企业以资金入股,公司以管理入股,实行股份制经营。

(二)建"布依族历史文化博物馆"。将布依族的历史文物、劳动生活用具、民族服饰、民俗文化展品等陈列展出,以供人们研究、鉴赏。同时,要配套建设布依歌舞小广场,展演丰富多彩的布依族歌舞,供游人欣赏。

(三)恢复土司亭目建筑。除了一些特别重要的文物必须保护或有必要在博物馆里陈列展出以外,要按照土司建筑的原样恢复重建,使封建社会的土司衙门再现在人们面前,供人参观、考研。也可以戏剧表演方式再现土司判案情景。

（四）打造布依特色小镇。要统筹规划,综合开发,将"啦马""岜丐"的自然奇观和红岩古堡、土司遗存的历史文化景观结合起来;将红屯老寨子打造成古老布依村落,把镇政府所在地打造成现代化小镇;如果在两条小河的交汇处筑坝,将形成一个较大的人工湖,湖光山色的美景又更加衬托布依特色小镇。

（五）打造田园综合体。通过土地流转,农民以土地入股与企业合作,实行"公司＋农户"合作机制,建设现代农业园区。农民通过技术培训变为现代农业工人,在农业园区公司上班,领取工资,增收致富。

总之,红屯旅游资源开发要科学谋划,综合考虑,统筹规划,合理安排。要把旅游资源开发同脱贫攻坚、"乡村振兴计划""美丽乡村"建设结合起来,才能实现各种资源整合效率的最大化,才能取得实在的成效,达到"农业强,农村美,农民富"的目标要求。

激情飞扬
演讲篇

富者有价,贵者无价。
功不自居,事由我成!

——笔者题记

趟一条创新转型的内涵发展之路

——关于我县中小学校办学思考的演讲
（2014 年 8 月 1 日全县中学中高级职称教师培训班）

问题的提出：

罗甸教育已经取得了很大成绩，这是不容置疑的，功不可没，怎样评价都不过分，今年的中高考又取得了很好的成绩（中高考数据略），但是罗甸教育确实也还存在不少问题，教育教学质量相对较低，在全州的排名还属于中下方阵位置，我们甚至还有许多空白和短板。总之，纵比成绩很大，横比差距不小。

为什么学校的办学条件越来越好，而学生辍学流失率却居高不下，初中阶段是重灾区？而且辍学的直接原因不是家庭经济困难而是学习困难，是厌学。

为什么老师教得很累学生学得很苦而教学质量提高的幅度不令人满意？因为教学的科技含量低，学生学习的效率不高，效果不好，可持续性不强。教师也没有太高的价值追求，缺乏干事创业的精神境界。

为什么政府投入越来越大，但还是满足不了人民群众对优质教育资源的需求？群众纷纷把孩子送到外地教学质量好的学校就读？随着生活水平的提高，人民群众对优质教育资源的期望值也在不断提高。投入可以解决硬件问题，不能解决软件问题，有钱买不到先进的办学思想，买不到先进的教学方法。其实，没有明确的办学思想和办学目标，再有钱也未必能办成事，这样的例子是很多的。而有了明确的办学思想和办学目标，即使没有钱也未必不能办事，这样的例子也是不胜枚举的。

基本的判断：

在我看来，相比之下，罗甸教育目前最缺乏的东西不是物质，而是精神；不是硬件，而是软件；不是肌肉，而是智慧；不是办学的条件，而是办学的思想、教学的方法。缺乏科研的教育，缺乏实验的教学，缺乏追求的教师，缺乏特色的学校，这就是我们目前办学现状的真实写照，这也是落后的写照。

罗甸教育的唯一出路是深化改革。深化改革的关键词是一个"转"字，即转观念、转作风、转方式。就是要转变陈旧的人才观、学习观、质量观；转变工作作风、教风、学风；转变质量提升方式和教育发展方式。难点在于转变传统的思维方式、保守的工作方式、低俗的生活方式。

必须指出，越取得成绩越要保持高度的清醒，既不要因为今年比去年好一点、本校比其他同类校好一点就自我感觉良好，更不能因为多了几个700分600分而沾沾自喜，被胜利冲昏头脑，必须看到罗甸教育在总体上、基本面上仍然是落后的，千万不能故步自封，停滞不前。要有足够的危机感、紧迫感、责任感。

我们已经到了必须转型跨越赶超的重要关头。可以说，过去我们教学质量的提高，很大程度上是依靠外延式的增加作业量、搞题海战术的老办法取得的。这样的老办法已经走到尽头，还能再挖掘的潜力、还能再开发的空间已经十分有限，已经没有多少红利可以释放了，唯一的出路就是深化改革。必须转变教学质量提升方式，从那种靠拼时间、拼汗水的办学状态下解放出来，转移到靠拼智慧、拼方法的内涵式办学模式，靠课程改革、创新驱动、增加教学的科技含量来提高教学质量，走内涵发展的道路。

哪怕是从很功利的角度说，就是抢生源，也要进行改革，否则生源也抢不到。你就是给出最优惠的条件，把他全家养起来也不行。谁愿意把孩子送到教学方法陈旧、教学质量低下的学校读书？所以，改革是抢生源的最好办法，也是唯一的办法。长顺抢不过惠水，三都抢不过荔波，就是这个道理。

刚刚结束的全国职教会发出了教育改革的新信号，包括985、211在内的600多所大学要转型为技术型、应用型大学。这真的是一个"壮士断腕"的外科大手术。我的理解，这一刀是必然要砍下去的，因为一方面每年有近800万高校毕业生要就业，各级政府的压力非常大，另一方面我国经济转型需要大量技能型、应用型人才，形成巨大的缺口，产生所谓"结构性失业"和"结构性需求"现象，所以，高校的改革是必由之路，以后高等教育的半壁江山将是职业教育。而且这一改革将对中小学教育形成极大的冲击波，将引发中小学教育教学的深度改革。一方面，分类考试、综合评价、多元录取的高校招生制度正在按部就班地进行；另一方面，基于中小学素质教育导向的高考内容和形式的改革也在如火如荼的推进，以便发挥高考对于中小学课程改革指挥棒的作用。我们不改革能适应形势的发展吗？我们不改革能赶超先进的县市吗？我们不改革还有其他出路吗？

罗甸教育正处于改革发展的最好时期，目前是一个可以跨越赶超的"时间窗口"。一是国家政策好，投入越来越大。投入占GDP的4%，建设项目越来越多，几乎做到全免费教育；二是县委政府的高度重视；三是办学条件的改善已经达到相当的水平,完全具备展开一系列教育教学改革的基本条件;四是多数校长是有事业心的,工作是积极进取的;五是广大教师是爱岗敬业的,吃苦耐劳的;六是多年来我们也积累了一些成功的办学经验,打下了进一步改革创新的基础。

罗甸教育目前的形势犹如逆水行舟,不进则退,慢进则停。要有如履薄冰、如临深渊的危机感和紧迫感,否则一不小心随时有可能要落伍。你看,去年高考龙里县还排在我们后边,今年又跑到我们前面去了。瓮安的职业教育原来也在我们后边,向我们学习的,现在也跑到我们前面去了。

罗甸教育目前的状况,我把它比喻作成长的烦恼、走向成熟的苦恼。如果我们没有比惠水、平塘、独山更先进的办学思想、更有效的教学方法、更有创新的办学特色,老是用陈旧的办法在别人的屁股后边亦步亦趋地追赶,我们是无论如何也追赶不上人家的,超越不了他们的。其实我们就只缺那么一点点,哪一点呢?校长缺一点思想,教师缺一点追求,教学缺一点智慧。这一点,就是马克思在《资本论》里说的所谓"惊险的一跳",就是事物发生根本改变的那一点,就是事物产生质的飞跃的那一点,就是事物跳跃式发展的那一点,就是事业的创新点。而这一点刚好是学校办学最需要的、最为闪光的那一点。像画龙一样,就差点睛的那一笔,这条龙老是腾飞不起来。这也可以说是目前我们罗甸教育的硬伤。

人比我强,一定比我多有一点,领先一步;我比人强,也一定要比人多有一点,也要先人一步才行。我们的教育迫切需要转型,需要赶超,需要跨越,我们要抓住机遇,转变观念,改变方法,勇挑重担,敢为人先,重点突破,才能实现罗甸教育的升级改版和提速发展。我们的教育渴望有思想的校长,有追求的教师,有智慧的教学,这就是我今天要说的罗甸教育最需要的"那一点"。

罗甸是大关精神的故乡,目前罗甸教育最需要发扬大关精神,需要进一步开发这个精神资源,需要充分利用这个精神财富,让大关精神鼓舞和激励我们去实现罗甸教育的跨越式发展。(江苏已提出"教育治理现代化"和"教育家办学")

在座的各位是全县中学的中高级职称教师,罗甸的教育搞得怎么样?不问我们问谁?我们有不可推卸的责任。校长和老师们应该有所担当、有所作为,也是能够担当、可以大有作为的。我们应该对罗甸教育充满信心,因为罗甸教育的希望就寄托在我们身上。

一、校长要有思想
苏联乌克兰教育家苏霍姆林斯基在《帕夫雷什中学》一书中说:"有什么样的

校长,就有什么样的学校。校长对学校,首先就是思想的领导,其实才是行政的领导。"①

邓小平用"中国特色社会主义"思想领导中国,江泽民用"三个代表"重要思想领导中国,胡锦涛用"科学发展观"思想领导中国,习近平用民族复兴的"中国梦"思想领导中国。

前县委书记余学强的领导思想:"基础设施要先行,特色经济是方向,人才培养是根本"。这是解决罗甸问题的关键所在、智慧所在。

前县长彭贤伦的领导思想:"希望在山,前景在水,致富在路,关键在人"。

苏霍姆林斯基的教育思想:"每个学生都具有成功的潜能"②。"把整个心灵献给孩子。"③

我国著名教育家陶行知的教育思想:"生活即教育,社会即学校"。

民进中央副主席朱永新的教育思想:"过一种幸福完整的教育生活"。

北京四中原校长李金初的教育思想:"校长办学在于促进学生发展、教师发展、学校发展"。

北京八十中学校长田树林的教育思想:"一人一天地,一木一自然"。"让生命因教育而精彩"。

云南省教育厅厅长罗崇敏的教育思想:"生命教育、生存教育、生活教育"。

现在,我们的办学,最缺的不是物质的东西,而是精神的东西;最缺的不是硬件,而是软件,是教育观念、教育思想。硬件可以用钱买,软件有钱买不到,谁能买到校长先进的教育思想? 谁能买到教师的教学智慧? 就算能买到,也还得靠我们去实施、去干、去运用到教育教学的点点滴滴细节之中。

我们的办学,我不敢说大家是稀里糊涂地盲目办学,但我们的办学思想是不太明确的,或者说办学思想是没有很好地落实的,我们还没有真正找到办教育的感觉,还差一点教育的味道。我们办学,有许多小聪明、小技巧,但缺乏一种大智慧,显得小气,不那么大气,不那么从容,欠一点火候,欠一点大手笔的胆识和气魄,还没有找到四两拨千斤的真正支点。聪明源自头脑,头脑的聪明难免有点功利,比如学生的分数、老师的业绩、学校的成绩;智慧源自心灵,心灵的感悟产生大智慧,大智慧是没有功利的,除了教育,没有其他。如果我们能把办学办出一种诗情画意来,把教育办成一种艺术、一种享受,只为教育,不为其他,我们就能真正找

---

① 若尘. 一流高职文化靠校长探索[J]. 内蒙古教育(职教版),2015(4):1.
② 游淑敏. 语文教学如何激发学生向上的潜能[J]. 魅力中国,2013(7):247.
③ 刘娟娟. 善待学生,做幸福班主任[J]. 关爱明天,2015(11).

到办学的感觉。

佛教六祖慧能的故事(略)

神秀诗:"身是菩提树,心如明镜台。时时勤拂拭,莫使有尘埃"。

慧能诗:"菩提本无树,明镜亦非台。本来无一物,何处惹尘埃"。

神秀的拂尘看净,渐修成佛已属不易,而慧能的明心见性,顿悟成佛却更为可贵。校长应该具有明心见性,顿悟成佛的思想品质。我因此写了《学佛偶得》:"神秀修行好,慧能境界高。若要识佛性,参悟须空了"。

校长的办学思想,应该直指教育的本质,就是为了教育本身,为了孩子的健康成长,没有其他目的,没有任何功利性,任何杂念都会影响思想的纯洁性。

当今社会,物欲横流,思想浮躁,情绪焦虑。如果说物质追求为富,那么精神追求则为贵,贵比富更为重要,学校要以精神追求为贵。头脑比肌肉更为重要。

"思想之独立,学术之自由"是校长应有的品质。校长之贵,贵在有思想、有远见、有创意、有激情。善于在纷繁复杂的内外环境中把握时事的流变,捕捉发展的机遇,抢抓突破的"时间窗口";"不唯书,不唯上,只唯实"(陈云语),敢于在一片质疑反对的声浪中力排众议、坚持真理,看准的事就要义无反顾地坚持干下去;能够在艰难困苦中破釜沉舟、背水一战,探索出一条自己的路来,为人民建功立业。犹豫不决和优柔寡断是决策者之大忌。陶行知的"晓庄学校"、崔其升的"杜郎口中学"、宁致义的"新绛中学"就是这样干出来的。

要从那种就事论事、见子打子、安排什么就干什么的事务型领导和简单的行政管理转到办学思想的领导和超越制度的人性化管理。未雨绸缪,主动作为,善于从本县本校实际出发,用古今中外最优秀的教育思想来武装我们的头脑,从孔夫子到陶行知,从夸美纽斯到苏霍姆林斯基,都要学习,要用他们的思想指导我们的工作。要能够聆听改革的先声,领会国家教育发展的战略意图,捕捉发展的良机,突破创新的难点。因此,办学者眼界要再高一点,想法要再远一点,心胸要再宽一点,胆子要再大一点,办法要再活一点,点子要再新一点。

教育是一种生命关怀,它指向学生成长的无限可能。办学思想不是凭空想象的,作为校长,要从学校的实际出发,从学生的实际出发,汲取古今中外优秀教育理论的精华,加入自己对教育的哲学思考,对教育的本质、教育的宗旨、教育的使命、教育的内涵,要有深度的拷问。对教育现象要有另类思考,对教育要有独到的深刻的理解,对教育规律要有深度把握。既知教育其然,又要知教育其所以然,对教育有自己的领悟。办学思想是学校办学的灵魂,是回答"培养什么人""怎样培养人"的具体做法,应当形成全校师生的价值追求,并贯彻到办学的各个环节之中,成为全校上下的常规行动。要让学校"创造性转化,创新性发展",校长应当是教育家、准教育家或候选教育家，要作好学校办学的谋篇布局；校长应当是设计师，好的设计就是生产力；校长应当是艺术家，要对教育各种素材进行艺术化创新；校长应当是队长，要把整个队伍带出来；校长应当是司令员，要领导子弟兵攻下一个个堡垒。

校长起码要有一点办学的想法，办学的激情和思路。有了想法才会找到办法。校长要想干事，能干事，干成事。复杂的事情做不了，简单的事情也要做它几件，把简单的事情做好了，也就是不简单。干事业不仅仅只是对教育局负责，要有一种对学生、对教育、对学问、对社会、对时代的大担当。

谨防校长办学的高原现象——开始时有点起色，时间一长，办学越久，江山依旧，自我感觉良好，没有多少建树，也没有二次创业的激情。如果你对于用毕生的精力从事的教育事业一知半解，对教育的规律没有深度的把握，不甚了了，不得要领，那岂不是"以己之昏昏，使人昭昭？"那岂不是稀里糊涂地在那里瞎指挥？那岂不是误人子弟？

没有想法的校长是事务的领导、行政的领导，不是思想的领导。结果大家都是毫无特色的同质化办学，同质化竞争，千篇一律，千校一面，没有差异性，缺少个性，很难找到通过特色办学取得教学质量提高的学校。走进我们的校园，很少有眼前一亮、耳目一新的感觉。与校长交谈，也多是事务性管理的话题，很少有对教育、对办学的新的见解，更不用说真知灼见了。条件不具备没有做好情有可原，条件已经具备的我们做了多少？要钱的事我们做不了可以理解，不要钱的事我们又做了多少？清洁卫生是学校日常工作一件最简单不过的事情了，为什么到现在还是一些学校的老大难问题呢？

也许大家会问，你叫我们如何如何做，你自己又做得怎样呢？我知道"己所不欲，勿施于人"的古训，我自己都做不到的事，绝不敢指望大家去做。我希望大家去做的事，基本上是我已经做过的，已经做到的。（举例略）

（一）办学有明确目标

办学目标是校长办学思想的具体体现，也是全校师生共同的价值追求和发展愿景。办学目标是大势所趋，人心所向。建议学校进行办学目标大讨论，进行办学目标的归零思考（我是谁？我在哪里？我要到哪里去？我的环境如何？我的状态怎样？我要怎样走？）

1. 目标必须明确

目标的作用——国家有目标、贵州有目标、罗甸有目标、学校的目标呢？

目标的产生——建议进行学校奋斗目标大讨论，但要遵循"摘桃子理论"。

目标的延伸——学校的目标如果能延伸为县教育局的目标，县政府的目标，州政府的目标就再好不过了。

2. 目标必须落实

目标分解——把目标分解为若干工作任务。

任务落实——把任务落实到若干工作小组。

措施保障——把各项保障措施职责落到实处。

3. 目标必须突破

重点得到突破,难点得到化解。突破的路线图与时间表。突破的方向——教学质量、办学特色、学校文化(办学思想、教学理念、培养模式)。

常规工作限时完成。集中优势兵力在重点难点和关键环节上实现突破。(决不能三五年后江山依旧)总之,思想要讲高度,执行要讲力度,突破要讲速度。

(二)管理有人文风格

1. 善带队伍的管理。要把一个参差不齐的队伍带成一个能打硬仗的队伍。带队伍比建大楼更重要。顶层设计教师工作评价机制,重在教学方法的革新优化上进行评价,推出品牌教师。

2. 超越制度的管理。就是体现人性化、充满人情味的管理,就是人心的管理、思想的管理。不是搞亲亲疏疏,拉帮结派、搞小圈子、小山头,也不单是用签到签离或刷卡的方式把人管住、管死。现代工业化管理虽然便捷,比如刷卡,但它是冷漠的,是非人性的,有悖职业伦理。除了刷卡监督,难道我们就没有其他办法了吗?超越制度的人性化管理充满着人情味的温馨。我们应该把人管活,充分调动人的积极性、主动性、创造性。

3. 教育思想的管理。常规工作由中层机构去执行,校长要做教育思想的讲座,就是校长要以什么样的教育思想来办学,要形成大家的共识。让校长的办学思想体现在学校办学的每一个细节之中,成为全体师生的价值追求和自觉行动。

4. 科研导向的管理。以教师专业成长为目的,组织学术团队,开展课题研究。通过课题研究,一方面,探索行之有效的富有特色的办学模式,另一方面,培养一大批成梯队成长的骨干教师队伍。

5. 开放合作的管理。家校互动、科研院所合作、对外交流、请进来、送出去。(举例:一中与北京八十中学,二中的"自我管理",班仁中心校的"梦想课堂",广州天河区帮扶,华南师大支教等,但是太少太少了)。

大家知道,中国的发展是靠改革开放取得的。植物都可以通过嫁接改良品种提高产量,我们为什么不可以和优质教育资源嫁接起来,改变教学方法从而提高教学质量呢?我们为什么还要故步自封、闭门造车呢?

我们是否可以承办全省、全国的教育学术研讨会?是否可以加入全国全省学术组织俱乐部？某所中学或小学能否举办全州、全省教育专题现场会？在学术方面,我们是否可以做到第一年跟着跑,第二年一起跑,第三年领头跑？

(三)个人有学识魅力

1. 非权因素魅力。公道正派,廉洁奉公。平易近人,平凡不俗。

2. 教育学术魅力。校长是老师的老师,对教育教学要有深刻独到的见解,要能够对所有教师进行通识性的教育教学指导,要有专家学者的魅力。校长的人格魅力是校长自信的理由,否则,你何德何能,凭什么受人尊重？

3. 社会活动魅力。有较好的公关交往能力,有一定的社会公众影响。

(四)学校有文化内涵

学校是培养未来社会公民的地方,应当是理想化社会的样板,应当与现实社会拉开一定的距离,有一点乌托邦。如果学校和社会一个样,老师和普通老百姓一个样,那么,学生到学校学什么？学生向老师学什么？

1. 制度文化:学校章程、各种制度、校训、校风班风、教风学风等。

2. 标志文化:校徽、校旗、校歌、雕塑、永久性标语、校园景点等。

3. 视听文化:广播站、电视台、校园网;学校形象策划、校园音乐开发等。

4. 校史文化:校史陈列室、校友档案、历届学生作品等。

5. 社团文化:教师社团、学生社团(科技社团、艺术社团)若干。

6. 活动文化:运动会、艺术节、各种仪式、典礼、交流等。

7. 特色文化:现代乡村教育的特色、样板、品牌。比如建植物、昆虫标本室,民族歌舞进校园,民族美德养成教育,编写乡土教材,乡村民风民俗民居调查等,办出乡土味道的教育。

学校文化是美的熏陶,是终生难忘的历史记忆,是最优质的教育资源。把教育做成一种美的享受,就是校长办学的最高境界、最佳状态。

(五)学生有成才风采

要树立"学校所做的一切都是为了学生,学生是学校的主人"的办学思想,尽可能扩大学生管理的自主权,让学生参与学校的管理、主持学校的一系列活动,尽量把学校的部分活动、甚至部分工作交给学生社团去做,既减轻了老师的工作负担,又锻炼了学生的能力。

1. 行为习惯风采。所有办学成果都要体现在学生身上,让老百姓一眼就能看出是这所学校的学生,因为只有这个学校的学生才有这样的行为习惯。

2. 各种才艺风采。参加各种全省大赛、全国大赛能获奖。

3. 学习成绩风采。好的学风是一种另类的质量,不只是考试分数。

4. 美与英雄风采。学校要有美,学校的美主要体现在学生身上。追求文静优雅之美,青春阳光之美,时代精神之美;崇拜英雄人物,养浩然之正气。

二、教师要有追求

毋庸置疑,广大教师都是爱岗敬业的,都是在兢兢业业地工作的,为什么教学质量不高?为什么学生厌学、逃学、辍学?因为我们的劳动、我们的教学,科技含量不高,教师的精力耗费在枯燥无味填鸭式教学中,教学没有思维活动,没有乐趣,没有智慧的火花,教育之美的含量就更少,不符合教育教学的客观规律。老师死板的教,学生死板的学。是粗放的、机械的、重复的、低效的、甚至无效的劳动。我们许多老师对此浑然不觉而感到束手无策、感到委屈和冤枉,有些老师还自我感觉良好。敬业未必专业,如果不专业,也很难做到真正的敬业。

夸美纽斯说:"教师是太阳底下最光辉的职业"。教育工作本身就是一种向好向上的追求,教师有追求是教育工作的本质要求,追求教育的终极目标是贵为人师的特质。教育事业与日俱新,教师必须与时俱进。教育永无止境,教师的追求也永无止境。社会对教师的尊重不是无缘无故的,除了其职业的神圣,主要是对教师的德和能的敬重,所以,是否有追求?追求什么?怎样追求?对于一个教师来说是太重要不过了,它是一个教师人生的价值取向。

庄子说:"哀莫大于心死",教师最大的悲哀就是没有追求。大马过得江,小马过得河,得过且过。一个小学教师,教教教,几年以后就和一个小学生差不多;一个中学教师,教教教,几年以后就和一个中学生差不多。有些老师连教育的行话都不会说,他们的见识甚至连打工仔打工妹都不如,这样下去,我们的教育不落后才怪呢。(古时候的"士农工商","士"是排在第一位的)。

谨防信息时代的傻瓜相机效应对教师教学的影响。设计制造相机的人特别聪明,而使用相机的人是傻瓜。同样,设计制作教辅资料的人也特别聪明,而使用这些资料的教师,方便是方便了,可是,就怕是傻瓜。发表论文也是这样,只要你交几百块钱,就有人帮你写好发出来。作者是你,可是其中内容你未必了然,也是一种傻瓜。

现在,考前的三模四模已经从高中延伸到小学了,你四模,我五模,七模八模"古倒模"已经在许多学校不断地上演,而且大有越演越烈之势。长此以往,中小学生还有多少可以再"模"的余地呢?除了"模",我们就没有什么其他办法了?我们已经走投无路了?教师只有从依赖教辅、对学生搞题海战术的怪圈中摆脱出来,仅仅是为了高考,为了应试,也要在教学实践中有所变革和创新,做到有素质的应试,有素质的高考,否则高考应试也考不好,更不要说什么素质教育了。因为高考从形式到内容已经和正在进行大幅度的改革,就是朝着有利于中小学实施素质教育的方向进行的改革(在学科思想的基础上,培养思维的深度和广度)。

袁部长的三个"半点":"教书育人是一项专业性、探索性、创造性极强的工作,要求教育者必须先受教育,具有高度的使命感、责任心,静下心来教书、潜下心来育人,来不得半点急功近利,来不得半点三心二意,来不得半点弄虚作假。"教师不要做教育事业的旁观者、过路客、局外人,把自己边缘化。

举例1. 杨元松——贵州省黔西南州安龙县万峰湖镇毛草坪小学教师的故事。

举例2. 贵州普安罐子窑镇红卫小学陈美荣。("团组式教学""积分式课外阅读教学管理",就地取材自制教具,"全科教师",80后,全国教书育人楷模)

举例3. 雷夫的《第56号教室》(美国洛杉矶霍巴特小学五年级教室)

举例4. 董架东跃小学赵志雄的故事。

举例5. 逢亭小学夏兴勇老师的故事。

怎样做有追求的教师呢? 三流教师教知识——教教材内容,是知识课堂教学;二流教师教方法——用教材教课程,是能力课堂教学;一流教师教思想——用课程教学科,是智慧课堂教学;超一流教师教信仰——是自由课堂教学,学科思想是学生自己构建的,所以是超一流的。毛泽东的老师只教信仰。

举例:中学历史课《甲午战争》怎样教?

传统的教法是:让学生记住甲午战争的经济政治背景、发生的原因、战前双方的力量对比、战争爆发的导火线、爆发的时间、海域、双方投入的军力、双方的指挥官、战争的过程、结果、《马关条约》的内容、甲午战争的历史影响等等。

我们能不能这样教:甲午战争是怎么回事? 如果让你全权指挥,你将怎样打这场战争? 第一问已经基本把传统的那一套教法搞定了。其实记得不那么准确也无妨,关键是第二问。学生们将会产生各种各样的想法,五花八门,甚至是奇思妙想。对错与否在这里已无关紧要,要紧的是激发了学生的兴趣,启发了学生的思维,自发地构建了中学历史课程的知识体系,养成了良好的学习习惯,培养了学生自主、合作、探究的学习品质,三维目标也在教学过程中潜移默化地得到落实。这就是教学的价值所在,这就是教中学历史课的学科思想。学习一靠记性,二靠悟性,记性为悟性服务,悟性比记性重要。

那么,教师怎样才是有追求的呢?

(一)勤于阅读

1. 阅读的意义。教师阅读,才有精神的家园,思想才显得厚重,教学才有理论的支撑,学科才有丰富的内涵,教师的生命才富有张力。有人说"不知道巨人和他们的肩膀在哪里,就很难在传承的基础上创新"。苏联教育家阿莫纳什维利说:

"如果教师并不感到自己是与夸美纽斯、卢梭、裴斯泰洛齐、马卡连柯、苏霍姆林斯基等伟大教育家的精神息息相通的,那么怎么也算不得一个优秀的教师"。教师可以是生活的草根,但必须是精神的贵族。

2. 阅读的类别。古今中外教育名著。建议实施"教师阅读工程"。

3. 阅读的方法。宋朝陆九渊:"六经注我,我注六经"。

(二)敏于反思

1. 反思的价值。反思是教师进步的动力,是教师专业成长的源泉。

2. 反思的内容。把工作当做学问来做,用科研的方法进行工作。把问题作为课题来做,教学本身就是就是教师反思的资源,也是创新的灵感之源。

3. 反思的升华。在反思中改革,在反思中创新,在反思中"成一家之言"。(关于全县 38 个课题研究的问题略)。

(三)勇于改革

用老的教学方法已经没有效果,已经不能提高教学质量,再走已经走不下去了,难道你不想改变一下? 采用新的办法试一下? 用老教学方法也好不到哪里去,试用一下新的教学方法也不会坏到哪里去,不如尝试一下,或许还能辟出一条新路,探索出自己新的方法来。"山重水复疑无路,柳暗花明又一村"。"众里寻他千百度,那人却在,灯火阑珊处"。推介邱学华的"尝试教学法"(预习导学法,讨论探究法,单元学习法),要把国家课程方案变成我们生动的教学实践。

(四)善于写作

1. 写作是最好的反思。写作时必须进行反复的思考、琢磨、推敲。

2. 文章是科研的成果。科研成果必须以文章、报告、论文的形式呈现出来。

3. 写作是教师的财富。留下家财百万不如留下美文一篇。"立德立功立言"。

(五)乐于成长

教师成长是个人的事,除非自己放弃,没有什么人能阻拦我们成长、成功。难道有人不让我们好好学习、好好工作吗? 难道领导不让我们优秀吗?

1. 宋代无门禅师的诗:

春有百花秋有月,夏有凉风冬有雪;若无闲事心头挂,便是人间好时节。

2. 心态调整

我们可以很平凡,但千万不能平庸。要学会在烦恼中寻找乐趣,在难题中发现真理,在平淡中追求卓越,在艰辛中创造价值。教师要学会自己找到幸福感和成就感。不为什么,仅仅是为了自己的成长,都应该经受各种磨炼。把平淡无奇的教育生活过成诗情画意的教师生活,因为教育的智慧就蕴藏在这里,教育的奇迹也将孕育于其中、发生于其中。

3. 教师成长的路线图和时间表：

①加入一个教育学术组织，比如中国教育学会、中国中学教育研究会等。

②参加该组织开展的学术活动，尤其是课题研究活动。

③在各种学术竞赛中力争获奖，成为某个领域的专家、学者。

三、教学要有智慧

没有枯燥无味的知识，只有枯燥无味的教学，教学的智慧就在于如何调动学生积极参与学习过程的思维活动。顾明远先生最近多次强调："没有兴趣就没有学习。"他说："为什么大家批判应试教育？就是因为应试教育让学生做大量的练习，机械地做题，学生似乎也是在活动，但缺乏积极的思维活动，因而阻碍着学生的发展，抑制了学生的自由成长。"因此，激发学生学习动机、培养学生学习兴趣，在教学过程中最大限度地调动学生的思维活动，就是教学需要研究的核心课题，就是教师创新的关键环节。

我们的很多老师，拿着教材照本宣科，满堂灌，只管教不管导，课堂上学生似乎在听课，但没有思维活动的参与，没有动脑筋思考学习内容，就是缺乏智慧的教学，就是低效甚至无效的教学。杜威说："不断改进教学方法唯一直接的途径，就是把学生置于必须思考、促进思考和考验思考的情境之中"，"困惑是思考的不可或缺的刺激"。这不是说得很明白吗？我们为什么不可以有智慧地进行教学、有艺术地进行工作呢？为什么要那样僵化、那样死板地教呢？

现在是信息时代，学习手段多元化，学习方法也容易掌握，制约学习效果的关键因素是学生学习的动机和兴趣，判断的核心标准是：学生是否参与了教学活动？或者说，教学活动中是否有学生思维活动的积极参与？

（一）什么是教学？

教学就是教与学，就是教师的教和学生的学。教学必须有教与学双方的参与，否则就不是真正意义上的教学。自己看书自学不是教学，听讲座、看录像不是教学。教学是在一定时空条件下由师生双方参与的为了实现特定教学目标、完成具体教学任务的群体性学习活动。教学本质上是一种特殊的学习活动。

（二）教学三环节

1. 备课

"用一辈子备课"（苏霍姆林斯基故事略）

用说课的要求备课。教谁？教什么？怎样教？为什么这样教？学生能懂什么？（预期效果）

用学案备教案。根据学案来备教案,把方便老师教转变为方便学生学而设计。教案为学案服务,就是所谓的导学案。

用审美设计备课。让学生在美的享受中激发学习动机,启发学习兴趣。

2. 上课

自我介绍。我对学生的要求,我的教学风格,"亲其师,信其道"。学生崇拜老师,上课事半功倍;学生讨厌老师,上课事倍功半。

学科介绍。这门学科是什么? 为什么要学习这门学科? 这门学科有哪些趣闻? 应该记住的著名学科人物有哪些人? 他们有哪些感人的故事? 教师应当是学科的形象大使。通过学科介绍,培养学生对学科的兴趣,对学科的热爱,从小就下决心要做学科方面的人才。

学法指导。预习的策划、上课的准备、复习的策略、作业的布置、学习计划。

3. 改作业

针对不同能力的学生布置不同层次的作业(分层作业)。

集体订正,个别辅导。

(三)教学的基本要素

①学生主体与教师主导。学生是学习的主体,教师是学习的主导,两者是内因和外因的关系。毛泽东:"内因是变化的根据,外因是变化的条件,外因通过内因而起作用"。新课改提倡自主、合作、探究的学习方式,提倡启发、讨论、参与的教学方式,就是要把学生的主观能动作用和教师的引导作用两者结合起来,充分发挥它们相辅相成、教学相长的作用。

②智力因素与非智力因素(加德纳的"多元智能理论")

智力六因素:观察力、记忆力、注意力、想象力、思维力、创造力等。抽象思维能力是智力的核心,创造力是智力的最高表现。

非智力因素主要包括:情绪、情感、性格、气质、动机、兴趣、意志、需要、目标、抱负、信念、世界观等,表现为自我意识、适应社会、情绪控制、自我激励、人际关系等方面的能力。

三维目标实际上就是要充分发挥智力因素和非智力因素的作用,充分利用它们之间的互相影响,来达到教学的理想效果。

③形象思维与逻辑思维。相对而言,学文科的更多地倾向于形象思维,而学理科的则更多地倾向于逻辑思维。

④传授式学习与体验式学习。人的学习无非靠记性和悟性。传授式学习靠记性,形成知识;体验式学习靠悟性,形成能力。邱学华先生说:"知识是可能被遗忘的,但能力却不会被丢弃,它将伴随人的终生。"

（四）关于教学的反思

1. 讲课时间与教学质量一定是正相关吗？

2. 作业量与学生成绩肯定成正比吗？

3. 高效课堂有统一的、固定的模式吗？

4. 开展社团活动或第二课堂会影响学生学习吗？

（五）教学的外延组织形式

1. 教学源流——顺应工业革命需求，夸美纽斯班级授课制的历史意义。

我们的教育有工业文明的背景，工业化的特点是规格同一、速成生产、讲究效率。但是教育的规律是"十年树木，百年树人"，与农耕文明颇为相似，要不误农时，浇水施肥、锄草护苗，让其自主自然成长。

2. 分组教学——改革的新尝试（"自主、合作、探究"。谨防培养"歪脖子"）

（六）教学的内涵结构形态

没有枯燥无味的知识，只有枯燥无味的教学。有智慧的教学是非功利性的，它只关注学习兴趣、学习效果和学习品质本身，而非考试成绩，是超越分数的学习。有智慧的教学才能做到"学而不厌，诲人不倦"，老师有智慧的教，学生有智慧的学。做到苦中有乐，淡中有美。我们目前最缺的东西是教学艺术之美，它应当是教师追求的教学的最高目标。当学习变成一种乐趣、一种诗意、一种美的享受的时候，就是教学艺术的最佳状态、最高境界。

有智慧的教学应当符合以下教学形态。（以下观点已发表在《罗甸教育》上）

1. 教学的自然形态

现代心理学研究表明，人有学习的本能，有学习的天然基因，人是天生的学习者，每个人身上都蕴藏着极大的学习潜能，学习主动性是人的天性，这是一种自然形态，正是这种自然形态才使教学成为可能。所以，教师要把学习的主动权交给学生，要尽量相信学生，依靠学生，让学生尽可能地自主学习。

教学的自然形态客观上要求我们从人的自然本性和成长需要出发，在教学活动中以激发学生学习动机和启发学生学习兴趣为根本任务，促使学生自然生成、自主觉醒、自由发展。

2. 教学的差异形态

教学的差异形态就是教学活动中学生实际存在的个体差异状况，即学生的个性是千差万别的，这种差异性恰恰是可供利用、相互促进的丰富教学资源。

因材施教就是教学的差异形态下重要的教学原则。

3. 教学的尝试形态

尝试是人类进步的阶梯，一部人类文明史就是一部人类尝试发展史。教学的过程就是反复尝试的过程,符合教学规律的探究状态就是教学的尝试形态。

教学的尝试形态要求教师不要包办一切,而应当从学情出发,根据教学目标、教学内容设计并提出尝试问题,让学生在尝试中学习,在尝试中发现问题、解决问题,在尝试中敢于创新。

4. 教学的审美形态

教学的审美形态是指教学的美感效应,教学应有的境界,包括教师形象之美,教学情景之美,学科内涵之美,教学过程之美,教学语言之美等等。

教学的审美形态最符合人的成长规律,教学艺术美因其非功利性而具有无比神奇的力量,它可以生成新的教学资源,引发探究的冲动,产生诗意的效果和创作的灵感,从而形成创新的精神气质,真正实现人的自由而全面的发展。

以上是我对罗甸教育创新转型、内涵发展的思考,我的教育理想是,校长有办学思想、教师有事业追求、学生有学习智慧,这就是教育的内涵发展之路,也是教育的最高境界。最近,省委赵克志书记视察罗甸时强调:要"加快建设开放型创新型领导干部队伍",他的指示对我们教育系统是非常重要的、很有针对性的,我们要认真贯彻落实赵书记的指示精神,加快建设开放型创新型的校长队伍,加快建设开放型创新型的教师队伍,要用我们的青春和热血来书写罗甸教育的辉煌。中国要建设创新型的国家,贵州要后发赶超,难道罗甸可以例外吗?罗甸教育不创新转型还有出路吗?我们别无选择,只有殚精竭虑,励精图治,创新转型,提速跨越,努力办出罗甸教育的气派、罗甸教育的风格、罗甸教育的境界来,才是内涵发展的唯一正确的康庄大道。

"立德树人"之我读

——在全县中学中高级教师培训班上的演讲
（2014 年 8 月 3 日上午）

各位同仁：

我们知道，党的十八大把"立德树人"作为教育的根本任务。那么，为什么要把"立德树人"作为教育的根本任务呢？到底"立德树人"蕴涵着怎样深刻的含义呢？这就是我们需要研究的重要课题了。我的肤浅理解，"立德树人"是一个博大精深的教育思想理论宝库，它既是源远流长的中国传统文化的传承，有着深厚的中国传统文化的内涵，又具有鲜明的时代精神，"十八大"本身就是一个新时代的标志。"立德"不仅仅是一个浅层面的道德修养，而是深层次的教育思想；"树人"就是培养人，培养什么人？怎样培养人？这是素质教育要回答的核心问题。合起来说，"立德树人"就是用"立德"的教育思想来培养人。

"立德"最早出自《左传》："太上有立德，其次有立功，其次有立言。虽久不废，此之谓三不朽。""太上"是"最上"、"最高"的意思。整个句子的意思是"最高的是树立德行，其次是建立功业，再其次是留下言论。人虽死了，也永不磨灭，这叫做三不朽。"这是古圣先贤关于"立德"的最初思想。

我们今天讲"立德"，一定是"道德"的"德"。那么，什么是"道德"呢？这里，我们有必要先了解什么是"道"，什么是"德"，什么是"道德"。

"道"首先出现在老子的《道德经》，开头的第一句话是："道可道，非常道。"道如果可以用语言来表达的话，那就不是"常道"。意思是：道是不能用语言表达的，当你一定要用语言表达道的时候，所表达的语言就与道的事实本身有很大的出入，就不是道。

老子是伟大的哲学家，是道家思想的创始人，也是先秦诸子百家的启蒙者。《道德经》就是道家思想的经典之作，但即使如此，在这部著作中，他仍然一开始就告诫人们要提高警惕："道可道，非常道"。"道"如果可以用语言来表述的话，就不是"常道"。用哲学术语来讲就是所谓绝对真理和相对真理的关系，"常道"是绝对存在的真理,但是任何道的存在又都是相对的,随条件的改变而变化的,不是一成不变的。语言与语言所表述的对象本身存在很大的误差,甚至与事实本身相去甚远,况且事物的运动是瞬息万变的。当我们试图说明某一事物的时候,该事物可能已经发生了变化。正如古希腊哲学家赫拉克利特所说的那样:"人不能两次踏进同一条河流"。老子是教我们要用运动、变化、发展的观点看问题,而不要用静止、僵化、教条的观点看问题,所以我们对任何道理、任何科学、任何学问、任何理论、任何真理、任何大师的学说,包括老子的《道德经》,都要特别小心,千万不要轻信、不要迷信,要用科学的、批判的观点去理解。

老子本来是不写书的,担心写出来的文字会给人造成误导。传说老子要到西方去,从家乡鹿邑出发,要经过宝灵的函谷关。有一天,函谷关令尹喜,清早出门,看见东方紫气腾腾,霞光万道,观天象奇景,欣喜若狂,大呼"紫气东来,必有异人通过"。忙令关吏清扫街道,恭候异人。果然,见一老翁银发飘逸,气宇轩昂,倒骑着青牛向关门徐徐而来。尹喜忙上前迎接,诚邀老子在此小住并著书立说,以传后人。老子开始不从,经不住尹喜百般求劝,欣然应诺,在此写下了彪炳千秋的《道德经》。开篇第一句就告诫人们:"道可道,非常道"。

我举两个例子:"一加一等于二"在十进位制里是完全正确的,但是在二进位制里则是完全错误的,而二进位制是计算机的基础语言。"三角形的三个内角和等于一百八十度",在平面上是完全正确的,但是在凸球面上则大于一百八十度,在凹球面上则小于一百八十度。所以任何真理都是有条件的。

在《道德经》里,老子又说:"道生一,一生二,二生三,三生万物。"还说:"人法地,地法天,天法道,道法自然。"在这里,万物生于道,而道是源于自然的,是自然而然的。由此我们可以得出结论:道是一切事物发生、运动、变化、发展、衰退、消亡的客观规律。简而言之,道就是规律。

那么,什么是德呢? 德就是按道去行事。就是人们按照事物运行的客观规律去办事。做任何事情都遵循客观规律、符合客观规律就是德,不管是自然规律还是社会规律,都是如此。对待自然界要遵循自然规律,对待社会要遵循社会人伦规律,否则就是无德、缺德,就要受到客观规律的惩罚。一句话:得道者有德。

要做到有德,就必须"闻道,悟道,行道,得道"。所以,古往今来,许多仁人志士都用毕生的精力来"求道"——追求真理。陈景润用毕生的精力来证明哥德巴赫猜想,袁隆平用毕生的精力来研究杂交水稻,魏书生用毕生的精力来研究教学等等,不胜枚举。"子曰,朝闻道,夕死可矣"。只要早上我认识了真理,晚上让我死去也可以了。为了追求真理,有些人甚至付出了生命的代价。"闻道",就是认识真理;"悟道",就是发现真理;"行道",就是践行真理;"得道",就是掌握真理。

要经过长期、复杂、曲折、艰苦的锻炼，才能得道，才是有德。就是《易经》里说的："天行健，君子以自强不息；地势坤，君子以厚德载物"，"自强不息"就是生命的意义和价值，是生命活力与张力的顽强释放；"厚德载物"就是担当，就是要有深厚的德行才能承担重大的责任。要通过"自强不息"的磨炼，使人的德行达到相当的水平，才能"厚德载物"，才能担当重任。这句话被清华大学作为校训，也被许多人用作人生的座右铭。

要成为一名教师，首先要用十多年的时间把小学到中学到大学的课程读完，而且在这十多年中要经过各种历练，在德的修养上渐渐形成优秀的人格，还要在教育实践中不断打磨，才有可能成为一名称职的人民教师。德的形成是慢慢积累的，这就是所谓的"积德"。作为教师，没有一定的"厚德"是很难"载物"的，很难有所担当的。专家学者、著名人物的修炼就更加艰苦卓绝了。孟子说："故天将降大任于斯人也，必先苦其心志，劳其筋骨，饿其体肤，空乏其身，行拂乱其所为，所以动心忍性，曾益其所不能"。有人说鲁迅先生是天才，鲁迅先生说："哪里有天才，我是把别人喝咖啡的工夫都用在了工作上了。"国家的栋梁，民族的脊梁，就更是厚德载物、德高望重、力挽狂澜、担当大任。

刚才是分别讲的"道"和"德"。那么，什么是"道德"呢？道德是人们共同生活的行为准则与规范。道德往往起到判断人们行为是否正当的作用，代表着社会的正面价值取向。道德是一个与法律相对应的伦理学的概念，法律是最低限度的道德，道德是最高界限的法律。法律靠国家机器强制执行，道德靠自我约束和社会舆论控制。道德制约于未然，法律治理于已发。道德的力量往往大于法律的力量，德治与法治相结合维系着整个社会的稳定、和谐、文明。

今天我们讲"立德树人"，就是要用"立德"的教育思想来"树人"。那么，我们要立什么"德"呢？怎样"立德"呢。我想从以下四个方面展开汇报：

一、个人品德求"善"，以善修身

汉朝许慎《说文解字》："善，从羊从言，吉也。"羊是祭祀用的牲品，是吉祥的象征。远古的人们在祭祀活动中向上苍祈求幸福吉祥就叫"善"。现在引申过来就是"吉祥""善良""美好"的意思。

《国语·晋语》："善，德之建也。"就是说，德是在善的基础上建立起来的，善是德的基础，是德的起码要求，没有善就没有德。善是人品中最基本的元素。

《大学》第一句："大学之道，在明明德，在亲民，在止于至善。"大学的宗旨在于弘扬光明正大的品德，在于使人弃旧图新，在于达到最完美的境界。

《大学》是四书之一，是儒家的经典著作，其核心理论是"修身齐家治国平天下"，简称"修齐治平"。修身讲个人品德，齐家讲家庭美德，治国讲职业道德，平天下讲社会公德。我把它理解为以善修身，以孝齐家，以忠治国，以信平天下。"物有本末，事有始终，知所先后，则近道矣"。

《三字经》："人之初，性本善。性相近，习相远"。儒家思想的"性善论"认为人的本性一开始都是向善的，人都有向善的本性，向善的基因。之所以有善恶的区别，是因为后天的学习使然。所以人人都是可以向善的。法国启蒙运动思想家卢梭说："善良的行为使人的灵魂变得高尚"。

关于荀子的性恶论。荀子说："人之生也固小人"。认为人的本性具有恶的道德价值，强调道德教育的必要性，性善论注重道德修养的自觉性，二者既是对立的，又是相辅相成的。其实人性本无善恶之分，人性是自然之性，它既有恶的可能，也有善的可能，随着条件的变迁而变迁。我们这里主要讲儒家的性善论。

善有利他的特征，所有的善都是非功利性的。善良的行为就是善举。

善有美的特征，所有的善都是美的，所有的美也都是善的。"最美乡村教师"一定是最善的乡村教师。

善观念的绝对性——每个人都有向善的可能、行善的资格、识善的智慧。

善标准的相对性——在此条件下的善在彼条件下未必是善。例子略。

行善有选择的权利，一般处于强势。受善有拒绝的权利，一般处于弱势。当受方确有需求时，行善才是真正的善。我平时常说的"有求必应，无求不扰"就是一种真正的善。"善欲人见，不是真善；恶恐人知，便是大恶"。那种做了一点好事真怕人家不知道，有了一点善举就要极力宣扬，甚至访贫问苦也是为了要镜头，而当人确有困难需要帮助时又漠然视之等等，这些林林总总的作秀就是可怕的伪善现象。

善行表现为一种内在的自觉。《老子》："善者，吾善之；不善者，吾亦善之。德善。"孔子："人不独亲其亲，不独子其子。""择其善者而从之，其不善者而改之。"孟子："老吾老以及人之老，幼吾幼以及人之幼。"这些都是善的体现。

老子说"上善若水"是有深刻的道理的。"上善若水"的意思是最高的善要像水一样。"上善若水，水善利万物而不争"。水是生命之源。水滴石穿。日本学者江本胜写的《水知道答案》揭示了水的秘密。（但这本书在科技界有争议）。

善的反面就是恶。《国语》："从善如登，从恶如崩"。管仲曰："善人者，人亦善之"。《三国志》载：刘备临终嘱刘禅："勿以善小而不为，勿以恶小而为之"。《了凡四训》："人为善，福虽未至，祸已远离；人为恶，祸虽未至，福已远离。"这些都是讲善的意义和影响。

《礼记》："修身践言，谓之善行"。对于教师而言，善是最基本的师德。求

"善"的最高境界是爱。一颗善良的爱心就是善,就是师德的基本要求。从陶行知到顾明远,所有的教育家无不异口同声地说:"没有爱就没有教育"。爱自己的孩子是人,爱别人的孩子是神。爱听话的孩子容易,爱不听话的孩子难,所以难能可贵。教师应该有对教育、对学生的大爱情怀。教师对学生的善良爱心因其非功利性而具有无比神奇的力量,是取之不尽用之不竭的教育资源。

《说文解字》:"育,养子使作善也",教育的目的就是让孩子行善的。按照社会主义核心价值观对个人的"爱国、敬业、诚信、友善"的基本要求,我们要在学校德育中强化"善"的教育,教育学生首先要有一颗善良的心,要做一个善良的人,要和一切恶的行为作坚决的斗争。让学生懂得"从善如流"的道理:一个富有爱心行善的人,他的人生将如行云流水般的充满诗意。正如马克·吐温所说:"善良的、忠心的、心里充满着爱的人不断地给人间带来幸福"。就像韦唯在《爱的奉献》里唱的那样:"只要人人都献出一点爱,世界将变成美好的人间"。我们要让教师的爱心、教师的善心贯穿于教育的整个过程,让"善"的教育渗透于学生成长的方方面面。

二、家庭美德求"孝",以孝齐家

《说文解字》:"孝,善事父母者。从老省,从子,子承老也。"孝字上老下子,写的就是老人与子女的关系。《尔雅》:"善事父母为孝"。

我个人认为,孝是中华传统文化源远流长的总源头,是我国最初始的道德规范形态,是中华传统文化的精华,它蕴藏着中华民族古老文化的全部密码,在中华传统文化中随处都可以找到孝文化的经典。可以说,中国是孝文化的发源地,中国有孝文化的经典教科书《孝经》,我们华夏子孙身上都流淌着孝文化的血液,骨子里蕴藏着孝文化的基因。

我举一个例子,我国一年一度的春运,去年统计有36亿人在流动,等于13亿人口平均每人流动近三次。每年都在上演着波澜壮阔的可歌可泣的一票难求的动人故事。有些人下了飞机上火车、下了轮船上大巴,或者不远万里,或者千里迢迢,艰难曲折地在除夕的晚上赶回老家吃年夜饭,第二天大年初一又匆匆忙忙地赶回去。全世界只有中国有这种所谓的春运现象,这是为什么?西方的专家学者们是永远看不懂的。这样的现象只能用孝来解释,它的标准答案是孝文化。

儒家经典《孝经·开宗明义章》:"夫孝,德之本也,教之所由生也。"说孝是德的根本,教化就是从这里发生的。教化是比教育更大的概念,它包含教育。教育的教就是一个"孝"字和一个"文"字的组合。中国的教育就是从孝开始的,中国的教育就是孝的教育,没有孝就没有教育,离开了孝就不是中国的教育。

《孝经》:"子曰:夫孝,天之经也,地之义也,民之行也。"孔子说:孝道犹如天上日月星辰的运行,地上万物的自然生长,天经地义,乃是人类最为根本的首要品行。孝在中国是天经地义的事情,不孝就是天理难容的事情。

《论语》:"子曰:弟子入则孝,出则悌,谨而信,泛爱众,而亲仁。行有余力,则以学文。"《弟子规》就是按照《论语》的孝的思想来编写的。"子曰:孝,德之始也;悌,德之序也;信,德之厚也;忠,德之正也。曾参中夫四德者也。"孝,是德的起点;悌,是德的次序;信,是德的敦厚;忠,是德的方向。曾参就是具有这四种道德的人。在中国,孝理论是博大精深的,孝文化是浩如烟海的。

那么,怎样才能做到孝呢?

《论语·为政》:"子游问孝。子曰:今之孝者,是谓能养。至于犬马,皆能有养;不敬,何以别乎。"子游问怎么做才是尽孝。孔子说:"现在人们认为的孝,是能养活父母。(其实)连狗马都能饲养。如果对父母不敬,供养父母与饲养狗马又有何区别呢?"孟子曰:"孝子之至,莫大于尊亲。"可见,这里说的孝的要点是"敬",就是要尊敬父母啊。曾子曰:"孝有三,大孝尊亲,其次弗辱,其下能养"。尽孝有三个层次:最大的尽孝是对父母的尊敬,其次是不让父母蒙羞,最后是能赡养父母。

庄子曰:"夫事其亲者,不择地而安之,孝之至也。"庄子说:对待自己的父母,不管在什么地方都要让他们安心,这是尽孝的最高境界啊。孟子也说:"不得乎亲,不可以为人;不顺乎亲,不可以为子。"可见,这里说的孝的最高境界是"顺",但未必是完全的百依百顺。就是说,不管什么事情,不管在哪种情况下,都不要让父母为我们担心、操心、伤心,这才是真正的孝顺,真正的尽孝。

尽孝具体表现在哪些方面呢? 子曰:"身体发肤,受之父母,不敢毁伤,孝之始也。立身行道,扬名于后世,以显父母,孝之终也。夫孝,始于事亲,中于事君,终于立身。"这句的意思是说,人的身体毛发皮肤,都是父母给予的,不能损毁伤残,这是尽孝的开始。在世上立足要遵循道义,有所建树,显扬名声于后世,使父母觉得荣耀,这是尽孝的终极目标。所谓尽孝,最初是从侍奉父母开始,然后效力于国家,最终建功立业,功成名就。

我认为尽孝道是做的学问,不是说的学问。老子说:"以身教者从,以言教者讼。"作为教师,身教重于言教。先做好父母的孩子,再做好孩子的父母。

因为家庭是社会的细胞,是维系社会稳定的基本单位,尽孝是德的核心元素,是家庭美德追求的终极目标。所谓"百德孝为本,百善孝为先"。所以自古以来就有"求忠臣于孝道之门"。据说清华北大录取新生要审查是否孝子,组织部门在提拔干部时也要考察是否孝子。可见尽孝对个人成长,对家庭关系,对社会影响的极端重要性。因此,如何在学校教育中开发孝文化的精神资源,贯彻孝文化的思想,渗透孝文化的元素,就是我们必须深入研究和具体实施的重要课题。

我了解到我县一些学校在搞"给父母洗脚"的活动。我还知道有些学校请来演讲专家进行孝文化的主题演讲,感人肺腑、催人泪下,催泪率达98%。这些活动都很好,但要防止沦为教育作秀。其实对于尽孝的教育而言,这是远远不够的。我认为,每个学校都要重新认识孝道教育的极端重要性,把孝道教育提高到是否继承中华传统文化、是否培育践行社会主义核心价值观的高度来认识,作出孝道教育的规划,并制订孝道教育的实施方案,切实把孝道教育贯穿于教育教学的相关环节,渗透在日常生活的点点滴滴细节之中,逐渐养成孩子们良好的行为习惯,形成孩子们优秀的品质、优秀的美德。

在多元文化相互交融的今天,孝文化的教育对孩子们来说是太重要不过了。孝道教育搞好了,青少年的思想道德教育就会取得良好的效果,学校德育工作就会取得事半功倍的成效,教学质量也会因此得到提高的。我就不相信,一个孝顺的孩子,难道他不努力学习吗?不努力学习的人能叫孝顺吗?

三、职业道德求"忠",以忠治国

《说文》:"忠,敬也,尽心曰忠"。古人云:忠者,德之正也。《康熙字典》载:《疏》:"中心曰忠。中下从心,谓言出于心,皆有忠实也"。《诗·邶风·北风笺》:"诗人事君无二志,勤身以事君,忠也。"《左传·成九年》:"无私,忠也"。司马光《四言铭系述》:"尽心于人曰忠,不欺于己曰信。"

以上的大意是:忠就是敬畏,尽心就叫忠。忠就是不偏不倚的德。忠是发自内心的自觉行动。对待职业没有二心、勤勤恳恳地干事业就是忠。司马光还说:尽心尽力地为人办事就叫忠。

古人以竭尽心力任其事、服其职曰忠。忠是相对于职业而言的,忠的对象是职责,尽忠就是尽职尽责。庄子曰:"夫事其君者,不择事而安之,忠之盛也"。用现在的话说,庄子的意思是:对待自己的本职工作,不管做什么事情,都要让你所服务的对象放心,这是忠的最佳效果。这里庄子强调的是工作质量。由此看出,职业道德追求的目标就是忠,就是爱岗敬业。

职业道德求"忠",对于公务员而言,就是认真履行公务职责;对于医生而言,就是认真履行医务工作职责;对于教师来说,就是我们平常说的"忠诚于人民的教育事业",就是教书育人,为人师表。做到袁贵仁部长说的三个"半点":"教书育人是一项专业性、探索性、创造性极强的工作,要求教育者必须先受教育,具有高度的使命感、责任心,静下心来教书、潜下心来育人,来不得半点急功近利,来不得半点三心二意,来不得半点弄虚作假。"

那么,教师如何做到忠,做到爱岗敬业、做到袁贵仁部长说的三个"半点"呢?根据庄子的意思,最好的忠就是让人放心。教师的忠,我的理解就是让学生放心,让家长放心,让社会放心,让领导放心,最终让人民满意。而要做到这些,除了要有良好的师德,还要具备较高的能力水平,就是俗话说的"没有金刚钻,不揽瓷器活"。

岳飞是忠孝的典范,他之所以能"精忠报国",无非是因为他有本事,能带领千军万马"驾长车,踏破贺兰山缺",才能有"三十功名尘与土,八千里路云和月"的精神境界和"壮士饥餐胡虏肉,笑谈渴饮匈奴血"的英雄气概。如果没有带兵打仗的能力水平,即使是岳飞,纵有"还我河山"的英雄气概,也不过是愚忠愚孝而已。鲁迅先生对愚忠愚孝现象是深恶痛绝的。

我以为,求忠的最高境界是"义"。许多有关"义"的词语都在说明忠。例如坚持正义是忠,义不容辞是忠,义无反顾是忠,舍生取义更是忠。等等,不一而足。文天祥"人生自古谁无死,留取丹心照汗青",林则徐"苟利国家生死以,岂因祸福避趋之",吉鸿昌"恨不抗战死,留作今日羞。国破尚如此,我何惜此头"。夏明翰"砍头不要紧,只要主义真;杀了夏明翰,还有后来人"等,就是舍生取义的典型代表,忠的典型代表。

我们要办人民满意的教育,就要有让人民满意的本领。要有这样的本领,就应该像我经常向老师们提倡的"教师人格三境界——德要近佛,学要近道,才要近仙"。当然,要达到这三个境界是不容易的,只能不断地努力接近它,要接近这样的境界,就应该努力践行我平常向老师们建议的"教师成长三部曲——勤于阅读,善于反思,长于写作",这样,才有可能成为一名优秀的人民教师,才能办成让人民满意的教育。

教师应当在求"忠"的过程中为社会作出更大的贡献,书写更加精彩的人生,实现自己美好的人生价值,进而实现我们的教育梦想。

对于学生,我们要进一步强化爱国主义教育,使孩子们从小就树立信心,努力学习,时刻准备着,做社会主义事业的建设者和接班人,在实现民族复兴的中国梦的征途上实现自己的梦想。

四、社会公德求"信",以信平天下

《说文解字》:"信,诚也,从人从言。"《论语》:"与朋友交,言而有信。""人而无信,不知其可也"。人言为信,人说的话叫信。信的要点是诚,诚就是说话算数。和朋友交往,要说话算数。人如果不诚信,不知道他还可以做什么事?

在儒家经典《论语》中,"信"有三重含义:一是信仰,二是信任,三是信用。信仰比信任重要,信任比信用重要,信用是君子最起码的要求。

《论语》:子贡问政。子曰:"足食,足兵,民信之矣。"子贡曰:"必不得已而去,于斯三者何先?"曰"去兵。"子贡曰:"必不得已而去。于斯二者何先?"曰:"去食。自古皆有死,民无信不立。"

这段话翻译过来就是:子贡问怎样治理政事。孔子说:"足够的粮食,充足的军队,老百姓的信任。"子贡说:"如果迫不得已要去掉一项,在这三项之中先去掉哪一项呢?"孔子说:"去掉军队。"子贡又问:"如果迫不得已还要去掉一项,在这两项之中又先去掉哪一项呢?"孔子回答说:"去掉粮食。因为,自古以来谁也免不了一死,没有粮食不过是饿死罢了,但一个国家没有老百姓的信任就要垮掉。"在这里,信用、信任、信仰是比军队和粮食更为重要的东西,也就是比饿死、比生命更加重要的东西。所以,取信于民是政府的生命线。

"人无信不立",诚信构成现代社会生活与合作的伦理基础。社会公德求"信",对公民个人来说,是如何做到诚实守信;对社会公众而言,是如何构建诚信社会体系,如何树立大众的公德意识,这恰恰是当今中国最为缺失的部分。

诚信观念是和契约、承诺等联系在一起的,所谓"一诺千金"是也,犹太裔美国政论家阿伦特认为,承诺是人类安排未来的一种独特方式。

我这里说的社会公德求"信",不仅要身体力行教育我们的学生要遵守社会公德,而且要把建立诚信社会作为大家努力的目标。从小的方面说是做合格的公民,从大的方面说是为建设文明社会贡献力量。具体讲,就是要遵守社会人伦的游戏规则,包括在公共场所要有良好的行为习惯,比如不随地吐痰,不大声喧哗,过马路走人行横道,不闯红灯等等。更重要的是,通过政府推动,全社会齐抓共管,形成强大合力,构建一个与国际接轨的现代化的社会诚信体系,为建设富强、民主、文明、和谐的社会主义国家、为建设现代诚信社会打下坚实的公众信用基础。这些任务又对教育工作提出了新的挑战,我们在这方面仍然是任重道远的。

孟子说:"诚者,天之道也。诚之者,人之道也。"传统的诚信观念主要指个人品质而非制度安排。由于目前我国诚信社会尚未建立,大众的公德意识较为欠缺,新形势下出现了信仰危机、信任危机、信用危机的趋势。社会领域的坑蒙拐骗屡见不鲜,经济领域的假冒伪劣无孔不入,政治领域的贪腐违规屡禁不止,道德领域的行为失范层出不穷,这些失信的例子不胜枚举,而这些现象又给我们的下一代以极大的影响,已经成为当今社会的一大公害。公害不除,公德难立。

诚信社会就是文明、和谐的社会,就是理想的大同社会。《礼记·礼运》描绘了大同社会的理想景象:"大道之行也,天下为公,选贤与能,讲信修睦。故人不独亲其亲,不独子其子,使老有所终,壮有所用,幼有所长,鳏寡孤独废疾者皆有所养,男有分,女有归。货恶其弃于地也,不必藏于己;力恶其不出于身也,不必为己。是故谋闭而不兴,盗窃乱贼而不作,故外户而不闭,是谓大同。"

诚信是人类的无形资产,诚信教育是学校教育最基本的出发点,也是社会主义核心价值观的根本要求,要采取各种各样学生喜闻乐见的方法,开展丰富多彩的活动进行诚信教育。同时,要开展家校合作,紧密配合,从小对孩子进行诚信管理,让孩子从小就养成诚实守信、说话算数的良好习惯,并养成一诺千金的优秀人格。诚信教育是学校德育工作的一项十分重要的内容,我们必须常抓不懈。所以,主观上我们要培育和践行社会主义核心价值观,客观上我们要建设一整套国家社会信用体系,这是我们努力的方向。

据网上信息报道,国家社会信用体系建设规划已上报国务院,近期将发布。根据规划,信用体系将覆盖政务、商务、社会、司法四大领域,包括政务诚信制度建设方案、建立以公民身份证为基础的公民统一社会代码制度方案和建立以组织机构代码为基础的法人和其他组织统一社会信用代码制度。到 2017 年,将建成集合金融、工商登记、税收缴纳、社保缴费、交通违章等信用信息的统一平台,实现资源共享。我们期待着这一天的到来。

以上是我对"立德树人"的心得体会,连起来说就是个人品德求"善",家庭美德求"孝",职业道德求"忠",社会公德求"信"。从传统文化的角度看,这四个方面是"立德树人"教育思想的重要来源。既有中华传统文化的传承,也有鲜明时代精神。我们必须深入学习,深刻领会,认真贯彻,落实到教育教学工作各个环节当中去。为此,我在这里向全县所有老师倡导:德自我修,功自我建,言自我说,威自我树,福自我求。

党的十八大提出要坚定中国特色社会主义的道路自信、理论自信、制度自信。为了培育和践行社会主义核心价值观,为了落实立德树人的根本任务,我们要从中华传统文化这个最可宝贵的精神财富中吸取涵养,并以敏锐的世界眼光,赋予鲜活的时代意义,从"立德树人"的角度说,在我看来,还会更加坚定我们的文化自信、价值自信、民族自信。

最后,我想讲一段老子的故事,作为结束时的共勉。《史记·孔子世家》讲了这么一个故事,说是鲁国的鲁昭公派孔子前往周国向老子请教周礼,给孔子配备了一辆车、两匹马,还有一名书童陪伴。孔子在老子那里进修学习了一段时间,要回去了。在告别的时候,老子对他说:我听说富贵的人用财物送人,仁义的人用言语送人。我不富贵,只好盗用仁人的名义,用话来送你。这句话是:"为人子者毋以有己,为人臣者毋以有己。"这句话直译过来就是:做人的孩子不要有自己,做人的臣子不要有自己。孔子牢记了老子的话回到鲁国办学,按照老子的话去身体力行,结果办学规模不断扩大,教育事业蓬勃发展——弟子三千,七十二贤,而且因此创立了他的儒家思想,成为儒家学派的创始人,成为万世师表。对于孔夫子的评价,司马迁说:"高山仰止,景行行止,虽不能至,然心向往之。"

为什么老子这句话有着如此神奇的力量呢?它有什么深刻的含义呢?我觉得核心在"毋以有己",就是思考问题不要以我为中心,不要凡事先想我自己、不考虑别人。在处理与父母家人的关系上不要有自己,在处理与工作对象的关系上不要有自己。"毋以有己"就是无私,就是无我、忘我啊,同志们!如果我们对待任何事情的态度都是"毋以有己",都是先人后己、公而忘私、大公无私,那么,进一步延伸,就是范仲淹的"先天下之忧而忧,后天下之乐而乐"的大我境界!就是林则徐的:"苟利国家生死以,岂无祸福避趋之"的报国情怀!特蕾莎修女和白求恩也是"毋以有己",事实上,"毋以有己"就是共产党的宗旨"全心全意为人民服务"!

儒家思想是入世的,它教我们应该做什么和怎样去做,道家思想是出世的,它教我们不要做什么和怎样不做,两者虽有差异甚至对立,但都有异曲同工之妙。

我突发奇想,假如有那么一天,我们所有的老师对学生、对家长、对学校、对事业、对社会都是"毋以有己",我想,我们就能够办出让人民满意的教育。所以,现在我想套用老子的话送给你们:"贵为人师者,毋以有己"!我说的未必对,老子说的一定是对的。

做有思想的校长

——与全县校长园长诸君共勉

（2015 年 1 月 28 日上午在全县教育工作会议上的演讲）

开场白

昨天听了各位校长的述职报告，晚上又认真看了《述职报告汇编》，很受启发，受益匪浅。今天我在这里要讲的，既是局党组和卢局长安排的作业，也是我乐意做的。因为我马上就要退休，丰富多彩的退休生活在向我召唤。在和大家"拜拜"之前，总觉得有些话要和大家交代一下，或许对大家有所借鉴。所以，我在这里与其说是做讲座，不如说是罗甸一个老的教育工作者对中生代、新生代、新新生代的校长园长们的一份嘱托、一份重托。"知我者谓我心忧，不知我者谓我何求"？人之将退，其言也真。我要说的，都是大白话、大实话。没有什么新东西，没有什么高深的理论，不到万不得已，我不引经据典，少用名人名言。

我今天要和大家交流的，不代表任何官方，不针对任何个人，无非就是把我学习和思考的肤浅认识向大家作一个汇报，既是对各位校长园长的汇报，也是对局班子的汇报，未必正确，仅供大家借鉴参考而已，请大家批评指正。虽然我曾经做过五年的八茂中学校长，十五年的职校校长，中间有一年任二中教导主任，三年任民中副校长，还有一年在教育局主持工作，特别是被省教育厅聘为教育评估专家十多年，全省走了五十多个县，评估了七十多所学校，学了不少东西。我也曾经有过激情燃烧的岁月，但毕竟已经成为过去。好汉不提当年勇，我有自知之明。对于年轻同志，可以指点，但不敢指指点点。长江后浪推前浪，许多校长比我做得更好，值得我好好学习。不过，如果有人说，你要退休了，站着说话不腰疼，你叫我们怎么怎么做，你自己又做的怎么样呢？那我只能负责任地告诉大家：我做的时候并不比现在好过，但我做过的比现在说的还要好。"己所不欲，勿施于人"，我自己做不到的一般不叫别人去做。尽管这样，我仍然希望大家去做我做不到、做不了的事。

教育工作涉及千家万户，牵动着整个社会的神经，要同时回应各方面的诉求。

现在的教育确实不好做,老师不仅要教书,还要管学生吃饭睡觉,校长的权利很小,而责任很大。我经常开玩笑说:老师成了全天候的全职保姆,校长成了无限责任公司的总经理。这是新形势下教育的新情况,全国都一样,不只是我们。

党的十八届三中全会以后,教育改革进入深水区,尤其是全国职教会对高等教育的结构调整和高考招生制度的改革,开弓没有回头箭,"指挥棒"一动,将要引发整个教育战线包括高等教育、高中阶段教育、职业教育、义务教育、学前教育等一系列的变革,将进入一个教育的新常态,教育形势更为复杂,教育任务更加艰巨,教育前景更趋美好。如何适应和融入这个新常态是我们必须面对、必须研究、必须解决的新课题。

另一方面,罗甸这几年的发展可谓突飞猛进、日新月异,随着陆海空"铁公机"交通条件的改善和特色城镇化、新兴产业化建设的推进,原来落在排尾的罗甸向后一转就变为排头了,这不是可能性,是指日可待的现实性。这样一来,随着老百姓生活水平的提高,人民群众对优质教育资源的需求和渴望更加强烈、更加迫切。对我们教育战线提出的要求更高、挑战更大。罗甸各方面都发展了,教育不发展行吗? 教育还要优先发展呐,怎么优先? 这难道不是我们的课题吗?

罗甸教育,纵向看成绩很大,横向看差距不小。罗甸教育办得好不好,政府、社会、家庭、学校都有责任,但是最直接的责任是学校,第一责任人是校长,因为我们是专门干这一行的。所以,在座的诸位都有不可推卸的责任,罗甸教育办得怎么样,不问我们问谁去?

罗甸教育,已经到了一个重要的发展时期和关键节点。在我看来,已经具备了进行一系列改革的基本条件,我们这个队伍,也具备了承担一系列改革重任的基本能力。教育局将出台一系列教育改革方案,要全方位、综合性地全面推进教育教学改革,这些方案如何实施下去,怎样才能取得成效,关键的关键,要看校长,校长们起着举足轻重的决定性作用。

苏霍姆林斯基说:"有什么样的校长,就有什么样的学校。"[1]这句话一点不假,同样一所学校,在不同校长的手里就会有不同的结果。怎样把一所学校办好,每一个人都有自己的看法,专家学者、包括在座各位也是仁者见仁,智者见智,都可以到这里来说一说。我愿意就"怎样当好校长"这一问题和大家一起探讨,我的话题是"做有思想的校长"。

---

① 习海平. 做一个有理想的校长[J]. 湖北教育,2011(11):44-45.

一、为什么要讲"做有思想的校长"？

1. 强补短板的需要

必须肯定，我们广大校长是爱岗敬业、尽职尽责的，广大教师是兢兢业业、任劳任怨的，我们这个队伍是靠得住的，不承认这一点就无法解释我们所取得的成绩。但是，为什么我们的教育教学质量老是提不高？我们的学生还在厌学？还在辍学？还在流失？我们与先进县市的差距搞不好还在拉大？为什么别人干得很轻松，质量上去了；我们干得很吃力，质量却上不来？

一所学校，办学的决定因素是什么？办学条件的改善固然非常重要，但它是必要条件不是决定因素。如果说办学条件是决定因素，为什么我们的教学质量没有随着办学条件的改善而大幅提高呢？威宁人创造了教育的奇迹，他们的办学条件又比我们好多少呢？我们的办学条件又比他们差多少呢？他们的困难比我们少吗？所以，在办学条件基本满足的情况下，校长的办学思想是学校发展的关键因素、决定因素。学生搬进豪华的教学楼并不意味着接受优质的教育，相反，只要校长的办学思想是先进的，教师的教学方法是科学的，学生受到的教育就是优质的，尽管他们的教室并不豪华。

我觉得我们办学收效甚微的根本原因在于我们的发展模式主要是外延式的而不是内涵式的。也就是说，我们主要是靠拼时间、拼汗水、增加工作量、满堂灌、搞题海战术的外延式发展模式，而不是靠拼智慧、拼方法、增加科技含量、搞课程改革的内涵式发展模式。这种外延式的发展模式、传统的办学方式、老的质量提升方式已经没有多少红利可以释放了。这也说明我们对教育本质的认识还是不够深刻的，对教育规律的把握还是不够全面的。我们一定还有某种优势资源没有有效开发，还蕴藏着非常巨大的潜力没有得到挖掘，还有广阔的发展空间没有最大拓展，还有很多智慧的能量没有得到完全释放，还有很大的干事创业激情没有充分燃烧。如果能把这些短板都补上来，我们还是可以有所作为、大有作为的。这种资源是精神的而非物质的，这种潜力是软实力而非硬件的，这种能量是头脑的而非肌肉的。

说得直白一点，我不是说大家没有思想，我是说大家的思想没有用完、没有用够、没有充分发挥出来，半点都没有否认大家的成就的和能力的意思。恕我直言，我的意思是：我们有许多办学的小聪明，但缺少教育的大智慧。当外部的各种条件基本具备，而我们的事业仍然没有起色，仍然停滞不前，老路已经行不通，老办法已经不管用的时候，就应该反思问题究竟在哪里？我们的头脑是否充分发挥作用？办学思路是否对头？或者是大家的智慧没有集中起来？是不是没有激发出新的动力？是不是没有形成新的正能量？是不是应该走新的路子,想想新的办法？

我认为罗甸教育目前最为稀缺的资源是办学思想,这是我们的硬伤,我们的短板。我说这一点,不只是针对当下我们所缺乏的,也是针对一个校长办学所必需的,更是针对下一步教育的发展所必然的。我不承认我们比谁笨多少,只是说这种稀缺的资源有待开发,办学思想需要发掘,智慧的头脑有待发挥,这是最为可贵的。因为硬件可以用钱买,软实力有钱买不到,谁能买到校长先进的教育思想？谁能买到校长的办学智慧？校长的办学思想就是办学中能够四两拨千斤的那个支点,是办学新动力的激发点,是教育教学质量提升的新增长点。这一点,我比喻成打铁所差的那一点火候,比喻成画龙所欠的点睛之笔,我们不差别人什么,就差这么一点。因为差这一点火候,我们打铁自身不硬。因为缺少这一点睛之笔,我们这条龙老是腾飞不起来。

如果有人满不在乎,不以为然,以为我言过其实、问题远没有我说的这么严重,那我就要毫不客气地提醒这位仁兄,我说的可能恰恰就是你的事,我要说的正是你的这种情况。所以,今天我才要说这样的话题,尽管这样的话题让人感觉不是很轻松,心情不是很愉快。

2. 后发赶超的需要

要改变罗甸教育在黔南的第三梯队的落后地位,罗甸的办学者,罗甸的校长们必须有超人的教育理念,必须有过人的办学思想,必须有高人一招的教学方法。如果只是跟在别人后边亦步亦趋地赶,我们是无论如何也赶不上,无论如何也超不了的,"后发赶超"就是一句空话。在黔南都这样,更不要说在全省全国了。

县教育局提出:"一年打基础,两年成体系,三年见成效"的战略目标,这个目标的具体内容,领导有领导的解读,我的肤浅理解是:这个"基础"更重要的是打下校长先进的办学思想、教育理念的基础,而不只是建几栋大楼、几个塑胶运动场。这个"体系"更重要的是建成一套决策正确,设计科学,流程优化,执行高效的管理机制、办学模式的体系,而不只是下几个文件、出台几个方案。这个"成效",更重要的是形成富有特色、后劲很足、可持续发展的罗甸风格、罗甸气派的优质教育态势,而不只是高考多一些上线人数,中考多几个 700 分、600 分。

3. 谋划未来的需要

邓小平早就要求我们:"教育要面向现代化,面向世界,面向未来"。作为校长不仅要有独特的办学思想,而且其办学思想要能体现时代精神,符合现代化要求,与国际接轨,与未来相通,实现教育治理的现代化。要办这样的教育,如果只是就事论事,见子打子,安排什么干什么,安排多少干多少,那是非常缺乏远见的。一句话,如果你的思想落伍于这个时代,你是永远办不好教育的。

校长要善于从本县本校实际出发,用古今中外最优秀的教育思想来武装我们的头脑,从孔夫子到陶行知,从夸美纽斯到苏霍姆林斯基,都要学习,要用人类最优秀的思想来武装我们的头脑,指导我们的工作。要对教育进行辩证思维和战略思考,能够聆听改革的先声,领会国家教育发展的战略意图,捕捉发展的良机,突破创新的难点,才能办出符合现代化要求,与国际接轨,与未来相通的教育。因此,办学者眼界要再高一点,想法要再新一点,胆子要再大一点,办法要再活一点,点子要再好一点。

二、什么是"有思想的校长"?

人与动物的区别在于人有思想。人与人在生物学意义上并无多大差别,差别在于思想的质量,思想的含金量。思想具有原创性和超越性,思想质量是生命价值的第一标志。

国家提倡教育家办学,教育家就是教育思想家,就是有教育思想的人办学。校长要假设自己是教育家,有思想的校长就是有意识地按照教育家的做法来办学。假如我不是这个学校的校长,而是另外一个教育思想家来办学,比如说陶行知、顾明远、魏书生,他们可能会怎样做?我是不是也像他们那样试一试?能不能以一个大学校长的气魄来办中小学?校长对自己要求高一点,办学水平才能高,对自己要求低,教育质量当然就低。其实教育家多数来自中小学,而大学多数是科学家。

在我看来,"有思想的校长"就是能够拍板敲定办学总基调、明确创新总方针、确定发展总愿景的校长。

(一)办学的总基调

校长乃一校之魂。学校发展需要校长是一位教育家、草根思想家,而不只是执行者,至少也应该是一个有思想的执行者,或者说是领略了国家战略意图的执行者。如果没有自己的办学思想,要实现上级的战略意图也是很难的,就是上级安排的工作也是执行不好的,就谈不上与党中央国务院、教育部、省委省政府、省教育厅等上级保持高度一致。

国家的教育战略意图是什么?就是围绕立德树人的根本任务,坚持德育为先,能力为重,全面发展的教育理念;坚持启发、讨论、参与的教学模式;坚持自主、合作、探究的学习方式;实施分类考试、综合评价、多元录取的考试招生制度。办学思想就是根据国家教育战略意图在本地本校回答"培养什么人""怎样培养人"的具体做法。

　　说土一点,办学思想就是以自己的方式来办学,就是办学上有自己的一套、自己的招数、自己的两下子,并且是符合教育规律、体现教育本质、富有教育创意、比较稳定的两下子,而不只是刻意地作秀或者简单地标新立异,也不是朝令夕改想起什么就干什么。

　　苏霍姆林斯基在《帕夫雷什中学》一书中说:"校长对学校,首先就是思想的领导,其次才是行政的领导。"所以,办学思想就是校长办学的总基调,是学校一切工作的出发点,校长的才华也主要体现在思想的领导、体现在办学思想的领导上。建议教育局检查校长工作先问:"你打算怎样办学"？先听一听校长的办学思路是否清晰,再检查他的工作。先听他怎么说,再看他怎么做。

　　(二)创新的总方针

　　办学思想是校长的领导艺术、管理艺术、创新艺术。办学思想这个总方针,是改革创新的行动指南,要让办学的思路豁然开朗,办学的难题迎刃而解。使工作节奏更快、效率更高、质量更好。科学决策是办学的大智慧,高效执行是管理的大本领,优质成果是创新的大境界。

　　(三)发展的总愿景

　　教育是人学,是思辨的科学,是研究未来的学问,校长要对教育进行哲学思考、辩证思考、战略思考。办学思想要体现一种理想化的教育,是教育的终极目标,教育的理想图景。值得注意的是,流行的办学思想未必是先进的,孔子的"有教无类""因材施教""教学相长"等教育思想虽然古老,但它仍然是先进的,也是较为理想的教育思想。

三、怎样做"有思想的校长"？

　　(一)没有答案

　　任何专家、大师、高人都不可能开出包医百病的灵丹妙药,更何况我这个土包子呢？怎样做"有思想的校长"？说白了,我也不知道,要问你们自己。一百所学校有一百个校长,也应该是见仁见智、百家争鸣、百花齐放。我这里只是个人的一点心得而已。先讲抽象的,再讲具体的。先讲虚的,再讲实的。

　　(二)只有学习

　　要想成为"有思想的校长",学习的强度务必大于时代变革的速度,思考的深度务必大于面对问题的限度,表达的高度务必大于一般人认识的程度,执行的力度务必大于解决问题的难度。

　　举个例子,什么叫"学习强度大于时代变革速度"？当你发现世界在变化,说明你的学习与世界的变化同步。如果你发现世界变化的原因,说明你学习的强度大于时代变革的速度。如果你没有发现世界的变化,不是世界没有变化,而是你的思想没有变化,你学习的强度就小于时代变革的速度。校长要善于发现整个教育形势的变化,教育环境的变化,学生成长方式、学习方法、行为养成模式的变化,现代教学形式的变化,国家教育政策的变化,当代教育策略的变化等等,才能走在时代的前列。

"书到用时方恨少",要主动和有思想的人多交流,包括阅读他们的书。同时,要学会"让专家学者为我读书",学会"站在巨人的肩膀上",专家教授是专门做研究的,他们只是说,而我已经在做了,并且是一定要做成功的。

要学会学习的转化——不只是记住别人的话,要做到眼前看专家说法,心中有自己方案,笔下写自己文章。或者从别人的弯路中找到一条相对的捷径,学会"弯道取直"。学习化时代的文盲是不会学习的人。高效的学习就是把人家讲的赶快消化、赶快忘掉,马上形成自己的思想。忘掉专家的那一套,形成自己崭新的一套,"内化于心,外化于行",这就是学习的最佳境界。"如果不知道巨人的和他的肩膀在哪里,我们就很难做到传承和创新"。不要听的时候非常激动,回来以后动都不动。

育人子弟,善之至也;误人子弟,罪莫大焉。我们面前的孩子,十年二十年后将是社会的主体,哪怕是个农民也不是现在这个样子的农民。他们将是建设国家、建设罗甸的主体力量,"少年强则中国强",从这个意义上说,我们现在做的事情非同小可,我们是在办国家未来的大事。如果我们自己的思想落后于这个时代,仍然沿用陈旧的老办法来教我们的孩子,"以己之昏昏,使人昭昭",不管你有多么爱岗敬业、尽职尽责,在职业伦理上、在道义良知上是有罪过的,徒有校长之虚名而已。所以,校长的办学思想太重要了,请大家不要不以为然,要引起足够的重视。如果说过去我们主要是把精力集中在硬件建设上,那么,我建议从现在起应该把主要精力转到软实力建设、思想建设上。

(三)怎样学习

1. 校长的思想方法(思维方式)——"三思而行"——是什么? 为什么? 怎么办? ——一思把问题找到,二思把原因找到,三思把办法找到。学校的问题是什么? 这些问题的原因在哪里? 怎样才能解决这些问题? 思想家就是"三思"之后的方案优选和优化。我们获得整体的思维方式比具体地解决某个问题更为重要。观念一变,世界全变。"三思而行"的思想方法会让我们获得许多意想不到的发现,是思考一切问题的逻辑。

2. 校长的行动指南——"三法合一"——想法,说法,做法——用自己的语言,表达自己的思想,解决自己的难题。用本地本校的语言,表达本校校长的思想,解决本校办学的难题,这就是罗甸草根教育家应有的风采。

想法:不可能是一个大机会,要学会在不可能中找机会,在别人认为不可能的地方发现新的可能,把不可能变为现实,这就是与众不同的想法。我们现在已经实现的许多东西在当初都被认为是不可能的。不可能就是"不!可能"。

说法:校长要特别讲究说话的艺术,特别珍惜每一次说话的机会。善于把专业术语变成群众话语,让人听得懂,记得住,用得上。不说则已,一说就要有条理,要能数出眼眼,报出点点,要有板有眼,不要婆婆妈妈的。

做法:创新就是旧要素的新重组、旧资源的新整合。资源有限,创意无限,要做到一题多解和多案选优。顶层设计是规定动作,基层创新是自选动作,非禁即许——法无禁止皆可为,要大胆创新。反正已经这样了,老办法不会好到哪里去,新办法也不会坏到哪里去,不如试一试,没准新办法还能走出一条新路子来。

一般人解决的是一难,思想家破解的是两难。就是"巧妇能为无米之炊",有米之炊谁不会做? 还叫"巧妇"吗?

3. 校长的成功秘诀——"三一成功"——唯一,专一,第一——选择别人没有的"唯一"创意,投入别人少有的"专一"努力,达到别人难有的"第一"目标。唯一创意是战略意图,专一努力是执行力度,第一目标是成功标志。(填补空白也是一种"唯一",罗甸教育有许多空白需要大家来填补)

下面是我总结的一个校长应该有的具体做法,叫六个"要有":

(1)要有强烈的创业精神。首先是想当校长,想干一番事业,哪怕仅仅是为了自己的成长,都应该经受创业的磨炼。发扬"人一之,我十之"的贵州教育精神。人生能有几回搏,此时不搏,更待何时。罗甸教育,我们不说谁说,我们不干谁干? 我们的事业还能指望谁来帮我们干? 要有一种舍我其谁的英雄气概。功不必自我居,事必定由我成。用自己的双手亲自把事业做成功比获得什么荣誉都更有意义,更有价值,也更加重要。

要坚决反对尸位素餐、不思进取,大马过得江、小马过得河的混日子心态,这是误人子弟的校长。

(2)要有明确的办学目标

不知道自己明天要到哪里去,就不知道今天该怎么走。办学目标是校长办学思想的具体体现,也是全校师生共同的价值追求和发展愿景。办学目标是大势所趋,人心所向。建议学校进行办学目标大讨论:一年后怎么样? 两年后怎么样? 三年后怎么样? 五年后怎么样? 看看全州、全省、全国同类校,我和哪个学校比? 打算哪一年超过哪个学校? 要坚定不移地把目标确定下来。决不能若干年后江山依旧,像个破落地主。

①目标必须明确。

目标的作用——国家有目标、贵州有目标、罗甸有目标、学校也要有目标。

目标的产生——讨论"未来反求",根据明天的目标,反求今天做什么。

目标的延伸——学校的目标如果能延伸为县教育局的目标,县政府的目标,州政府的目标就再好不过了。

我特别欣赏荔波民族中学的办学目标:"建成中国西部一流的现代化民族中学",不是黔南一流、贵州一流,而是中国西部一流。非此人莫敢出此言也!

②目标必须落实。

目标分解——把目标分解为若干工作任务。

任务落实——把任务落实到若干工作小组。

措施保障——把各项保障措施职责落到实处。

③目标必须突破。

重点要得到突破,难点要得到化解。要制订突破的路线图与时间表。突破的方向——要在教学质量、办学特色、学校文化上有所突破,首先要在办学思想、教学理念、培养模式上有所突破。

常规工作限时完成,重点工作要倒计时完成。教学是核心,质量是生命,要让学校的一切资源都流向教学,为教学服务。集中优势兵力在重点难点和关键环节上实现突破。要一个战役一个战役地打,一个堡垒一个堡垒地攻下来。同时还要学会开辟第二战场,进行二次创业。总之,思想要讲高度,执行要讲力度,突破要讲速度。

复杂的事情暂时做不了,简单的事情可以先做一做。要钱的事情暂时做不了,不要钱的事情可以先做一做。比如训练养成学生一个文明习惯,其实也并不复杂,把很简单的事情做到最好就是不简单,就是了不起。又比如说搞好环境卫生其实也花不了几个钱,如果我们把环境卫生工作做到彻底、做到极致、做到无可挑剔,那么,教师的修养、学生的素质、学校的风气、育人的品格、教育的智慧、办学的水平等要素都在其中展现出来了。小改变会引发大转变,学风的转变;重点突破会带来大发展,教育的发展。

(3)要有人文的管理风格

①善带队伍的管理。团队精神的核心是合作,可以采取要素管理、程序管理、扁平化管理,用合作的方式把一个参差不齐的队伍带成一个能打硬仗的队伍,大家愿意和你抱团一起干事业,形成强有力的团队。要制定教师工作评价机制,重在教学方法的革新优化上进行评价,推出品牌教师,校长手上要有牌。带队伍比建大楼更重要,清华大学老校长梅贻琦说:"大学之大非大楼之大,乃大师之大",

要高度重视教师培训培养工作。再穷不能穷观念，不能穷眼界，不能穷素质，不能穷学问。（要设法组织老师们外出考察学习，既能让大家开眼界，又不能违规，还要得到点赞，决不能让我们老师的见识连打工仔打工妹都不如）。

　　②超越制度的管理。要懂得法理和伦理的关系，把法治与德治结合起来，既要依法治校，更要依德治校。中庸之道是两个极端之间恰到好处的最佳办法。要体现人性化、充满人情味的管理，就是人心的管理、思想的管理。"万物为我所用而非我所属"。要搞五湖四海，不搞家天下。千万不要把校长当着官来做。要知道面子是别人给的，脸是自己丢的。校长要有骨气，但不要有霸气，不要过于强势。不要搞亲亲疏疏，拉帮结派、小圈子，也不单是用签到签离方式把人管住、管死。对于教职工，要有意识地若即若离，过于亲近的身边人要适当保持一定距离，对于弱势群体和一线职工要找机会靠近他们。超越制度的人性化管理充满着人情味的温馨。我们应该把人管活，充分调动人的积极性、主动性、创造性。

　　③教育思想的管理。有人说，管理的关键是执行力。其实不然，行动是源于思想的，思想力产生领导力、执行力，高效的执行力来自办学思想。三流校长管事，像个大总管，这是事务型的校长。二流校长管人，像个官员，这是行政型的校长。一流校长管思想，像个哲学家，这是智慧型的校长。超一流校长管信仰，像个艺术家，这是领袖型的校长。

　　我一直以为，常规工作应该由中层机构去执行，校长只做校长职责范围内的事，不做副校长、业务主任和一线教师职责内的事。该干什么不该干什么要理出一个头绪来，搞一个"周行事历"。校长忙的时候要想一想是不是分工不明确，自己干了应该是别人干的事，而自己分内的事又没有干好，甚至根本没有去做？校长职责内的事校长本人不去做，还能指望谁去做？没有任何人能帮你做。所以，分工明确，各司其职，各负其责是很关键的。

　　可以用控制论原理来进行管理，叫"管理控制论"，要求中层反映问题的同时要提交解决这个问题的方案，这样，校长的事就会越来越少，中层干部就会越来越成熟，因为能提出解决方案的一般不会来找你。（同样，我们向上级领导反映问题也要同时提交解决这个问题的方案）。

　　要善于从日常事务中摆脱出来，做"例外"的事——专门思考学校的发展。校长最好"无事可做"，只在校园内踱方步、想问题。（我不是教唆你们不干工作，我可负不了这个责任）。"无事可做"才能产生思想、产生智慧。一天忙于事务、疲于奔命就没有时间思考。"忙"字就是"心亡"，庄子说："夫哀莫大于心死，而身灭亦次之"。校长的"事"，就是"思"和"想"，就是想出教育最需要办的事让别人去做。教师素质如何提升？教学质量如何提高？学生怎样成长？学校怎样发展才是校长职责范围的事,才是校长的正事、分内事、校长的大事。要有一点运筹帷幄决胜千里的气度。

校长还要善于做教育思想的讲座,就是校长要以什么样的教育思想来办学,要和老师们讲清楚,就像现在我跟大家说的一样——"怎样做有思想的校长",要形成大家的共识。办学思想不只是说在嘴上,写在纸上,挂在墙上。要让校长的办学思想体现在学校办学的每一个环节、每一个细节之中,成为全体师生的价值追求、思维模式和行为习惯。

④科研导向的管理。以教师专业成长为目的,组建学术团队,开展课题研究。科研导向要出两个成果:一是探索行之有效的富有特色的办学模式,提高教学质量;二是培养一大批成梯队成长的骨干教师队伍,推出品牌教师,形成品牌效应。没有科研的教育,没有实验的教学,没有课题的教师,这就是落后教育的真实写照,也是目前我们的普遍现象。

其实,教育无处不在,无时没有。校园里事事有学问,处处有科研。打扫卫生是学问,不吃零食有科研,课堂教学就更不消说了。校长要有科研的头脑、科研的意识,把工作当做学问来做,把问题当做课题来做,有意识地把常规工作置于科研机制中来实施,形成科研常态和学术风气。我有一个梦想,什么时候我们校校有科研,班班有实验,人人有课题,那么,我们教育的春天就真正地到来了。

⑤开放合作的管理。家校互动、集团办学,与科研院所合作、对外交流、请进来、送出去。(比如一中与北京八十中,二中与江西的"导学案",班仁中心校的"梦想课堂",广州天河区帮扶,华南师大支教等,但是太少了,直到现在我们全县还没有一个外教,瓮安中学二十年前已经建有"外教楼"了)。

大家知道,中国的发展是靠改革开放取得的。农民伯伯种果树都知道通过嫁接的方法改良品种提高产量,我们为什么不可以和优质教育资源嫁接起来,改变教学方法从而提高教学质量呢?我们为什么还要故步自封、闭门造车呢?县领导指出:"改革不够、开放不够是罗甸发展的软肋"。我们要充分利用外来要素与本地优势资源相结合,促进我们的发展。

我们是否可以和有关高等院校、科研院所长期合作,把学校办成他们的科研基地,在专家的指导下带出教师科研团队,出教研成果,从而提高教育教学质量。

我们是否可以承办全省、全国的教育学术研讨会?是否可以加入全国全省学术组织俱乐部?某所中学或小学能否举办全州、全省教育专题现场会?在学术方面,我们是否可以做到第一年跟着跑,第二年一起跑,第三年领头跑?

(4)要有儒雅的人格魅力

①非权因素魅力。校长人品要好,能力要强,德才兼备,公道正派,廉洁奉公,

平易近人,平凡不俗。关注边缘群体、弱势群体、一线群体,对全体师生员工都一视同仁。既不脱离群众,和群众打成一片,又不混同于一般老百姓。既生活于世俗之中,境界又高于世俗之上,最好是德高望重的自然领袖,就是你当不当校长都有这个影响力。

②教育学术魅力。我的观点,校长不一定都要上课,但一定能上课,而且是优质课、示范课。校长是老师的老师,要有较高的学术素养,能够对所有教师进行通识性的教育教学指导。校长应该是思想的导师,精神的教练,人格的楷模。校长的人格魅力是校长自信的理由,否则,你何德何能,如何服众?凭什么受人尊重?凭什么要人家听你的?

③社会活动魅力。有较好的公关交往能力和开发领导层的能力,善于把自己的目标延伸为上级领导的目标。同时有一定的社会公众影响,不仅要影响这个学校,而且要影响一定范围的社会,有一定的社会声望,最好有一些社会兼职。

(5)要有厚重的学校文化

学校是培养未来社会公民的地方,应当是理想化社会的样板,应当与现实社会拉开一定的距离,有一点乌托邦。教育是审美文化,要对教育进行美学思考。美感是非常重要的教育资源,学校文化要有美的元素,好的教育一定同时是美的享受。校长要懂一点教育美学,懂得教育的美学价值,要用审美的眼光来检验我们办学的每一个细节。校长把教育办成一种美的享受,教师把教学当做一种美的享受,学生把学习当做一种美的享受,这就是教育之美的最高境界。如果学校和社会一个样,老师和普通老百姓一个样,那么,学生到学校学什么?学生向老师学什么?

①制度文化。依法治教、学校章程、各种制度、校训、校风、教风、学风等。建议制定"学校章程"——学校办学的根本大法。撤掉"政教处",改为"学生处"或"学生服务中心"。

②标志文化。校徽、校旗、校歌、雕塑、永久性标语、校园景点等。建议有三个旗杆的学校,小学的中间是国旗,左边是队旗,右边是校旗。升国旗唱国歌,升队旗唱队歌,升校旗唱校歌。中学的中间是国旗,左边是团旗,右边是校旗。升国旗唱国歌,升团旗唱团歌,升校旗唱校歌。

有些学校有孔子雕像,这是取之不尽用之不竭的教育资源,要充分利用这个资源进行儒家文化的教育,中华传统文化教育。不要让它成为一个摆设,让孔老夫子为你们守校门。

③视听文化。中外名画,中外名曲,广播站、电视台、校园网;学校形象策划、校园音乐开发等。建议所有学校和幼儿园把音乐教师集中起来,把校园课间音乐

作为一个课题来研究,进行校园音乐软件开发,能不能在小学阶段把中外少儿名曲听一听,中学阶段把中外古典名曲听一听。美的教育是在熏陶中潜移默化地陶冶人的情操的,是妙不可言的最高境界的教育,我们的学生什么时候才能享受到中外名曲名画这种优质教育资源的侵染和熏陶呢?

④校史文化。校史陈列室、校友档案、历届学生作品等。建议新生入学教育要参观校园,进行校史教育、学校光荣传统教育、学校办学思想教育,培养学生热爱母校的感情,从而培养热爱学习的兴趣。

⑤社团文化。组建教师社团、学生社团(科技社团、艺术社团)若干,并将学校社团加入全国同类社团俱乐部或大联盟,成为全国社团的分支机构。

⑥活动文化。大课间、运动会、艺术节、各种仪式、典礼、辩论、交流等。建议所有小学搞"开蒙仪式",中学搞"成人仪式"。人生要经历许多仪式,教育要有仪式感,在升旗仪式上要大声宣誓,培养学生震撼天地、气吞山河的坚强意志和英雄气概,用仪式激发他们的精气神。逢亭中学的大课间是老师和学生一起跳,建议可以再提炼一下;一小的开蒙仪式也很不错,还要进一步完善。

⑦课堂文化。三流教师教知识,这是知识课堂——教教材知识点;二流教师教方法,这是能力课堂——用教材教课程;一流教师教思想,这是智慧课堂——用学科思想教课程体系;超一流教师教信仰,这是自由课堂——自我构建学科思想。(关于教学,我另有论述,这里没有时间展开)

⑧特色文化:现代乡村教育的特色、样板、品牌。比如建植物叶子、种子、昆虫标本室,民族歌舞进校园,民族美德养成教育,民族文化元素教育,编写乡土教材、办校刊,乡村民风民俗民居调查等,办出乡土味道的教育,办出罗甸版的乡村教育。比如说我们民族中小学如何体现"民族"二字,是值得我们认真研究的。

目前,我们办学的通病是同质化办学,同质化竞争,其结果是千篇一律,千校一面。特色办学是差异化办学、差异化竞争的必由之路,办出地方特色又有现代风格的教育应该是校长办学追求的目标。

(6)要有成才的学生风采

学生是学校存在的理由,学生好,学校才会好。要树立"学校所做的一切都是为了学生,学生是学校的主人"的办学思想,把学生放在心上,把心放在学生身上。要基于学生视角设计学校生活,基于学生的视角策划学校活动。建议尽可能扩大学生管理的自主权,让学生参与学校的管理、主持学校的一系列活动,尽量把学校的部分活动、甚至部分工作交给学生社团去做,既减轻了老师的工作负担,又锻炼了学生的能力。学生主持活动可能出错,那是可爱的错。老师主持活动出错才是丑陋的错。学校本来就是学生出错的地方,要大胆放手让学生在错误中去锻炼成长。

①行为习惯风采。所有办学成果都要体现在学生身上,让老百姓一眼就能看出是这所学校的学生,因为只有这个学校的学生才有这样的行为习惯。要知道,学生养成良好的生活习惯、学习习惯、行为习惯是比考试分数更为珍贵的教育质量,反过来说,有了良好的学习风气难道考试不好吗? 所以,小习惯有大学问,要小题大做。

②各种才艺风采。参加各种全省大赛、全国大赛能获奖,参与国际交流。一定要设法组织学生走出大山,走向全国,走向世界。

③学习成绩风采。好的学风是一种另类的质量,不只是考试分数。学习风气好,学习成绩就自然会好。

④美与英雄风采。美是重要的教育资源,学校不只是环境要美,学校的美主要体现在学生身上。追求文静优雅之美,青春阳光之美,时代精神之美。学生崇拜英雄人物,养成浩然之正气。

说到这里,意犹未尽,怎样做有思想的校长,我想通过六祖慧能的故事再说一下,看看大家是否有所启发。

禅宗六祖慧能,生于公元 638 年,广东岭南人。从小卖柴为生,幼年时没有机会读书。

某次,忽然听见门外有人念金刚经,打动了慧能的心,于是他辞别了母亲,出家到湖北黄梅山参拜五祖弘忍学佛。弘忍问他:"你是哪里人,到这里来做什么"? 他回答:"弟子是岭南新州人,此来拜您为师,是为了要成佛,别无其他目的。"弘忍说:"你从新州来,是南蛮之人,如何能成佛"? 慧能说:"人虽有南北之分,而佛性岂有南北之别,我的形体虽与您不同,但我们的佛性又有什么差别呢?"弘忍接着便派他到后院去做碓米的工作。

慧能在黄梅一晃就过了八个月。这时候,弘忍觉得传法的时机已到,便召集弟子们训话说:"你们应从自己的心中去发智慧,再把所证悟的写成偈子,给我看看,如果谁真的已经悟道,我便把衣钵传给他,做禅宗的六祖。"

神秀诗:"身是菩提树,心如明镜台。时时勤拂拭,莫使有尘埃。"

慧能诗:"菩提本无树,明镜亦非台。本来无一物,何处惹尘埃。"

神秀的拂尘看净,渐修成佛已经不易,而慧能的明心见性,顿悟成佛却更为可贵。五祖还是把衣钵传给了慧能,成为禅宗六祖,他开启了一个佛教新时代。

研究任何事物,我们应该具有明心见性,顿悟成佛的思想品质。我学佛是为了研究人学,研究哲学,研究教育。我因此写了《学佛偶得》:

"神秀修行好,慧能境界高。若要识佛性,参悟须空了。"

"参悟"即"参禅悟道",就是研究事物,解悟道理,认识真理。

"空"是佛教的一个概念,"空"不是"没有",空性即佛性,"空"就是"佛"。只有佛,没有其他任何杂质叫"空"。

"了"就是"完","全",就是"透彻",就是发现事物的本质,发现真理,从而把握事物的规律。"空了"才具有佛教所说的"慧根"。

校长应该有教育的"慧根",有了"慧根"才能感悟这个世界,才能有教育的悟性、教育的慧眼,才能成为有思想的校长。

我以为,校长要具有教育"空了"的"慧根",应该排除一切功利性的东西,一切私心杂念,一切犹疑顾虑,一切名利得失,对教育有宗教般的虔诚,忠诚党的教育事业,直奔教育本身,直奔办学本身,你才能发现教育真理,才能把握教育规律。如果你一事当前考虑的是考核指标,业绩排名,评优晋级,甚至个人的什么好处,那你是无论如何也发现不了真理的,就不可能是一个有思想的校长。如果我们是一个真正的教育家在办学,每一个校长的办学思想都闪耀着教育的智慧光芒,没有任何一个办学中的问题能够难倒我们。

我以为,校长的教育"慧根"就在于要有强烈的创新意识,有先进的办学思想,有高雅的人格魅力,有人文的管理风格,有理想的育人情怀,善于发现,勇挑重担,敢于担当,负重前行,就能以罗甸教育人特有的办学思想和高效的执行力度,走以改革创新为主导的教育发展之路,八仙过海各显神通,化腐朽为神奇,办出罗甸特色、罗甸风格、罗甸气派的教育来。用我们的智慧,画上点睛之笔,让罗甸教育这条龙腾飞起来。

今天我在这里讲的,不是要展示我多么会做讲座。如果要展示,我会到外地去展示,到学术论坛上去展示。一个马上就要退休的人,犯不着在大家面前张扬什么讲课的水平。今天,我很认真、很卖力地在这里说这么多,用意何在?就是希望大家振作起来,行动起来,把我们罗甸的教育办好。这就是我的良苦用心所在!希望大家能理解到。罗甸教育,就拜托你们了!

李白有诗云:"行路难,行路难,多歧路,今安在?长风破浪会有时,直挂云帆济沧海。"罗甸教育,像一艘巨轮已经起锚远航,我们期待它早日抵达对岸。罗甸教育,犹如一轮朝阳已经冒出了地平线,我们期待它的霞光万道,期待它的灿烂辉煌。

追求卓越　拒绝平庸

——2016 年罗甸县教育系统"道德讲堂"总堂演讲

时间：2016 年 9 月 30 日下午 15∶00 点

地点：县委宣传部办公楼五楼会议厅

听众：全县中小学校长、幼儿园园长

各位校长、园长：

受教育局领导的邀请，很高兴有机会和同志们见面交流。我已退休一年多，"一日不见如隔三秋"，现在看到你们，感觉很亲切，心情很愉快。

我们处在一个伟大的时代，我们的教育事业处在发展的重要节点上。今年是黔南建州 60 周年，州教育局邀请我参与编写《撑起一片蓝天——黔南州 60 年教育回眸与展望》，我在前言部分写有这样几句话："如今的黔南，最漂亮的建筑是学校，最靓丽的风景是校园，最亲切的表情是教师，最动人的微笑是学生。'不让一个孩子因家庭经济困难而失学'成了全州的共识，'校校有食堂、人人吃午餐'成了诱人的场景，'进得来，留得住，学得好'成了学校的愿望，从'有学上'到'上好学'成了群众的新期盼"。黔南教育是这样，罗甸教育又何尝不是这样呢？

罗甸教育，在我看来，纵比成绩很大，横比差距不小。罗甸教育的发展如何？质量怎样？影响的因素固然很多，但最关键的因素是教师教的怎样？校长管的如何？校长又是关键的关键。"有一个好校长就有一个好学校"这句话一点不假。校长是带队伍的总指挥，这个队伍能不能打仗？打硬仗？打翻身仗？关键的关键要看校长，看校长怎样带队伍？看校长的状态如何？从这个意义上说，罗甸教育的成败盛衰全系于校长，就看校长们怎样办学？尤其是校长自身的状态怎么样？就是说，我们的校长群体，是积极进取、追求卓越、充满生机活力的战斗团队，罗甸教育就大有希望。反之，如果我们的校长是一群消极应付、萎靡不振、无所作为的平庸之辈，那么，罗甸教育就希望不大。

在座的各位是罗甸教育的精英。不可否认，过去，我们的教育事业取得了很大的成就,与各位的努力是分不开的,功不可没,其中也不乏佼佼者。然而,如果从更大的目标、更高的标准来要求的话,我们仍然还有很大的提高空间,还需要继续努力,尤其是中生代、新生代的校长们。老校长经验丰富但要克服后劲乏力,中年校长比较成熟但要防止"高原现象"(什么都见过了,见多了,"东京也无非是这样"),青年校长充满激情但要避免盲目冒进。

基于一种"欲穷千里目,更上一层楼"的进一步提高的愿望,今天我要和大家交流的话题是"追求卓越,拒绝平庸",向大家汇报我学习和思考的肤浅认识,与大家共勉。那么,怎样才能做到追求卓越,拒绝平庸呢?

思想要新

校长的思想要新,才能跟上时代的潮流。我们不能用陈旧的、僵化的、教条的思想去教育新时代的学生。怎样做到思想要新呢?

一要纳新

"吐故纳新"这个成语出自《庄子》,形容人每时每刻要呼出废气吸纳新鲜空气,才能形成旺盛的生命力。我说的"纳新",而且放在第一条来讲,就是强调学习的极端重要性。校长要广泛吸收新的东西,新时代有新东西,就是传统经典也有新东西,或者说,在传统经典里发现新东西。

人不学习是一件十分悲哀的事情。我经常说,校长要成为首席学习师,首席阅读师。从孔夫子到陶行知,从夸美纽斯到苏霍姆林斯基都要学习,要用古今中外最优秀的思想来武装我们的头脑。此外,我们这个时代,新知识、新技术、新观念、新思想层出不穷,校长就更应该加强学习了。要练就"眼前听专家说法,心中有自己见解,笔下出创新方案"的学习效率。不知道巨人和他的肩膀在哪里,我们就很难做到传承和创新。

校长加强学习,善于学习,才能使自己视野宽、眼界高、志向大,敢于"弯道取直",在巨人的肩上跳舞,探索出自己的办学路子来,干出不同凡响的业绩来。这样,做工作才有诗情画意,干事业才有滋有味。不至于就事论事,见子打子,一天穷于应付,或无所事事,无聊透顶。

二要更新

思想更新的关键就是反思,通过不断的反思达到思想的更新。汤之盘铭曰:"苟日新,日日新,又日新"。在今年的两院院士大会上,习近平主席用这句话勉励两院院士。《论语》:子曾子曰:"吾日三省吾身。与人谋而不忠乎?与朋友交而不信乎？传不习乎"？这些古训都在说明思想更新的重要性。

反思是思想更新和进步的动力。两个同时参加工作的老师，在平时工作中，一个没有反思，另一个经常反思，三年以后其结果是完全不一样的。这就是为什么同在一起工作，一些人很优秀，一些人很平庸的缘故。聪明人善于下苦功夫。勤于学习、善于反思的人就很优秀；不愿学习，不去反思的人就很平庸。

校长要具有反思的思想品质。既要对我们的工作进行宏观上全方位、全过程的反思，又要能够进行微观上每个程序、每个细节的反思。从反思我们的办学思想、学校文化、教学管理到学生行为规范的养成、环境卫生管理、后勤保障管理、甚至某一个活动的具体方案、某个会议的具体议程等等，都要进行反思，想一想还有什么问题没有？怎样做到最优化？如果是一个教育家在办学，他会怎么做？而我又做得怎么样呢？能不能做得更好一点呢？有些问题是需要反复琢磨、反复推敲的，有时候还琢磨推敲到睡不着觉的地步。琢磨推敲多了，灵感就来了，"山重水复疑无路，柳暗花明又一村"，我们的思路就豁然开朗了。

思想更新还意味着坚持正确的，改正错误的。坚持正确的要有勇气，改正错误的更要有勇气。我们要经常反思自己身上的毛病，要以"壮志断腕"和"刮骨疗毒"的精神，坚决改掉我们自身的缺点错误，不断改进工作中的失误，果断地克服原有的陈规陋习，使工作效率更高、质量更好。

三要创新

我们国家正在实施创新驱动发展战略，要建设创新型国家。因为教育事业的基础性、先导性作用，我们的教育，也必须是创新型教育，更要实施创新驱动发展战略，在大众创业、万众创新的今天更是如此，否则，要建成创新型国家就是一句空话。

创新不是时髦的刻意追求，而是形势所迫的唯一选择。世界上没有一劳永逸、包医百病的固定模式。当原来的老路已经走不通，原来的老办法已经不奏效，创新就是唯一的出路。从"中国制造"走向"中国创造"就是这样的一条路。当我们大家都拼了老命地工作而教学质量却仍然没有提高、教育没有什么起色的时候，我们是否应该考虑寻求新的出路呢？何况，世界在变，教育在变，我们难道不应该求变求新吗？教育必须在脱胎换骨中转型发展。

创新的关键在于原创力。原创力来自自然本源，是一种对事物规律性的把握方式，一种对世界和人生领悟的新视角，一种新生命形式的艺术显现。原创力有其不可复制性和排他性，它是新鲜的，独特的，又是反对平庸、陈旧和重复的。

校长在办学思想，教学管理，学校文化等方面要有创新的原创力，走创新转型的内涵发展之路。当校长们在教育改革的探索中出现颠覆性创新的时候，教育的奇迹就产生了,我们就是创造奇迹的人。

能力要强

重量不等于力量,颜值不等于言值,有财不等于有才,这是人生的不等式。作为校长要有很强的领导能力,是个小小的思想家、教育家,草根教育家。我的理解是校长一定要做教育行家,教育专家,最好是教育大家。

一是做行家

俗话说干一行爱一行,干一行钻一行。我们是干教育这一行的,这一行的基本规律我们要懂。要懂行,做内行,讲行话。《礼记·学记》曰:"君子既知教之所由兴,又知教之所由废,然后可以为人师也"。既要知道教育为什么成功,又要知道教育为什么失败,然后才可以做别人的老师。

每一行都有本行一系列的专业词汇,熟练掌握和灵活运用这些词汇,才是教育内行。校长应该是教育的行家里手,不能是教育的外行,切忌说外行话。我原来爱和大家开玩笑,经常给校长们画像:

三流校长管事务。你看他把学校所有的钥匙都管着,一大串,甚至好几串,但哪一把钥匙开哪一把锁也不清楚,半天都开不来。什么人都不信任,什么事情都找校长。上面安排什么就干什么,上面说怎么做就怎么做。没有工作计划,没有工作目标。没有点子,没有思路。一天忙得晕头转向,但什么事都没有办好,这是事务型校长。

二流校长管行政。他把校长当做官来做,经常夹起一个小皮包,俨然官场上的小政客。他认为他是来管这些老师的,这些老师就必须服他管,谁不听招呼就设法整谁。学校也有规章制度,但校长充其量就只起到一个严格监督的作用。

一流校长管思想。就是先进的办学思想,并把这种办学思想转化为全体师生的价值追求和自觉行动,这才是我们说的真正的行家。如果不是行家办学,很可能会闹出许多教育的笑话。

二是做专家

我所说的专家不是学院式的,而是能够解决办学实际问题的人,就是所谓的草根教育家。换句话说,就是要从专家的角度来办学,以专家应有的方式来办学。校长首先要有办学思想,再把办学思想转化成学校文化、教育文化,最后变成校长的教育艺术,变成全体师生的价值追求和自觉行动。

校长要善于从本县本校实际出发,用古今中外最优秀的教育思想来武装我们的头脑,指导我们的工作。要对教育进行辩证思维和战略思考,能够聆听改革的先声,领会国家教育发展的战略意图,捕捉发展的良机,突破创新的难点,才能办出符合现代化要求,与国际接轨,与未来相通的教育。

办学思想不是抄袭来的,而是根据党的教育方针的要求、古今中外优秀教育思想和先进教育理念、学校原有的文化底蕴、学校的办学现状、当代教育发展趋势以及校长对教育本质的认识和理解提出来的,并且让全体老师讨论达成共识,形成学校办学倾向,形成学生的核心素养。

办学思想就是校长以什么样的方式办学,要以自己的招式来办学,要有那么几招,自己的几下子,形成独特的办学模式和学校文化。要提倡文化立校,文化兴校,文化强校,走创新转型的内涵发展之路。

三是做大家

当前,国家提倡教育家办学,所以校长要有思想家、教育家的思维,眼界要高,志向要大。要有大家思维,做事要大气。像陶行知先生那样:"为一大事来,做一大事去"。我们现在所进行的工作,说小是学校工作,说大是国家的工作,因为学生是国家未来的中坚力量,我们的事业关系到国家未来的事业。

教育是人学,是思辨的科学,是研究未来的学问,校长要对教育进行哲学思考、辩证思考、战略思考。办学思想要体现一种理想化的教育,是教育的终极目标,教育的理想图景。校长应当是小小的草根哲学家、思想家、教育家。

有一句诗"不畏浮云遮望眼,只缘身在最高层"。所以,校长的视野要高一点,要有一点大家的风范。就是思考问题从大处着眼,不是小肚鸡肠,办事情要大方,重要的是要有品质、品位,要有风范。

小学在乡镇就是文化的中心,校长站在校园中玉树临风,符合人们对教育家的想象。陶行知说过"乡村学校应该成为乡村文化的中心,乡村教师应该成为乡村文化的灵魂"。校长要能开一方风气之先,谁来引领罗甸教育的风气之先? 谁来办出罗甸特色、罗甸风格、罗甸气派的教育? 就是具有罗甸教育情怀的草根教育家们,希望寄托在各位的身上。

贡献要大

我们每个人都应该有贡献,一校之长,更要有大贡献。《左传》:"太上有立德,其次有立功,其次有立言,虽久不废,此之谓三不朽"。谦谦君子的校长,一定要能立新时代的德,新时代的功,新时代的言。

一要立德

十八大报告是中国共产党最高水平的文献,报告把立德树人作为教育的根本任务,从传统文化和现代教育的使命来说,这是教育的最高智慧。校长,一校之长,是学校的灵魂,是老师的老师,学生的楷模,校长的德是能否胜任校长的前提条件。校长之德不立,何以育人?何以树人?

校长要以德立身,以德治校,以德服人。校长的德,是校长的人格魅力之所在,形成校长的人格风范。校长的德,要让同行由衷地佩服,教师自然地尊敬,学生崇拜地爱戴。

2012年教育部制定了《校长专业标准》,规定了对合格校长专业素质的基本要求。比如"以德为先、育人为本、引领发展、能力为重、终身学习",这五个基本理念明确了校长的道德使命、办学宗旨、角色定位以及专业发展的实践导向和持续提升要求。同时,又明确了六项专业职责,即"规划学校发展、营造育人文化、领导课程教学、引领教师成长、优化内部管理、调适外部环境",体现了倡导教育家办学的要求,得到了理论界和实践界的广泛认同。

关于怎样立德,我从四个方面来理解,"个人品德求善,以善修身。家庭美德求和,以和齐家。职业道德求忠,以忠治国。社会公德求礼,以礼平天下"。中国传统文化里的"国"和"家"是联系在一起的。学校就是一个小国,校长治理小国不是搞独立王国。平天下不是踏平天下,而是用礼去摆平天下。失礼不能平天下,平天下才能左右逢源。校长之德还不只是一个人的德。校长的德,要能引领一方风气之先,在一个地方德高望重,要有社会影响力。所以,我们每个校长师德要好,才有一定的社会影响力,在社会上有名气。校长的名气对学校办学是非常有意义、有价值的。

二要立功

校长要为教育建功立业。育人子弟,善之至也。误人子弟,罪莫大焉。责任重大,使命崇高。校长要胸怀大志,心存大我,撸袖加油,勇挑重担。人生能有几回搏,此时不搏,更待何时? 要有一种舍我其谁的精神。要在别人认为不可能的地方做出可能的事情来,把不可能变为现实,这才叫创造奇迹。在平凡的岗位上干出非凡的业绩来,为人民建功立业,才不愧为一校之长。

校长要干大事,立新功。也就是说不要吃老本,一定要有自己的成绩。如果每一位校长都能在学校文化方面、教学管理方面,在自己的任期内做出一番事业来,那么,我们整个罗甸的教育就有希望了。有的时候无名英雄也要做,功不必自我居,但事必定由我成,"待到山花烂漫时,她在丛中笑"。

大事做不了,小事也要做。校长任期内学校发展的目标应该一年一个样,这样功劳就很大。要钱的事做不了,不要钱的事把它做好。复杂的事做不了,简单的事情也要做好,哪怕栽几棵树,多年之后回去也有成就感。我们能把教学质量大幅度提高,这是立了大功。当然立大功更好,如果做不到,也要有某方面的成就感,也要有所收获。千万不要若干年以后江山依旧,像个破落地主。

三要立言

第一,校长要有即席演讲的能力。这一点我要重点地和大家交流。校长要特别注重语言表达能力的培养。我听说有些校长开一个简单的小型会议都要办公室给他准备会议主题词,没有主题词会就无法开了。同志们,这样的事已经是"教育丑闻"了,我们还不感到羞耻吗?校长必须有会议即席发言的基本功,对学生即席演讲的基本功,校长和学生交代事情最好不要用稿子。校长汇报工作必须用普通话,最好不要念稿子。对学校的一切情况要了如指掌,说出来要如数家珍。

第二,校长要有撰写不同文体的能力。写文章是校长的基本功。校长要能写不同文体的文章,要能写调研报告、可行性报告、教研论文、教育随笔等等,而且校长的文章要有自己的风格。专家型的校长和教育名师很大程度上是写出来的。什么东西都交给办公室去写,这是很不好的官僚作风和坏习惯。我们的队伍里要有很多能写文章的教师和校长,要有更多的特级教师,罗甸教育才有希望。大型学校要有名师,要培养能写的名师,要有名师效应。

第三,校长要有著书立说的能力。如果我们罗甸有很多教育专著,这也是罗甸教育的一方面成果。我们现在写的专著,若干年后后人研究我们是怎么做的,价值就出来了。我建议我们农村一线的教师、一线的校长最好不要去写什么"高大上"的所谓论著,一般而言,你没有大学教授写得好。我建议写我们自己的学习,自己的工作,自己的教学,自己的学校,自己的生活,这样才实在,才更有价值。比如我写的《教海逐浪——农村教育探究》,虽然写的是我对罗甸教育的思考,但是,这难道不是对贵州农村教育、中国农村教育的思考吗?

总而言之,我对罗甸的教育充满信心。唐代的诗人杜审言有诗曰:"莫道今年春将尽,明年春色倍还人。"只要我们追求卓越,拒绝平庸;不忘初心,继续前进,我相信我们罗甸的教育一定会百尺竿头更进一步。谢谢!

课堂教学三境界

——在沐阳中学的演讲
（2017 年 7 月 12 日上午）

各位领导、各位老师，大家早上好！

　　看到你们很亲切，又有机会和大家一起交流，我很高兴。上一周谭校长打电话给我，要我来沐阳中学做一个讲座，我爽快地答应了。谭校长安排的作业我一定要完成，至于及不及格我就不知道了。

　　我退休已经两年多了，退休之后一不会打麻将，二不会钓鱼，那怎么办？好在我长年养成了读书学习的习惯，一天不读不舒服，一天不写不自在，才得以充实我的退休生活，否则还不知道怎么打发日子呢。

　　退休以后，有的是时间。我把以前没有想清楚的问题再认真地思考一遍。比如说，学习是到底怎么一回事？教与学究竟是一种什么关系？课堂教学如何策划、组织才是有效、高效的？我教了四十年的书，说老实话，这些问题还是没有搞清楚。我把这些问题重新梳理了一下，理出一点头绪，今天拿来和大家一起研究、探讨，希望能起到一点抛砖引玉的作用，还请各位批评指正。

　　我经常琢磨，我们当教师的，如果能把学习是到底怎么一回事？教与学究竟是一种什么关系？课堂教学如何组织策划才是科学的、有效的、高效的等问题搞清楚的话，那么，我们这个教师就当得很实在、很到位、很名副其实。就不至于老师教得那么累，学生学得那么苦，而学习效率仍然那样低下，教学质量仍然不高。反过来说，如果这三个问题搞不清楚的话，那么我们的教学就依然还是盲目的、稀里糊涂的。今天我把这些问题拿来这里讨论，并不是说我已经思考成熟，而是我认为这些问题特别重要，是教学的核心问题，办学的核心问题。

　　课堂教学是教师工作最核心的部分，我们把这个最核心的部分弄清楚了，我们的工作就会迎刃而解、事半功倍。今天我与大家交流讨论的话题是："课堂教学三境界"。

话题缘起：三个基本判断

在展开我的话题之前，我们先搞清楚三个基本的判断，即课堂是什么？学习是什么？教师是什么？对这三个问题有一个基本判断，再转入正题。

关于课堂

课堂是怎么一回事？课堂起源于什么时候？我们知道，孔夫子在两千多年前就有很完备的课堂。打开《论语》这部书，里面有许多课堂上师生对话的精彩场景。不同年龄、不同出身、不同性格的人同在一个课堂进行教学。这种教学模式一直延续到清朝末年废除科举、实行癸卯学制的时候。《儒林外史》里描写的"范进中举"就是封建社会科举制度下学生求学经历的典型代表。就是到了民国时期，也还有私塾这样的课堂。

英国工业革命以后，捷克大教育家夸美纽斯创立了现代课堂，按照工业化的要求，把相同年龄的人编成班级，形成班级授课制。德国哲学家、教育家赫尔巴特在班级授课制基础上创立了"五步课堂教学法"。苏联教育家凯洛夫把"五步教学法"进一步规范化，就形成了现代课堂教学法。新中国成立后的课堂教学就是学习照搬苏联的课堂教学模式的。就是现在，我们的教育体制都还能看到苏联教育模式的影子，最典型的例子是教育机构中的教研室制度。中国的教研室在教育事业中发挥了巨大的作用，功不可没。

由于科技发展的日新月异，目前的课堂已经高度现代化，比如远程课堂、慕课、网络课堂等现代技术学习方法。尽管学校教育还是以课堂教学为主，但是学生学习的方式，获取信息的渠道就不仅限于学校的课堂教学。以后教师教给学生的，更多是如何去处理各种信息的方法，而不只是教材上的那点知识。

我们对课堂要有一个基本的常识、基本的判断。课堂教学的形式还要往前发展，人们学习的方式也要往前发展，教师的教学方法也要往前发展。

关于学习

学习是怎么回事？好像有一个学问叫"学习学"，就是怎样学习的学问。有一种能力叫"学习力"，即学习的能力。关于学习，应该是每一个教师研究探讨的重要课题。

其实，学习是人的本能。研究表明，人还没有生下来就已经在娘肚子里开始学习了，所以，人是一个天生的学习者，人有巨大的学习潜能，正因为如此，我们的教学才成为可能。从这个意义上说，所有的学生都有无限发展的可能性，通过学习，可以成为科学家、哲学家、艺术家，可以成为各种各样的优人才。

学习实际上就是一种方法的掌握，掌握方法比学到知识更重要。因为掌握了某种方法,学生就可以通过这个方法去自己获得知识。所以,学会学习比学到什么更加重要。为什么老师教的很累,学生学的很苦,但就是学得不好呢? 可能我们没有找到学生学不会、学不好的原因所在,没有掌握科学有效的、适合自己的学习方法,教师的教学方法可能不对,并不是学生没有学习能力,没有学习潜能。

有些娃娃在学校学得不好,但是回到家里头头是道,灵得不得了,家里的活儿样样都懂,就是你这里搞不懂。这就值得我们去认真思考,值得我们去认真探讨它的原因何在? 而不能机械地、粗鲁地说某个孩子笨啊。

学习不好的原因是多方面的,找对原因是对症下药、因材施教的前提。

学科知识是以体系构建的,学习也应该以学科思想来系统建构的。

从学科课程来说,一门一门学科,一本一本教材,其知识体系是如何构建的? 知识结构的规律是什么? 其实,从目录上可以看出这个知识结构体系,以及各个部分之间的联系。教师应该把学科结构体系弄明白,就是学科的思想。

关于教师

教师在学生面前、在课堂上、在教学中,应该是怎样一个角色? 这也是我们应该认真思考的一个重要课题。

孔子的教育思想有很丰富的内容,比如"循循善诱""温故知新""诲人不倦""学思结合"等。但其中最重要的有三条:"有教无类""因材施教"和"教学相长"。教学相长,教师与学生一起成长,教师在教书的时候也是自己再学习的时候。所以,教师是学习共同体的一个组织者,是学生学习行为的设计者,第一步怎么学? 第二、第三步怎么学? 是学生学习的指导师,是课堂教学的策划师。

教师应当研究学生学习的规律,应当是学生学习策略的策划者,是学生学习方法的指导专家。教师要进行"学生学习策略研究",要依据科学的"教学设计理念"对学科教学进行"创意策划",形成高效的"课堂教学模式"。

高中教师还要教会学生跨界学习,使学生具有跨界综合学习的能力,比如文科综合,理科综合,综合艺术等。

目前,全国差不多所有高中的教学,基本上是高一高二把高中三年的课上完,到高三主要是训练和模拟考试,冲刺高考。三年的课程两年上完,这个方法可否在初中试行? 用教高中的方法教初中? 北京著名特级教师孙维刚老师就是用一年时间教完三年初中数学的,而且学生学得很有乐趣,觉得学数学是一种享受,在学习中感受到数学之美。

如果我们只是按部就班地进行教学,没有一点探索、创新和突破,我们是很难提高教育教学质量的。

基于以上关于课堂、学习、教师这三个基本判断,我们来探讨今天的话题:"课堂教学三境界"。

第一境界　知识课堂

三流教师教知识,教教材上的知识点,按教学进度落实好教材上的每一个知识点。按照教学计划和进度认真备课、上课、辅导学生、批改作业,认真落实教学内容、教学目标、教学过程、教学重点、难点等。这是目前大部分老师在这样做,但我认为是一种较低层次的教学,就是老师"一桶水"倒给学生"一碗水",解决好"一桶水"与"一碗水"的问题,实现"桶"到"碗"的转换。

首先,我们希望老师的这桶水不是死水,而且还要不断加水,才能满足不断地倒给学生"一碗水"。其次,根据木桶理论,桶能装多少水由最短的那块板决定,所以,要想办法补齐短板。最后,还要解决大水漫灌与精准滴灌的问题,大水漫灌就是满堂灌,精准滴灌就是针对每个学生的个别辅导。

三流教师教得好也是好教师。那些不负责任、随便忽悠学生、不入流的教师我们今天不讨论,也不属于我们讨论之列。我们讨论的三个境界的老师都是敬业的老师,只不过他们的课堂教学有层次高低差别而已。

知识课堂解决的是学生的基本知识、基本技能,即我们原来常说的"两基",教学上的"两基"。要落实教材上每一个知识点,教师必须对教材上的所有知识点都要吃透,才能实现"两基"目标。

总之,教知识,只见树木不见森林,广种薄收,学生学的苦,老师教的累。

第二境界　能力课堂

二流教师教方法,用教材教课程。用教材而不限于教材。教师虽然用教材,但他教的是学科的课程。他可以用这个教材,也可以用那个教材。不是教材上有什么就教什么,有多少就教多少。这个境界又高了一个层次。

教方法就是解决"鱼"和"渔"的关系,如果教知识可以比喻成给学生"鱼"的话,那么教方法就可以比喻成给学生"渔",即打鱼的方法,实现从"鱼"到"渔"的转换。

一、把握学习规律

教方法就是要遵循学生学习规律,来规划、设计、策划学生的学习,而且还要因人而异、因科而异,采用不同的、适合自己的学习方法。这就需要我们对学生的学习规律进行深入的研究。

首先要了解学生学习的心理机制和年龄特征,把握影响学习的心理因素。

智力因素:观察力、记忆力、注意力、想象力、思维力、创造力等。抽象思维能力是智力的核心,创造力是智力的最高表现。

非智力因素主要包括:情绪、情感、性格、气质、动机、兴趣、意志、需要、目标、抱负、信念、世界观等,表现为自我意识、适应社会、情绪控制、自我激励、人际关系等方面的能力。

就一定程度而言,智力因素属于先天因素,非智力因素则侧重于后天的养成。一般认为,人们成功的因素里,情商占80%,智商占20%。各年龄段的学生表现出不同的学习心理特点,教师必须了解这些特点。

动机与兴趣:动机是学习的原动力,兴趣是学习的助推器。

形象思维与逻辑思维:相对而言,学文科的更多地倾向于形象思维,而学理科的则更多地倾向于逻辑思维。

传授式学习与体验式学习:人的学习无非靠记性和悟性。传授式学习靠记性,形成知识;体验式学习靠悟性,形成能力。

其次要把握教学的内在联系。教学必须有教与学双方的参与,否则就不是真正意义上的教学。教学是在一定时空条件下由师生双方参与的为了实现特定教学目标、完成具体教学任务的群体性学习活动。教学本质上是一种特殊的学习活动。

教学是一种内因和外因的关系,毛主席说:"内因是变化的根据,外因是变化的条件,外因通过内因而起作用"。教学又是一种主体和主导的关系,学生是学习的主体,教师是学习的主导,两者是内因和外因的关系,要充分体现学生的学习主体地位,充分发挥教师的学习主导作用。教学还是一种教学相长的关系,《学记》:"虽有佳肴,弗食,不知其旨也。虽有至道,弗学,不知其善也。是故,学然后知不足,教然后知困。知不足,然后能自反也;知困,然后能自强也。故曰:教学相长也"。陶行知说:"我们要跟小孩子学习,不愿向小孩学习的人,不配做小孩的先生。一个人不懂小孩的心理,小孩的问题,小孩的困难,小孩的愿望,小孩的脾气,如何能救小孩?如何能知道小孩的力量?而让他们发挥出小小的创造力"?

如何体现学生的主体地位呢?以学生为学习中心,在学习中充分体现自主、合作、探究的要求。学习内容、教学设计、学习指导、学习环境、教学资源等要围绕学生的学习需要来策划。以激发学生学习动机为教学研究的核心课题,以培养学生学习兴趣为教师课改创新的关键环节。

二、上好学习指导课

首先是拟订学习计划。每个学生都应该有学习计划,学期计划、月计划、周计划等。每个学生的计划可以不一样,但都必须有。学习没有计划,那叫什么学习?只能叫广义的获取信息的学习,不是狭义的课堂教学的学习、课程的学习、学科的学习。课堂教学的学习是必须有计划的学习,而且是必须按计划完成的学习。

其次是理清学科知识体系,单元知识点。指导学生做好预习、复习、练习。所有的学生必须预习,在上课之前把下一节课的内容先预习一遍,把问题带到课堂上来讨论、研究、交流。

近几年我们学习外地课改经验,如洋思中学、杜郎口中学、威灵经验等,先进的经验应当学习,但要消化、转化成我们自己的东西。如果照抄照搬,就会水土不服,非常别扭。例如我们学习杜郎口中学的"小组学习",虽然把学生进行编组学习,但老师仍然是满堂灌。本来学生是对着老师坐的,编小组之后学生只能歪着脖子看老师讲课,被人戏称为培养"歪脖子"。

另外,整理《错题集》也是个很好的办法。有的老师指导学生填写《成长档案》,里面有"进步台账"和"问题清单"等栏目的内容,效果很好。

建议老师们在教你的学科之前要上好学习指导课。你要让学生怎样去学习这门学科,要先把学习方法教给他们。让学生明白你的教学方法,并按照这样的方法去努力学习。以其平时很累地去落实每一个知识点,不如教他、指导他怎样去学习,这样的效果要好得多。这就是课堂教学的第二境界,方法的境界,能力课堂的境界。

三、学习方法攻略(学习策略研究)

教学有法,教无定法,贵在得法。没有包打天下、包医百病、一成不变的教学方法和教学模式。教学方法可以因人而异,因科而异,各种方法综合运用。教师必须进行学生学习策略的研究,达到新课改要求的自主、合作、探究地学习。

教方法,可以四两拨千斤,举重若轻,事半功倍。学生掌握了某种适合自己的学习方法,就会自然而然地用这种方法去落实教学目标要求的知识点。有些方法,学生运用熟练之后,可能受用一辈子。

教师要在第一境界的基础上提升到第二境界,又要从第二境界上升到第三境界。

第三境界　智慧课堂

一流教师教思想,教学科思想,即学科知识构建的体系。学生把握学科知识构建体系,采用适合自己的学习方法去落实所有的知识点,形成自己独有的学科知识体系。这种境界做得好,就是我刚才说的用一年时间教三年课程的那种境界。

用学科思想教课程体系,实现"源"到"流"的转换。学科思想是源头活水,以学科思想的万有之源,引学生学习的智慧之流。

一、研究《课程标准》《学科素养》《高考大纲》

《课程标准》是国家标准,国家法定。《课标》是依据学科思想制定的,它体现国家对不同阶段的学生在知识与技能、过程与方法、情感态度与价值观等方面的基本要求。教师必须认真研究,烂熟于心。教师可以根据课标要求编写自己的教材,这样的教材只能高于、优于现行的各种教材。有些老师自编的教材是活页式的、变化的,其他老师也很难复制的。

大家可能注意到河北衡水中学,网上已把它推到舆论的风口浪尖。其中我注意到一个细节,衡水中学的老师从来不用市面上的任何一种教辅资料,但是,凡是市面上能够找到的所有教辅资料他们都要买下来研究,然后在这基础上编写自己的一套教辅资料和高考模拟试题。这一套材料是保密的,不外流的。

教学科思想虽然很难做到,但也不是不可能做到。"高山仰止,景行行止。虽不能至,然心向往之",我们要朝着这个方向不懈地努力。

《学科素养》是每一门学科通过教学培养学生具备这一门学科所要求的素养。例如,语文学科素养:以语文能力为核心的综合素养,包括语文知识、语言积累、语文能力、语文学习方法和习惯,以及思维能力、人文素养等。简言之,就是听、说、读、写四个方面的素养。又如,数学学科素养:直观想象、逻辑推理、数字运算、数学建模、数据分析等。教师要根据学科素养的培养目标来有针对性地组织课堂教学。

《高考大纲》那是必须研究关键内容,高中必须认真研究《高考大纲》。

二、进行学科推介。

俗话说,好的开头是成功的一半在我看来,学科推介是学科教学的大前提、大基础,是搞好学科教学的先决条件。教师在上课之前要很好地推介自己所教的学科。当然,教师首先要特别热爱自己所教的学科,然后要挖空心思、想方设法极力推介好你的学科。要让学生因为你的推介而热爱这门学科。所以我常说教师应当是学科的化身,学科的代言人,学科的形象大使。语文老师是学生心目中的文学家,数学老师也符合学生对数学家的想象。

著名数学特级教师王金战老师写了一本《学习哪有那么难》,书中对数学学科的介绍非常精彩,比如介绍"圆之美","黄金分割之美"等,甚至说到女士穿高跟鞋为什么那么漂亮,因为上下身段的比例符合数学上的"黄金分割率"0.618。他在介绍数学之美的时候眉飞色舞,所有的学生都佩服得五体投地,很崇拜他。

学科之美在哪里? 学科的奥秘在哪里? 我们为什么不可以把孩子天生的好奇心吸引到学科中来呢? 为什么孩子一看到你这个学科教师就先烦了呢? 有没有原因? 原因何在?"亲其师,信其道",学生喜欢你这个老师,就会更加热爱你所教的学科。语文老师就是学生心目中的李白、杜甫、鲁迅、巴金,数学老师就是学生心目中的阿基米德、华罗庚、陈景润。学科教师应该是展现在学生面前的学科专家,是学生最初认识的文学家、数学家、物理学家、历史学家等,这才是学科教师应有的境界。你的学生就应该是你的粉丝,教师要做到学生崇拜的地步。在上课之前,就已经吸引学生热爱这门学科了,至少不厌烦这门学科了。

"同学们,先把书收起来。我先介绍什么是语文? 什么是数学? 为什么要学习语文? 为什么要学习数学? 语文之美在哪里? 数学之美在哪里? 学科的奥秘在哪里? 不管以前的老师怎么介绍,今天,我们都要重新认识这门学科。现在我开始介绍这门学科"。

"此外,怎样学好这门学科,我告诉你们最好的学习方法。这是我多年研究的成果,也是我的秘密武器,只跟自己的学生说,请你们不要外传。只要你按照我的方法去学习,我包你是第一流的优秀学生,条件是你必须按照我的方法去做,并且落实到位。我的方法很简单,并不难,有人用这种方法已经考上了心仪的大学。你们每个学生都有巨大的学习潜能,都有无限发展的可能性,只要我们刻苦努力,方法得当,我们也是厉害的,不要瞧不起自己,我们同样也是可以创造奇迹的"。然后再教给学生学习方法,学生就会自然而然地按照你的方法去学习了。

相反,如果不搞好学科推介,老师没有吸引学生的招数,没有自己的两把刷子,学生见到老师就烦,学生因为讨厌你这个老师而厌学,教学效果就很差。

如果一个教师教书,教学达到了审美的高度,那就不得了,那就不是一般的课。学生听起来是一种享受,而且似乎是在艺术的享受中来开发智慧,这样的教学就有审美的价值。罗丹说:"生活中从不缺少美,而是缺少发现美的眼睛"。因此,任何一个教育的场景,都应该思考一个字,叫"美"。教育有美,这是教育的最高境界,美的境界。学生为什么厌学? 很大程度上是因为我们的教学没有美,教育缺乏美感所至。

三、激发学习动机,培养学习兴趣,把握学习方法,养成学习习惯,形成学习能

力。(略)

四、梳理学科知识结构体系(教学设计理念,创意策划)

要进一步提高课堂教学的科技含量,让平凡的教学赋予科技的价值。把工作当做学问来做,把问题当做课题来做。要把科研意识融入到平时的教学中去,我们的工作就有了科研的意义。教学里有教师的科研思想,就是内涵丰富的教学,具有科技含量的教学。只有这样,我们老师也才有进步,才能与学生一起成长,达到"教学相长"的目的。

要教学生学会从整体上去把握学科思想体系和知识结构,不至于盲目地、零散地学习,纲举目张,提高学习效率。最大限度地追求新课改要求的"知识与技能、过程与方法、情感态度与价值观"三维目标。

五、在教师的引领下,放手让学生根据自己学习情况去解决学科学习问题

教思想,重在整合,即根据学科本身的内在联系规律,把学科的知识点整合起来,形成学科知识结构体系,避免庞杂与零散。教师教的是整个学科,而不只是学科中的零散的知识。

学生从教师的学科思想体系、结构之源出发,采取适合自己的学习方法,去落实每一个知识点,自主地实现学习目标,达到"源"与"流"的转换。所谓"源流转换"就是实现"学科思想——知识体系——课程目标"的转换。这就是学习的最高境界,也是智慧课堂追求的目标。

为什么我们学生学得很苦,老师教得很累,学习效率却不高?收效甚微?就是因为我们的课堂教学文化底蕴不够,缺少学科内涵,科技含量低,更没有审美价值。我们这个时代什么都不缺,最缺的是思想。

小结:

教知识——1+1就是=2——专注如此——知其然。"专注如此",你把它搞懂就行了,知道这样就行了。

教方法——1+1怎样=2——怎样如此——知其使然。"怎样如此",是怎样如此的?是怎样做到的?"知其使然",知道怎样使它这样,怎样做到这样。

教思想——1+1为何=2——为何如此——知其所以然。知道它为什么这样,为什么能这样。

课堂教学的关键在于解决"转换"问题。知识课堂解决"桶"到"碗"的转换,能力课堂解决"鱼"到"渔"的转换,智慧课堂解决"源"到"流"的转换。

三种境界是从低层次向高层次递进的,高境界是以低境界为基础的。第三境界也要有方法,也要落实知识点,从低层次境界向高层次境界发展的,它们是相辅

相成的,不可偏废的,三种境界之流转使学习、使课堂教学从必然王国走向自由王国。我们的课堂教学就符合教育科学的规律,我们的教学就可以让学生在享受中掌握方法,获得知识,形成能力。

让我们努力走向智慧课堂。

没有枯燥无味的知识,只有枯燥无味的教学。智慧课堂是非功利性的,它注重激发学生的学习动机、培养学生的学习兴趣,只关注学生的学习效果和学习品质本身,而非考试成绩,是超越分数的学习。这样的学习,成绩自然很好,考试分数自然很高。

只有智慧课堂才能做到"学而不厌,诲人不倦",老师有智慧地教,学生有智慧地学。做到苦中有乐,淡中有美。

目前我们最缺的东西是教学的艺术之美,它应当是教师追求的教学的最高目标。当学习变成一种乐趣、一种诗意、一种美的享受的时候,就是教学艺术的最佳状态、最高境界。

附:王国维"人生三境界说"

王国维:"古今之成大事业、大学问者,必经过三种之境界。"

第一种境界:"昨夜西风凋碧树,独上西楼,望尽天涯路。"(晏殊《蝶恋花》)

登高望远,明确目标,执着追求。在形势很不利,环境相当恶劣的情况下,要耐得住寂寞,排除干扰,能看到别人看不到的地方,看到形势发展的主要方向,定下决心。(发现问题)

第二种境界:"衣带渐宽终不悔,为伊消得人憔悴。"(柳永《凤栖梧》)

克服困难,勇于担当,忘我奋斗,在所不惜。对追求的理想和毕生从事的事业坚定笃行,决不放弃。(攻坚克难)

第三种境界:"众里寻他千百度,蓦然回首,那人却在,灯火阑珊处"。(辛弃疾《青玉案》)

全神贯注,下苦功夫,反复探究,自然就会豁然开悟,有所发现、发明,产生质的飞跃和创造性发展。(解决问题)

另:佛学禅师三境界说

第一境界:看山是山,看水是水。
第二境界:看山不是山,看水不是水。
第三境界:看山还是山,看水还是水。

青春与梦想同行

——在黔南罗甸麻怀村给遵义西点中学教师作的演讲提纲

2017 年 7 月 18 日下午 3 时

遵义西点中学的各位领导、各位老师：

很高兴在黔南罗甸的麻怀村与大家见面、认识和交流。我叫黄周立，是罗甸县中等职业学校的退休教师。我与王昭、吴军生、范志国三位先生是十多年的好朋友。又因为范先生的爱人是我的学生、邓迎香的女儿，更增添了几分传奇的色彩。来到麻怀村，别有一番亲切感。

受校方之邀，要我作一个讲座。校领导安排的作业我一定认真完成，至于及不及格我就不知道了。好在，今天的讲座提纲是经过学校领导审阅的。

刚才我们参观了麻怀村的事迹展览，听取了邓迎香本人所做的事迹介绍，大家都感到很震撼，受到了很大启发，是一次深刻的教育和极大的鼓舞。对我来说，又是一次难得的学习机会。

今天我所讲的，只是我个人对于一个教师应该具备的基本条件的理解，是我个人一些肤浅的认识，是我思考的一些问题，提出来大家一起探讨，未必都对，请各位批评指正。我所讲的，大家不必记录，就是你全部都记下来也没有用。最好是把我说的全部忘掉，出这个门以后形成了你的思想，你的智慧，你的行动，那么，我的演讲就达到目的了。高效的学习方法是：眼前听别人说法，心中有自己想法，笔下写今后做法。

在开讲之前，我先布置一个作业题，大家一起思考：

1. 为什么校方要组织这次麻怀学习活动？学校不惜成本和代价，从黔北到黔南，千里迢迢，来到麻怀，吃农家饭，睡地铺，可谓用心良苦，而用意何在呢？总不是来这里旅游的吧？

2. "麻怀干劲"的内涵是什么？仅仅是"锲而不舍"吗？为什么用了 12 年时间隧道才打通？期间发生了哪些曲折和困难？为什么是这个时代打通？团队的力量从哪里来？邓迎香的作用是怎样发挥的？

3. 我们在麻怀学到了什么？我们总要从麻怀带走一点什么吧？否则又何苦白跑一趟、大老远地折腾自己呢？我想，我们应该汲取麻怀大山的灵气，吸收"麻怀干劲"的正能量，统一思想，凝聚共识，以形成我们干事创业的强大动力。

在座的大部分是刚毕业的大学生，对于读书，大学毕业了；对于工作，小学开始了。我们应该有基本的自我认知和归零思考（我是谁？我在哪里？我要到哪里去？我的环境如何？我的状态怎样？我该怎么走？）

青年的一大优势是，接受新事物很快，思想单纯，"一张白纸，没有负担，好写最新最美的文字，好画最新最美的画图"。

你们正值青春年华，这是人生的极大财富。青春是干什么的？青春是用来奋斗的，是为了梦想而奋斗的。我们这个时代充满了梦想，既有中华民族复兴之梦，也有西点中学崛起之梦，更有青年教师成长之梦，这三个梦想都是联系在一起的。要让青春放射光芒，必须在实现梦想的奋斗中去锤炼，去打磨，才能实现我们的人生追求。所以，今天我演讲的题目是：《青春与梦想同行》。

一、教师思考三判断

作为教师，当我们思考任何问题时，要有以下三个基本判断，或以这三个基本判断为前提，看问题才不至于出现偏差，才能把握好人生发展方向。

伟大的时代。

毋庸置疑，我们处在一个伟大的时代。这是一个"大众创业，万众创新"的时代，是一个通过努力可以把不可能变为现实的时代，是一个可以在平凡中创造奇迹的时代，"麻怀干劲"就证明了这一点。

这是一个充满梦想和创造的时代，青春出彩的时代，也是激情燃烧的时代。我们生活在这个时代是幸运的，是时代的宠儿。因为这个时代为我们搭建了干事创业的各种平台，为我们创造了实现人生理想的各种机会，为我们提供了成就事业的各种资源。西点中学比当年的麻怀村好多了，西点中学就给我们提供了这样的条件，就有无限的可能性。只要有梦想，有坚守，有行动，有干劲，总是能够左右逢源的。处处是资源，时时有机遇，人人都有无限发展的空间，人人都能成就一番事业，每个人都可以不同凡响，每个人都可以创造奇迹，"邓迎香事迹"也证明了这一点。

神圣的使命。

教育大计，教师为本。人民教师，责任重大，使命光荣。学生把他的前途和命运托付给我们,家长把祖宗三代的希望托付给我们,国家也把民族未来的希望都寄托在我们身上。从培养社会主义建设者和接班人的意义上说,我们每一天平凡琐碎的工作其实就是办理国家大事,我们虽不负全责,但负有不可推卸的责任。

育人子弟,善之至也;误人子弟,罪莫大焉。育人子弟,这是善的最高境界啊;误人子弟,没有什么罪比这更大的了。遇到一个好老师是孩子最大的福气,反之,遇到一个坏老师是孩子最大的灾难。

霍懋征老师说:"流失一个学生对于一个学校来说也许是千分之一、几千分之一,而对于一个学生和他的家庭来说就是百分之百。"①

对学生负责,不仅是对家长负责、对国家负责,其实更是对我们自己负责。不是吗? 我们是民办教育,说白了,是学生给我们发工资的呀,是家长用脚投票选择我们的呀,他们才是我们的衣食父母,才是我们真正的上帝! 你把事情办好了,这是功德无量,是应该的、必须的。你把事情办砸了,不是砸自己的碗、砸自己的锅吗? 所以,为学生服务,对学生负责,受学生监督,让学生满意,是我们工作的出发点和落脚点。

从法律上说,教师不作为、乱作为,就是教学责任事故,学生可以起诉教师,教育主管部门要追究教师的职业责任,学校要追究教师的工作责任。

艰巨的工作。

教育是一门古老而又现代的学问。前教育部长袁贵仁说:"教书育人是一项专业性、探索性、创造性极强的工作,要求教育者必须先受教育,具有高度的使命感、责任心,静下心来教书,潜下心来育人,来不得半点急功近利,来不得半点三心二意,来不得半点弄虚作假"。教育首先是人学,教师工作的对象是活生生的人,每个人都是一个复杂的个体,可见教育工作的艰巨性。"没有金刚钻,不揽瓷器活",不是什么人都可以当教师的,不认真钻研是当不了教师的。

学校是学生纠正失败、犯错成长的地方,学生的缺点错误是十分正常的,不要指望所有学生都是规规矩矩的,这既不可能也并不好。教育工作是心灵沟通、情感融合的工作,教师必须准备做艰苦细致、深入耐心的思想工作,动之以情,晓之以理,才能收到教育的效果,才能成为学生的良师益友。

心态决定状态。你把学生看作天使,你就活在天堂;你把学生看作魔鬼,你就活在地狱。天使与魔鬼,在你一念之间。

---

① 张双燕. 让爱破茧成蝶——班主任工作点滴谈[J]. 新课标学习(上),2012(4):121 - 122.

二、教师从业三认同

教师从事教育工作,必须在思想上牢固树立三个认同。

职业认同——热爱教育事业

热爱教育事业,愿意为学生的成长奉献毕生精力,是教师高尚职业理想和坚定职业信念的具体体现,也是做好教育工作的基本前提。

认同某种职业,每一天工作都是愉快的,工作本身就是一种享受;不认同某种职业,每一天工作都是烦恼的,每处理一件事情都很难受。

选择某种职业,就是选择某种工作方式、生活方式。选择教师职业,就是选择教师这种工作方式、生活方式。

教师的幸福感,是在日常平凡的教学工作中找到乐趣,这种乐趣也是别人享受不到的。

耐得住寂寞:教师工作平平淡淡,没有惊天动地,只有默默无闻。

守得住清贫:古今中外,没有因为教书而一夜暴富的,过得舒心愉快就行。

挡得住诱惑:外边的世界精彩而无奈,挡住了低俗就是守住了高雅。

管得住小节:细节决定成败,教师的小节是教育资源的重要组成部分。

经得住考验:工作生活中的各种考验是教师磨炼成长的必过之坎、必由之路。

价值认同——实现人生追求

在座的各位,已坚定地加入西点中学团队。"我们都是来自五湖四海,为了一个共同的革命目标,走到一起来了"(毛泽东语)。我们这个团队是利益共同体,命运共同体。一损俱损,一荣俱荣,没有人能够置身度外而独善其身。(这里不是慈善机构,没有公益福利事业)。我们的目标是一致的,就是西点中学的崛起,把不可能变为可能、变为现实,就是要创造西点中学的神话。而不是小打小闹,弄一碗饭吃而已。只有西点中学的崛起才是我们的唯一出路。

西点中学这个平台,不仅仅是我们生存的平台,更是我们发展的平台,是所有团队成员、所有西点人实现人生价值的舞台。其实,从某种意义上说,青年教师锻炼成长比增加收入更为重要,是更大的财富,更有人生价值。发展才是硬道理,发展才是更好的生存。若干年后,你已锤炼成才,从西点走出去单干,创建自己的学校,这难道不是比西点给你的待遇更大的财富吗?

彩虹总在风雨后,无限风光在险峰。艰难的磨炼是青年人成长的必由之路,没有不经磨炼的成功。学校承诺的西点教师待遇全国领先,也是要以我们创造的业绩作为前提的,就是说,我们的业绩也必须是全国领先,否则,待遇全国领先从何而来?

我个人认为,作为现代企业管理,给员工提供福利待遇上的安全感是企业应尽的职责,但这是以员工的工作绩效为前提的,没有绩效的"安全感"或太安全了很容易产生"温水煮青蛙"效应。

只有在攻坚克难中才能发现真理,发现美,形成智慧;只有勇挑重担,才能体验到工作的诗意,苦中有乐。挑战性的事业最能使人出彩,最能展现青春风采。

当有一天,我们通过努力奋斗终于成功了,人们看到的是彩虹,我们经历的是风雨;人们看到的是结果,我们经历的是整个过程,这就是人生价值所在。而成功的这一天,是指日可待的。我们不仅要有人民教师的体面和尊严,我们还要有教育同行的优越感,更要有西点人的自豪感。

自信认同——有志者事竟成

你能走多远,取决于你与谁同行。你是否有这样的自信? 敢与杰出者、卓越者为伍,敢与探索者、创业者为伴?

王昭是西点的领军者,道不同不相为谋,你与王昭是否英雄所见略同? 是否志同道合,统一思想,达成共识?

英雄不问出处,自苦风流万种。"数风流人物还看今朝",我们要做风流中的一种。现在我是什么不要紧,重要的是今后我是谁。毛泽东说:"自信人生二百年,会当水击三千里"。陶行知说:"为一大事来,做一大事去"。

我们为什么不可以创造奇迹? 为什么我们不能创造奇迹呢? 我们就是要创造贵州教育的奇迹。所以,我们一定要担当,一定能担当,一定有担当!

总之:我们要热爱教育,要磨炼成长,要勇于担当。

三、教师形象三要素

教师是什么? 严格地说,教师是具有教育价值的人,是作为教育学概念上而存在的人。因此,没有教育价值的人就不是教师,就不能当教师。

教师形象是教师品质素养的外在表现。教师是公众人物,教师形象是最基本的教育要素,是最宝贵的教育资源,是一本直观的活生生的教科书,是学生直接模仿学习的范本。"学高为师,身正为范",首先看到的是外在形象。所以,我一直坚持认为,教师的个人形象比教师的教学水平更为重要,教师队伍的形象修为比建教学大楼更为重要。我招聘教师先看形象,先过形象关,再看你的能力水平。总之,教师形象要好,品德要高,能力要强。

教师形象具有首因效应,第一印象非常重要。教师形象为教育活动的展开打好了基础,好的教师形象使教学活动成功了一半。教师是学科代言人,是学科的形象大使,"亲其师,信其道",学生先喜欢教师的形象气质,进而喜欢教师所教的学科。教师形象不好,学生对你所教学科的兴趣就会打折扣。

意大利著名教育家蒙台梭利说:"儿童是上帝派到人间的密探"。朱永新先生也说:"学生是伟大的观察家"。教育对象在哪里,教育的事实就发生在哪里。教师要谨小慎微地注重形象修养,小心学生把你的坏毛病也学了去。只要教育对象接触到教育资源,教育就会发生,不是正面作用,就是负面影响。而教师形象则是最为重要的教育资源,它指向明确,具有教育的针对性和选择性。就是说,从规定的意义上讲,学生可以不向其他人学习,但必须向老师学习。

教师形象怎样,是师德师风建设的重要内容。学生不在乎老师说什么,而在乎老师做什么,更在乎老师是什么,"身教胜言教"的道理就在这里。

(一)仪表要优雅

教师的仪容仪表以不干扰教学为前提,但怎样才是不干扰教学也不好把握。一般而言,以干净整洁、朴素大方为好。教师的仪表要体现教师身份,要体现教师的精神面貌,要体现个性气质。

一般来说,男教师不宜穿短马裤上课,否则学生的注意力就很可能在你的飞毛腿上。裤腰上最好不要挂钥匙、手机之类的附着物。女教师不宜穿超短裙上课,不宜浓妆艳抹,戴大耳环、大项链。可以化一点淡妆,但最好不要染指甲,修剪好即可,人的指甲本来就有天然的美,染了以后反而让人觉得很脏。

(二)语言要得体

教师的语言分教学语言和一般语言。教学语言是专业规范语言,有专业的规定性。一般语言是日常用语,日常用语也要符合特定的条件。要随环境、对象、作用的变化而随机应变,不要有失于教师的身份。

(三)行为要规范

教师的行为要注意检点、注意影响、注意规范。如果已经与学生发生冲突,宁可哭在学生手头,千万不能体罚和变相体罚学生。日常生活中与人发生矛盾也是难免的,一定要自控情绪,千万不能失态、有失于教师的体面。

随身带一个包,装上本子和笔,是爱岗敬业的表现。

所谓"严师",应该理解为是对自己要求严格的老师。

总之,教师仪表要优雅,语言要得体,行为要规范,即"学为人师,行为世范"。

四、教师成长三部曲

教师成长是个体行为,是你个人的事情,没有谁能安排我们成长。即便是专家,他只指导我们如何成长,他不能代替我们成长。

对于理想的追求,也是个人行为。除非自己放弃,没有谁能阻挡我们成长,也没有谁能阻挡我们成功。正如卢志文教授所说:"埋怨环境,我们可以找一百个理由,环境不会因为我们找了这些理由而发生百分之一的变化。可是改变自己,只要今天去做,明天就会发现自己身上已经发生了翻天覆地的变化。所以,埋怨环境,不如改变自身"。

对于教师成长,只要出发,什么时候都不为晚,关键是不能停下来。

学习是教师成长的必由之路,而学习的唯一办法是不断地阅读、反思、写作,别无选择。阅读能让教师的视野更宽,心灵更美,境界更高;反思能让教师的智慧更加丰富、更加卓越,写作能让教师的思想更加厚重、更加多彩。

第一部曲　读
——阅读是教师成长的基础

据联合国教科文组织统计,以国家人均年阅读量为例:人口与我国深圳差不多的以色列为 64 本,美国为 57 本,日本 40 本,法国 20 本,韩国 16 本,中国 0.7 本,可见,我们国民的年阅读量还有很大的提升的空间。

民进中央副主席朱永新先生倡导把中国国民的阅读上升为国家战略,相当于基本国策。提议将孔子诞辰日 9 月 28 日作为"中国读书日"。

目前我们教师的阅读状况令人堪忧。我在当校长的时候喜欢做教师阅读调查,不看不知道,一看吓一跳:好多老师家里没有几本书,办公室一份报刊杂志都没有。有些人穿名牌、戴名表,就是不看名著。大多数人都是快餐式、功利性和形式主义的学习。今天学校安排什么就学什么,明天安排考哪本就读哪本,一切都是被动应付,"被学习""被培训",完全不是为了增强自身的学养和能力而学。有些人说没有时间读书,可是一提到搓麻将又都有时间了。心态浮躁,行为功利是根本原因。这样大量不读书、不学习的人在当教师、在教书、在上课,在日复一日、年复一年地忽悠我们的孩子,而且还在那里自我感觉良好,有时还自以为是,为自己的无知强词夺理。长此以往,怎么不令人堪忧呢? 这是非常危险的。这样的老师,不误人子弟才怪呢。

阅读就是给自己的心灵安个家,建立自己的精神家园。现在我们的物质生活丰富了,我们缺乏的是精神家园,在精神生活方面没有家,找不到家,找不着北,无法安顿自己的心灵。生活中就显得浮躁和急功近利,看问题也很肤浅、不深刻,只能就事论事、见子打子。苏联教育家阿莫纳什维利说:"如果教师并不感到自己是与夸美纽斯、卢梭、裴斯泰洛齐、马卡连柯、苏霍姆林斯基等伟大教育家的精神息息相通的,那么怎么也算不得一个优秀的教师"。

在我看来,教师是读书人,教师以读书为业。教师不读书何以教书,一个不读书的老师难道能够带出一群热爱读书的学生吗?不知道巨人和他们的肩膀在哪里,怎么能够在传承的基础上创新。

我的阅读建议:教师应当是首席学习师、首席阅读师,直奔古今中外教育名著。目前我建议你们先看看苏霍姆林斯基的《给教师的建议》、陶行知的《教育的真谛》、朱永新的《致教师》。

霍懋征老师说:"只有源源不断而来,才能滔滔不绝而去。"作为教师的儒雅气质,我们进门要有书香味,出门要有书卷气,这才是教师应有的风范。不这样,教师凭什么受人尊重?学生凭什么听你的?我们可以平凡,但千万不能平庸,千万别让自己的学生都看不起。

第二部曲 思
——反思是教师成长的动力

反思是教师专业成长的源泉和动力。华东师大叶澜教授说:"一个教师备课三十年未必是优秀教师,一个教师反思三年就一定成长为优秀教师"。反思是研究的起点,就是对旧观念的挑战,对保守的批判,对传统的扬弃,对自我的超越。

教师成长的唯一办法是在学习的基础上对教学进行不断的反思和不懈的探究,摸索出自己一套教学方法,形成自己一套教学风格。

一是把工作当作学问来做,把问题当作课题来做。工作就是学问,教学就是课题。反思其实就是在实践中学习、在实践中研究。农民种稻谷,袁隆平也种稻谷,但袁隆平种的是做学问的稻谷;农民种蔬菜,李桂莲也种蔬菜,但李桂莲种的是搞科研的蔬菜;我们上课,魏书生也上课,但魏书生上的是教研课题的课。把工作当做学问来做,工作本身就赋予探索奥秘的意义;把教学当做课题来做,教学本身就赋予科学研究的意义。从这个意义上说,我们所从事的教学工作,就不仅仅是上课的普通教师,而是同时在做学问的专家,搞科研的学者,教师的专业化成长就是水到渠成的事了。

作为教师,每天都会遇到烦恼的教育问题、复杂的教学难题,我们不妨把它作为一个研究的机会、研究的案例。想一想,如果是陶行知碰到这个问题,他会怎么做?假如是个教育专家,他会怎么做?我能不能试一试?

要学会把教学实践中的问题作为研究对象,反复拷问是什么?为什么?怎么办?从教育教学实践中反观自己的得失,对教育教学实践进行再认识、再思考。所以,有些教育专家就指出:问题即课题,教学即研究,成长即成果。课题要到课堂教学中去选,研究要到课堂教学中去做,答案要到课堂教学中去找,成果要到课堂教学中去用。

二是用专业的眼光观察,从专业的角度反思。俗话说"外行看热闹,内行看门道"。教学是很复杂的多边思维活动,是多学科知识的综合运用。教学活动中的许多现象,要从教育学、心理学、教学论等专业角度去观察、分析、思考,主要是对教育思想、教学目标、教学理念、教学策略、学习方法、教学过程、教学效果等进行反思,用批判的眼光去审视教学行为,善于透过现象看本质,在"热闹"中发现"门道",从中总结出规律性的东西来。

对于教学,既要从教法角度去研究,更要从学法角度去研究;既要分析智力因素,更要分析非智力因素;既要了解智商,更要了解情商;既要熟悉学生的心理特征,更要掌握学生的学习规律;既要面对全体学生,更要尊重个体差异和多元需求,分类分层"因材施教"等等。

三是在反思的基础上不断改进教学方法。反思的目的是什么?就是要在反思中不断解放思想,不断发现问题,不断更新观念,不断纠正错误,不断探究方法,不断创新模式,不断提高效率。从原有的思维定式、教学模式、生活方式中解放出来,体验一种新的想法、新的做法、新的活法。

第三部曲　写
——写作是教师成长的捷径

首先,写作是教师的职业基本功。高贵人生始于阅读,智慧人生源于反思,精彩人生勤于写作。写作让我们的智慧发挥到极致,让我们的思想走得更远,让我们的价值得到充分体现,让我们的生活摆脱平庸、走向卓越,让我们的人生富于浪漫、臻于高雅。教育活动本来就美如诗画,写作让我们的教育生活更有诗情画意。不因"激扬文字",怎得"指点江山"?写作是最好的自我反省,没有写作的人生是不完整的人生,尤其是教育人生、教师人生。

在我看来,写文章是当教师的先决条件,不会写文章就别当老师。不管是文科教师还是理科教师,都应该能写各种应用文体。旧时在农村过春节,老师还要能给不同的家庭写内容各异的对联。现在,任何科研成果都要通过写作变成文字,任何心得体会、精神世界、思想境界都要通过写作来展现。写作是教师职业的基本功,是教师专业成长的必由之路。

其次,写作是教师生涯的宝贵财富。广大教师长期在教学一线工作,也有许多观察、思考、发现和心得体会,也不乏许多真知灼见和奇思妙想,有些见解甚至并不比书上讲的差。工作中也有许多改革和创新,并取得显著的成效,有许多闪光的亮点。可惜没有付诸笔端,没有变成书面语言,没有形成教研成果,"问君能有几多愁,恰似一江春水向东流"。

建议老师们特别是青年教师,要养成动笔写作的习惯,先从简单的工作日记、读书笔记、教学随笔写起,再写一些教育故事、教学案例、课改心得,并与阅读、反思结合起来。因为不是为了发表,也不是写给人看的,是为练笔而写的,是为学习写作而写的,所以一开始不必追求完美。这样不断琢磨,反复锤炼,坚持个三年五载,习惯就变成自然了。一般的文章已能熟练写成,较有深度的论文也能写了。正如毛泽东曾经说过的:"入门既不难,深造也是能够办得到的"。入门之后,养成写作的习惯,就会在反思中产生灵感、产生美感,从而萌发写作的冲动,欲罢不能。习作既不难,创作也就顺理成章了。这时,写作又进一步提高反思的质量,进一步巩固阅读的成果,人的精神面貌、思想境界和生活状态都会发生根本变化,教师的儒雅风度和人格魅力就自然形成了。所以,聪明人就懂得下笨功夫,专家学者们就是这样练出来的。"宝剑锋从磨砺出,梅花香自苦寒来",没有人不经过长期磨炼而一夜之间成为作家的。

我从事教育工作凡四十年,已养成习惯,一天不读不舒服,一天不写不自在。

关于教师写作,我提倡写自己的工作、自己的教学、自己的案例、自己的生活、自己的思考、自己的感受……,这样,才是真实的、原创的、唯一的、接地气的,也才是生动的、鲜活的、感人的、精彩的。高大上的东西我们也写不来,就让那些大学教授去写算了。

我不提倡写脱离自己工作生活的文章,那样反而不好写,也写不好。实实在在的东西才更有价值,我们的工作生活本来就丰富多彩,为什么要舍近求远呢?比如我写的《教海逐浪——农村教育探究》,那是一个农村中学校长成长道路上的脚印,也是我的学校从无到有、从小到大、从弱到强、从合格学校到省级重点到国家级重点学校的发展历程的见证。虽然写的是我对本校工作和罗甸教育的思考和做法,但是,这难道不是对贵州农村教育、中国农村教育的思考和做法吗?

教师成长线路图——
(1)崇拜几位教育名人,决心做像他那样的人。
(2)加入几个学术组织,成为某个学派的传人。
(3)订阅几份专业书刊,从书刊读者变为作者。

（4）研究几项教学课题，成为某个领域的专家。

（5）撰写几篇教育论文，从普通教师变为学者。

结束语：

麻怀告诉我们：在看似不可能的地方往往蕴藏着无限的可能。

有梦想的青春是多彩的，青春要与梦想同行，要用青春去实现梦想。

王昭校长在前线领军开路，但路还得靠我们自己一步一步走出来。

既然选择了远方，便只顾风雨兼程。人生越走越远，离梦想就越来越近。

其实，奋斗的历程比目标的到达更加精彩。让我们的青春与梦想同行。

坚持"永不放弃"的"西点精神"，鼓足"锲而不舍"的"麻怀干劲"，我们将见证奇迹的发生，我们就是要创造贵州教育的奇迹。

让我们勇挑重担，撸袖加油，披荆斩棘，去收获梦想吧。

撸袖加油　重振雄风

——与罗甸职校全体教师共勉
（2017 年 9 月 15 日下午在罗甸职校的演讲）

各位领导、各位老师、同志们：

大家辛苦了！受学校领导的邀请，要我做一个在新形势下如何办学的讲座，这个任务我乐意接受，也一定要努力完成，至于完成得好不好就不得而知了。

我已经退休两年多了，退休之后，一不懂麻将，二不会钓鱼，只是多年来养成了看书学习的习惯，一天不读不舒服，一天不写不自在。不过，对职业教育的研究就不像以前那么有精力深入探讨了，对影响职业教育发展的相关问题的思考也不甚了了，今天的所谓演讲无非就是给大家鼓鼓劲、打打气而已，未必能说到点子上，还希望大家批评指正。

我离开学校快十年了，学校发生了很大的变化。在座的中生代、新生代教师，大部分我都不认识。来到校园，看到你们，我感到特别亲切。因为我毕竟在这里工作了十五年，对这里的一草一木都是有感情的，做梦的许多情景都发生在这里。你看，当年栽的"巴壁虎"都已经爬到三楼上来了。要我来说罗甸职校，三天三夜也说不完。

近几年，随着我国经济社会的飞速发展，尤其是第四次全国职教会之后，职业教育的发展迎来了前所未有的新机遇，也面临着前所未有的新挑战，形势喜人，形势逼人。今年刚好是罗甸职校建校三十周年，我们学校的发展也已经到了一个重要的节点上，有如逆水行舟，不进则退，停滞也是退步。

去年，我有幸参与州教育局组织的对全州 8 个县中等职业学校的评估，从评估的情况看，虽然罗甸职校仍然位居第一方阵行列，但是第二方阵的三都职校、平塘职校等学校的发展后劲很大，势头很猛，势在必得，咄咄逼人，大有超越第一方阵之势。事实上，实话实说，他们至少已经超越了罗甸职校。这对我们形成了巨大的压力，我本人都觉得有某种危机感。不是我们不努力，不发展，而是人家力度更大，发展更快。如果我们不奋起直追，以人一之，我十之的精神去奋力拼搏，迎头赶上,我们的罗甸职校将如昨日黄花,雄风不再,乏善可陈。

因此,如何探讨在新形势下调动一切积极因素,克服一切消极因素,抓住新机遇,迎接新挑战,进行罗甸职校第二次创业,再创下个十年的辉煌,就成了摆在我们面前的重要课题,就成了我们必须解决的重要难题。不是吗?罗甸的职业教育搞得怎么样,不问我们在座的各位问谁去?毛泽东说:"天下者,我们的天下。国家者,我们的国家。社会者,我们的社会。我们不说谁说?我们不干谁干?"我套用一句:罗甸者,我们的罗甸。学校者,我们的学校。职业教育者,我们的职业教育。我们不说谁说?我们不干谁干?

那么,怎样干呢?就是要"撸袖加油,重振雄风",这也是今天我演讲的题目。第一句是习近平主席在今年的新年贺词中对全国人民说的"撸起袖子加油干",第二句是前不久州教育局分管职业教育的侯卫东副局长对罗甸职校的领导班子说的,都有很强的针对性。

我有满肚子的话要对你们说,时间关系,我只能捡我认为最重要的话题来与大家交流。在我看来,对于罗甸职校而言,目前最重要、最关键、最紧迫的是五个方面话题,也是我们必须解决的重点,必须突破的难点。

一、凝聚团队力量

伟大的事业靠强大的力量来完成,团队的力量太重要了。要创造罗甸职校新的辉煌,必须有一只能打硬仗、善打胜仗的团队。罗甸职校当前最紧迫的、必须解决的首要问题是如何凝聚团队的力量,这是新班子上任面临的普遍性问题。另外,我们学校还有一个特殊性,就是我离任之后,校长换的太勤,短短几年,已经换了四个,这不是一件好事。校长换的太频繁,工作的连续性一定受到影响。新校长的磨合适应要有一个过程,工作思路与前任相同的有一个如何衔接的问题,工作思路与前任相左的有一个老师们要跟上趟的问题。还有,校长的风格、学识、魅力、威望等等又各各不同,对校风、教风、学风的影响也完全不一样,要有一个酝酿、打造、形成的过程。所以,一个校长,至少要干五年,才能看出结果来。我干了十五年,才打了一点毛坯而已。

由于上述原因,如果我的判断没有错,那么,如何凝聚团队的力量,居然就成了问题,居然就是我们的问题,而且是摆在学校新领导班子面前头等重要的问题,这是做好一切工作的关键前提、先决条件,务必引起足够的重视。没有凝聚力就没有战斗力。没有战斗力的队伍,要想有所作为、有所突破、有所创新,几乎是不可能的。你相信也是这样,不相信也是这样;你愿意也是这样,不愿意也是这样,这是不以人的意志为转移的。

所谓团队,应该理解为团结的队伍,团结就是力量。中央教科所前所长朱小曼教授认为:一个群体,如果没有凝聚力,就如同一堆马铃薯。我非常认同她的说法,因为我有切身的体会。我们也经常看到这样的现象:一个单位,一个团体,没有凝聚力,就像一盘散沙,就是一群乌合之众,一帮盲目而又忙碌的男女。

那么,如何凝聚团队的力量呢?怎样打造强有力的战斗团队呢?我提三点不成熟的建议:

首先是校长的向心力。"一个好校长,带出一个好学校",苏霍姆林斯基的这句话一点不假。校长,一校之长,一校之魂,是学校的主心骨和风向标,是老师的老师,是学生的楷模,是小小教育家,草根教育家。要锐意求新,用先进的思想引领人心。要搞五湖四海,用科学的制度管理团队。事业成败取决于人心向背,团队的凝聚力取决于校长的向心力或称人格魅力。亲和力产生向心力,向心力形成凝聚力,凝聚力铸就战斗力,这个队伍才无往而不胜。

其次是班子的执行力。执行力是办学的核心竞争力。学校的办学思想、教育理念、教学模式、课改方案等等要一项一项地通过中层以上领导班子执行到位,才能实现办学目标。因此,所有班子成员必须把自己磨炼成为独当一面的行家、专家,能把分管的工作任务落实到位,完成得好,并有创新的成果。要能集思广益,善于集中大家的智慧,在分管工作范围内,建成一套决策正确、设计科学、流程优化、执行高效的管理机制,不断增强学校的办学实力。

再次是教师的战斗力。办学如同打仗,要一个战役一个战役的攻下来。课要一节一节地上好,技能大赛要一个一个地拿下,办学要一个专业一个专业地办出品牌,这些,都要全靠老师们的实战能力。教师的实际战斗力增强了,才能形成集体斗志,形成团队战斗力。教师的战斗力又来源于教师的业务学习力、专业成长力。除了学习、学习、再学习,没有其他办法。所有的教师都要作好职业生涯规划,要有梦想,要有人生目标。什么时候成为双师型教师?什么时候成为特级教师?什么时候成为教育名师?都要作好规划,并向规划的目标努力。最近网上流行一句话:"有规划的人生是远航,没有规划的人生是流浪","有目标的人生是蓝图,没有目标的人生是拼图",这个形容是比较形象贴切的。如果我们学校有三五个特级教师,有头十个教育名师,有几十个双师型教师,最好能产生正高级教师,那么,团队的战斗力,学校的办学实力是不言而喻的。也只有朝这个目标去努力,才能与"国重"学校和示范校相称。

二、发扬优良传统

罗甸职校筚路蓝缕,一路艰辛一路歌,走过了三十年的光辉历程。在其波澜壮阔的发展进程中,罗甸职教人,在极其艰苦的条件下,凭着坚定的信心和坚强的意志,克服了一个又一个艰难险阻,创造了一个又一个辉煌业绩:学校设施设备从无到有,办学规模从小到大,办学实力从弱到强,成为黔南乃至贵州颇有名气的中等职业学校。

在这三十年艰苦卓绝的奋斗历程中,凝聚了历任领导和所有参与罗甸职业教育工作的人们的心血与汗水,同时也形成了罗甸职校特有的优良传统。这些优良传统,是罗甸职校维系其生命力、之所以富有生机活力、能够生生不息发展的源头活水和关键所在。这是罗甸职校的传家宝,是罗甸职校的精气神,是无价的精神财富。对于当下的罗甸职校,更加弥足珍贵,更需发扬光大。

列宁说:"忘记过去就意味着背叛"。不管我们走了多远,都不要忘记当初是怎样出发的,是如何过来的。正如习近平总书记在纪念中国共产党成立 90 周年大会上号召全体党员和全国人民的那样,要"不忘初心,继续前进"。

罗甸职校特有的优良传统有很多,最主要的至少可以归纳为以下三个方面:

(一)艰苦创业精神

罗甸职校发展史,就是一部攻坚克难、可歌可泣的创业史诗。罗甸职校目前所拥有的一切,都是艰苦奋斗的成果,创业的成果,哪怕是一砖一瓦,一草一木。

以下是我刻骨铭心,永远忘不掉的一些片段:

三十多年前,罗甸职校的创始人、第一任校长刘仲发来到这栗木山上,丈量土地,规划校园。带领仅有几个人的团队,挨家挨户做艰苦细致的思想动员工作,一亩一亩地征地,才建起了学校。其中,经历了怎样的艰难,发生了多少惊心动魄的故事,只有亲历者才能体验到。罗如亮、吴人和、岑勋和三位老师是罗甸职校的创建者,建校三十年,他们也在这里工作三十年。是罗甸职校建设的参与者,也是罗甸职校发展的见证者,是我们学校名副其实的元老。

2002 年,为了试种藤稔葡萄,老师们带领学生,硬是用锄头一锄一锄地挖出一条条八十公分宽、七十公分深的种植基沟。然后顾请川路车,到边外河养猪场去拉肥料。几个老师分工协作,把湿漉漉的猪粪装进编织袋,再一袋一袋地扛上车,身上的猪粪臭味,好几天都洗不掉。就这样,通过艰苦努力,我们种出的葡萄有乒乓球那么大,学校因此荣获"黔南州科技进步三等奖",由此举办的"农业科技开发专业"被省教育厅明确为"省级骨干专业"。师生们的付出功不可没。

2004 年,为了搞好劳务输出短期培训,我们组成小分队,打起背包,深入八茂中学、董王中心校等搞技能培训,与学员同吃同住同训练,一去就是一个月。培训结束后,还要组织学员乘坐大巴,长途颠簸跋涉,护送他们进厂。为了让他们稳定就业,还要为他们处理进厂以后的一系列麻烦事,陪他们睡硬板床,吃方便面。等到一切都正常、都顺利以后,才能返回学校。

在学校培训资金非常短缺,培训任务十分繁重又必须完成,困难重重的情况下,部分老师自告奋勇地拿出自家的房产证来抵押贷款 10 万元,购买培训设备,很好地完成了培训任务。学校因此荣获了"全国农村劳动力转移培训先进集体",全省农村劳动力转移培训经验交流现场会就在罗甸召开,罗甸职校是唯一参观现场。2005 年,在学校申报"国家级重点"评估会上,我们介绍这些情况时,在座的省教育厅领导和评估专家无不为之动容,深受感动。我们确实曾经以我们的行动、我们的精神感动过上帝。

罗甸职校创业的感人故事还有很多很多,永远说不完。我讲这些片段,无非就是希望大家要传承这种艰苦创业的精神,在我们的血液里,要有艰苦创业的基因;在我们的肌肉里,要有艰苦创业的细胞。"彩虹总在风雨后,无限风光在险峰"。要敢为人先,看准的目标,就是脱掉两层皮,也要杀出一条血路来,这才是罗甸职教人应有的风范。

(二)刻苦钻研精神

俗话说:"没有金刚钻,不揽瓷器活。"罗甸职校所取得的一切成就,都是广大教师刻苦钻研的成果。按理说,职校教师应该比普通高中的教师技高一筹,事实上也是这样,正因为我们职教人的孜孜不倦的刻苦钻研,才有各项关键技能的突破,才有各个专业教学的有效开展,才取得各级技能大赛的若干奖项。罗甸职校教师的这种刻苦钻研精神,正是李克强总理要求的职业教育"精益求精的工匠精神",他们是我们学习的好榜样。为了说明问题,我略举两个例子:

罗如亮老师担任多年的总务主任,后勤保障工作任务繁重,但是他非常认真,兢兢业业,勤于钻研,有条不紊地开展。每一项工作都有具体的书面文字方案,每一个工程都有设计方案,设计图纸,预算方案和可行性评估,精打细算之后提交学校领导决策,然后付诸实施。这样认真负责而且工作质量很高的高参型总务主任,在罗甸是屈指可数的,难能可贵的。

王中学老师不是科班出身,专业基础薄弱,教学经验不足,但他努力学习,刻苦钻研,人家休息他不休息,办公室的灯总是亮着。尤其是担任学校办公室主任以后,工作压力更大,学习更加抓紧,他的办公桌桌面都被磨掉了一层油漆,露出了木质的板面。由于他的刻苦钻研,他成了当年罗甸县内绝无仅有的项目材料申报专家,成了有关项目申报单位抢手的香馍馍。扶贫局、农业局、发改局、人社局等部门都多次请他去做项目申报指导专家。同时,他的档案管理也成为全县档案管理的样板,职校的档案管理在教育系统一直是最好的。

其他老师也在业务上也下了很大功夫,也都有不俗的表现。罗甸职校教师刻苦钻研的例子是不胜枚举的,这里说的只是冰山一角,我可以列出一长串的名字来,只是没有时间来展开。正是因为我们这种刻苦钻研的精神,才有如此骄人的业绩。我们一定要发扬这种精神,认真钻研业务,去攻克一个个难题,去突破一道道难关,才能取得更大的成绩。

(三)和谐友善精神

我从事教育工作凡四十年,走了几个单位,总的来看,我还是觉得罗甸职校是最有人情味的地方。你看哪家有什么事,学校领导第一时间就会来到现场,老师们来帮忙的也最整齐,让人有一种温馨和舒坦的感觉。一方有事,八方支持;有福同享,有难同当,同事就是亲人,这也是传承下来的好传统。

习近平主席说:"合伙做事也好,人际交往也好,都应该珍惜缘分,珍惜时光;以善为念,学会感恩;以诚相待,以心相交! 与高者为伍,与德者同行,必得善果"。

我们能在一起共事是人生难得的缘分,除了工作上的互相配合,还应该有生活上的互相关心,互相帮助。关心别人的人觉得是一种享受,一种人格的升华。被关心的人觉得是对他的一种尊重,一种体面,感到在罗甸职校工作是幸福的,有一种兄弟姐妹般的亲切,有一种家的温暖。

中国社会是个人情社会,不要小看这些生活细节,从管理学的角度看,这种人情味又从侧面开发了非权力资源,凝聚了人心。我们也应该继续弘扬这种和谐友善的精神,这也是社会主义核心价值观的体现。

三、明确办学目标

在凝聚团队力量和发扬优良传统的基础上,要明确学校发展的目标。不知道自己要到哪里去,就不知道每天怎么走。目标的确定要根据学校实际,由大家充分讨论,什么时候达到省级示范性标准,什么时候达到国家级示范性标准,要统一思想,最后由学校班子决定。

目标一经确定,就要按照《指标体系》的要求,把任务分解到各个工作部门,限期完成工作任务。对于一些难度较大的指标,要组成项目攻坚小组,啃硬骨头,力争各个击破,确保达标。

要大造声势,调动全校师生的力量,积极投入到学校的申示活动当中来。要充分利用一切能够利用的社会资源,为学校申示保驾护航。"好风凭借力,送我上青云",要善于开发政府领导层,力争把学校的申示目标提升为县政府、州政府的年度规划目标,形成齐抓共管的工作态势。

四、探索发展路径

目标已经明确,就是如何去实现的问题,这是我今天演讲的重点。当前,职业教育已经发生了很大的变化,原来办学的老办法也未必还能行得通,必须探索寻求新的发展路径,才能"山重水复疑无路,柳暗花明又一村"。从目前的情况看,我提以下三点不成熟的建议:

（一）要深化校企合作

我们在校企合作方面是有很好基础的,现在要进一步深化,要扩容升级,即合作的层次要深,合作的水平要高,合作的关系要更加紧密,合作的内容要更加广泛。过去我们与企业的合作基本上是根据企业的需求进行订单培养,然后把学生送到企业实习和就业,这是较低层次的合作,继续这样走下去已经没有优势,也不利于学生的进一步发展。

根据国家教育部对职业教育的新政策要求以及省教育厅对职业教育的部署安排,校企合作要做到前厂后校,车间就是课堂,师傅就是老师,工作就是教学。我们能不能在原有专业的基础上进行升级改版,通过深入谈判,让企业把设备安装到学校来,派来工程技术人员作为专业教师,学校派遣教师到企业挂职学习,以不断提高教学水平和学生实际技能,这样的合作可能质量更高,效果更好。

都匀市职校通过苏州范志国先生的牵线搭桥,引进一家电商企业,无偿提供电脑设备,派技术员前往指导教学,学生一边学习学到技能,一边还有一点收入,享受到学习的乐趣,企业也通过这样的投资方式获取利润,这是一种双赢的模式。值得一提的是,学生毕业之后,可以到大的电商平台就业,其服务内容不只是网购,还有金融服务、医药服务、中介服务等等,还可以回家创业,安一台电脑,就可以自己当老板了。我很欣赏这样的合作模式。

在"大众创业,万众创新"的大好形势下,职业教育必须更加注重创业教育,要把创业教育作为职业教育发展的重要课题来研究,作为学校发展新的突破口、新的增长点来抓,才能有新的起色。要培养一大批能在罗甸、在外地广大城乡自主创业的优秀学生,使之成为"大众创业,万众创新"的引领者和带头人,打出罗甸职校的品牌。其实我们在这方面还有很大的潜力可以挖掘,还有很大的空间可以拓展的。

比如说,我们的汽修专业、家电维修专业、计算机专业等,都是大有可为的,都是有大文章可做的,其实,创业教育展开的画面将是非常精彩的,只要我们认真扎实地抓起来,就是罗甸职校发展的新亮点,一道亮丽的风景线,将是罗甸职校二次创业的新成果。

（二）培养导向多元化

我们以前的办学模式是以就业为导向，订单培养。现在看来，要开拓新流，拓延发展空间。要开拓培养导向的多元化，不仅要做好就业导向教育、创业导向教育，还要做好升学导向教育。

我们在办学热情中要学会进行冷思考。过去，中职毕业生在人力资源市场是抢手货，现在，经济社会在转型升级，老百姓生活水平在提高，人民群众对教育的需求在进一步增长，加上中职学校的教学质量提高有限，中等职业教育毕业生的比较优势在下降，人们向往更高层次的教育。因此，为了满足人民群众日益增长的对教育的多元需求，在做好就业创业教育的基础上，要把升学教育作为一项重要工作来抓，作为罗甸职校奋起直追、跨越发展的重要课题来抓。瓮安职校办学规模稳定增长，成为国家级示范校，主要是以升学为导向办学的。

以升学为导向的路子也是很宽的，有推优、对口升学考试、"3+2""2+3"联合办学等形式。路子很多，关键是要把第一个蛋糕做出来，再把蛋糕做大。

建议马上与有关高等院校联合办学，加大招生宣传力度。力争做到若干个专业与若干所高校联办，一个班一个班地送上去。走的时候要请县四家班子和相关部门的领导以及学生家长到现场送行，这一车去某个高校，那一车去某个高校，敲锣打鼓欢送，以扩大宣传效应。让整个社会都知道通过职校去读大学更容易，更专业对口，更有衔接性连续性，更能确保就业创业成功。

（三）农村职教要为农

我省教育的大头在农村，农村职业教育如何为农，是农村中等职业教育的短板，是办学的盲区，这是不争的事实。毛主席曾经说过："农村是一个广阔的天地，在那里是可以大有作为的"。农村职业教育如何为农服务，是值得我们农村职教人用毕生精力去研究、去探索的重要课题。

目前，新农村建设和农业现代化需要培养大量的新型农民，大规模的城镇化建设又使得大批农民需要变市民，新的户籍制度的实施将有数以亿计的农民需要改变身份，同时农村新兴服务业需要大量技术人才，这些都是农村职业教育应当承担的历史重任，也只有农村职业教育才能担当这个历史重任。

其实，教育部和农业部早在2014年就出台了《中等职业学校新型职业农民培养方案》，我们只要按照《方案》去认真落实就行了。仅这一项，只要做出成绩，扩大战果，形成规模效应，就能成就一所农村职业学校。

广阔天地，大有作为。如果我们能在为"三农"服务方面、为当地培养现代新型农民方面、为农村即将兴起的现代服务业的服务方面探索出一条办学路子来，切实地为城镇化建设服务，为农民变市民服务，为农业的各项种养殖产业链的延长服务,为农村培训村组干部、培养后备干部服务,并在这方面有所作为、有所突破、有所建树,我们就有可能进一步增强办学活力,办出人无我有的特色,那将是贵州农村职业教育拓荒式的壮举。

五、再创职教辉煌

罗甸职校已经走过了三十年光辉历程,正在进入新的发展阶段。站在新的时代起点上,在全面建成小康社会的历史进程中,在全县经济社会建设热潮中,我们迎来了新的发展机遇,职业教育经费投入将更加保障,基础能力建设将更加强大,办学结构布局将更加科学,"双师型"队伍将更加壮大,办学模式将更加多元,现代职业教育体系将更加完善,教育质量和办学效益将更加提升。

与此同时,我们也面临着办学结构深度调整、办学条件进一步升级改善、构建产教融合机制、推进现代职教体系建设、改进人才培养模式、建成富有罗甸特色的现代职业教育体系等新的挑战。

唯此,全体职教人使命光荣而责任重大。伟大的人民教育家陶行知先生有句名言:"为一大事来,做一大事去"。在全县加速发展、加快转型、推动跨越的今天,我们要礼敬历史,勇挑重担,敢于担当,在已经取得巨大成就的基础上,牢记习近平主席"劳动光荣,技能宝贵,创造伟大"的职业教育批示,坚定办学信心,明确办学目标,坚持不懈地、认真扎实地工作,坚决完成各项目标任务,努力建成具有罗甸特色、罗甸风格、罗甸气派的农村现代职业教育,奋力赶超,去实现罗甸职校新的跨越式发展。

"行路难,行路难,多歧路,今安在?长风破浪会有时,直挂云帆济沧海"。有党和国家的大力扶持,有上级领导的关心重视,有县委政府的坚强领导,有各部门、各乡镇党委政府、各兄弟学校的大力支持,全校上下众志成城,励精图治,再创佳绩,我们坚信:罗甸职校的明天必定更加辉煌。

新锐探索
报告篇

德自我修,功自我建,
言自我说,福自我求。

——笔者题记

探路三角洲

——黔南州职业教育就业服务考察报告

由州教育局派出的黔南州职业教育就业服务考察组,对以深圳为中心的珠三角和以苏州为中心的长三角进行了为期 10 天的考察,已考察结束,现将考察情况报告如下。

一、考察缘由

近年来,我州的职业教育已有长足的发展,以就业为导向的办学形势方兴未艾,显示出蓬勃生机。但在发展过程中也出现了一些新情况新问题。比如学生就业不稳定,各学校为学生就业服务势单力薄,学生就业的后续发展缺乏有效的扶持,全州的职业教育资源没有得到有机的整合,学校与企业之间尚未建立一种良性互动机制等等。针对这些问题,州教育局职教科约请部分职校校长于 3 月 2 日在州局办公楼小会议室举行座谈会。州人大副主任、州教育局副局长王圣强同志参加会议并讲话。与会同志一致认为,有必要在我州职校学生就业较为集中的珠三角和长三角地区设立"学生就业办事处",当务之急是对设"办事处"的地点和方案进行考察。建议请示州教育局领导同意组团考察。

二、考察目的

通过对珠江三角洲地区和长江三角洲地区的有关部门、学校、企业进行走访考察,了解有关就业政策,办学经验,学生就业状况以及企业对员工的要求等,并对确定"学生就业办事处"的地点和工作方案进行调研。

三、考察小组

考察组由职教科王荣祥科长任组长,组员有职教科罗咏梅同志、罗甸职校黄周立校长、三都县职教中心潘显大校长、瓮安职校陈清涛校长、惠水职校罗德惠校长、乔成电脑学校田晓春校长、瓮安职校招就办兰江主任等,考察途中,龙里职校佘嘉千校长、惠水职校尹萍老师也参加调研。

四、考察行程

考察活动于 3 月 10 日开始,20 日结束。在深圳市教育局职成处的安排下,考察组于 12、13 日分别参观了深圳电子科技学校、宝安职业技术学校。深圳电子科技学校的裴一民校长和宝安职校的吕静峰校长分别介绍了他们的办学经验。14日考察组参观了京泉华电子有限公司等企业的生产车间,走访了惠水职校在京泉华公司就业的部分学生,与企业领导进行了广泛深入的交流。考察组还在深圳银湖宾馆召开了两次座谈会。

15 日,考察组离开深圳前往苏州。16 日,考察组参观了苏州工业园区的联建(中国)科技有限公司,管理部姚重光经理陪同考察组参观了生产车间、员工宿舍、食堂,姚经理还介绍了员工的生产、生活以及工资福利等情况。17 日,考察组前往华硕电脑(苏州)有限公司参观,人力资源部朱红星经理详细介绍了华硕公司的情况。18 日,考察组参观了江苏吴中服装集团有限公司。此外,考察组还与江苏吴中集团的吴永浩经理、孙敏副总经理和汤国英总经理举行了一次小型座谈会,与苏州市科技局生产力促进中心朱士童副主任、苏州市科技培训中心的吴军生校长进行了会谈,对设办事处的可行性进行了商讨。考察组还在苏州市著名景点"网师园"召开考察总结会议,大家对考察的感受和收获发表了热烈的意见,也形成了统一的认识。

五、考察感受

通过十多天的考察调研,考察组成员感受颇深,受益匪浅。

一是明显地感觉到企业用工的结构性短缺,"技工荒"普遍存在。过去是职校校长求人安置学生就业,现在是企业老总想方设法请考察组吃饭,商讨校企合作事宜而唯恐请不到。这就给了我们一个明显的信号:中职毕业生将是香馍馍、抢手货,扩大办学规模前景非常看好。

二是我州职校毕业生的就业安置服务工作是各校为政,非常分散,很难形成应有的规模效应。以珠三角和长三角为例,在深圳只有惠水职校、瓮安职校以及荔波职校派出教师专职为学生就业和实习服务,其他学校基本没有安排。在长三角也只有罗甸职校设一个办事处,但也只是外聘一名苏州市劳动局干部范志国同志兼任办事处主任,学校也没有派出教师为学生服务。这样,因为分散行动不形成合力,当优质企业大量招募员工时,各校都无法单独满足订单需求。比如像华硕电脑这样的企业,目前有员工 8 万多人,每个月都要招上千人,单个学校就难以与它对接。所以整合全州的职业教育资源,将全州的职校毕业生统一起来安置就业,把蛋糕做大,才能和企业建立起更加紧密的合作关系。

三是我州职校毕业生就业的导向作用不明显,尚未形成应有的品牌效应。以就业为导向的办学方向必须紧紧抓住就业服务这个环节。安置就业仅仅是就业工作的起点而不是终点。就业率不等于稳定率,事实上学生就业之后还有大量的长时间的工作要做。一要稳定。学生就业之后从校园到工厂,从教室到生产线有一个心理断奶期,思想波动大,适应过程有长有短,这就特别需要跟进服务。二要发展。经验表明,几乎所有已经就业的学生都有二次就业的问题,即使是在同一个企业也有一个逐步提升的问题,很少有从一而终的。二次就业或叫跳槽是正常的良性发展态势,特别需要专门的机构和有经验的教师进行引导和服务。学生不断发展成才,品牌效应才逐渐形成,反过来拉动招生规模的扩大。

此外,考察组成员还有许多感想。例如,针对不同类型的企业输送不同类型的学生,对于中职学历毕业生要与优质大型企业对接,对于农村劳动力转移培训学员则要与中小型企业对接,既唱"阳春白雪",也唱"下里巴人"。又如怎样才能与企业建立一种长效的良性互动机制等等,不一而足。

六、基本结论

经考察调研,召开座谈会和总结会,大家充分发表意见,一致形成以下基本结论。

(一)在珠三角和长三角分别设立"黔南州职校学生就业服务站"或"黔南州职校学生就业办事处"不仅是十分必要的,而且是非常紧迫的。

(二)珠三角"服务站"以设在深圳关外的龙华为宜,长三角"办事处"以设在苏州工业园区为宜。

(三)设立的时间应当在今年四月底五月初,最迟不要超过六月份即开展工作。

七、几点建议

1. 由州局职成科组织人员在《考察报告》的基础上草拟《黔南州职校学生就业办事处管理实施方案》提交局领导审批。

2. 由州教育局组织召开专题会议讨论《方案》,并形成会议决议行文下达付诸实施。

3. "服务站"或"办事处"要由州教育局行文为黔南州教育局的派出机构,以便得到当地有关部门认可。

4. 每个办事处以设 2 人为宜,明确一名为负责人,一名为内部管理,包括财务、学生档案、各种报表资料管理等。

5. 由专题会议核定办事处经费预算,第一年由州教育局拨一部分专项经费,各职校资助一部分。第二年州局拨一部分,办事处自筹一部分,第三年办事处所用经费全部自筹,并力争有所结余,逐年递增。

6. 办事处成立后,全州各职校可自愿申请学生就业服务事项并与办事处签订相关协议书,其毕业生包括农村劳动力转移培训学员的就业统一由办事处安置,一经签订协议,不得自行安排。

进军长三角

——罗甸职校学生就业情况考察报告

为了全面了解学生的就业情况,以便对学校的办学思想、教学模式、专业结构进行调整,使之更有利于实施"就业出口拉动招生进口"的行动计划,我校于2006年7月暑期组织了全县中学校长考察团赴苏州华硕等企业进行为期3天的考察学习,现将考察情况报告如下:

一、考察缘起

近两三年来,我校的办学业绩在黔南乃至贵州是农村职业教育的一面旗帜,去年全省农村劳动力转移培训现场会在我校召开就是例证。两年来,我校学生就业区域已从珠三角挥师长三角,重点在苏州。去年我校与苏州华硕签订了长期合作协议。华硕仅与国家级重点学校签约,所以,黔南州内的平塘职校、龙里职校、三都职校、都匀乔成电脑学校等学校的部分学生也搭我校的"便车"赴华硕就业(填表时注明"罗甸职校平塘分校"等)。我校先后有368名学生在苏州名硕总厂就业,他们都来自全县各乡镇中学。

由于学生就业量不断增大,成分日益复杂,素质参差不齐,跟踪服务难度大,一是为了进一步掌握学生在企业就业的情况,让各乡镇中学校长直观地感受他们原来的学生在读了罗甸职校之后在企业的工作、学习、生活状况,以便他们回校后作好下一步的招生宣传工作;二是为了我校下一步更好地实施"以就业出口拉动招生进口"的行动计划,根据企业的需求来办学,使专业设置、课程开发和教学模式与企业的技能要求更加紧密地衔接起来,达到企业放心,学生安心,家长满意;三是为了我校在学生就业方面先试先行、率先在黔南起到示范引领作用。基于以上考虑,我们决定在2006年7月暑期组织全县中学校长考察团一行16人前往苏州相关企业进行专题考察学习活动。

二、考察团队

组　　长:黄周立　罗甸职校校长
副组长:尤高平　罗甸县教育局分管职业教育副局长
成　　员:张佑华　罗甸第二中学校长
　　　　　吴丹丹　罗甸民族中学副校长
　　　　　刘朝海　沫阳中学校长
　　　　　毛成阳　逢亭中学校长
　　　　　黄弦佩　八茂中学校长
　　　　　易恒红　罗悃中学校长
　　　　　付仁斌　木引中学校长
　　　　　刘安国　云干中学校长
　　　　　陈　明　板庚中学校长
　　　　　龚　亮　董架中心校校长
　　　　　付仁军　董当中心校校长
　　　　　吴建波　罗暮中心校校长
　　　　　李光艳　罗甸职校办公室副主任
　　　　　明仕琴　罗甸职校会计

三、考察日程

整个考察日程安排3天时间,即7月26日至28日。

第一天,参观华硕。1999年,华硕电脑集团在苏州投资成立名硕电脑,其后于2000年10月设立苏州科技园区,占地1500亩,总投资近6亿美元,员工总人数达5万人,是江苏省第一大厂,为全球五大笔记本电脑生产企业之一。

上午在名硕总厂的厂区参观五个分厂,并在多媒体报告厅观看公司的宣传片。人事部经理朱红星先生详细介绍了工厂的情况。

下午在名硕总厂小会议室召开学生座谈会,从各个分厂挑选36名学生代表参加座谈会。首先由朱红星先生介绍罗甸职校学生在企业工作的情况,然后学生代表尹隆倩、龙大丽、李书买、许志雄、王娴莉等先后发言,各自介绍自己的情况,畅谈自己的感受。最后是各校校长与学生代表互动交流,气氛热烈。

第二天,上午各乡镇中学校长分别考察专访本校籍学生,参观他们工作的车间,学习的场所,生活的宿舍等,与他们进行深度的交流。下午自由活动。

第三天,上午召开考察总结会,由每一位校长逐一发言,畅谈苏州之行的感想、收获。最后由高平副局长作考察总结。下午自由活动。

四、考察成果

(一)企业方面。名硕公司领导对学校组团到访表示热烈欢迎,专门安排人力资源部经理全程陪同当临时导游介绍情况。公司对下一步的校企合作有着浓厚的兴趣,对合作的相关细节进行了广泛的交流,签订了《贵州省罗甸职校与苏州名硕合作意向书》,意向性达成三种校企合作模式:

1. 工学交替模式

实施方式大致采取了如下两种:A、工读轮换制——把同专业同年级的学生分为两半,一半在学校上课,一半去企业劳动或接受实际培训,按学期或学季轮换;B、全日劳动、工余上课制——学生在企业被全日雇佣,顶班劳动,利用工余进行学习,通过讲课、讨论等方式把学习和劳动的内容联系起来,学生在学校学习的系统的课程,到企业去是技能提升训练。

2. 校企互动模式

由企业提供实习基地、设备、原料,企业参与学校教学计划的制定。

校企双方互聘,企业优秀管理者、技术人员、工程师走进学校给学生授课;同时学校教师给企业员工培训,提高员工的素质。通过校企双方的互聘,使学生在教学中获得技能训练的过程,既是提高专业技能的过程,也是为企业生产产品、创造价值的过程;既解决了实训材料费紧缺的矛盾,又练就了学生过硬的本领,真正实现在育人中创收、在创收中育人。

通过校企合作使企业得到人才,学生得到技能,学校得到发展;从而实现学校与企业"优势互补、资源共享、互惠互利、共同发展"的双赢结果。

3."订单"合作模式。

学生入学就有工作,毕业即就业。实现招生与招工同步、教学与生产同步、实习与就业联体,学校选拔的学生同时也是企业招收的员工。教育的实施由企业与学校共同完成,培训和考试内容来源于企业的需要,开设为本企业所需的专业技能和实习课程,企业在具体的职业培训中发挥着更为重要的作用。

根据企业需要进行短期的技能培训,培训完后,经公司组织考核合格,就可按合同上岗就业。这种合作针对性强,突出了职业技能培训的灵活性和开放性,培养出来的学生适应性强,就业率高,就业稳定性好。这种合作模式的不足之处就是,学校很被动,培养多少人,什么时候培养,完全根据企业需要,学校没有主动权。这是一种初级的合作模式,一般在中专院校运用的比较多。

此外,公司领导建议在学校德育工作中超前进行企业文化教育,即灌输"华硕五德——谦、诚、勤、敏、勇"的内容,使学生对企业有一种归属感,就业后成为企业的优秀员工。

(二)学生方面。学生对母校来人——校长亲自组团带队来访非常感动,有的学生还动情流泪。学生在企业上班的情况及薪酬待遇如下:

薪资待遇

薪资结构	金额(元)	说明
基本工资	1730 元/月(入职一个月加150 元)	1880 元/月
	1930 元/月	1930 元工作满三个月
生产奖金	50 元	每月由单位主管根据个人绩效表现评定发放
技能津贴	50 元 – 150 元	到职三个月后可参加第一项认证通过可加 50 元;六个月通过第二项认证再加 50 元;九个月通过第三项认证再加 50 元(共 150 元)
加班工资	平时加班 14.8 元/小时	加班费计算基数:1730 元平时 9.8 元/小时
	周末加班 24.3 元/小时	小时加班费算法:1730 ÷ 21.75 ÷ 8 × 加班费系数(平时加班 1.5 倍/周末加班 2 倍/国定假日 3 倍)
	国定假日加班 29.3 元/小时	
夜班津贴	10 元/天	夜班津贴 10 元/天
年终奖金		每年春节前安当年度工作绩效及整体贡献发放年终奖

第一个月工资 3200 元 – 4500 元左右,第二个月后工资 4200 元 – 5500 元左右

福利待遇

1. 公司为每位合同制员工缴纳五金:基本养老保险金、医疗保险金、失业保险金、工伤保险金及生育保险金;

2. 免费提供工衣,工作鞋,免费交通车;

3. 公司指定住宿点(苏州新区外来人员住宿区)有独立的卫生间,洗浴,衣柜,阳台,电话机,桌子,凳子,风扇等;

4. 公司设有职工福利委员会,举办丰富多彩的大型活动,丰富员工的业余生活;

5. 公司为符合补助管理条件之员工提供如下福利金:结婚喜庆礼金,生育礼金,丧葬礼金,急难救助金,独生子女补助金,生日礼品。

伙食及住宿

1. 公司提供伙食补贴280元/月,当月未用金额在薪资中发放,超额自负。生活区内设有大型员工餐厅,可满足多样化的用餐需求;

2. 公司为员工提供宿舍,园区外及园区内宿舍皆采取小区式管理,配备宿舍管理员及安保;

3. 独立卫浴宿舍,住宿费依据房型不同每月50-70元/人,每房每月提供50度的免用电额度,超出部分由舍员共同分摊,从员工每月薪资中扣除,免水费。所有宿舍均提供独立的冷暖空调,二十四小时供应热水及饮用水;

4. 新员工可自带床上用品,也可从公司统一购买,标准为100元/套。

招聘要求

1. 正面、积极、乐观;

2. 技校、中专、职高、普高及以上学历之在校学生或毕业生;

3. 年满16周岁以上;

4. 有简单的英文、算数、语文基础,会讲普通话;

5. 身体及精神健康(符合岗位要求不影响公司内其他员工健康);

6. 遵守公司各项规章制度;

7. 身体上不得有文身和烟疤。

工作时间

1. 正常上班时间:每天8小时,每周5天;

2. 加班时间:平均每日加班不超过2.5小时,每周一般至少休息1天;

3. 公司执行白晚班两班制。

学生在公司上班的感受主要集中在以下几个方面:

一是节奏加快。从校园到工厂,从教室到车间,这是一个空间的大跨越。学生要适应工厂上班的快节奏,开始时有一段磨合的过程,对他们来说是一个全新的变化。

二是环境变化。在家千日好,出门一日难。学生从一个熟悉的环境来到一个陌生的环境,过去熟悉的一切已不复存在。新的同伴、新的领导、新的制度等等,新的一切要从新认识,从新适应。

三是无暇学习。虽然上班是8小时工作制,但所有的人都要加班,一般在10小时左右。除了上班,基本上没有时间看书学习。这时才觉得在学校学习的时间是多么珍贵。加上一下班就累得想休息,有时间也不想学习了。

四是学非所用。在学校所学的知识与企业的技能要求相去甚远,甚至一点都不沾边,一切都要从头学起。这一点对下一步学校的办学方式提出了更大的挑战。

五是水土不服。部分学生开始时有拉肚子、感冒等现象,目前已全部痊愈。

(三)校长方面。各位乡镇中学校长对县职校组团赴苏州考察表示感谢。他们认为这次出来考察了企业,与学生进行了深度交流,开了眼界,增长了知识,受到了很大的启发,对农村职业教育有了更深的理解,对搞好职业教育有了更深的认识。校长们纷纷表示回来后大力支持县职校搞好招生工作,为把我县职业教育搞上去作出应有的贡献。

(四)学校方面。一是对企业的招聘流程、合作方式、员工薪资待遇有了更全面的了解,与企业达成了更为深入的合作意向,与企业签订了《合作意向书》,为进一步加强校企合作奠定了坚实的基础。二是对企业的用人要求有更进一步的认识,下一步学校将按照企业的技能要求调整专业设置和办学模式,使学校的课程与工作需求紧密衔接,从而提升学校办学的核心竞争力和招生吸引力。三是对学生的适应能力有了更进一步的把握,学校将根据学生在工作中因环境的改变而产生的一系列问题进行认真研究,预先在学生未出校门之前进行一系列的有针对性的培训,以防患于未然。四是通过这次考察学习,总结了经验教训,进一步理清了下一步与企业紧密合作的学校发展的办学思路,力争走出一条引领黔南职业教育发展的改革创新之路。

五、考察小结

这次苏州之行,考察组成员实地参观了相关企业,与学生进行了座谈,与公司领导进行了广泛交流,开阔了眼界,加深了认识。对学生的就业、工作、学习、生活有了深入的了解,对校企合作有了进一步的认识,对学生的各方面很满意,对企业很放心。增强了办好农村职业教育的信心,考察学习活动取得了很好的效果,圆满地完成了考察学习任务。

2006 年 8 月 23 日

职业教育服务"三农"的进军号角

——参加全国农村劳动力转移培训经验交流会情况汇报

一、会议概况

全国农村劳动力转移培训经验交流会于 2004 年 2 月 24 日至 25 日在成都金牛宾馆隆重举行。会议由教育部吴启迪副部长主持,教育部周济部长,国务院扶贫办高鸿宾副主任、中共四川省委张学忠书记出席会议并发表讲话。教育部职成司、国务院扶贫办、财政部、科技部、农业部、国家发改委、国家民委、建设部、劳动和社会保障部、四川省委政府等部门的领导以及各省、市、自治区教育厅的领导和部分学校的校长等 300 多人参加会议。贵州省出席会议的有省教育厅蔡志君副厅长、职成处胡晓副处长和罗甸中等职业学校黄周立校长。全国各大媒体的记者和部分出版社的领导列席了会议。

根据会议议程的安排,24 日上午大会先后听取了中共四川省委书记张学忠同志的讲话、教育部部长周济同志的讲话和国务院扶贫办副主任高鸿宾同志的讲话。下午大会交流发言,分别听取了四川联合经济学校、湖南怀化万昌中专学校、青岛黄海职业学校及部分省教育厅共 9 个典型经验交流发言。此外,大会还安排有 16 个书面交流材料,罗甸职校的《广阔天地,大有作为》是其中之一。

25 日上午,与会同志分别参观了四川联合经济学校、四川郫县友爱职业高中、四川国际标榜职业学院等院校。下午分 6 个组进行小组讨论,并由各组召集人在大会上汇报讨论情况。最后,教育部副部长吴启迪同志作会议总结。

26 日上午举行 2004 年度职成教工作会议。会议由教育部职成司黄尧司长主持,吴启迪副部长作报告。下午与会同志参观四川省德阳市 2112 教育富民工程示范点。

二、领导讲话

中共四川省委书记张学忠同志在大会上作了题为《加强农村劳动力转移培

训,奋力推进四川发展新跨越》的讲话,系统地介绍了四川省劳动力转移培训工作的做法。

一是高度重视,把农村劳动力转移培训作为全省经济社会发展的重大战略举措。他指出:加快农村劳动力转移培训,是促进农民增收的有效措施,是促进全省农村产业化结构调整优化的重要途径,是统筹城乡发展的内在要求,是实现人力资源人力资本转化不可或缺的重要方面。"要求各级党委政府要像重视经济工作那样重视职业教育,要像抓重大工程那样抓农村劳动力转移培训。"

二是创新体制,把民办职业教育作为农村劳动力转移培训的主力军。四川省在"围绕转移抓职教,抓好职教促转移"的工作思路指导下,"把民办职业教育作为一大产业来抓,在加强公办教育的同时,大力推广多元化投资、产业化经营、市场化办学的新模式、新机制,促进民办职业教育乃至整个职业教育快速发展"。

三是面向市场,把培育劳务品牌作为提升农村劳动力转移培训水平的重要手段。"牢牢抓住市场需求这条生命线,按照'长短结合,以短为主,就地转移培训与输出转移培训并重,职前培训与职后培训并举'的原则和'社会需要什么专业就设置什么专业,市场需要什么人才就培养什么人才'的办学思路,初步形成了'川建工、川厨师、川妹子、川月嫂'等在全国有较大影响的劳务品牌。"

四是强化统筹,把搞好服务作为政府促进农村劳动力转移培训的重要职责。张书记强调,农村劳动力转移培训工作,在市场经济条件下,政府既不能大包大揽,也不能撒手不管,而是要承担重要的统筹责任。在政府统筹下,形成了教育、农业、劳动保障、扶贫和劳务开发、妇联等有关部门各负其责、齐抓共管的良好局面。

教育部长周济同志在大会上作题为《以服务为宗旨,以就业为导向,全力实施农村劳动力转移培训计划》的重要讲话,要点如下:

一、以服务为宗旨,切实为农村劳动力转移服务

1. 农村劳动力转移对职业教育和培训提出了强烈需求。周部长指出:目前"农村劳动力转移进入了一个新的阶段,既对职业教育提出了挑战,同时,也是职业教育发展最好的历史机遇"。"正是在这个背景下,农村劳动力转移培训成为了党和政府关注的重要工作,理所当然也成为了教育部门特别是职业、成人学校的中心工作。"

2. 为新型工业化道路服务。在基本普及九年义务教育的前提下,帮助农村劳动力掌握现代工业企业和服务业从业人员必须具备的职业技能,这是教育为走新型工业化道路服务的重要内容。一方面要面向转移前农村劳动力开展培训,另一方面要开展转移后的农村劳动力培训。

3. 我国职业、成人教育面临巨大的发展空间,应当也完全可以大有作为。目前,一方面劳动力市场需求巨大,技能型人才资源严重短缺;另一方面,农村富余劳动力数量巨大,就业困难,致富无门。市场需求和人力资源的尖锐矛盾,为职业教育的发展提供了巨大的空间,我们一定要充分认识到,为农村劳动力转移培训服务,是职成教育在伟大时代的一项伟大事业。

二、以就业为导向,大力推动农村劳动力转移培训的制度创新

一是办学指导思想的转变和创新。①职成教育的办学指导思想,有一个深刻的变化,就是以就业为导向。坚持以就业为导向,就能够给我们职成教育带来深刻的变化。②不要把中等职业教育办成高等职业教育的预备教育,不要热衷于中专升大专,高职升本科,甚至有很多地方把中等职业教育办成变相的普通高中。中等职业教育的定位,就是在九年义务教育的基础上培养数以亿计的高素质劳动者,这个定位是非常清楚的。过去我们的发展是靠行政推动,今后更多地要靠市场拉动。今后职成学校一定要靠服务求支持,以贡献求发展。③职业教育要从城乡分割走向城乡统筹。④职业教育的评价体系中,就业是一个重要指标。⑤职业教育必须强调以职业道德为核心的德育。

二是职业和成人学校办学模式的转变。第一,全力以赴地做好就业服务工作。在市场经济条件下,职业学校抓住了"订单",抓住了就业岗位,实际上就牵住了发展的"牛鼻子"。第二,按需求设置专业。市场需要什么,学校就赶紧办什么专业。

三是按照订单培养的要求,创新办学机制。①实行"1+2""2+1""1+1+1"等灵活学制。②坚持学历教育与中短期培训并重。③坚持转移前和转移后培训并重。④探索职业、成人教育的学分制改革。

四是职业、成人学校办学体制的转变。①鼓励公办和民办学校共同参与,共同发展。②加大公办职业、成人学校改革步伐。③充分利用城乡和东西部教育资源。④积极开展中外合作办学。

三、求真务实,狠抓落实,实施好《农村劳动力转移培训计划》

1. 争取各级政府、有关部门的高度重视和大力支持。

2. 争取从各方面增加对农村劳动力转移培训的投入。

3. 各级教育行政部门要切实转变观念,加强指导和服务。

4. 抓好典型,搞好示范,以点带面。

5. 加强宣传表彰,营造农村劳动力转移培训工作的良好氛围。

国务院扶贫办高鸿宾副主任在大会上作了鼓舞人心的讲话。他指出,教育是推动经济和社会发展以及改变人的命运的事业。教育部在四川成都召开的这次

会议,对于扶贫工作而言是抓在了点子上了。办好教育是最大的扶贫,办好职业教育是最直接的扶贫。

培养大学生实际上是贫困地区为发达地区培养人才。对于贫困地区而言,转移一个初中生的成本低而且意义更直接、更重大,因为它可以改变一个人或一个家庭的命运。所以,转移培训是最大最直接的扶贫,是把虫变成龙、一步登天的扶贫。今后国务院扶贫办将大力支持教育部门的转移培训工作,共同把农村劳动力转移培训这项扶贫工作做好。

最后,吴启迪副部长作会议总结。她指出,这次会议有三个明显的特点:一是主题好。增加农民收入不仅是经济问题,而且是政治问题。这次会议是贯彻全国农村教育工作会议的实际行动,也是教育践行"三个代表"重要思想的具体体现。二是思路新。周部长的报告明确提出了农村劳动力转移培训的目标、任务、思路和措施,特别是"以服务为宗旨,以就业为导向"的指导思想和"以服务求生存,以贡献求发展"的办学理念。三是收获大。与会同志通过经验交流、参观学习、小组讨论,进一步提高了对农村劳动力转移培训的认识,转变了办学观念,增强了转移培训工作的自觉性、主动性和积极性。

她对今后的工作做了三点要求:一是大家回去要把会议精神汇报好、传达好、贯彻好。二是制定农村劳动力转移培训工作规划和实施方案,同时要推进体制创新。三是抓紧落实今年的农村劳动力转移培训任务,早落实早受益。

在2月26日的职成教年度工作会议上,吴启迪副部长作了题为《认真学习实践"三个代表"重要思想,努力办好让人民满意的职业教育与成人教育》的报告,总结了2003年的工作,部署了2004年的工作。她指出:2003年度的职成教育工作取得了可喜的进展,完成了各项工作任务,主要表现在:①深入学习贯彻十六大精神和"三个代表"重要思想,认真谋划职成教的改革和发展。②战胜"非典"疫情,确保职成教战线和职业学校工作正常运转。③坚持大力发展的方针,推动职成教事业持续稳定健康地发展。④农村和西部地区职成教工作得到加强。⑤职业学校结构布局调整工作力度加大,优质职业教育资源得到进一步扩大。⑥教育教学改革继续深化,职业教育的质量进一步提高。⑦职业学校德育工作和职业指导工作进一步加强。⑧积极开展社区教育,推进学习型社会建设工作取得新的进展。⑨职业教育师资培养培训体系进一步完善,师资队伍整体素质明显提高。⑩职业教育国际交流与合作成果显著。

关于2004年职成教工作,她着重强调以下几点:

一是认真学习实践"三个代表"重要思想,深入贯彻全国职教会和全国农教会精神,以组织好两个"计划"的落实为重点,全面促进新行动计划的实施。

二是今年需要大力推进六项重点工作：

1. 认真组织实施《农村劳动力转移培训计划》，进一步推动职业教育与成人教育工作更好地为"三农"服务。

2. 认真组织实施"制造业和现代服务业技能型紧缺人才培养培训计划"，加快培养生产服务第一线需要的技能型人才。

3. 进一步加强职业学校德育和职业指导工作。

4. 大力推进终身教育体系的建立和完善，加快发展社区教育和各类学习型组织建设。

5. 适应社会和市场需求，深化职业教育教学改革，努力提高办学质量和效益。

6. 进一步推进职业教育管理和办学体制改革，加快民办职业教育发展步伐。

最后，黄尧司长补充讲了两点：

第一，职教战线的同志要充分认识我们面临的极好机遇，要紧紧抓住这个机遇。他指出，改革开放之初的80年代是第一次机遇期，邓小平南巡讲话之后的90年代是第二次机遇期，1997年达最高峰，现在进入了第三次难得的重要发展期。"十六大"的教育目标中有"培养数以亿计的高素质劳动者"，中央连续召开了农村工作会议，农村教育工作会议，再就业工作会议，"三农"和农村劳动力转移培训成了党和国家关注的热点，正如王湛同志指出的那样，职教战线的同志们要"乘势而上"。

第二，进一步解放思想，更新观念，积极探索新形势下的新思路新举措。黄司长指出，郑州的职业指导会议、无锡的产教结合会议、成都的转移培训会议都是十分重要的，都体现了"以就业为导向，以服务为宗旨"的精神。

1. 以就业为导向，以培养就业技能为本位（而不是以升学为本位）是职业教育内在的本质要求。

2. 一定要坚持面向市场，订单培养，校企结合，资源共享。学校不能关门办学，必须与企业、与社会、与用人单位沟通合作。

3. 必须坚持以服务为宗旨，以服务求支持求发展。有为才有位，要让农民受益，才能得到人民的拥护和政府的支持。今年社会发展对职业教育有巨大的需求，又是初中毕业高峰，职业教育将有大的发展。完全按照普通教育那一套办职业教育已经不灵了，光盯住学历教育也希望不大，要紧紧抓住转移培训这个抓手来求的职业教育的发展。技能学历教育的招生突破550万，而转移培训要突破600万。

经验交流和参观学习的感受

根据会议安排，四川联合经济学校、湖南怀化万昌中专、青岛黄海职业学校等

9个单位在会上交流发言,并有16个单位作书面交流。与会同志还参观了四川联合经济学校、成都市郫县友爱职高、四川国际标榜职业学院以及德阳市"2112"教育富民工程示范点。从经验交流和参观学习的情况看,有以下几个主要特点:

一是领导高度重视。如四川省委提出"围绕转移抓职教,抓好职教促转移"的指导思想,省政府实施的"5511"工程,要求从2003年到2007年培训5000万人次。据周部长介绍,全国已有11个省(市、区)政府制定了转移培训规划或明确了培训任务。

二是民办职业教育异军突起。这次会议参观和会上交流的四川联合经济学校、湖南怀化万昌中专、青岛黄海职业学校等都是民办学校,而且规模都在万人以上。

三是办学模式大转变。这是会议经验交流和参观学习的最大感受。有"1+2""2+1""1+1+1"等灵活学制,有学历教育与中短期培训并重,有转移前培训和转移后培训并举,有"模块式课程""菜单式教育"和"学分银行"制度,有技能培训与职业中介的结合,甚至有出境劳务的国际合作等。

四是注重品牌效应。经验交流的一大亮点就是注重品牌效应,如陕西的"米脂家政""蓝田厨师""杨凌农科""秦巴茶艺"和"渭北技工"五大品牌;四川的"川建工""川厨师""川妹子""川月嫂"等很有名气的劳务品牌。

五是会风求真务实。与会者一致认为,这次会议效率高、收获大。整个议程包括领导讲话、交流发言、小组讨论、参观考察乃至食宿安排都十分周到。特别值得一提的是没有安排一处景点观光,体现了求真务实的良好会风。

关于大力发展农村职业教育的建议

——在黔南州政协职业教育发展座谈会上的发言

(2006 年 9 月 25 日)

近年来,我国的职业教育得到了长足的发展,出现了喜人的"历史之最"现象,即"经济社会对职业教育的需求为历史之最,中央政府对职业教育的重视为历史之最,中央财政经费对职业教育的投入为历史之最,职业院校办学规模的扩大为历史之最,职业教育的发展提供的基础为历史之最。"(上海职教所马树超语)

但是,随着我国职业教育的进一步发展,许多深层次的矛盾和问题渐渐"浮出水面",尤其是农村职业教育,矛盾更加突出,问题更加明显。

一、"技工荒"已成为我国从制造大国走向制造强国的主要难题

我国要走新型工业化的道路,同时在产业结构中要加大第三产业的比重,需要数以亿计的产业工人和服务业人才,这都有赖于职业教育的发展来提供人才保障。目前出现的大量农民工找不到合适的就业岗位,而大量的企业又招不到合适员工的"技工荒"现象,就是典型的"结构性失业"现象,破解这一难题的唯一办法是大力发展职业教育,尤其是农村中等职业教育。

二、大力发展农村职业教育是建设人力资源强国的重要途径

我国人口的大部分在农村,教育事业发展的重心应当在农村。农村教育在"普九"之后向何处去? 一直是大家关注的焦点之一。十七大提出在有条件的地方普及高中阶段的教育。而中等职业教育应当成为农村普及高中阶段教育的重点。

周济部长在去年九月十二日国务院新闻办公室举办的新闻发布会上明确指出:"中国在普及了九年义务教育之后,教育的整体宏观结构应该是什么样呢? 就是九年义务教育毕业生中,有一半少一些的初中毕业生上高中、上大学,有一半多一些的初中毕业生接受中等职业教育,然后进入就业岗位。"

我国每年有 2000 多万初中毕业生,而高中阶段的毛入学率为 59.8% ,就是说,我国每年有 800 万左右初中毕业生未能升学,这些人大部分在农村,应当通过大力发展农村职业教育把这部分人作为宝贵的人力资源进一步进行开发,否则就会造成农村第一资源的极大浪费,不利于新农村建设的进一步发展,也不利于我国建设人力资源强国的需要。

三、农村中等职业教育基础能力建设的力度跟不上办学规模扩大的速度

这几年,中职每年扩招 100 万人,到 2007 年才降为扩招 50 万人,扩招速度之快,前所未有。农村职业教育办学规模也以翻番的速度扩大。由于快速扩招,原有的教学设施装备容量有限,师资的数量和质量也远远不能满足需求,使得许多农村职校面临着扩大校园、扩建校舍和增加师资的困难。但由于地方财政的投入太少(尤其是国家扶贫开发重点县),中央财政投入的项目又很难争取得到。所以,农村职业学校处于一面扩招、一面装备不足的两难境地,出现了发展中新的不平衡。

四、农村劳动力转移培训中的问题不容忽视

在农村,许多部门都在开展农村劳动力转移培训,有教育部门的"农村劳动力转移培训计划"、农业部门的"阳光工程"、扶贫部门的"雨露计划"、劳动保障部门的"农民工技能培训"等等。

这些培训多数是利用农村职业教育资源进行的,在培训中出现了一些不容忽视的问题。

一是各种培训"抢生源",使大量本应接受中等职业教育的生源流入短期培训之中,并提前上岗就业。

各种项目的农村劳动力转移培训,都以农村中的初中毕业生为培训对象。在实际培训中,多数参加培训的是年龄在 16—18 岁的人群。他们接受一个月左右的培训后就被送到工厂上班,提前开始他们的就业生涯。

1. 从人体生理发育的角度说,十六七岁的孩子骨骼尚未发育健全,正是长身体的最佳时期,这个时期是不宜从事长时间体力劳动的。到工厂每天上班八到十小时,对孩子发育不利,所以,在这个年龄段就安排就业或在农村务农都是不人道的做法。

2. 从人的心理发展的角度说,这个年龄段是人的心理"断奶期",情绪极不稳定,逆反心理大,尚未具有走入社会的心理准备,许多人因此走上犯罪道路。司法部门统计显示,这个年龄段的犯罪率最高,甚至成为农村社会治安的不稳定因素,

所以这个年龄段安排就业,不是救了他们,而是害了他们。

3. 从公民应有的受教育权利的角度说,组织动员农村十六七岁的初中毕业生参加转移就业培训,实际上就是用另外一种方式变相地剥夺了他们接受中等职业教育的权利。

十六七岁是未婚育前期、思想单纯、无忧无虑、记忆力强,是学习知识、训练技能的最好时期,是人生的黄金时代。过了这个年龄段再回过头来学习,效果没有这个年龄段好。

国家有关大力发展职业教育的好政策,尤其是对农村职业教育的助学政策,给广大农村初中毕业生提供了广阔的自由发展的天地。农村中等职业教育培养的主要对象也是初中毕业生,他们应当接受中等职业教育,掌握一两门专业技能,身心发育较为成熟,才能安置就业。这样,于个人、于企业、于国家都有好处。他们应当享有这个权利。所以,农村劳动力转移培训中的"抢生源"现象应该引起国家的高度重视。

二是各种培训自成体系,封闭运行,各自为政。每种农村劳动力转移培训都有项目经费投入。但由于资金来源的渠道不同,条块分割,各种培训项目自成体系,封闭运行,各自有严格的报账制度,还要接受项目审计、验收。某个环节不合程序,就是违规。比如扶贫部门的"雨露计划"培训经费,资助的对象是农村贫困户的子弟,初中毕业,16 岁到 30 周岁。但必须是短期培训的学员,如果是中职学历教育的学员就不能享受,否则就是违规。这就迫使农村贫困学生趋于选择包吃包住的短期培训"速成班",而不得不放弃资助经费相对较少、学习时间相对较长的中职学历教育。各种培训经费也没有发挥最大的效益。"这扶贫那扶贫,通过职业教育扶贫是最好的扶贫"也只是一句戏言而已。

五、中等职业教育贫困生国家资助政策有待进一步完善

教育公平是重要的社会公平。保证家庭经济困难学生能够上得起学、能够上好学,是促进教育公平的重要方面。这就是温总理在与北师大师生座谈时提到的"穷人教育学"。

从 2007 年秋季起,国家实行助学金制度,给所有就读中职的农村学生每年每生平均补助 1500 元,"为数以亿计的青少年学子提供了有可能改变他一生命运的机会"。但在具体实施中也出现了一些问题。比如国家助学政策规定,农村中职学生的助学金要用于生活补助,但少数民族贫困地区的学生多数是因为交不起学费而不能就读中等职业学校。交不起学费就不能取得学籍,不能取得学籍就无法享受国家助学金,最终还是徘徊在职校大门之外。如果国家助学金可以用作抵交

学费,那么还有更多的农村学生就读中等职业学校。

建议一:进一步加大农村中等职业教育投入力度。农村教育是整个教育的重心,农村中等职业教育又是"普九"之后高中阶段教育发展的重点。应当建立一种长期投入机制,比如农村中的国家级重点学校由中央财政重点扶持,省级重点学校由地方财政重点扶持。扶持的力度要加大,以满足扩招之后的需求。同时允许农村学生用国家助学金抵交学费。

建议二:强力推行"就业准入制度"和"劳动预备制度"。

《劳动法》规定:已满十六周岁未满十八周岁属未成年工,未成年工所从事的工种是有严格规定的。要加强劳动稽查制度,除了严禁使用十六周岁以下的"童工"以外,还应该严查未满十八周岁的用工情况。同时推行"劳动预备制度",即先培训后持证上岗的制度,规定未满十八周岁的青少年接受2-3年的职业教育,取得中职毕业证或技术等级证书后方能上岗就业。使企业用工进一步规范化,进一步适应我国走新型工业化道路对各类人才的需求。

建议三:加强政府统筹力度,将国家用于农村劳动力转移培训的部分经费用于资助农村贫困学生完成中职学业。通过政府(国务院)统筹,建立一种长效扶持机制,把国家用于农村劳动力转移培训的部分经费用于扶持农村职业教育。因为在农村,职业学校是转移培训的主体机构,扶持农村职业学校、资助农村贫困学生就读中等职业学历教育是效益最好、质量最高的农村劳动力转移培训,是最有远见的扶贫项目。

教育强县之典范

——参加"全国教育强县建设暨农村劳动力转移培训研讨会"汇报材料

本人奉命于2004年8月14日至17日参加在陕西宝鸡市眉县召开的"全国教育强县建设暨农村劳动力转移培训研讨会",聆听了有关上级领导的讲话和先进县市的经验交流发言,参观了眉县部分先进学校,参与了会议小组讨论,现将参会情况汇报如下:

一、会议概况

会议一开始,由教育部职成司张昭文副司长作题为《关于劳动力转移培训工作的现状和推进措施》的报告,之后由陕西省教育厅巡视员屈应超同志介绍陕西省教育强县建设的先进经验,陕西省眉县、三原县也分别介绍了教育强县建设的典型经验,此外,杭州市教育局、江苏省教育厅、眉县汤峪镇等单位也在会上作典型发言。

会议安排了一天时间参观眉县的"职业教育中心""眉县中学""眉县槐芽中学""汤峪镇农科教中心"等。与会参观人员打开眼界,赞叹不已。

会议结束时由教育部农村教育综合改革办公室马建斌处长作总结。

二、领导讲话

张昭文副司长的报告首先总结了我国农村劳动力转移培训工作的主要做法和成果。然后分析目前我国农村劳动力转移培训工作存在的困难和问题,主要是农村劳动力教育水平总体偏低,培训规模偏小,培训工作发展不平衡,培训政策不到位等。他对今后农村劳动力培训工作作了几点要求:一是进一步加大农村劳动力转移培训工作力度;二是进一步深化改革,创新工作机制;三是扩大城乡各类职业学校面向农村招生的规模;四是推行职业资格证书和学历证书并重的制度;五是进一步加强职业指导和就业服务。(相关内容见会议资料)

马建斌处长作会议总结。他认为当前农村教育综合改革的现状是"成就很大,问题很多,喜忧并存,改革和发展的任务十分艰巨"。主要表现在:一是农村教育综合改革与中央解决"三农"的政策不一致,只重视普教不重视职教、只重视教书不重视育人的现象十分严重,农村教育脱离农村实际;二是城乡差距大,农村教育任务艰巨,仍有15%的县(约有430个县)尚未"普九"(普及九年义务教育);三是投入不足仍是突出问题。上对下推诿,下对上等靠要,"普九"欠债500多个亿。(顺口溜:"中央财政喜气洋洋,地方财政勉勉强强,县级财政哭爹叫娘,乡镇财政拆东墙补西墙。")

马处长对今后的工作作了三点要求:一是要坚持"三教统筹"和农科教结合不动摇;二是要全面贯彻党和国家的农村教育方针政策,要用科学发展观指导农村教育综合改革,重点是尽快调整农村教育高中阶段的结构比例,大力方针农村中等职业教育;三是进一步解放思想,探索农村教育综合改革的新思路、新办法,解决好农村扫盲的流于形式问题、"普九"欠债问题、中小学人事制度改革问题、教书育人问题等。

三、参会感受

通过参观学习,仔细察访,并与基层教育工作者广泛接触和交流,我对陕西眉县的教育有以下深刻感受:

一是领导重视,确保投入。眉县人口31万多,经济状况与罗甸差不多,地方财政收入4000万元左右。这样的县在陕西省第一个实现"教育强县"的确是个奇迹,可见领导对具有重视的程度。像眉县中学、眉县职教中心这样的大型学校,在校生均在3000人左右,近年来政府的年均投入都在亿元以上,完全按照国家级重点或示范校标准进行建设,与大城市的学校没有什么两样,甚至比大城市的学校还要宽敞漂亮。周济部长今年7月专程率团考察了眉县教育,对他们真正把教育放在优先发展的地位,舍得把血本投在教育上给予了很高的评价。

二是结构均衡,协调发展。眉县的高考录取率亦即普通高中的教学质量在宝鸡市甚至陕西省都是名列前茅的。但他们并不以此为满足而沾沾自喜,而是把建设的眼光放在中等职业教育是,其设施设备按国家级重点学校标准进行装备,中职在校生与普高在校生之比在5:5左右,中职毕业生就业或升学率在95%以上,幼儿的入园率也很高。

三是管理科学,透明高效。陕西省的"教育强县"建设有一套严密的评估指标体系,它比国家对"两基"的验收更为严格,就是说真正达到标准才进行评估验收,达不到标准也就宁缺毋滥,经济强县(市)也未必能评上"教育强县"的称号。陕西从2001年实施"教育强县"建设计划以来,也就只有眉县和三原县评上,而且这两个县也不是全省经济实力较强的县。

眉县教育管理的特点是实施"一体两翼"的体制:"一体"指整个教育行政管理(教育局),"两翼"指发挥"教育督导"和"教育科研"两个方面的机制,每个方面都有具体的实施方案,既简明又高效。

四是通过课改推进真正的素质教育。从幼儿园到九年级的上学期,基本上取消了统考,所有学生和老师对考试没有任何压力,一改过去那种为考试而读书的弊端,转向教会学生学习,开发学生智慧的素质教育。这样做,不仅没有影响考试成绩,相反,由于学生智力得到有效开发,进行质量直线上升。因为初中的基础抓实了,高中的质量也稳定增长。我们参观的学校,学生的科技发明作品,艺术创新作品,琳琅满目,眼花缭乱,获得全国奖的不计其数。国务委员陈至立,教育部长周济,科技部副部长邓榕率教育部、科技部的部分领导亲临这些学校考察,一件一件地看了这些学生作品,对他们早期培养学生的个性特长和素质给予了极高的评价。

值得一提的是,我们参观的潼关寨村级小学,有8个教学班(其中两个是学前幼儿班),有14位老师。当我们代表进校时,老师们只在校门列队作礼节性的迎接,其他所有接待工作,包括导游、发资料、介绍、学生作品的讲解等全部由6到10岁之间的几个学生负责。学生素质之高,可见一斑,给全体代表留下了深刻的印象。

五是可贵的"名师工程"。眉县教育的又一杰作是实施"名师工程",通过培养名师办名校。从2000年起,每年评选一届"县级名牌教师"(也评市级名师)二十几名,给他们戴大红花,并享受一定的政府"名师津贴",让他们在各自的学校担任"首席指导教师",以带动第二、第三梯队的青年教师。大家人人努力、个个争先蔚然成风。

总之,参加这次会议,使我大开眼界,受益匪浅,看到了许多"门道",学到了不少东西。有些经验和做法不要钱也能学的,我将在工作中试行。会议的相关资料呈请领导一阅。

参加会议人员:黄周立
2004 年 9 月 16 日

学习威宁谋发展

——威宁教育考察心得

这次参观考察威宁教育,感触很大,受益匪浅。威宁的办学条件并不比罗甸好多少,甚至某些方面比我们还要差,但是威宁的教育却能取得如此成就,并以加速度的态势迅猛发展,创造了威宁教育的奇迹,铸就了威宁教育的神话,不得不让人叹服、佩服。眼前看别人杰作与成功,心中想自己差距和打算,禁不住感慨万千,发人深省,引人深思,催人奋进。

根据参观考察的所见所闻、所思所感,结合本人对罗甸教育的思考,作如下汇报:

一、威宁经验有哪些?

一个目标:实施素质教育,落实立德树人,培育"四有"新人。

两个抓手:一是"五心教育";二是"行政推动,业务推进",行政推动首抓校长,业务推进紧靠专家。

三个出发:从教师专业化发展出发;从学生学习力提升出发;从素质教育教学质量提高出发。

四个课堂:聚焦课堂,研究课堂,决战课堂,优质课堂。

五个转变:教学方式由"满堂灌"向"三出发"优质课导学转变;呈现方式由传统媒体向现代媒体综合运用转变;互动方式由教师单边活动向多元互动、有效参与转变;学习方式由被动接受向自主、合作探究转变;德育方式由空泛说教向把有效践行"五心"教育作为提高教学质量的生命线转变。

六种文化:课程文化,课堂文化,课间文化,教研文化,管理文化,质量文化。

二、学习威宁学什么?

威宁教育值得我们学习的地方实在太多,让人眼花缭乱,我们看见了什么?最本质的东西是哪样?威宁教育的"门道"在哪里?对于我们而言,我们学威宁学什么？怎样学才能获得"他山之石可以攻玉"的效果？这是我们学习别人经验时必须思考的重要课题。我个人认为，最根本的要学以下几点：

（一）干事创业的精神追求

走进威宁，给我印象最深的是威宁教育人的那种精气神，他们的价值追求，他们的精神面貌，敬佩之情不禁油然而生。以冶少有为领袖的威宁教育人，以对学生高度负责的态度，以干事创业作为崇高的精神追求，勇挑重担，敢于担当，不怕担风险，在一片质疑声中力排众议，在风口浪尖逆水行舟，"咬定青山不放松"，百折不挠，排难攻坚，从4所实验校到第二批18所学校到全县铺开，用大手笔做大文章，强力推行课改并取得显著成效。非此人无成此事也，这是"少有"的执着和激情，"少有"的精神力量。我们看到的仅仅是美丽彩虹这个结果，他们经历的是风风雨雨整个过程，过程的价值比结果更为珍贵。正如陶行知先生所说："为一大事来，做一大事去"，威宁教育人就是为教育这一大事而来，做教育这一大事而去的。

其实我们并不比别人笨，我们也有事业心，也有责任感，也想有所作为，也愿有所担当，但是，我们可能缺一点他们那种价值追求的境界，缺一点他们那种干事创业的气魄，而这一点正好是最关键的那一点。做教育事业是谋道而非谋利、非功利的，是需要有一种精神、必须投入一种激情的。如果一事当前过多强调客观条件，较少思考主观努力，患得患失、疑虑重重，不愿出点蛮力，没有一股狠劲，是很难有所作为、很难有大作为的。威宁教育人的价值追求进一步印证了我对罗甸教育现状的基本判断：罗甸教育最缺的也许不是物质的东西、不是硬件，我们最缺的可能是精神的东西、是软实力，就是威宁教育人那种执着的精神追求，而这一点恰好是最核心的竞争力。

当前，罗甸教育已经到了一个发展的重要关键点，最需要威宁教育人的这种精神。毛泽东说过："国家者我们的国家，社会者我们的社会，我们不说谁说？我们不干谁干？"同样，罗甸的教育事业我们不说谁说？我们不干谁干？一个校长，一个教师，经验最成熟、精力最旺盛的时间能有几年？而能够成就事业和实现自我价值的机会又有多少？"人生能有几回搏？"此时不搏，更待何时？与其坐而论道，不如奋起直追。"一万年太久，只争朝夕"，罗甸教育人要勇挑重担，敢于担当，要有一种舍我其谁的干事创业激情，要有一种不甘人后的精神，才能办出罗甸气派的教育来。

（二）内涵厚重的教育思想

威宁教育的汇报材料，细细读来，慢慢品味，与其说是经验介绍，不如说是学术论著。座谈会上冶局长如数家珍地侃侃而谈，俨然教育家的风采，给人一种"高处不胜寒"的感觉。威宁教育从顶层设计到中层执行到基层创新,整个布局谋篇无不闪耀着教育哲学的智慧光芒。秀水中学从学校管理到课堂教学到师生风貌,整个教育文化无不展现着古今中外先进教育理论在当代条件下的实际运用。这就是苏霍姆林斯基所倡导的"思想的领导",这就是教育家办学的经典样板,这就是威宁教育人自信的理由。

袁贵仁部长说:"教书育人是一项专业性、探索性、创造性极强的工作,要求教育者必须先受教育,具有高度的使命感、责任心,静下心来教书、潜下心来育人,来不得半点急功近利,来不得半点三心二意,来不得半点弄虚作假。"教育既是科学又是艺术,不是仅凭一股热情就能办好的。科学的精神在于求真之实,艺术的价值在于创新之美。只有用古今中外——包括从夸美纽斯到苏霍姆林斯基,从孔夫子到陶行知的先进教育理论武装我们的头脑,对教育的本质进行深度的哲学思考,对教育规律要有切实的把握,才能解决当代条件下复杂的教育问题,并在教育实践中不断创新,才能办出真正的教育来。

回头反思我们的办学,多半是上面安排什么做什么,安排多少做多少,而且所做的也多半是就事论事,见子打子。管理是行政性管理,领导也是事务性领导。没有科研的教育,没有实验的教学,没有课题的教师,这就是我们目前现状的真实写照。没有科研的教育是什么教育?是行政命令式的教育。没有实验的教学是什么教学?是灌输接受式教学。没有课题的教师是什么教师?是徒劳低效式教师。德育说教苍白无力,教学方法机械死板,师德影响单薄勉强。

不可否认,我们广大教师都是爱岗敬业的,都是在兢兢业业地工作的,为什么教学质量不高?原因很简单,就是我们对教育本质的认识还是很肤浅的,对教育科学的规律还是没有把握的。我们的教学,科技含量不高,教师的精力耗费在枯燥无味填鸭式教学中,教学没有思维活动,没有兴趣的激发,没有智慧的火花,教育之美的元素就更少,不符合教育教学的客观规律,对教育艺术的创新、对学生的吸引力就更不用说了。必须承认,我们有许多小聪明,但是我们缺少大智慧,"以己之昏昏"岂能"使人昭昭"?充其量就是高耗低效的教学。

优质的教育必然要以内涵厚重的教育思想为前提,内涵厚重的教育思想又源自何处呢?只有回到问题的原点,就是学习,就是不停地阅读,不断地在实践中反思、探索、创新。这是唯一的办法,也是最笨的办法,此外没有别的捷径。威宁的老师们就是这样做的,而这一点又往往是我们最容易忽略的。我们太需要威宁那样的草根专家、草根教育家了。只有在实践中坚持不懈地学习,锲而不舍地探索,把工作当学问来做,把问题当课题来做,才能成为真正的专家。我们应该追求这样的目标:办学有先进的理论底蕴,管理有深厚的文化内涵,教学有鲜明的个性风格,学校有显著的创新亮点。

(三)开放创新的办学格局

威宁教育人在吃透中央课改文献精神的基础上,遍访包括河北衡水、江苏洋思、山东杜郎口在内的全国教育先进地区和学校,在相关民主党派中央的大力支持下,在省教育厅的直接帮扶下,邀请省内外专家亲临指导,主动加入全国农村县域课程改革联盟,整个课改的展开从一开始就呈现出开放创新的态势,形成一种开放创新的办学格局。开放创新是威宁教育奇迹、威宁教育神话的另一个注脚。

开放包容是吸收各种有利资源助我发展的好办法,正因为开放,我国才得以用30多年的时间走完了西方国家100多年的发展历程。教育发展的道理也一样,闭关自守是没有出路的。同样,"创新是一个民族进步的不竭动力"(江泽民语),由于人的发展的无限可能,创新也具有无限可能性,所以,教育方式的推陈出新也是无限可能的。俗话说:"不怕做不到,只怕想不到",我们要敢于做前人、别人没有做过的事,把可能变为现实。只要不断地探索创新,奇迹也是可以创造的,威宁神话就雄辩地证明了这一点。

恕我直言,相比之下,罗甸教育开放的力度很不够,创新的冲动很缺乏。我们办学,与外界的联系较少,县内交流的也不多,"鸡犬之声相闻,老死不相往来",显得冷冷清清。没有高人指路,自己闭门造车,故步自封,自我感觉良好。有的办学若干年,江山依旧,像个破落地主。有的硬拼出几个600分、700分就沾沾自喜,而教学质量却无法大面积提高。办学水平徘徊驻足,停滞不前,很难有大的突破,一直以来是我们办学的硬伤、心病。

我曾经在不同场合不止一次地提倡办学要"上挂、横联、下辐射"。"上挂"就是对上挂靠高等院校和科研院所,把我们学校列为他们的科研基地(高等院校和科研院所甚至相关的国际组织也需要这样的科研基地),与他们长期合作,在专家的指导下进行教学实验和课题研究,既能因此带出优秀的教师队伍,又能取得教育教学的显著成果,何乐而不为呢?"横联"就是与同类优质学校结成姊妹学校或较大范围的联盟学校(如威宁加入的"全国农村县域课程改革联盟"),教研组对教研组,长期合作交流,资源共享,同步发展。"下辐射"就是县内一所优质学校辐射辖区内几所生源地下级学校,高中辐射初中,初中辐射小学,小学辐射幼儿园,结成长期稳定的纵向业务交流指导关系,从而形成稳定的优质生源输送链条。这就是我提倡的"上挂、横联、下辐射"开放办学思路。

大家知道,农民伯伯通过果树嫁接可以改良品种提高产量,我们为什么不可以和优质教育资源嫁接起来,改变教学方法、改良学生的学习方式从而提高教学质量呢?我们为什么还要故步自封、闭门造车呢?

我们能否可以承办全省、全国的教育学术研讨会？能否可以加入全国全省学术组织俱乐部？某所中学或小学能否举办全州、全省教育专题现场会？在学术方面，我们能否可以做到第一年跟着跑，第二年一起跑，第三年领头跑？

（四）有痕留印的执行力度

威宁教育取得成功的一个重要因素是其强劲的执行力度。他们在教科所成立"课改指挥部"，以"行政推动首抓校长，业务推进紧靠专家"为有力抓手，强力推行大课间活动制度，一年一度"教师教材过关考试"制度，小学、初中、高中的统考制度，集体备课和导学案审查过关制度等各项措施，这些措施都得到强有力地执行，都一一落到实处，用他们的话说就是"内涵发展抓铁有痕，课程改革踏石留印"，这是难能可贵的招数。

执行力是一切事业成功的重要前提，是现代管理的关键因素。相对而言，顶层设计要理想化，工作流程要科学化，执行力度要高效化。执行力是按照目标要求把各种资源进行优化整合使之发挥效能最大化的决定力量，是把不可能变为可能，把可能变为现实的先决条件，所以，一切目标的实现都取决于执行力。

其实，我们也不乏好思路、好建议，好政策和好文件也不少，我们甚至也不缺教育思想，但是最缺的是执行力，最缺的是高效的执行力度。一项重大决策的推行，方案流程缺乏统筹兼顾，实施细则缺乏协调配合，工作小组缺乏责任落实，整个过程缺乏应有的生机与活力。许多决策虎头蛇尾、有头无尾、不了了之。

事业的成功不是说出来而是干出来的。办好罗甸教育不光要有想法和说法，关键要有做法。复杂的事情暂时做不了，简单的事情可以先做一做。要钱的事情暂时做不了，不要钱的事情可以先做一做。比如训练养成学生一个文明习惯，其实也并不复杂，把很简单的事情做到最好就是不简单。比如说搞好环境卫生其实也花不了几个钱，如果我们把环境卫生工作做到彻底、做到极致、做到无可挑剔，那么，教师的修养、学生的素质、学校的风气、育人的品格、教育的智慧、办学的水平等要素都在其中展现出来了。威宁的做法其实也并不复杂，他们就是认真地干下去，不成功决不收兵，就这么简单。只要想做，只要锲而不舍地做，做不好决不罢休，我们也完全能够做成功。

三、学习威宁怎样学？

学习外地经验切忌照抄照搬、克隆复制，不搞"一刀切"，不要"齐步走"，也不搞"空对空"，要搞"实打实"，重要的是考虑各校的实际，更多的是要思考我们自己，我们准备好了吗？要善于在学习热中进行冷思考，关键在于怎样学。怎样学太重要了，是一种高难度的考试，是对我们当下各方面水平和预期能力的拷问。

要有一套准备动作,要有良好的学习思维方式,要通过自己的方式消化吸收,转化成我们的细胞、肌肉、头脑、智慧,最后要以自己的风格、自己的特色展现出来,办出罗甸气派的教育。学习威宁是这样,学习其他先进经验也是这样。

那么,学习威宁怎样学呢?根据我个人的学习以及对罗甸教育现状的思考,我提出以下几点建议,以供参考。

(一)改革激情与求实态度相结合

我们校长和老师们外出考察、挂职锻炼、培训学习期间,往往看的时候激动,学的时候想动,回来以后动都不动。有些学校虽然动起来了,也不过是一阵风,过一段时间又冷下来了。有些学校在形式上学了人家一些表面的东西,而本质的东西没有学到,这是我们以往存在的通病。

对于当前我县教育工作的现状,我们既要有危机感又要有紧迫感,既要有责任感又要有使命感,要有强烈的变革冲动和饱满的改革激情。安于落后、迟疑观望、停滞不前、不思进取都是千万要不得的。但是同时我们又要有踏实认真的态度,坚持求实的精神,一步一个脚印地把改革进行到底。

有改革意愿和创新冲动的校长以及基本条件具备的学校可以先行先试,从部分较为成熟的实验学校干起,这些学校又不妨先从大课间学起,然后逐步推开。大课间要作为学校工作的一个切入点和突破口来抓,全校上下、全体师生要达成共识。为什么要做大课间?(要进行大课间的意义、作用和教育价值大讨论),大课间有哪些内容?(大课间各部分的构成、衔接能否比威宁更好、更有艺术性),怎样实施大课间?(大课间实施方案、具体流程的策划)。

(二)先进经验与本地实际相结合

如何把外地先进经验与本地本校实际相结合,是一个值得认真研究的课题。过去我们学习外地先进经验往往收效甚微,主要原因就是生搬硬套、克隆复制,脱离本地本校实际,其结果是水土不服,要么邯郸学步,要么东施效颦,形成不伦不类的样子,比如学习杜郎口的结果是培养了许多"歪脖子"。

杜郎口经验的本质是反对教师的包办代替,把学习的主动权交还给学生。所以他们撤掉讲台,增加黑板,组织学习小组,限制教师讲课时间不超过 10 分钟,激发学生学习的兴趣,调动学生学习的积极性,让学生充分展现学习的成果。我们许多学校学习杜郎口,只是把课桌重新组合了一下,编成几个小组围成几个小圈子学习,但老师仍然是满堂灌。学生原来是面向老师的,现在因为围成小圈子只能歪着脖子才能看见老师,所以形成了许多"歪脖子"。

学习杜郎口,应该成立一个课题组,建立一整套课题实施方案,从集体备课做起,设计科学规范的导学案,让学生充分预习,自主解决学习中能够解决的问题,把不能解决的问题带到课堂上进行讨论,在小组和班级的合作探究中掌握学习的方法,形成各自的学习思维方式,构建各自的学科结构体系,获得学科课程知识,从而实现教学目标,才能达到高效课堂的目的。

(三)顶层设计与基层创新相结合

教育主管部门最好成立一个课改指导机构,或称"全县课改指挥中心",出台一系列推进全县课改的方案措施,组成强有力的专家团队指导全县课改有序有效地开展。顶层设计是一种生产力,好的顶层设计是成功的一半。顶层设计很重要,但是最重要的是基层创新,我们要把顶层设计与基层创新紧密结合起来,才能把课改实施好,才能使课改取得实效。

也不一定非要等到顶层设计好了才进行基层创新。顶层设计是针对全县而言,具有共性和不平衡的特征。基层创新是针对具体学校而言,具有个性和相对独立的特点。另外,顶层设计不单有县级一层设计,还应该有校级的顶层设计。顶层设计是一个模子,基层创新却可以呈现出千姿百态、五彩斑斓的图景来。一样的设计,不一样的革新;一样的团队,不一样的作为;一样的教育,不一样的精彩。任何完美的顶层设计都要通过基层创新来实现,在课改推进中,基层创新的价值更为可贵,更值得提倡。

基层创新的一条原则是"非禁即许"——不是禁止的就是允许的,只要不是法律法规禁止的,都是可以进行改革、探索和创新的。创新无非就是旧要素的新重组、旧资源的新整合,使其效率更高,质量更好。资源有限,创意无限,观念一变,世界全变。对于课改,我们应该胆子要再大一点,眼界要再高一点,步子要再快一点,看准了的要义无反顾、坚持不懈地干下去。

比如撤掉"政教处",改为"学生处"或"学生服务中心"。

比如学校文化——章程、校徽、校旗、校歌;校史展览,学生社团,课间音乐,校园景观,运动会,艺术节,各种仪式、竞赛活动等等。

比如学校的一切活动要尽可能多的让学生去主持,使学生得到充分的锻炼。

比如推行"单元教学法",让学生有更多的时间阅读课外书籍,拓展知识。

……

(四)整体推进与重点突破相结合

课改是学校工作的重要组成部分,是教学工作的核心。课程改革是综合性的,是一套组合拳。要取得课改成效,必须整体推进与重点突破相结合。整体推进要抓常规,重点突破要见成效,最终要实现教育教学质量的大幅提高。

首先应该在教师的专业成长方面有所突破。具体表现在教师的价值取向的转变,教育观念的更新,育人理念的构建,教师成长的途径等。

其次在课堂教学方面有所突破。具体表现在教学模式的转型,学习方式的转变,学习习惯的养成,学习效率的提高,质量目标的实现等。

其三在师生精神面貌方面有所突破。具体表现在教师的敬业精神、师德风范和教学风格上。表现在学生的文明习惯、学习风气和青春阳光的精神面貌上。

至少,我们也要在大课间、集体备课、导学案、优质课竞赛方面有所突破。质量是教育的生命线,这些方面的突破必须以教育教学质量的提高为核心。

最后,回到问题的原点,即使没有威宁经验,我们也要把课改做好。现在学了威宁经验,就更应该能把课改做好。有高人指路还要自我感悟,罗甸教育已经到了提速发展的一个重要关口,既是机遇也是挑战,逆水行舟不进则退,牢骚和抱怨不解决任何问题,只有励精图治、背水一战,才是唯一的出路。我们要有一种能够解决两难的智慧,这才是教育家应有的智慧。俗话说"巧妇难为无米之炊",其实,真正"能为无米之炊"的才是"巧妇",有米之炊谁不会做? 还叫"巧妇"吗? 要在别人认为不可能的地方做出可能的事情来,这才叫奇迹。我们现在好比也在做罗甸教育的"无米之炊",只要我们坚定信心,坚持到底,"千淘万漉虽辛苦,吹尽黄沙始到金",有米之炊要做好,无米之炊也要能做到,我们也是可以把不可能变为可能,把可能变为现实的,我们也完全可以创造奇迹的。

贵为教师　一生无悔

——申报中学正高级教师职称业绩自述

　　黄周立,男,布依族,1955 年 4 月生于罗甸县茂井镇红屯村,1976 年 9 月参加教育工作,1980 年 7 月毕业于黔南师专中文系,同年 9 月安排到本县八茂区高兰小学初中部任教,任语文教研组长兼班主任(3 年),1985 年 3 月任八茂中学校长(5 年),期间 1986 年 6 月加入中国共产党,1988 年 9 月考入贵州教育学院政教系进修本科并于 1990 年 7 月毕业,1990 年 9 月任罗甸二中教导主任(1 年),1991 年 9 月任罗甸民族中学副校长(3 年)兼高三(1)班班主任(1 年),1993 年 12 月任罗甸县中等职业学校校长(15 年),期间 1995 年 9 月被评聘为中学政治高级教师,2000 年被评为中学政治特级教师,2008 年 8 月主动申请不再担任校长职务,被推选为罗甸县教育学会会长至今。

一、热爱教育,献身职教

　　从事教育工作 38 年,其中从事职业教育工作 20 多年。38 年来,虽然组织上曾经分别提拔到区长、局长等重要领导岗位,但又多次申请回到教学岗位上,坚持做一个普通的人民教师。几十年如一日,忠诚党的教育事业,教书育人,为人师表,兢兢业业,任劳任怨地工作,将整个青春年华和毕生精力都奉献给了民族山区农村职业教育。

　　由于爱岗敬业,工作卓有成效,受到上级主管部门的高度评价;多次被评为"优秀教师""优秀共产党员";荣获"黔南州优秀科技人才奖",2006 年被评为"全县优秀共产党员""黔南州优秀共产党员",2007 年 4 月被推选为中共贵州省第十次代表大会代表并光荣地参加大会。

二、艰苦创业,成绩显著

　　1993 年 12 月任罗甸县中等职业学校校长,当时职业教育处于低谷,办学非常艰难,许多职校改办普教,许多教师纷纷从职校调走,办学形势十分严峻。本人团结带领罗甸职校全体教职工,坚守职业教育阵地,艰苦创业,使学校的办学条件和规模从无到有,从小到大,从弱到强,一年一个新变化,五年一个大台阶。1995年学校被州人民政府评为"合格职业学校",2000年被省人民政府评为"省级重点职业学校",2005年被教育部评为"国家级重点职业学校",成为黔南州第一所"国重"学校和"全省职业教育先进集体","全国农民工培训先进单位",趟出了一条适合本地实际的农村职业教育特色发展之路。学校办学经验在2004年教育部成都全国会议上和2005年在桂林召开的全国会议上作典型交流。本人2006年5月参加在北京人民大会堂召开的"全国创业之星表彰大会"受到回良玉副总理等国家领导人的亲切接见并合影留念。办学成果曾参加2007年11月在河南郑州和2008年4月在北京农展馆举行的全国展览,2005年"全省贫困地区农村劳动力转移培训现场会"在罗甸召开,罗甸职校作为唯一参观现场,2008年"全州职业教育工作现场会"在罗甸召开,罗甸职校也是唯一参观现场,成为当时在全省全州有一定影响的农村中等职业学校。学校办学经验在《黔南日报》《贵州教育报》《贵州日报》《中国农村教育》等媒体分别报道,先后有省内外50多所兄弟职业学校组织人员前往参观考察。

三、身体力行,率先垂范

担任学校领导岗位25年,其中担任罗甸职校校长15年。奉行超越制度的人性化管理,追求一种"校园有学府风貌,管理有人文风格,教师有专家风范,学生有人才风采"的管理理念,特别注重发挥非权力因素的作用和人格魅力的影响。身体力行,率先垂范,从工作、学习到生活,各方面堪称全校师生的表率。

几十年来,基本没有寒暑假,也很少有双休日,因为寒暑假和双休日正是进行短期培训的最好时间,放过了就完不成当年的培训任务。在交通不便的九十年代,多次乘坐大巴护送学生到珠三角实习就业,一般要三天三夜才赶到广东,还要把学生安顿好稳定了才能离开。在学校办学条件极其艰难的2004年,带头用自家的房产证作抵押,贷款10万元购买电动平缝机和电子电工等短训设备,有力地推动了本县农村劳动力转移培训的开展。为了办好涉农专业,走村串寨组织动员群众,经常在种植基地与农民学员同吃同住同劳动。学校实行早迎制度十多年,每天早晨七点半钟,一定准时站在学校门口与其他六名教师一起,迎接学生的到来。其他老师是轮值,本人是每天必到,不管刮风下雨,也不论酷暑严寒,十几年如一日。如果哪一天不见,学生们就会知道,校长不是出差就是生病了。这个制度的推行对于落实"先做人,后成才"的教育思想奠定了良好的开端,打下了坚实的基础。

多次被县政府评为"优秀校长""十佳校长";2005 年荣获"黔南州科教兴州奖"(州级科技最高奖,全州 2 人);同年荣获国家七部委表彰"全国职业教育先进个人"(全省 4 人),受到《中国民族教育》杂志钟慧笑记者的专访,其事迹在《中国民族教育》杂志 2006 年第 4 期以《探索,没有终点》为题进行报道。

四、潜心教学,业绩突出

坚持教学第一线,主要承担中职《经济与政治基础知识》、电大《乡镇行政管理》和农民工短期培训《打工须知》《法律常识》等教学任务。一方面在全校大力实施课程改革,有针对性地进行课程整合,推行项目教学法、案例教学法、工作过程教学法等新教学模式,使课堂教学与岗位技能更加紧密地衔接起来,真正让课改成为学校核心竞争力,使教学成为学校核心吸引力;另一方面刻苦钻研,潜心教学,形成自己独特的教学风格,深受学生欢迎。

曾在省级以上刊物发表论文并获奖若干篇。优秀教案《货币的起源和本质》入选国家规划中职教材配套用书《经济与政治基础知识获奖教案选》(北京师范大学出版社 2006 年出版)。专著《教海逐浪——农村教育探究》(35 万字,光明日报出版社 2012 年 8 月出版,网上书店有售)受到广大农村教师的喜爱。时任省教育厅副厅长蔡志君同志给予高度评价并乐于为之作序。她在《序言》中写道:"本书虽然不是纯学术专著却不乏理论高度,是理论联系实际、理论指导行动的一个范例"。"在我看来,本书既是对农村教育的探索与研究,更是一部农村教育的创业史诗。这些文章,虽然看起来很平凡,不外乎就是对本校工作的探索、本县教育的研究,但就其普遍意义而言,又何尝不是对贵州农村教育、中国农村教育的的探索与研究呢"?"翻阅这些文章,不难看出,在我省少数民族聚居的边远贫困山区工作的老师们是多么的艰辛,他们付出的代价和作出的贡献是多么的难能可贵"。

2000 年被评为"中学特级教师",2006 年获"罗甸县教育教学特别优秀奖",2010 年 1 月被评为首批"贵州省教育名师"(全省中职系列仅 1 人)。

五、主持教研,培养教师

2001 年,主持涉农专业"农业科技开发专业"科研课题"藤稔葡萄示范种植"办学模式研究,采取"学校＋学员"(公司＋农户)的示范种植模式获得成功,并在本县四个乡镇大面积推广,大幅度增加了农民收入。"农业科技开发专业"学员发展到 467 人,真正培养了新型农民,在全州全省起到了很好的示范作用,被省教育厅评定为"省级骨干专业"。《黔南日报》以《增收就是发给农村学员的"毕业证"》为题在《"三个代表"基层见闻》栏目进行了报道;《贵州教育报》2004 年 2 月 5 日头版头条以《一所坚持为"三农"服务的农村职校》为题进行报道;《贵州日报》2004年4月5日二版头条《罗甸职校服务"三农"办学天地宽》进行报道。本人2003年因此荣获"黔南州科技进步三等奖"。

亲自帮助青年教师的成长,分别对吴人和、叶志雄、姚祖斌、徐健、徐龙胜、王黎邦等中学一级教师进行培养指导,使他们先后获得了中学高级教师任职资格。其中,叶志雄老师被评为"黔南州优秀教师",任学校教务主任;吴人和老师任学校副校长,被评为"全国优秀教师",2007年教师节前受邀赴北京中南海怀仁堂参加全国优秀教师座谈会,受到胡锦涛、温家宝、曾庆红等党和国家领导人的亲切接见并合影留念。

自2008年8月任县教育学会会长以来,主持并统筹指导全县中小学、幼儿园的课题研究,担任全县中小学、幼儿园教师教学技能大赛的评委和首席点评。参与并主持全县教师培训工作,分别对全县中小学、幼儿园教师(3400多人)进行新课改理念通识性轮训。对全县中小学校长和骨干教师进行教育教学专题培训若干;对全县特岗教师、新聘教师进行职业道德、岗前培训若干;深入全县中小学各学校进行各种教育教学专题讲座若干。几年来,受县人力资源和社会保障局的邀请,为全县事业单位新进人员作职业道德和岗前专题培训若干。

被聘为罗甸县人民政府督学,黔南州人民政府兼职督学(共三届),2009年3月被评为"黔南州第三批州管专家"。

六、同行公认,知名度高

任中国教育学会会员、贵州省教育学会理事、贵州省职业教育学会常务理事。

1999年10月省教委聘为"重点职业学校评估专家组"专家、副组长,十多年来,先后在全省各市(州)分别参与30多所国家级、省级重点职业学校的评估。2002年12月州教育局行文任命为"黔南州中等职业学校合格学校"和"省级示范农技校"评估专家组组长,负责全州的中职合格学校和省级示范农技校的评估工作。2006年省人事厅行文任命为"黔南州中学教师职务高级评委会"成员,参与当年黔南州中学教师职务高级职称评审工作。

2012年7月,黔南民族师范学院聘为授课专家,参与"黔南师院中小学教师培训者任职资格培训班"的培训工作;2012年9月,受邀赴普定县对全县中小学校长、部分骨干教师作"教育发展三段论"的教育专题讲座;2013年9月,受邀赴安顺市开发区作"教育梦想,教师担当"的教育专题讲座。(安顺市教育网站有报道);2014年8月省教育厅办公室"黔教办师〔2014〕402号"文件明确为"省级教师培训专家库成员"。

北京师范大学教育培训中心聘为"专家组成员"；中国未来研究会聘为"研究员"。州教科所推荐为"贵州省教育科学规划学科组专家"（待批）。

2014 年 10 月

走读人间
杂感篇

立己达人，厚德载福。
无为大隐，无位卿相！

——笔者题记

灵秀梵净山

今年"三八节"，县教育工会组织局机关妇女活动，我有幸作为男性参与了这次活动——游梵净山。

据资料介绍，梵净山是武陵山脉的主峰，属国家级自然保护区，联合国"人与生物圈保护区网"成员。梵净山位于我省铜仁地区的印江、江口、松桃三县交界处，总面积567平方公里，海拔2572米。境内山势雄伟，层峦叠嶂；坡陡谷深，群峰高耸；溪流纵横，飞瀑悬泻；古老沧桑岁月形成的特殊地质结构，塑造了它千姿百态、峥嵘奇伟的山岳地貌景观。"梵净"乃"佛教净界"，佛教文化和苍苍茫茫的云海为梵净山披上了一层肃穆而神奇的色彩。

初识梵净山

2000年5月，我作为省教育厅专家组成员到铜仁地区进行重点职业学校的评估工作。结束时，还剩下一个下午的时间，地区教育局即组织我们到梵净山去看一看。

车子直接开到山下，我们拾阶而上。约半小时，就有人走不动了，尤其是那些高跟鞋。于是就坐滑竿。但据说要上八千多级阶梯，不到山顶天就黑了，只能住在山上。而我们的时间又不允许，于是我们到半山腰又下来了，转去金丝猴管理基地参观了一下就打道回府了。

这次游梵净山给我的印象是：郁郁葱葱的原始森林，清凉透亮的山泉水，"远上寒山"的"石径"，荡荡悠悠的滑竿，彪悍朴实的轿夫，漂亮顽皮的金丝猴，热情周到的铜仁朋友……

重访梵净山

3月8日，我们起了个大早。大巴从铜仁大酒店准时出发。一个小时后，我们到达梵净山，是当天抵达梵净山的第一团。当是时，整个梵净山笼罩在白茫茫的大雾之中，如同一个妙龄少女盖着含情脉脉的面纱一样，看不清它的面目，让人更加觉得神秘莫测。

直上三重天

我们坐着新修的索道在大雾中徐徐上升,有点飘飘欲仙的感觉。据介绍,索道工程总投资 1.2 亿元,是从奥地利进口的自动化索道。我就想,什么时候才有国产的呢?索道缓缓攀升,大雾越来越浓,气温越来越低,渐渐看到树梢上结满银白银白的雾凇,一树一树的,就像一团团棉花,漫山遍野银装素裹,笼罩在神奇的云海中。

突然,缆车冲破云层,云海之上是艳阳天。我们眼睛一亮,如梦初醒,豁然开朗。真是"拨开云雾见天日",眼前是晴空万里,霞光满天;满目青山,青翠欲滴,一尘不染。这就是"梵山净土"啊!我终于领教什么叫"天外有天"了。

下了索道,沐浴着灿烂的阳光,我们脱掉大衣寄存,一边拾级而上,一边惊叹变化之大之快。刚才还是冷飕飕的,现在又是热辣辣的。二十分钟,上升两千米,温差二十度,"简直是两重天啊",我感慨地说。旁边一位穿黄马褂的石梯清洁女工马上纠正道:"不是两重天,是三重天。第一重是雾,第二重是冰,第三重是阳光。"是啊,是啊!这可能就是所谓人间仙境了吧?

征服险峰

金顶是梵净山的最高峰,是在险峻的山梁上突然冒出的一座奇峰。它似乎是由片石磊叠上去而成的,整座峰都是岩石,没有一点泥土,是千万年地质运动形成的特殊结构。抬眼望去,犹如一个用刀削好的巨型萝卜安放在山顶上,只是不知道是哪位大仙安放的,真可谓鬼斧神工。

金顶峰高 150 米左右,底部估计比一个足球场还小,从中部裂出米把宽的一条缝直通顶部,把山峰的上半截一分为二,是名副其实的"一线天"。顶部自然分成两部分,一边约 60 平方米宽,两边加起来也不过 120 平方米,各建有寺庙,左边是弥勒,右边是释迦。一座小石桥横跨一线天把两边连接起来,名曰:"金顶天桥",颇有"天宫"之感。

游金顶的线路从西面上由东面下,其实是拉着铁链在悬崖上爬。山下有温馨提示:"年龄大身体欠佳者、有高血压、心脏病、恐高症等游客谢绝攀登。"从山下向上望去,只见壁立千丈,笔顶顶、悬吊吊的试比天高;望得人毛骨悚然,帽子都要掉下来了,一种畏惧之感不禁油然而生。我总觉得那些石片不稳,总怀疑那些铁链不牢。好心的同事劝我就免登了,也确有几位选择放弃。但也有说不到金顶就等于没有到梵净山的,我有点犹豫不决。经过半分钟的思想斗争,我决定还是要挑战较量一番,于是毅然加入第二组向山顶进发。

我们手脚并用,拉着略显生锈的铁链向上攀缘。开始的时候,大家还有说有

288

笑,渐渐地就有点紧张起来。因为用凿子在峭壁上打出来的洞眼仅够脚尖放进去,要等前面的人腾出来你才能用上,有时整个人的重心几乎都在手臂、铁链上,有些鹰嘴型的崖口要横着身子才能爬过去,再说爬得越高越不敢向下看,有几位女同胞已经害怕得尖叫起来了。快到山腰的时候,前面的小夏明英大声喊:"你们后面的叫黄老不要上来了,我怕他到这点上不去。"但已经晚了,不可能了。我的脑壳差点顶着前一个人的屁股,我的屁股又差点被后一个人的脑壳顶着,前后夹起,只能进不能退。我偷偷地向下看,天哪!我们这是挂在千仞之上、半空之中呀!陡峭的山梁已有一千多米,再加上一百多米的金顶峰,从悬崖峭壁上望下去,是云雾缭绕的万丈深渊。我倒抽一口气,出了一身冷汗。但转而又想,我堂堂须眉,竟不如女流之辈么?我真的老了么?这样一想,精神放松多了,肌肉也就舒缓多了。我鼓足勇气,翻过了最险最难的关口,最终到达了峰顶。我终于明白,所谓征服,其实是征服内心的怯懦和软弱,是征服自己啊!"无限风光在险峰",而险峰却只欢迎那些不畏艰险、勇敢攀登的人们。

临空悟道

独立巅峰,极目远望,茫茫云海从我们的脚下向天边延伸,远处偶尔露出奇雄的山峰。绿染层林,燕点长空,微风习习吹来,让人百感交集、思绪万千。我想到杜甫的眼界之高:"会当凌绝顶,一览众山小"。我想到林则徐的气魄之大:"海到尽头天作岸,山临绝顶我为峰"。我何德何能,一介凡夫俗子,竟能在此时登上如此奇秀的高峰,身临美境,饱览这无限风光,虽不能入圣超凡,但可以暂且远离世间的烦扰,让我有片刻宁静、些许安详。

我想,此时此刻,所有世俗的尘埃都已压在那云海之下,所有人间的浮躁都已隐在那浓雾之中。这里是人接近佛的地方,是人与佛对话的地方。其实,佛是一种做人的理想境界,所谓"放下屠刀,立地成佛"是也。佛在人心中,人佛对话就是人和自己的灵魂对话。人性贵在悟性。"悟"者,吾用心也,就是我在用心悟道。用心做人、用心待人、用心做事、用心思考、用心感悟……从而"自觉觉他",悟出人之为人的道理,悟出人生的真谛。这样,虽然身处纷扰浮躁的世俗之中,头脑却超乎世俗之上,活出高尚的境界来。但为什么以前我就不懂,而非要到这里才悟出这些呢?也许是非要登高望远才能感受到佛的指点吧。法国作家雨果说:世界上最宽阔的是海洋,比海洋更宽阔的是天空,比天空更宽阔的是人的心灵。是的,"不畏浮云遮望眼,只因身在最高层"。梵净山啊梵净山!人常说"读万卷书,走万里路"。我老黄读过千卷书,走了千里路,来到你的脚下,攀上你的顶峰。我读懂什么了吗?我是否能沾上你一点点灵气呢?

凤凰古韵

初识凤凰城

千年古镇,湘西凤凰。据说自明清以来,一度成为湘西山地的政治、军事、文化的中心。2000 年 10 月,我与州教育局领导参加在铜仁松桃县召开的全省农村职业教育研讨会,因松桃去凤凰较近,于是,在会后我们到湖南凤凰一游。由于时间很紧,我们只是走马观花式地粗略看了一下。

十年前的凤凰城,在我眼里是一幅素描:静静的沱江,平实的古道,精巧的吊脚楼,微辣的姜糖,忙碌的游客……

领教"土匪酒"

这次重访,别有一番愉快的心情。傍晚时分,华灯初上。我们几个酒友坐在沱江边一座装修古朴、精致典雅的居民楼阁上,对着万家灯火,遥望江面一排排色彩斑斓的摇漪的灯光倒影,喝着"土匪酒",海阔天空,高谈阔论。个中的滋味,只有微醉的饮者才能感觉到、体验到、享受到。酒店老板告诉我们,酒是从乌龙山搞来的,更增添了几分神秘的"匪气"。我边喝边思量:酒而称"土匪"者,酒而敢称"土匪"者,只有凤凰人能想到、能做到。湘西人确实厉害,他们的智慧就融在酒的劲头里。三碗过后,我都已经醉了。

我们走到江边,觉得晕乎乎、摇晃晃的。醉眼中的凤凰城,像一首朦胧诗,只可意会,不能道白;像一幅画,从白天的山水画变成晚上的油画了,要远看才漂亮,近处却是模糊一片,人也醉得稀里糊涂了,该回旅馆睡觉了。

动人韵味

早上,一觉醒来,导游通知要游凤凰八景。于是,我们25团(25人组成)紧跟在导游的旗帜后面,马不停蹄地先后游了熊希龄故居、沈从文故居、杨家祠堂、古城博物馆、虹桥艺术楼、沱江泛舟……,所到之处无不让人叹为观止,所恨我的笔墨无法叙写古城悠久的历史、独特的风光和厚重的文化。不仅如此,还有许许多多的谜团更是让我百思而不得其解……

民国总理熊希龄

驻足熊希龄像前,我浮想联翩,敬仰之情油然而生。这位中华民国第一任民选内阁总理,因不满袁世凯的独裁统治,愤然辞去总理职务,转而从事他心仪的慈善事业,受到了包括毛泽东、周恩来等领袖人物的高度评价,也得到了广大人民的爱戴和赞誉。做人第一,做官第二,做善事比当窝囊的官重要得多。假如做官有悖于做人的原则,即使是一人之下万人之上的总理职务,也毫不犹豫地抛弃。这,就是熊希龄。这是何等的气魄,何等的硬骨头!那些为了一官半职而卑躬屈膝、阿谀奉承甚至买官求荣者,在熊希龄像前是否感到脸红?

凝视双清居士那忧国忧民的面容,他的眼里透出一种爱憎分明、疾恶如仇、铮铮铁骨的神情,他的胡须蕴藏着聪颖智慧和道德文章。据说希龄少时勤奋好学,五岁即能背《三字经》。在沅水校经堂读书时,一次,先生以"栽数盆花探春秋消息"为上联,令诸生对答,希龄稍一思索,即对以"凿一池水窥天地盈虚",一度传为"湖南神童"。为什么湘西边陲小镇竟能出这样的大人物?为什么沱江这样养人?为什么凤凰一定要出熊希龄?

浪漫文豪沈从文

应该说,世人知道湘西有个凤凰城,是从沈从文开始的,是从读他的作品开始的,因而沈从文故居成为凤凰古城最为耀眼的景点。

沈从文14岁高小毕业后入伍,15岁随军在外,浪迹湘川黔边境地区,阅尽世道黑暗而产生厌恶心理。于1923年进入北京,开始文学创作,至三十年代起用小说构筑心中的"湘西世界"。其代表作《边城》《湘西》等是其对理想浪漫主义的追求,是理想的生命之歌,在国内外产生重大影响,被翻译成四十多个国家的文字,两度被提名为诺贝尔文学奖候选人。

沈从文是高小学历的大学教授,是高尔基式的大文豪,是二、三十年代蜚声文坛"仅次于鲁迅"的文学巨匠。他的文学功底是怎样打下的？边城凤凰为他提供了怎样的文化营养？对于一个作家的成长,创作的技法固然重要,但对生活的洞察和理解也许更为重要。我们一些科班出身的大学生写不出东西来,一些高中生甚至不会作文,可能就是缺乏生活素材的缘故。沈从文现象是值得我们深思的很难读懂的一个谜。

一代"鬼才"黄永玉

万寿宫的二楼是黄永玉先生的作品展厅。黄永玉受过小学和不完整初中教育,但具有极高的艺术天赋,年轻时就以线条粗犷、刀法奔放的版画赢得赞誉,后来又以自成一家的国画闻名于世。他的漫画极富哲理,总以寥寥数笔勾勒出人生万象,闪烁着人生的睿智。他设计的猴票和酒鬼酒包装家喻户晓。任中央美术学院教授、中国美术家协会副主席。

他画的《吹牛》,题曰:"慢慢地,连自己也信以为真"。他画的《速度》,画面上是一个阴阳脸的人头,题曰:"物质运动的形式,比如,坏人一下子变成好人,快得连闪电也颇感惭愧即是",借以讽刺政治上善于伪装和变化的人。他画的《级别》,画面上是一只长脚蚊和两个人头,题曰:"蚊子对这档子事一窍不通,它连局长和主任都敢咬",其画意非常深刻,有鲜明的个性。既善于讴歌真善美,又敢于鞭挞假丑恶。

自称为"湘西老刁民""文化流浪汉"的传奇文人黄永玉,其烟斗似乎就是他本人的标志,大艺术家的象征。烟斗里装着什么？我崇拜他的烟斗!

神秘边城

凤凰古城,读不懂它,读不完它,它永远是神秘的。游人们各得其所,满载而归。人人兜里装的是凤凰的文化,哪怕是随意抓一把土,里头都饱含着凤凰的动人故事。共和国总理朱镕基鲜有题字,但他还是给这个神秘的古城题写了很工整的三个大字"凤凰城",可见凤凰的魅力所在。

秀美山村　传奇红屯

在黔南罗甸县城东南面约二十公里的地方,有一个秀美的山村,这就是充满神秘色彩的红屯。她有着独特秀丽的风景,丰富的历史文化,还有许多传奇动人的故事。她是一本厚重的书,永远读不完的精彩。

古老的村落

相传在很久很久以前,有一个名叫"香拉姆"的大力士,从很远的南方挑了一担金银财宝路过此地。由于担子太重,扁担噶然而断,大力士也不知所踪。扁担两头的宝物就呼啦一声,变成了两座巨大的红色岩石山,各有百仞之高。

一座红岩坐落在小河边,成百丈悬崖,其上灌木藤蔓,遮天蔽日,云蒸霞蔚。弯弯的小河,绕着险峻的红岩峭壁涓涓流淌。河水清澈见底,叮叮咚咚,穿过峡谷,向南远去。河谷中有许多奇石怪树,偶尔一声鸟叫,空谷回音,更显旷野幽深。曾经,这里是猿猴的天堂。红石悬崖名曰:"岜丐"。

另一座红岩则高高地耸立在山坡上,岩上古木葱葱,枝繁叶茂。其中有一棵几人合抱的红榔古树,高百余尺,雄姿挺拔。其冠如华盖,繁荫数亩,远在十里之外都能看见,据说已上千岁。黔南州有关部门已把它注册在案,算是榜上有名了。清晨,东方的第一缕阳光首先照耀在红榔大树上,然后从高到低,渐次播撒到整个山村。它是红屯的风景树,神树,是红屯的魂。当夜深人静,还不时发出怪异的响声。君不见,暴风骤雨袭来,树枝在风雨中呼呼啸啸地剧烈摇摆。红榔与狂风顽强地搏斗,激烈而恐怖,整个寨子都能听见古树愤怒的吼声。它不屈不挠,傲然于红岩之上,展现了顶天立地的大无畏精神。多少英雄折腰,无不拜倒在它的脚下,祭为神祖,虔诚供奉。

红岩屯脚是一座平缓开阔的山坡,山坡的下面是个小盆地。盆地中央,一坦平阳。一条小河,弯曲回旋,穿过盆地,流向南方。河两岸是数千亩良田,田野四周,群山环抱。这里山清水秀,气候宜人,无疑是藏龙卧虎、钟灵毓秀的风水宝地。不知从何时起,王、黄、罗等姓氏的布依族祖先,就在红岩屯脚的山坡上建房造屋,聚族而居。他们开垦土地,营造家园,传宗接代,繁衍生息。"年深外境犹吾境,日久他乡即故乡",久而久之,就成了这个寨子,得名"红屯"。

神奇的"啦马"

红屯山寨对面,有一座神奇的山峰,高数百丈。山的正面是肥沃的土地,密林荫蔽。山的背面是陡峭的红石悬崖,险峻挺拔。从山下仰望,高耸入云,峰顶直插云端。悬崖上有一坨黑色的巨型岩溶石,远远望去,酷似一匹黑骏马粘在峭壁上,头朝下,尾朝上,似乎随时都要飞跃而下,真可谓绝壁奔马,非常奇特。自古以来,人们都一直认为是天上落下来的神马,是保佑红屯山寨的,所以对它顶礼膜拜,故名此峰为"啦马"。"啦"是布依语"下"的意思,"啦马"就是"马下"。布依人用这样的名称命名一座山峰,足见其神奇了。

话说远古之时,旱魔为殃,红屯大旱,"焦禾稼,杀草木",万物凋敝,民不聊生,哀鸿遍地,惨不忍睹。到第三年,所有的山泉都枯竭了,河水开始慢慢干涸露底,由于极度饥渴,寨子上已经死了不少人,人们只有打井寻找水源。可是,旱魔肆虐越来越厉害,几乎都要把大地烤焦了,到哪里去打井找水源啊。人们在凶悍的旱魔面前显得无可奈何,只有唉声叹气,日子已经无法过下去了。所有的山民都面临着被渴死的危险,而万恶的旱魔却在幸灾乐祸地狂笑人类的灾难。

山寨有个名叫"嘞"(布依语即"儿")的少年,这三年旱灾里,他的父亲、母亲和弟弟在饥渴交困中先后死去,他也骨瘦如柴,快要一命呜呼了。他日夜思念死去的亲人,每天都以泪洗面。想到旱魔对人类的残暴蹂躏,仇恨的怒火在胸中燃烧。他立誓要用自己的生命与旱魔决斗,来拯救受苦受难的百姓,即使粉身碎骨也在所不辞。但是苦于没有什么好的办法,目前还是一筹莫展。

想啊,想啊,不知什么时候,他迷迷糊糊地睡着了。睡梦中,他懵懵懂懂地听到土地公公对他说:"嘞啊,我知道你此刻的心情。大地都开裂了,土地都烤焦了,我土地公公也心急如焚啊。可是我也拿旱魔没有办法,我斗不过他。如果你决心降伏旱魔,除非去请东海的龙王。看来,这事也只有指望你了"。说完就一溜烟不见了。

嘞醒过来,好像明白了什么,一股热血顿时从胸口蹿上头顶,涌向全身。他握紧拳头,遵照土地公公的指点,立即向东方奔去。他翻山越岭,长途跋涉,不知跨过了多少沟沟坎坎，也不知经历了多少艰难险阻，整整走了七七四十九天，终于来到了东海岸边。说来也巧，有一条白色小鱼从海里跳到岸上，马上变成一个美丽的少女。少女对嘞嫣然一笑，说："哥哥，妹妹等你多时了"。少女自称是龙王的小女儿，名叫"妮"。她已知道旱魔作祸和山寨遭殃的消息，非常佩服嘞的勇敢，也特别同情百姓们的悲惨遭遇，决心和嘞一道去解救苦难的大众。嘞被小龙女的善举所感动，他们一见钟情，互吐心扉，相互爱慕，自不必说。

小龙女吹一口气，化作一团云雾。他们腾云驾雾，双双赶回红屯山寨上空，直取旱魔的老巢。妮再吹一口气，变出两根铁棒，一人一根，兵分两路，两面夹攻，奋力杀向旱魔。但旱魔大王毕竟是久经沙场的老手，少男少女哪里是他的对手，三个回合下来，就被旱魔打的七零八落，筋疲力尽，双双掉到地上来。

就在他们心灰意冷、束手无策的时候，一个衣衫褴褛的道人来到他们面前，对他们说："我可以杀掉旱魔，但需要一匹神马和一副金鞍。我知道你们没有，但我可以使法术，让嘞变神马，小龙女变金鞍。我要骑上配着金鞍的神马，才能战胜旱魔。等我杀了旱魔，你们落到地上，就会变回原形"。嘞和妮二话没说，异口同声地同意了。

道人施了法术，骑上金鞍神马，直飞天空而去。他与旱魔在空中展开大战，双方你来我往，刀光剑影，势均力敌。刀枪碰出的火花闪烁天宇，厮杀的吼声响绝云霄，一直苦战拼杀了九个回合，仍不分高下。这时候，满天乌云翻滚，天霎时黑得如同夜晚，一道闪电在空中划出一条长长的火线，紧接着轰隆一声炸雷震耳欲聋，万钧雷霆震得地动山摇。说时迟那时快，一个像铁水一样通红的巨大火球从空中砸向地面，地面立刻冒出一座山峰接住火球，火球没有落到地上，而是粘在了山峰的悬崖上，凝固成了黑石马。与此同时，瓢泼大雨从天而降，雷雨交加，一直下了三天三夜。

雨住了，太阳出来了，万物复苏了。雨后初晴，一道彩虹横跨长天，空中传来仙子们的歌声：

> 太极分高厚，清新上属天。
>
> 人能修正道，身乃作真仙。
>
> 行益三千数，时令四万年。
>
> 丹台开宝笈，金口永流传。

后来，人们有种种猜测：道人一定与旱魔同归于尽了，道人或许是东海龙王来救他的女儿，从地面冒出的山峰接住火球也许是土地公公要去救嘞和妮，可惜没有救成，如此云云。总而言之，统而言之，都是猜测，无据可考。

不过，一个不争的事实是，从此以后，红屯山寨风调雨顺，四季分明，人们过着安居乐业的生活。倘若偶有旱灾来袭，寨上的人就会到"啦马"山下烧香求雨，上天必降甘露，灵验得很。所以，人们每次上山看到悬崖上的黑石马，总觉得是一个不解之谜，唯有顶礼膜拜而已，顶礼膜拜而已。

英雄的城堡

　　红屯山村富饶美丽，人杰地灵。山寨的人们日出而作，日落而息。种瓜得瓜，种豆得豆。春耕夏种，秋收冬藏。如果风调雨顺，就会五谷丰登，大家就可以过着丰衣足食、安分守己、无忧无虑的生活。

　　可是天有不测风云，宁静的山村有时也遭到外敌的入侵。听老人们说，历史上，红屯曾经几度惨遭劫难，面临严峻险境，几近灭顶之灾。然而大难临头也吓不倒红屯人民，他们团结一心，相依为命，守望相助，依凭古屯天险，多次击败来犯之敌，保卫自己的家乡。

　　红岩古屯，高百丈，顶宽几十亩，四周是悬崖峭壁，云雾缭绕。南面仅有一条羊肠小道通到屯外，一夫当关万夫莫开，是个易守难攻的城堡。当兵匪进犯山寨时，全村男女老幼聚集在红岩屯上。大伙齐心协力，老人照顾小孩，妇女烧火做饭；青壮年修筑土墙，加固城堡，赶制火药，安好土炮；磨大刀，造长矛，堆放大量石块，检查各种武器，七手八脚，紧张备战。

　　敌匪开始攻屯了，全村人立马集合在红榔树下，杀鸡拜神，洒酒祭天。同仇敌忾，众志成城。誓与敌人血战到底，誓与红岩古屯共存亡。他们的怒吼惊天动地，他们的意志气壮山河。汉子们抄起家伙冲在前面，大刀长矛一齐上，弯弓射箭，投掷标枪，燃放土炮，猛烈开火。老人们抓紧给土炮填充火药，帮忙传递武器。妇女孩子们也纷纷参战，居高临下，把大大小小的石块密集地砸向顽匪。就这样，全村人一次次打退敌人的进攻。

　　有几个青年被敌人的箭射中受伤了，殷红的鲜血洒在石头上，染红了岩石。他们草草处理，包扎伤口，又投入战斗。这场攻防拉锯战，打得天昏地暗，胶着僵持，难解难分。拼命厮杀何其残酷，肉搏格斗何其惨烈，真可谓惊天地，泣鬼神也。一直鏖战到日薄西山，敌人方才退却休战。夕阳中，血染红岩岩更红，尽显红屯勇士风采。

　　夜幕降临，几个妇女提着葫芦悄悄从小道下山背水。几个男人编织两尺长的大草鞋，趁着夜色放在各个路口迷惑敌人，以为屯上的人特别高大，不敢小视。又有人把晒席卷成圆筒，用墨染黑，架在红岩屯上。天一亮，土匪远远望见，以为是大炮,吓破了胆。又因久攻不下城堡,无心恋战,匆忙撤退,赶紧逃之夭夭。红屯又一次取得了战争的胜利,红屯城堡,固若金汤,美名传扬。

"往事越千年",今天,硝烟远去,和平安祥。"青山依旧在,几度夕阳红"。古堡的断壁残垣仍然屹立在红岩之上,傲视苍生,风采依然,似乎在向人们诉说红屯人民浴血奋战的悲壮历史。古境风韵,巍峨庄严。它是英雄的史诗,红屯的标志,红屯精神的象征。屯上立有一米多高的石碑,勒石记功。可惜年代久远,碑上的文字已无可辨认,内容无从知晓。但可以推断的是:上面铭刻的,一定是我村人民不畏艰险、惊心动魄、机智勇敢、可歌可泣的英雄事迹。

官府的衙门

史料记载,明朝洪武年间,红水河流域的罗甸属广西泗城府管辖,在红屯设有土司亭目,是旧时统治阶级最基层的衙门,相当于乡镇一级的地方政府。这是罗甸县境内能够找到的一个封建社会地方政府遗址。

亭目衙门遗址在红屯寨子东南面,整个建筑占地约三十亩,依山而建,蔚为壮观。为五米宽的三台石阶,两边有石鼓、石凳、拴马桩、上马石等装饰石雕。第一台有三十步石梯,高约 10 米,然后是 50 平米左右的平台。平台的右边是杂役居舍,左边是临时关押犯罪嫌疑的班房。第二台有十步,约 3 米高,然后是 200 平米左右的平台,应该是个校场。第三台仅有三步,不到 1 米。第三台石阶上建有三间大房,中间是审案大堂,两边是衙役的办公文房。

现在,衙门房屋早已荡然无存,但整个建筑的基础和三台石阶仍基本完好,轮廓清晰。信步古迹,拾级而上,不由让人联想到旧社会官府衙门之高,肃穆庄严。仿佛进入了古装戏里"肃静""回避"、衙役持杖吆喝"威武"的情景一样。不禁感慨系之,思绪万千;怀古之情,油然而生。

据传,一日亭目老爷正在审案,旷日持久,很不耐烦。忽觉内急,就离案上茅房。把事问老爷:"如何判"?老爷在半路上向他摆摆手,意思是等上完厕所回来再说。但把事贪财心切,急于了断。就对原被告说:"你们也看见老爷挥手了,老爷五个指头的意思是你们各出五十两银子"。于是乎,双方无可奈何地各交五十两银子给把事才算了结。这就是流传很久的"挥手五十两"典故,后来引申为"长辈意见,非常重要"的意思了。

新兴的村镇

红屯首先是自然美,神奇美。独立古堡,极目远方。群山起伏,五龙环绕。一脉延绵,八马归槽。云罩青峰,雾锁红岩。山雄、谷幽、水秀、林美。岭上是枫香,枫香叶红;路边有白杨,白杨枝绿。俯首听潺潺流水,登高看郁郁奇峰。红岩屯上,千年古树参天;小河两边,百顷稻禾滚浪。梯田曲线,流畅环坡。阡陌纵横,沟渠交错。春风化暖雨,农忙正当时。

漫步山头,一步一景,步移景换。转一个身,就是一个童话世界,朦胧而淡雅。薄雾清晨,山村是一抹水墨;晚霞黄昏,寨子如大幅油画。鸡犬之声唧唧相闻,小伙村姑脉脉对望。稻田里,游动的草帽星罗棋布;小道上,收工的人群三三两两。远处不时飘来,阵阵木叶情歌,好一派山村农耕景色。红屯人不求做神仙,只愿永远住这青山绿水间。

红屯也有现代之美,它是个新兴的村镇。红屯是镇政府所在地,近几年,大家纷纷从老寨搬来新址,争先恐后地建造楼房。如今,街道规整,坐落有致。七所八站,学校医院,银行超市,车站市场,幼儿园,福利院,运动场等等。服务机构,功能齐备。公共设施,一应俱全。

闲步街上,耳目一新。别墅洋楼,鳞次栉比。街市两旁,商铺排列。货架商品,琳琅满目。旅馆饭店,开张迎宾。客人在买东西,店主忙做生意。傍晚时分,华灯初上。景观霓虹辉映成趣,婀娜多姿如描如绘;火树银花流光溢彩,柔美婉约如痴如醉。隐约传来小提琴声,《梁祝》曲子婉转悠扬。游人一群群,学生一队队。山寨达人打情骂俏,时尚一族浪漫潇洒。南来墨客,客客神采飞扬;北往骚人,人人风流倜傥。笑意写在脸上,喜悦溢满心中。饮者贪杯,醉翁忘返。车水马龙,热闹非凡。这里渐渐显出繁华的景象,是一幅山寨"清明上河图"。唯美山村,颜值爆表。

政府在小河上游修了一个中型水库。明槽暗渠,引出哗哗泉水;深峡平湖,倒映翠翠青山。河里鱼儿肥,两岸稻花香。西坡牧羊,南山放马。鸭戏浅水嘎嘎闹,燕舞长空斜斜飞。又是一片绮丽的山水田园风光,明媚可人,澄淡悠远。水库不仅供应全村的生活用水,同时也满足了下游所有的农田灌溉,可以实现旱涝保收,丰衣足食,就是人们常说的"水盖头"效应。

通村水泥公路像一条银色飘带从八总大桥绕着大山盘旋而上,山道弯弯,绕绕拐拐,似乎要远上云端而去。待到翻过山垭口,忽然峰回路转,又好像变作一条长龙卧坡,顺着山梁曲折蜿蜒而下,尔后缓缓进入村镇,直通镇政府。这里的柏油公路,东至高田大亭,南达凤亭班仁,西到八总罗甸,北通高里沫阳,四通八达,出行便利。红屯已成为新的交通枢纽,成为新的社会交流活动中心。

难解的乡愁

"一方水土养一方人",是的,这里的山山水水,默默无闻地养育着一代又一代红屯的儿女们。巍巍群山,万千宝藏。取之不尽,用之不竭。这里的水特别甜,这里的饭特别香。我们喝这里的水,吃这里的饭。从牙牙学语,蹒跚学步,到光屁股下河嬉戏,结伴放牛,再到挑水砍柴,上学读书,慢慢长大成人。有的从这里走出大山,走向外面的世界,去追寻理想,为国家、为社会作出了应有的贡献。有的留恋故土,坚守家园,为村寨、为家乡奉献青春和力量。走出去也可,留下来也罢,我们都是红屯的好儿女。因为,我们都有梦想,都有担当。

诗人艾青说:"为什么我的眼里常含泪水?因为我对这土地爱得深沉。"是啊,"人非草木,孰能无情"。乡关何处是,唯我红屯美。山乡那片土地,是万有的源头,万物的根本。见雨就发芽,逢春就开花。赐予我们无穷的乐趣,泽被我们幸福的生活,恩惠我们多彩的情调。童年是诗,少年是画,青年是歌,中年是赋,老年是禅,故乡赋予我们人生太多的诗情画意。像一浪浪清波,时常从我们的梦中流过。忘不了啊,房梁上一排排金玉米,屋檐下一串串红辣椒。板栗粽子甜,油辣剪粉香。爷爷的胡子有故事,外婆的衣兜是锦囊。乡音如此亲切,乡情无比深厚。它是那样的令人神往,心潮涌动。我们感恩父母,我们热爱家乡,我们拥抱红屯。草药酿造的家乡美酒啊,久别的游子时时刻刻都想喝上一口,再品草根的芳香,以舒缓思乡的情怀。哪怕远在海角天涯,异国他乡,红屯永远是挥之不去的思念,抹之不去的乡愁。

礼敬历史,继往开来。红屯的优良传统和古老神韵,红屯的遗风美德和文化基因,红屯的英雄情结和人格风范,这些,是吾祖吾宗的传家之宝,是无价的精神财富,应该也必须在新的时代,得到珍惜和传承,得到弘扬和发展。

莎士比亚有句名言:"凡是过去,皆为序章。"站在新的时代起点上,如何打造新红屯,建设美丽乡村,还有许多事情要做,还有很长的路要走。《论语》曾子曰:"士不可以不弘毅,任重而道远"。红屯这本厚重的书,需要红屯人继续书写,每一个红屯人都应该是其中精彩的一页。只要出发,总能到达。个人品德求善,以善修身;家庭美德求和,以和齐家;职业道德求忠,以忠治国;社会公德求礼,以礼平天下。红屯的儿女们,一定要胸怀大志,心存大我,勇挑重担,敢于担当。从我做起,从现在做起,撸袖加油,去描绘红屯新的蓝图,创造红屯新的神话,谱写红屯新的篇章。

一颗露珠养一棵草,一棵草木一个世界。每一个人都是独一无二的,每一个人都可以不同凡响。心若年轻,岁月不老。生活不止眼前,还有诗和远方。英雄不问出处,自古风流万种。功不必自我居,事必定由我成。红屯儿女,不忘初心,敬终如始,砥砺前行。追求卓越,拒绝平庸。走大道,迈大步,担大任,干大事。用大手笔,写大文章。我们一定能锐意求新,承先启后,化腐朽为神奇,描绘出红屯宏伟的蓝图,创造出家乡传奇的神话,谱写出时代灿烂的篇章。

当我们回到故里,再走一段山路,喝一捧山泉,赏一路山花,哼一曲山乡小调,流动的风景又在眼前次第展开,多么熟悉,多么秀丽。我们找到故交旧好,听听乡音,叙叙乡情,挪一坛老土酒,炒一锅黄豆鸡,欢聚一堂,开怀痛饮。回首往事,畅想未来,几多惬意,几分惊喜,酒燃赤子醉意,情满布依山庄。

"行路难,行路难。多歧路,今安在。长风破浪会有时,直挂云帆济沧海"。让我们举杯祝福,点赞家乡:愿我山村永远秀美,愿我红屯永远传奇!

诗曰:

> 美丽乡村知多少? 数来还是红屯好!
> 清新山寨恋朝晖,传奇古堡留晚照。
> 一湾溪水抱村流,两岸稻花惹人笑。
> 若问家乡新愿景,把酒豪情逐浪高!

海南词趣

2010 年 12 月 7 日至 11 日,中共黔南州委组织部组织我州省管专家和州管专家一行 18 人赴海南三亚休假。我们住在三亚湾叫"大卫传奇"的海景酒店。阳台上可以望见一湾长长的海滩,听见一阵阵的海浪声。下午三时许,我们几个游泳爱好者相约下海游泳。到得海边,湛蓝的海面、银白的海浪、金黄的沙滩、翠绿的椰林、橘红的暖阳,让人流连忘返;跃入海中,海浪时而将人从海里推向沙滩,时而又将人从沙滩拖入海中;无数虾儿也来凑热闹,在人的身边活蹦乱跳。省管专家梁光华君触景生情,赋《浪淘沙》词一首并序曰:

庚寅初冬,黔南州委组织部组织省管专家州管专家赴海南三亚休假。平日课题研究与党政务在肩,工作重任及烦恼缠身。今日难得休闲,放浪山海自然,何其快哉。特赋浪淘沙一首志之,与同行诸君分享。

华夏已冬寒,
唯海之南,
椰林花草盛如燃。
红日蓝天风韵诱,
海景人馋。

忘却累和烦,
身舞波澜,
虾腾海浪乐相玩。
休假沙滩三亚趣,
何日能还?

梁先生将其发至各位专家的手机。黄周立读罢玩味良久,即回短信曰:梁书记:您好！学生黄周立很赞叹老师的词作,也模仿作一首习作,敬请斧正。谢谢!

浪淘沙　和梁光华君

宝岛无严寒,
魅力海南。
蓝天艳阳似火燃。
海湾椰林景色诱,
摄影更馋。

但愿人无烦,
如波如澜。
随心所欲逐浪玩。
天涯海角顽童趣,
何日君还?

极目楚天黄鹤楼

2014 年 10 月 16 日,我与老伴去武汉。当飞机降落天河机场,已是下午两点十五分。我们乘出租车进入武昌区洪山广场,下榻于洪山宾馆,房价和早餐券共计 598 元,是个四星级宾馆。

安顿下来以后,我们马上打车前往黄鹤楼。门票是每人 80 元,不算贵。

景区呈狭长的椭圆形状,面积约 1 平方公里左右,分前中后三部分。前面有"江山如画"的牌坊,中间是黄鹤楼,后面是 1999 年 12 月铸的"千年吉祥"大钟。在楼上买了一本小册子《黄鹤楼诗词联文集》作为纪念,其中崔颖的《黄鹤楼》和李白的《黄鹤楼送孟浩然之广陵》最为著名。

黄昏时分的黄鹤楼,别有一番情调。登上最高层,凭栏远望,是浩浩荡荡的长江以及江面上近大远小的点点船只。武汉长江大桥雄跨大江两岸,很是壮观。川流不息的车辆,"历历汉阳树""凄凄鹦鹉洲"尽收眼底。极目楚天,秋云淡远;百感交集,思绪万千;抚今追昔,浮想联翩,怀古伤今之情不禁油然而生,特作《临江仙·与妻游黄鹤楼》以记之:

> 极目长空黄鹤去,
> 残阳晚照江楼。
> 凭栏把酒思悠悠,
> 楚汉兴衰史,
> 大江滚滚流。
>
> 浮生华发嗟往事,
> 烈酒猛浇心头。
> 寥落乡关作别后,
> 风雨伴长路,
> 苦乐共春秋。

巾帼逐梦天涯路

这次陪老伴出游,其路线图是充分征求她的意见,并几乎完全遵照她的意见的。本来她想去台湾和香港,但因赴港台手续一下子办不了,她就想去广州和深圳。要去广州,为了让老伴开心一点,我决定飞武汉转乘高铁到广州。

上午十点零六分,我们乘坐"特仑苏号"动车从武汉火车站出发,时速保持在300公里左右,最高时速达307公里。一座座青翠的山冈,一条条碧绿的小河,一片片金黄的田野,一个个美丽的村庄,在窗外向后飞奔而去。车内设备非常舒适和惬意,车外景致让人心旷神怡。

动车经岳阳、长沙、衡阳、郴州、清远,下午两点十五分到达广州南站,天涯国旅集团的杨超经理和导游小张早已在出站口等着,小张还举着"黄周立校长"的牌子示意。杨超自我介绍说他是我的学生,是罗甸职校旅游酒店管理专业第一届毕业生。他开着公司的宝马车来接我,我很受感动。

从广州南站到天河区约一小时。罗永霞的"天涯国际旅行社集团"就在天河区一栋大楼的二楼上。她把我们安排在离公司不远的"广州军区教导大队培训中心"的招待所里,这个招待所同时也是一所军官学校。她说一是她与教导大队的领导比较熟;二是这里安全、清净。招待所是按照准四星级宾馆的标准装修的,四周绿树环绕,环境优雅,空气清新,很是舒适。

第二天罗永霞专门安排一辆莱克萨斯车和一名导游小周,仍然是杨超开车。上午我们游玩了"星海园""陈家书院""荔枝湾",下午参观广东省博物馆和广州塔(小蛮腰)。晚上罗永霞安排她的家人陪我吃饭,有她的先生王立伟、女儿豆豆、弟弟罗永军(在县招商局工作,其时在天河区挂职学习),还有她母亲、杨超、小周等。一桌人其乐融融,大家频频敬酒,我特别开心。

罗永霞到广东打工创业近二十年,已有规模不小的公司,员工近50人,工作量最大时一天要动用80辆大巴车接送客人,可见其经营规模是比较大的。

以前由于工作的关系,我多次到广州、深圳,每次她都热情招待。这次我带老伴来广州玩,她更是热情有加,让人觉得怪不好意思的。滴水之恩已涌泉相报。

罗永霞的创业具有传奇的色彩。但现在看来她的公司要做大做强还有较长的路要走,总不能吃老本吧。

临别吃早茶的时候,我和她聊了几点:一是我对她的感激,我特别感谢她的周到款待;二是有关富贵的话题。有钱是富,有什么才是贵呢? 三是建议她写一本书,把自己的人生经历写下来。在我看来,这是一笔财富。书名暂定为《逐梦天涯》,为自己,为公司,都是值得做的。我写了一首《临江仙》送给她。

临江仙·逐梦天涯
——赠罗总

浩浩珠江归大海,
潮流激荡浪花。
中流遏浪显风华。
巾帼传奇在,
风采灿若霞。

极目江天思前景,
万里河山如画。
艰险征途从头跨。
风雨人生路,
出彩在天涯。

博浪小梅沙

10月19日上午11点43分,我们乘坐广州东－深圳D7107次动车前往深圳,下午2点15分准时到达。学生王伟荣早已在罗湖火车站东出口等候。出站之后,我们乘出租车直奔小梅沙。

到得小梅沙,秋高气爽,艳阳高照;沙滩如练,游人如织。我们的心情和兴致特别好,旅途劳顿一下子烟消云散,我与老伴马上更衣下海。

我畅游而去,离岸较远。老伴第一次下海,有些紧张。一个大浪打来,将她推倒在岸边。她赶紧爬到岸上,脸都变青了。我让她稍事休息,就上岸来拉她下水。我教她如何适应这些浪头,慢慢地她也自如地游泳了。

我们就这样自由自在地游,周围还有许多少男少女在嬉戏。每个浪头打来,我们都特别兴奋,大家都尖叫着搏击这些浪头,很是开心,一直玩到太阳偏西,惬意极了。特赋浪淘沙一首以为纪念。

浪淘沙·逐浪小梅沙

秋访小梅沙,
金滩如画。
蓝天碧水白浪花。
晚照椰风拂海面,
夕阳西下。

风雨赐花甲,
苦乐年华。
患难夫妻穷潇洒。
携手弄潮同步跃,
遏浪天涯。

我的美食之旅

朝天门"一鱼两吃"

2002年7月,我与副校长王行康、总务主任罗如亮到重庆石柱县第一职业高级中学考察。考察活动结束之后,我们乘船沿长江逆流而上,来到朝天门码头。在临江的饭馆二楼找到靠窗的位置,坐定之后,老板娘端来茶水和菜谱。我问:"你们的特色菜是什么"?老板娘不假思索地回答:"一鱼两吃"。"好!就'一鱼两吃'。"

所谓"一鱼两吃",其实就是鸳鸯火锅,一半清汤,一半酸汤;鱼骨煮清汤,鱼片涮酸汤,味道都特别鲜美。慢慢品着这火锅,把酒临空,窗含夕照,江面不时传来声声汽笛,隐约听见远处播放的《长江之歌》乐曲,不禁令人百感交集,思绪万千。

朝天门是长江和嘉陵江的汇合处,长江落差较大,来势凶猛,正如一个粗犷的小伙子;嘉陵江则相对平缓,款款而来,宛若一位阿娜的少女。过了朝天门,少女温柔地向小伙子靠过去,渐渐融为一体,重新开始漫长的旅程,直至汇入浩渺的东海。朝天门一直是重庆人、中国人走向世界的一个新起点。"两岸猿声啼不住,轻舟已过万重山";"即从巴峡穿巫峡,便下襄阳向洛阳"。我想,我们学校已经评上"省级重点",这也只是一个新起点,下一个目标是:2005年评上"国家级重点",2010年力争进入"全国示范校"行列……像长江奔向东海,我们也要朝着全国先进学校的目标努力奋斗。

夏天的火锅,重庆人敢吃。我们应该学习重庆人的这种精神,雄起!

火锅虽好,但不胜酒力,不敢贪杯。走出饭馆,沿江大道华灯初放。我们带着醉意,融入万家灯火之中。

花园口黄河鲤鱼

2007 年 11 月,我与县就业局领导赴河南郑州参加"全国劳务品牌展示交流大会"。开幕式结束,已是下午五点。我们从郑州国际会议中心打车出发,直奔黄河花园口,想吃黄河鲤鱼。

下了的士,找到黄河堤岸边一处挂着"黄河鲤鱼"的小木屋。老板夫妇热情地问:"两位吃鱼吗"?"对。鱼呢"?"有。在池子里"。老板娘指着身边一个两米见方的池子。这个池子非常浑浊,简直就是一个黄泥浆塘子,根本看不见里面有什么鱼。他男人马上用网兜从里头捞出一条鲤鱼,金黄金黄的。我们高兴地说:"好! 就这条"。

吃饭的包房就在停靠黄河岸边的船上。黄河鲤鱼,鲜嫩可口,就着杜康,余味无穷。三杯酒下肚,领略窗外风光,别是一番景象。西边的太阳血红血红的,一抹晚霞倒映在水中,闪亮闪亮的如同白练。夕阳下,还有低飞的水鸟和晚归的渔船。黄河夕照令人浮想联翩,你会感受到边塞诗人"大漠孤烟直,长河落日圆"的苍凉;你会领略到曹操"何以解忧,唯有杜康"的悲壮。

黄河是中华文明的发源地,是我们的魂。花园口是黄河的缩影,它在不停地诉说历史的变迁,它仍在见证时代的发展。站在花园口上的我们,应该要有怎样的担当呢?

跳过龙门的鲤鱼,就能化作腾飞的巨龙。它们历尽千辛万苦、千难万险,一定要去拼搏那"惊险的一跳"(马克思语),哪怕粉身碎骨也在所不辞、义无反顾、勇往直前,这是何等气魄的大无畏精神。这不正是咱们中华民族伟大精神的象征吗?

啊——黄河鲤鱼! 啊——花园口! 啊——黄河!

相约阳澄湖

　　2010 年 9 月,好友王圣强在罗甸与黄周立约定:下个月到苏州阳澄湖吃大闸蟹。10 月 12 日晚,黄飞上海。13 日上午与王圣强、陈亮一起乘高铁前往苏州。东道主小范开车接我们直奔阳澄湖而去。到得湖边,换乘快艇直抵莲花岛。午餐就在岛边的木船上进行。入席的有:贵州方面王圣强、黄周立、高仲涵、陈亮;苏州方面小范、姚局,还有台湾的老黄。四周是无边的水波和一大片芦苇,木船在湖面上荡荡悠悠地摇,别有一番情调。大闸蟹下着绍兴黄酒,伴随热烈火爆的话题,酒席渐进高潮。乘着酒兴,王圣强诗兴大发,口占七绝一首曰:

> 莲花岛上大闸蟹,
> 脂肥黄香肉鲜甜。
> 劝酒难缠阿庆嫂,
> 天堂何似在人间。

贵州饮者王圣强

　　酒后黄周立夜不能寐,浮想联翩,即步其韵和诗一首云:

> 阳澄湖上十月蟹,
> 肉美膏香回味甜。
> 斗酒不敌阿庆嫂,
> 唯有风流在人间。

黔南布衣黄周立

《撑起一片蓝天》编撰趣谈

今年是黔南州建州 60 周年,州教育局决定编写一本书作为州庆献礼,书名是《撑起一片蓝天——黔南州 60 年教育回眸与展望》。州教育局于 3 月初组建了写作班子,制定了《撰稿方案》,并行文将写作任务落实到局机关各科室及各县市教育局。我有幸参与了这本书的写作、统稿和编撰工作。其间有许多事情在我看来很有意思,在任务完成回家之后,我还在念兹在兹,忍不住就把这些趣事记下来,聊作笑谈。

"士为知己者死"

写作班子的领衔者是州人大原副主任王圣强同志,成员包括州教育局领导、各科室负责人、各县市教育局写作人员,州教科所特级教师周崇启为联系人。

王圣强是我读师专时的同学,长期担任州教育局领导分管职业教育,是我的老领导。几十年的交情是比较深厚的,他是我的兄长、师长。可能是因为人手不足,写作高手们又都在上班请不出来,他想起我已退休赋闲在家,就动员我到州教育局帮忙。开始我没有答应,觉得自己很难胜任这个工作。后来他在电话里说:"州教育局已全权委托我完成这个任务,我已骑虎难下了,你无论如何要帮帮我"。经不住他晓之以理,动之以情,循循善诱,我被感动了,说:"你不要说了,我眼泪都要淌下来了。我来,我来,我明天就来。你安排的作业我一定完成,但是及不及格我就不知道了"。于是,第二天就到了都匀。从 5 月 22 日到 6 月 20 日,整整干了一个月。

说老实话,我的参与,而且是全身心地投入工作,一是出于自己对教育工作的一种情怀,二是对老领导的一种感恩,三是对州教育局历年来大力支持罗甸教育的一点回报。同时,我觉得写文章是一件很有意思的事情,更何况是这样一本书。辛苦并快乐着,仅此而已,别无所求。我深知圣强主任的教育情结和对黔南教育的良苦用心,无非所谓"士为知己者死"罢了,尽管我的能力和水平微不足道。知圣强者,黄周立也!

"御用刀笔吏"

州教育局临时设了一个统稿办公室,在局办公楼三楼304房间。工作人员搬来两套办公桌椅,安装了电脑和网线。当然,还有热水器和茶杯。周崇启把各县市的材料搬进来,还有《黔南州志》《黔南州年鉴》《黔南州教育志》等几本书已经摆在桌面上。王圣强老主任和我一左一右入座,开始进入工作状态。

我们首先研究工作计划。当务之急是请分管领导韦快副局长督促局机关各科室尽快把未交的材料交上来,没有写的要限期完成。没有材料就无稿可审,就是"无米之炊"。我们限期在5月底之前收完所有书稿。

其次是工作分工,王主任负责审阅所有材料,像批改学生作业一样一份一份地改。我负责完成职业教育部分的撰稿,完成"序""前言""结语""后记"等的写作,其中"前言"是个重点。还要根据编撰方案编写目录,并按目录将材料内容录入电脑,拉出初稿。

这样地干了几天,我似乎发现了什么,觉得自己很可笑,就开玩笑地对王主任说:"王主任,以前我们都有点讨厌那些像刀笔吏的人,想不到我们今天也成了刀笔吏了"。他笑了笑说:"是啊,御用文人"。

新版"八股文"

按照《撰稿细则》的要求,这本书要反映建州60年来教育事业的巨大成就,回顾全州教育事业的发展历程,总结教育的经验教训,展望教育事业的光辉前景。这就是说,这本书的体例就不能是史志类的平铺直叙、面面俱到的写法,而是在历史事实的基础上突出重要事件、关键节点和先进人物,使之具有立体感,既有史料性,又有可读性。

实事求是地说,州局机关和各县市的一些同志是下了功夫的,有的稿件基本没有多少改动就用上了。特别是三都县的最好,它本身就是很完整的一本书,其实就是三都县自己的一个大成果,可见他们是花了很大心血的。相比之下,许多县市虽然堆积了一大堆材料,能够用上的并不多。要么就是没有用心去组织,要么可能是写不出来,充其量也就如此罢了。更有甚者,就用区区几页纸、十几页纸打发了事,"以己之昏昏,使人昭昭"。都说文如其人,但这些同志的文章与身份相去甚远,连自己作文的尊严也不考虑一下,职业境界之高下,可见一斑。

让人更为头痛的是,大部分材料是千篇一律的总结报告式的东西:基本情况、采取措施、取得成绩、存在问题、今后打算等等,不约而同的写法,真是典型的新版"八股文"。有些同志的稿件则明显地看出是用剪刀和浆糊制作的,"王大妈的裹脚又臭又长",实在不敢恭维。王主任还特意请部分同志到办公室来面对面地修改他们的稿件,具体指点他们怎么写,有的甚至给他写了提纲。然而修改了两三遍,还是老样子,真是让人哭笑不得。

撰稿推进会

六月初,在每一个局领导和相关撰稿负责同志修改了本书初稿之后,在州教育局五楼会议室召开了"撰稿推进会"。参加会议的有局长欧开灿、常务副局长韦快、州人大老主任王圣强、州教育学会会长何喜贵、教科所周崇启、师训科长罗元钊、办公室主任王荣祥、退休教师黄周立。

欧开灿局长主持会议,王圣强老主任首先介绍撰稿工作进展情况,目前存在的问题,下一步工作安排和他的一些建议。然后与会者逐一发言,对书稿提出修改意见。我发言的大意是:

"首先,感谢局领导和王老主任对我的信任,让我有一次难得的学习机会。我很乐意参与这个工作,虽然辛苦一点,但是我觉得很有意义,而且感到很光荣。

我负责撰写的分为三部分:第一部分是职业教育,包括黔南职业教育的成就与展望,标题是"崛起与跨越";黔南职业教育重要事件纪实,标题是"历尽风雨见彩虹",共45000字。第二部分包括序、前言、结语、后记;第三部分是根据《方案》编撰目录,并按目录把内容整合成书。当然,我所写的都是根据《撰稿细则》的要求,在王主任的指导下撰写的,而且有些关键的字、词、句是王主任亲自写的。

现在,就请大家对我所写的内容提出宝贵意见,特别是前言的写法和目录标题及编排顺序,敬请重点关注"。

会议在讨论"普通高中教育"的内容时出现了一些意见分歧。最后,欧开灿局长作小结,对部分章节内容进行调整,对编写工作进行重新分工,进一步明确工作职责和期限,确保任务如期完成,将质量较高的文稿交给出版社。

都匀"一日游"

在连续工作到第20天的时候,王主任特意放了我一天假,安排专车,他本人全程陪同当导游,我指定去哪里就到哪里,这是高规格的都匀"一日游"了。

我指定的第一站是都匀一中。我们参观了校园的几个主要景点,然后参观了学校为110周年校庆而建的"都匀一中博物馆"。这个博物馆平时是不开放的,由于王主任的关系,那天,这个博物馆特意为我一个人开放,我感到莫大的荣耀。从博物馆出来,站在校园中间仰望东山,抚今追昔,思绪万千,我这时才真正懂得"厚重"这两个字的含义,敬畏之情不禁油然而生。

第二站是茶博园。茶博园的富丽堂皇体现了园主人的良苦用心,左边那个塔似乎应该建在左面山梁上电线杆那个地方更好一些,这一点我与王主任有同感。此外园内茶文化、民族文化等仍需进一步挖掘、充实和丰富。不过,这也只是与王主任闲聊罢了。我有自知之明,根本没有资格妄加评论。

我们上午还马不停蹄地参观了州人大、政协、都匀一中、黔南医专、体育运动中心等新址。下午驱车经螺蛳壳前往山区里一个叫富溪村的地方去玩。

富溪村是一个山清水秀、森林茂密、气候宜人的地方。我们参观了富溪小学和富溪幼儿园。富溪幼儿园给我留下深刻的印象,园内的设施包括石磨、碓子、纺花机、梅花桩以及菜园里的西红柿、辣椒、茄子等,散发出浓浓的乡土气息,足见其办学者的匠心独具。我由此想到,其实只要有心,小人物也能办大事业,小老师也能办大教育。(我回家之后逢亭镇与罗悃镇邀请我在纳坪小学给党员教师作"两学一做"讲座,题目就用"小老师办大教育"。)

晚餐在布依族老乡的敬酒歌声中如火如荼地进行。我耐不住劝,喝了几杯,不胜酒力,早早就撤退了。

风采依然

王圣强主任是一位平易近人很有亲和力的老领导,在黔南州有较大的影响和较高的威望,是黔南教育界的翘楚,这是大家公认的。我一直以他为学习的榜样,是他的铁杆粉丝。退休之后能与他一起共事,的确是我学习的机会,再次领略了老领导不减当年的风采。他依然保持旺盛的精力、敏锐的头脑和大家风范。有如玉树临风,随处一站就是风景,符合人们对教育家的想象。

我有午休的习惯。第一天,他提醒我中午到酒店休息一下,下午再来,我照办了。他中午一个人在办公室继续工作。第二天,他提醒我如果酒店太远,中午可在教育局五楼会议室躺一下,那里清静,我照办了。他一个人接着干。第三天,我再也不好意思午休了,和他一起干。其实,我午休时间并不长,15分钟到半个小时即可。就这样,中午闭目养神20分钟接着干,一直干了一个月。

我们一边工作一边热烈地讨论着,一方面是讨论书稿内容,哪一句话放在哪里好?哪个字放在哪里合适?字斟句酌,反复推敲。另一方面是讨论教育,从孔夫子到陶行知,从办学思想到学校文化,从屠呦呦现象到反思我们的体制机制改革等等,好像每天都在进行头脑风暴式的教育学术研讨会。我从王主任那里更深刻地理解了许多教育思想,比如"面向全体,全面育人"的教育理念;比如"文化立校,文化兴校、文化强校"的办学思想,比如"高尚的情操,健康的体魄,艺术的才华"的育人目标等等,每一次讨论都有新的收获,大有"听君一席话,胜读十年书"

之感。

友谊花絮

在都匀工作一个月，其实我是把它当成度假来过的。确实，工作之余，我是非常开心、非常愉快的。

报到时常务副局长韦快亲自为我接风，要走的头一天欧局长又为我饯行，还把他的专著《民族教育的改革与探索》作为礼物送给我。领导这样客气，让我觉得非常惭愧。因为我本身微不足道，所做的事也微不足道，所以觉得很不好意思。周崇启、石明光、李光艳、黄国金等也先后做东，请我喝酒。特别是圣强主任，安排一整天，一个正厅级领导全程陪同，义务当导游，指定哪里就到哪里，规格之高，服务之周到，让我非常感动。

在都匀期间还见到了滕久明、骆紫光、陈明莉、潘显大、汪爱民等许多老领导、老朋友、老同学，他们或请我吃饭或陪我喝酒，有时有人想请客都还要排队，很有意思，怪好笑的。哪怕因为中午加班偶尔在师训科办公室搭伙吃盒饭，也有无穷的乐趣。这段时间我特别开心，特别愉快。

是的，老同学、老朋友聚在一起，高朋满座，海阔天空，其乐融融。窗外是美景，席中是"美人"，喝着美酒，品尝美食，谈论美好的话题，难道这不是人生的一大幸事吗？还有什么比酒逢知己更让人高兴、让人陶醉的呢？当刚好喝到那个兴奋点上，笑得肚皮痛，笑得眼泪淌时，人的整个身心就会得到彻底的放松，消极因素得到有效排除，正能量在悄然增加，友情在不断增进。这时，就会情不自禁地"手之舞之，足之蹈之"……喝酒的妙处，也许只有当局者在其情其景中微醉的时候才能体验到、享受到。唉，酒醉的感觉真好！正是：

　　酒幡残阳剑江边，咏诗把盏任性欢。

　　天堂再好无山水，醉翁乐得做神仙。

宝岛之旅

由于众所周知的原因与特殊的情结,多少年了,我和老伴一直有个去台湾旅游的愿望,想去看看祖国美丽的宝岛。阿里山、日月潭是我们魂牵梦绕的地方,央视四频道的《海峡两岸》是我们必看的节目。为了去台湾,我们半年前就办好了大陆居民往来台湾通行证。

2016 年 2 月 25 日,我们实现了这个愿望。旅游团由 22 人组成,其中贵阳 16人,遵义 4 人,罗甸 2 人(就是我和老伴),领队叫小罗。我们于下午 17 : 00 点乘坐复兴航空 GE341 航班从贵阳直飞台湾,19 : 45 降落在台北桃园机场。

士林夜市

据说士林夜市是台北最为繁华的去处。我们下榻的酒店就在士林夜市附近。安顿完毕,我与老伴直奔士林夜市的小吃一条街。这里灯火通明,游人如织。便利店里商品琳琅满目,各店主与游客在忙着做生意。小吃店里则吃客满座,顾客盈门。点餐声、砍肉声、炒菜声交织在一起,汇成嘈杂的交响乐。整条街弥漫着药膳、麻辣、爆炒、烧烤等复杂香味,一派热气腾腾的繁忙景象。

我们好不容易找到一处有餐位的店,点了两个小菜一个汤,另外要了两条铁板烧的活虾,每条约有二两重,分量很足。或许是肚子饿的原因,吃起特别香。啤酒就着海鲜,在台北的士林夜市,的确别有一番风味。

我到台湾,到台北,就像到广西南宁、云南昆明、四川成都一样,一切都是那样的似曾相识,一切都是那样的一见如故。老板娘更像是老乡。结账买单时,我问:"要台币还是人民币?"老板娘笑着说:"人民币更好,台湾人民热爱毛主席。""为什么?""因为人民币保值稳定,上面有毛主席的头像。"

美丽宝岛

我们这次是台湾直航八日游,从北到南,从西到东,把整个宝岛绕了一圈。

时令正值早春二月,正是春暖花开、桃红柳绿的时节。我们乘坐旅游大巴驶过一座座丘陵,一片片田野,一条条小河,一个个村庄,一路欣赏宝岛的美景,一路赞叹宝岛的美丽。我们乘船游览了日月潭的风光,观看了阿里山的歌舞表演。在垦丁风景区,游玩巴士海峡与台湾海峡的分界点猫鼻头。在台东的温泉酒店泡温泉。在花莲,搭火车经雪山隧道回到台北苏澳新。一路走来,台湾实在让人觉得富饶美丽、可爱可亲。

台湾的繁华是20世纪七八十年代建成的,是当时的"亚洲四小龙"之一。现在看来虽然比较成熟但显得有些老旧,城镇的建筑、街道、公路都是三十多年前建好的。火车也很陈旧,而且速度很慢,提不起速。与大陆——哪怕是贵州这样的西部省份——日新月异的城镇化建设、高铁、高速公路网等不可同日而语,简直不能比。

台湾虽然美丽,可是太小了,其面积才相当于贵州的三分之一多一点,人口是贵州的一半多一点。台湾同胞如能到大陆来,不要说是贵州,就是我黔南的景点,都要够你玩上一个月。台湾美丽,大陆更加美丽。

兄弟情谊

彭耀德先生是台湾高雄人,是五十出头的中年人。2005年我带学生去苏州实习时与他相识,当时他是台资企业"鸿硕集团"的副总经理,我们学校有部分学生在他的企业上班。其时的彭总,英俊潇洒,风流倜傥,娶一年轻漂亮的南京妹子为妻,经常一起出入社交场合,"小乔初嫁,雄姿英发",正是春风得意时。我和他一来二往比较投缘,在酒桌上逢场作戏拜为伯仲。

在苏州,我们相约跑到阳澄湖去喝酒吃大闸蟹,在船上游览美景拍照留念。我邀请他来罗甸,喝贵州"土酒"茅台。我们多人轮番围攻,搞得他"现场直播"(当场呕吐)。2007年我们学校二十周年校庆,他携夫人前来参加活动,并赠送一尊三米多高的花岗石孔子雕像。我非常感激,特意请他们到我家里吃布依族的"黄豆鸡",学校领导班子成员全部陪同,一桌朋友,吃的开心,玩的尽兴。

2008年,我离开学校,就很少和他联系了,听说他也回台湾去了。这次我们要去台湾,我先拨通了他的电话,告诉他我们的行程,希望能见他一面。他特别高兴,说"想不到能在台湾见到大哥"。

我们旅游团下午到达高雄,彭耀德开着出租车来酒店接我和老伴去吃晚饭,说"大哥大嫂请上车"。上了车,他说"大哥大嫂想吃什么"? 我说"就吃你们高雄的海鲜",于是我们就到海鲜餐馆吃海鲜。为了助兴,他还请同事老宋来陪我喝酒,还有他八岁的可爱男孩。

夜幕降临,高雄海鲜下金门高粱,三杯下肚,我们的话匣子慢慢打开,谈兴渐渐热烈起来。我介绍了我的退休生活和家里的情况，然后就是我们的对话。"你夫人呢?""溜了。""你现在做什么?""开出租车,看看再说,总要养家糊口嘛。""收入怎么样?""每天能有个千把人民币左右吧,毛的。可以过得去,车是我自己的。""孩子怎么办?""我自己带,已经习惯了。""打不打算再找一个?""有打算,但暂时没有合适的。大陆那边如有合适的,请大哥关照关照,跟我说一声。""怎样算合适?"他儿子抢着说:"要年轻漂亮,要勤劳贤惠,要爱爸爸和我。"说得我们大家都热烈鼓掌、哈哈大笑了,我当即奖励他两千台币。接着我们又是劝酒又是拥抱又是拍照,感觉晕乎乎、飘飘然的,已有七八分醉意了。夜很静,餐馆里只有我们的声音,我们难分难舍地上了车,他临时请一个司机开车送我和老伴回酒店。

第二天,我们已到垦丁景区,他买了一大编织袋的台湾土特产,从高雄开车追到垦丁来送给我,我特别感动,激动地亲了他儿子可爱的脸蛋,和他相拥而别。这一场景被全团的人都看到了,几个老同志说:"你和他是什么关系? 为什么交情这样深?"我说:"是拜把兄弟,已有十多年了。"整个旅行团都羡慕不已,赞叹不已。

旅美见闻

美国是当今世界上经济、科技、军事最发达的资本主义国家,是西方文化的集中代表,是资产阶级民主政治的集大成者,也是许多人向往的地方。

我早就想去看一看这个世界上最发达的国家到底是个什么样子? 于是,就规划在今年的下半年成行。我们通过黔南中国旅行社买了个 10 月 25 日发团的“喜悦假期”旅行团。因为西南地区只有成都设有美国领事馆,签证必须本人亲自到美国驻成都领事馆面试签证,而且还要事先预约,所以,我和老伴于 9 月 5 日到成都,通过长时间的排队,复杂的程序和询问才面签过关。

10 月 25 日,我们乘坐国航 CA4563 班机从贵阳龙洞堡飞往上海浦东,第二天从上海浦东乘坐国航 CA829 班机飞往美国旧金山圣何塞机场,一共飞了 12 个小时,美国的旅游行程就这样开始了。我们这个团有 29 个团员,加领队郭怡欣共 30 个人。有西安的、成都的、广州的,贵州就是我和老伴两个。小郭把我们编成 14 个家庭,以便清点人数,我们是第 5 号家庭。

一、愉快而又提心吊胆的旅程

此次美国旅游行程共 12 天,实际在美国的时间为 8 天,开头两天和最后两天都在飞行途中。

在美国的整个行程是:从旧金山到洛杉矶、圣地亚哥军港、墨西哥的蒂华纳、好莱坞,再到拉斯维加斯、科罗拉多大峡谷,又从拉斯维加斯乘坐 UA481 航班经丹佛转机 UA652 航班到华盛顿,然后从华盛顿经费城到达纽约,最后从纽约乘坐国航 CA820 航班飞到北京,一共飞行 15 个小时,又乘坐国航 CA4166 航班从北京飞到贵阳。

地接导游小邹是山东人,在美国工作有 20 多年,有房有车,已入美国籍。他一路上的解说和周到的服务以及我们旅行团的和谐融洽,使整个旅途都非常愉快和开心。

但是,来到这个国家,被告知不能单独行动。导游介绍说 2008 年经济危机以来,美国还没有恢复到 2008 年以前的状态。失业者增多,抢劫案件频发。媒体也在不断地报道各地发生的枪击案,让人心惊胆战。导游反复交代不要单独外出,晚上不要出门,有敲门声也不要随意开门,要问清楚是谁再开。而且多数美国人身上都可能有枪,导游都说自己买了三把枪,所以要处处小心提防。这不免让人不自觉地紧张起来,提心吊胆地走完整个行程。直到回到北京,一颗悬着的心才全部放下来。

在美国确实没有安全感。美国是真正意义上的冒险家的乐园。

二、老旧的旧金山

旧金山是一座山城,位于加利福尼亚州西海岸圣弗朗西斯科半岛,被誉为美国最佳居住城市之一,是美国人心目中最美丽的城市。

初到旧金山,给我的印象是老旧。美国人引以为傲的金门大桥已显得老旧,所谓的"九曲花街",那也叫景点?从圣何塞机场到旧金山市区的街道两旁,一路上看到的是杉木的电线杆。高速公路虽然很宽,单向五车道,但弯道多,设计不科学。道路上、街道上的垃圾也随处可见。

到了旧金山,不禁让人联想到:1903 年,中国驻美外交官谭锦镛在旧金山遭毒打,美国人扬言"凡是中国人都得挨打",他因不堪忍受美国警察的欧辱,自杀身亡。这样的情景,仿佛就在昨天。

因不懂英语,无法交流,只能从感官上去认识美国普通人。美国胖子多,文身者多,在公共场所吸烟、高声喧哗的也不乏其人。

我的印象是:美国是移民国家,思想自由,文化多元。但因为建国时间短,文化底蕴不深厚、不丰富。不知为什么,我对美国人有一种天然的反感。

三、和平之吻

28 日晚我们来到南加州的洛杉矶。第二天游圣地亚哥,是早期的西班牙殖民地,主要参观军港。港内停泊一艘航空母舰,还有一些维修保养的各种军舰。

游船在军港内转了一圈,约半个小时。其实是美军有意地向游客展示自己的实力,也是一种"秀肌肉"的方式吧。

胜利之吻雕塑是军港里有名的景点。1945 年 8 月的一天,在纽约时报广场,当听到二战胜利结束的消息时,一个年轻的水兵情不自禁地拉住过路的女护士狂吻起来。这动人的一幕恰好被一位记者拍下来,后来照片在世界各地广为流传。这一吻虽然短暂,却弥久不衰,成为经典。因为这是人类战胜法西斯后狂喜之情的宣泄,具有划时代的意义。

但愿和平永驻人间。

四、可爱的蒂华纳

因为圣地亚哥紧挨墨西哥的蒂华纳,所以我们离开军港前往墨西哥。导游小邹把本团的所有护照集中在一起办理入关手续。入墨西哥关时,我们仅排队十多分钟,导游就与墨西哥边检人员搞定。于是,一个团一个团地鱼贯而入,涌向墨西哥,涌向蒂华纳。

蒂华纳是墨西哥的一个小镇,街上有点乱。导游反复强调注意安全,我们的手机也收到中国驻墨西哥使馆有关注意事项的短信。街上可以看到许多流浪者,有的还是带有两三个孩子的家庭,就这样流落在街头。红灯区的妓女沿街招揽生意。她们穿着网状的黑丝网,搔首弄姿地拉扯顾客。大大小小的赌场随处可见。据说这里的嫖赌都是合法的,可见生意不错,热闹非凡。

蒂华纳能称为"景点"的是街上的大型不锈钢雕塑"和平之门"以及附近街上的"断壁残垣"雕塑。它在告诉人们,要和平不要战争。

从美国进墨西哥易,从墨西哥进美国难。我们从蒂华纳入圣地亚哥整整排队三个多小时。

从蒂华纳入圣地亚哥,除了一条近两百米的直长廊,长廊的一头是个三层的螺旋式走廊,也有近两百米才到关口。内圈是美国人,外圈站外国人。一个男性美国边检人员,嚼着口香糖,在指挥人群。他起码要放行两三批美国人,才放行一批外国人。可能美国人回国刷卡就进去了,所以比较快。而外国人则必须逐一地比对护照,方才放行,所以比较慢。但给人的感觉似乎是"美国优先"的味道。

蒂华纳与圣地亚哥的这个美国边检站,也很耐人寻味。圣地亚哥一侧挂美国国旗,蒂华纳一侧挂墨西哥国旗,比美国的要大得多。中间是高高的隔离墙,墙上有铁丝网。一名墨西哥士兵着迷彩服,荷枪实弹在站岗。

蒂华纳的可爱是利用美国的旅游资源而共享,生意做的很兴隆。那里还有华人华侨协会的住所和牌子。

五、拉斯维加斯的枪声

当地时间 10 月 1 日晚间,内华达州拉斯维加斯一个酒店发生重大枪击案。64 岁的枪手从曼德勒海湾酒店 32 层房间向楼下参加露天广场乡村音乐节的人群扫射,造成包括枪手在内 59 人死亡,515 人受伤送医。枪手史蒂芬·帕多克在警察进入他酒店房间之前开枪自杀,制造了美国现代史上伤亡人数最多、最惨重的枪击案。据联邦调查局官员透露:帕多克在酒店贮存了至少 17 支步枪。

当我来到拉斯维加斯时,惨案才刚刚过去30天。在我看来,持枪合法化是美国人对本国制度盲目自诩的一种表现。事物都是一分为二的,当你为了保护持枪者的权益而使之合法化的同时,就很难保护其他人的权益。谁能确保持枪者不滥杀无辜呢?拉市的惨案就是个例证。

据说警方已将枪手帕多克的大脑交给斯坦福大学的科学家们去研究。可是,就算研究出精确的成果,又与枪击案有什么直接关系呢?部分科学家也坦言:即使研究得出结论,也并不意味着事实的真相确实如此。客观的社会危害性已经摆在那儿了,研究犯罪动机能有用吗?动机可能有一万种呢?还是从制度设计本身、制度设计动机考虑吧。

刚刚过去30天,纽约曼哈顿又出皮卡车撞人事件。10月31日是西方万圣节,当天下午3点15分,纽约曼哈顿,一名驾驶皮卡车的嫌犯突然向路边行人开枪射击。嫌疑犯驾驶的皮卡车在撞车停下后,他下车继续开了4到6枪。警察随即逮捕了嫌犯。

另据新华社消息:美国科罗拉多州丹佛市内11月1日晚发生枪击事件,警方证实已致3人死亡。当地国土安全部门官员已向媒体确认,此事目前与任何已知的恐怖主义行为没有关联。事件发生在当地时间晚6时左右,一名奥尔玛店员告诉当地电视台,他听到了至少5、6声枪响,正在店内购物的人们听到枪声后乱作一团,纷纷尖叫逃走。接到报告后,大批警察迅速赶到现场,发现两名男性已中枪身亡。另一名女性受重伤,送医后不治身亡。警察目前发布了涉案嫌疑人及车辆的照片,希望民众提供相关线索。

美国民意调查机构盖洛普公司日前公布的一项民调显示:拉斯维加斯和德克萨斯州近期发生的大规模枪击事件使美国社会愈加倾向于彻底修改枪械法的观点,赞成出台新枪械法的人数从2011年的33%增至2017年的51%。与此同时,表示可以通过更严格执行现行法律来解决问题的人数同期从60%下滑至47%。数据显示,1968年至2015年间,美国共150万人死于枪击,而从独立战争以来,美国死于军事冲突者的总和约140万人。

六、好莱坞的演技

好莱坞位于美国西海岸加利福尼亚州洛杉矶郊外,是一个依山傍水,景色宜人的地方。最早是由摄影师寻找外景地时发现的,大约在20世纪初,这里便吸引了许多拍摄者,逐渐形成了一个电影中心。在第一次世界大战之前以及之后的一段时间内,格里菲斯和卓别林等一些电影大师们为美国电影赢得了世界名誉,华尔街的大财团插手电影业。好莱坞电影城由此迅速形成并兴起,电影产业恰恰适应了美国在这一时期的经济飞速发展的需要,电影也进一步纳入经济机制,成为谋取利润的一部分。资本的雄厚,影片产量的增多,保证了美国电影市场在世界上的倾销。洛杉矶郊外的小村庄最终成为一个庞大的电影城,好莱坞也在无形中成为美国电影的代名词。

好莱坞云集了大批世界各地顶级的导演、编剧、明星、特技人员。电影场面的大气、火爆,特技的逼真、绚丽给人们留下了深深的印象。今天的好莱坞是一个多样的、充满生机的和活跃的市区。可以说,好莱坞的发展史就是美利坚合众国电影的发展史。

我们在好莱坞折腾了一个上午,实地体验了好莱坞演技的最光鲜的节点。

好莱坞无疑是当今世界上电影技术的集大成者,在好莱坞里的各种电影情景体验,让人觉得是一生中的最大享受。可以说,好莱坞的演技是无与伦比的,已经达到了登峰造极的地步。但是,说老实话,所谓美国大片不知吸引了多数人,但是,对我来说,没有什么吸引力,也许是我真的不懂。

在我看来,所谓美国大片,只有技术,缺少艺术,失去了当年卓别林等大师们的风采。

可笑的是,我老伴因穿了布依族服装,与梦露的扮演者合影,也可以视为好莱坞的明星了。哈哈!

七、9.11 遗址上的遐想

2001 年 9 月 11 日上午(美国东部时间),两架被恐怖分子劫持的民航客机分别撞向美国纽约世界贸易中心一号楼和二号楼,两座建筑在遭到攻击后相继倒塌,世界贸易中心其余 5 座建筑物也受震而坍塌损毁。9 时许,另一架被劫持的客机撞向位于华盛顿的美国国防部五角大楼,局部结构损坏并坍塌。

"9·11"事件是发生在美国本土的最为严重的恐怖攻击行动,遇难者总数高达 2996 人。对于此次事件的财产损失各方统计不一,联合国发表报告称此次恐怖袭击对美经济损失达 2000 亿美元,相当于当年生产总值的 2%。此次事件对全球经济所造成的损害甚至达到 1 万亿美元左右。

此次事件对美国民众造成的心理影响极为深远,美国民众对经济及政治上的安全感均被严重削弱。

无论选择铭记,还是选择遗忘,"9·11"作为一个日期,终究无法回避,带出记忆中那场袭击,原址被称为"归零地"。今天,两个巨大的正方形水池正建在双子塔原址上,水池边上的黑色花岗石上镌刻着遇难者的名字,湍急的人造瀑布象征着生命的生生不息。这个巨型的黑色空间,是逝者在亲人朋友生命中无法填补的空缺,池的四壁上瀑布般的流水,倾诉的是我们每个活着的人对生命的思考,对长眠在这里的人的哀悼。人无语,水有声,四周墙上不息的流水,是一首无字的诗、没有休止符的歌,诉说的是世人对和平的珍惜,对生命的尊重!

八、华尔街的象征意义

华尔街是纽约市曼哈顿区南部从百老汇路延伸到东河的一条大街道的名字,全长仅三分之一英里,宽仅为 11 米,是英文"Wall Street"的音译,原意为"大墙大街"。街道狭窄而短,从百老汇到东河仅有 7 个街段,却以"美国的金融中心"闻名于世。美国摩根财阀、洛克菲勒石油大王和杜邦财团等开设的银行、保险、航运、铁路等公司的经理处集中于此。著名的纽约证券交易所也在这里,至今仍是几个主要交易所的总部:如纳斯达克、美国证券交易所、纽约期货交易所等。"华尔街"一词现已超越这条街道本身,成为附近区域的代称,亦可指对整个美国经济具有影响力的金融市场和金融机构。

史料记载:纽约早期的迅速发展和金融业在纽约的兴起,与荷兰人的商业精神有相当大的关系。尽管资本主义的早期萌芽是从文艺复兴时期的意大利开始,但是,真正意义上的资本主义,是到了 17 世纪中叶在荷兰逐渐完善的。当时的荷兰形成了一套非常完整的金融体系,包括银行、股票交易所、信用、保险、有限责任公司等,金融体系的发展催生了荷兰的经济起飞,使得这个面积很小的欧洲国家,一度成为世界强国之一。当荷兰人移民到北美,他们将资本主义的商业精神带到了新阿姆斯特丹。1664 年,新阿姆斯特丹被英国人攻陷,这个城市从荷兰人手里转到英国人手里,并被命名为新约克郡(New York,简称纽约),以献给当时的英国国王查理二世的弟弟和继承人约克公爵。

华尔街比任何事物都更能代表金融和经济力量。对美国人而言,有时华尔街等同精英主义、强权政治和割喉形态的资本主义,但同时华尔街也唤起美国人对市场经济的骄傲。在美国人的心目中,华尔街是一个依靠贸易、资本主义和创新,而非殖民主义和掠夺成长的国家和经济系统的象征。华尔街即老牌的美国。

九、我对美国的感性判断

1. 美国是一个现代化发达国家,综合实力全球第一强国。美国至少目前在经济(金融、美元)、科技、教育、法治等方面仍然是世界一流的国家。

2. 美国是一个移民国家,它吸引了全世界的精英。人权意识、公民意识、规则意识等都非常强。现代化国家首先是人的现代化,或者说,人的现代化是现代化国家的主要标志。

3. 美国是一个崇尚自由、个人奋斗和艰苦创业的国家。正是这种创业精神成就了现代化发达的美国。比如拉斯维加斯是在一个荒漠戈壁中建设起来的现代化都市。英国作家笛福的《鲁滨逊漂流记》和美国作家海明威的《老人与海》就是以文学艺术的形式精彩地描述了这种创业精神。

4. 美国的基础设施已显得陈旧，可能建成的时间已经很长了。美国的政治制度已显得僵化，一人一票很难确保选到政治精英。

5. 美国的经济总量全球第一，但其成本之高、负债之大，使全球经济也受之影响。2008年的金融危机已近十年，到目前为止都还没有恢复到2008年之前的状态。日本、韩国、中国也受其所累，苦不堪言。所以，可以说，华尔街感冒，全球都要发烧。

美国在全球各地都建有军事基地，这些军事基地的维护成本是很高的。同时，美国被一些局部战争所拖累，不堪重负。

6. 中美关系"好也好不到哪里去，坏也坏不到哪里去"是一条铁律。对美国的态度，我们既不妄自菲薄，也不妄自尊大。我们要虚心学习、借鉴包括美国在内的全世界最优秀的现代文明，同时要弘扬中华优秀传统文化，形成我们的价值自信、民族自信，成为世界上最优秀的民族。

我们从这里扬帆远航

——罗甸职校校歌

1=C 4/4　　进行曲速度　精神饱满　激昂地

（3·5 33 33 2i|2·i 2i|23|i i ii i ii|）

i·5 3 2i|4 6 5 —|5 3 2 i·7 2i|5 — — 0|

罗甸 中等 职 校，　我 可　爱 的 校 园。

罗甸 中等 职 校，　我 希　望 的 校 园。

6 67 i 76|5·6 54 3 —|5 65 3 5|6 67 3i 2 —|

鲜艳的 旗 帜 迎 风 飘 扬，傲雪的 腊梅，芳香的 桂 花。

顽强地 学 习 百 炼 成 钢，勇敢地 迎接 时代的 挑 战。

3·3 3 3 0|2·3 2i 6 0|5 5 5 6 5|i5 i3 2 0|

金色 年 华，美 好 时 光，　我 们 在 纵情 歌　唱。

自觉 自 律，自 信 自 强，　去 实 现 美 好 理　想。

i2 3 — |3 3 2 i2 6 — |3·5 33 32 1 2·i 23 2 0|

啊！　　可 爱 的 校 园，　你 是 我们 成长 的 地　方，

啊！　　希 望 的 校 园，　你 是 我们 启航 的 地　方，

i2 3 — |3 3 2 i2 6 — |3·5 33 32 1 2·i 23 i — ‖

啊！　　可 爱 的 校 园，　你 是 我们 成长 的 地　方，

啊！　　希 望 的 校 园，　你 是 我们 启航 的 地　方，

我们快乐成长

——罗甸龙坪一小校歌

1=C 2/4 欢快 活泼地

（3 5 7|6·5|6 1 2|2 5 5| 3 3| 2·1 | 1 1 1 |）

1 5 |5 4 3 2| 1 — |1 2 3 |3 5 6 1 | 5 — |

高高 的石 阶， 弯弯 的走 廊。

绿绿 的草 地， 红红 的领 巾。

3 4 3|2 0 6 5 5|5 4 3|3 3 5|1 — |1 1 7 6 — |

教室明亮， 操场 宽 敞。 啊! 龙坪一小，

笑容灿烂， 友 爱的伙 伴， 啊! 龙坪一小，

5 3 | 3 1 3 2 | 2 — | 1 2 3 | 5 5 6| 1 2 |

美丽 的校 园， 我童 年的梦 想。

亲爱 的校 园， 我未 来的希 望。

1 6 5 3|2·1 7 2 6|6 5 5|3 3|2·1|1 — |1 0‖

在你 温馨 的怀抱里，我们 快乐成长。

在你 广阔 的天地里，我们 锻炼成长。

成长之歌

罗甸边阳一小校歌

1＝C 2/4 跳跃、坚定地

（5̲5̲ 5̲3̲|5̲6̲ 5|2̲2̲ 2̲5̲|3̲2̲ 1̲2̲|1̲1̲ 1̲1̲|1̲1̲ 1̲1̲|）

5̣ 3 |1 5̲̣|3̲ 2̲3̲|1 — |5̲5̲ 3̲ 5̲|6̲ 1̲|5̣ — |

迎 着 灿·烂 阳   光， 来 到 可 爱 校 园。

怀 着 远 大 理   想， 奔 向 美 好 远 方。

5̣ 3 |2· 1̲|7̲6̲ 5̲7̲|6 — |5̲5̲6̲5̲|1̲5̲ 7̲1̲|2 — |

我 们 尽 情 歌   唱， 我 们 快 乐 幻 想。

我 们 勤 奋 好   学， 我 们 勇 敢 顽 强。

5̣3̲· 2 |1̲7̲|6 — |3̲5̲ 7|6̲5̲ 1|6 — |5̣ 3̲0̲|5 3̲0̲|

啊！边 阳 一 小， 我 童 年 的 乐 园。 是 你，是 你，

啊！边 阳 一 小， 我 未 来 的 向 往。 我 要，我 要，

2̲3̲2̲1̲|7̲ 1̲|2 — |5̲5̲ 3̲|6 5|2̲2̲ 5̲|3̲2̲1̲2̲|1̲ — |1 — ‖

抚 育 我 们 成   长。   今 天 的 梦 想，明 天 的 希   望。

为 你 争 得 荣   光。   今 天 的 芬 芳，明 天的 栋   梁。

《成长之歌》创作笔记

2008年12月16日上午,我到边阳一小进行校级领导考察测评工作。工作之余,李校长谈到明年是他们学校建校100周年,他们将举行一系列校庆活动。他请求我为他们学校创作校歌,我感到力不从心,很是为难。但看到李校长诚恳的模样,又不好拒绝,只好勉强答应下来,但又声明不打包票。

经过一周左右的反复构思,基本拉出了初稿,自我感觉不错。在创作过程中,主要考虑了以下几个方面的因素:

一、总体构思

1. 歌曲基本形式是少儿校园合唱歌曲。

2. 其内容要体现少年儿童自由、快乐、健康成长的主题思想。

3. 要有一种通俗易懂、明白如画、朗朗上口而又说不清、道不明的音乐美感。(能解释清楚的东西缺乏美的韵味)

二、词的方面

1. 要高度关注边阳一小是百年老校,有着深厚的文化底蕴,又要考虑边阳镇是罗甸的主要文化区之一,必须认真对待,不能简单从事。所以歌词要有童趣之美,要在简洁明了中蕴涵无限的想象,让孩子们在歌唱时幸福感油然而生。

2. 歌词内容要符合小学校园情景和小学生年龄段的心理特征,要体现自由、幸福、快乐、健康的当下的小学生生活,又要体现向往美好未来,顽强学习、立志做国家栋梁的理想,同时又要暗含对母校的感恩之情。

3. 歌词形式上要长短句结合,有强烈的节奏感,而且要押韵,很适于朗诵,有一种韵律之美、文学之美。

三、曲的方面

1. 必须同时具备少儿、校园、合唱三个要素。就是说,它有别于一般的少儿歌曲,它是在校园里合唱的少儿歌曲;它也有别于一般的校园歌曲,是少儿合唱的校园歌曲;也有别于一般的合唱歌曲,是少儿在校园合唱的歌曲。校歌是合唱歌曲,但学生独唱时也要好听。

2. 考虑到少儿年龄的音域限制,曲子以两个音阶两个八度以内为宜。经县职校音乐教师田川老师用钢琴反复演奏和职校 07 级幼师班学生试唱,最后定为 G 调。

3. 为了体现活泼、欢快、跳跃的节奏,以 2/4 节拍为宜,其中有两个休止符,更增添了音乐的节奏美。

四、追求效果

运用少儿音乐独特的艺术语言,让孩子们感受到、领悟到生活之美、学习之美、进取之美,并喜爱唱这首校歌,进而唤起孩子们对母校的热爱和感恩之情,引领小同学们对学习的热爱和对美好未来的向往。

成长的乐章

——罗甸民族中学校歌

1=C 2/4　中速　豪迈地

(1 2̣ 3 | 1 2 3 | 2 3 53 | 22 67 | 1 11 | 1 11 |)

3 5 3 | 2·3 | 1·1 76 | 50 66 | 1·6 | 555 12 | 3— |

沐着春 风，　　迎着朝 阳，　我们 走　进温馨的校　园。

浴着彩 霞，　　怀着理 想，　我们 来　到希望的校　园。

3 5 3 | 2 2 2 3 | 1·1 76 | 20 22 | 3 5 31 | 22 67 | 1— |

小鸟在榕树上　引吭高　歌，健儿 在运动场 尽情欢　畅。

雄鹰在蓝天上　展翅高　飞，骄子 在学海中 博浪成　长。

1 76 | 6535 | 1 715 | 6— | 356 | 12 | 1656 | 3— |

啊！　　罗甸 民族中　学，厚德博 学源 远　流 长。

啊！　　罗甸 民族中　学，创新和 谐桃 李　芬 芳。

1 2 3 | 35 66 | 65 1 | 15 71 | 2— | 1 2 3 | 3— | 1 2 3 | 3— |

今 天，我们 放飞金 色的梦　想，明 天，　明 天，

今 天，我们 播下智 慧的种　子，明 天，　明 天，

2 3 53 | 2 22 | 67 1 | 1— ‖

我们 谱写壮 丽的　篇 章。

我们 要做 民族的 栋　梁。

《成长的乐章》创作手记

2010 年 6 月 22 日,黄光扬校长来到我办公室,带来几篇民中校歌的原稿请我修改,我感到非常荣幸,因为这是黄校长对我的极大信任。但我又感到十分不安,因为我本身不是专业人才,恐难担此重任。虽然过去曾经分别写过罗甸职校校歌、龙坪一小校歌和边阳一小校歌,但那是没有办法的办法,滥竽充数罢了,实在是再"业余"不过了。现在的这件事对我来说是非常矛盾的两难的一件事。

但因为我本身是民中的学生(当时叫"罗甸中学"),后来又在民中任副校长三年,对民中有着深厚的感情,所以我乐此不疲。

修改别人的东西历来不是我的强项。既然是修改,前提应该是不违背原意,这对我来说是十分困难的。与其修改,不如重写。

最近我又承担人事局组织的事业单位人员培训任务,还要备课制作课件。我必须先把校歌问题解决,才能集中精力去搞讲座。否则,我会坐立不安,两头都受影响的。

经过两天两夜反复构思,终于拉出了初稿。在创作过程中,主要考虑了以下几个方面的因素:

一、总体构思

1. 歌曲基本形式是中学生(青少年)校园合唱歌曲。

2. 要有时代精神。体现现代青少年健康、快乐、进取、向上的精神风貌,体现一种青春、阳光之美。

3. 要有音乐美感。体现雅俗共赏、明白如画的音乐美感,同时给人留下美好的想象空间。

二、词的方面

1. 民中是我县的最高学府,是全县的标志性学校,它有悠久的办学历史和深厚的文化底蕴。歌词要通俗但必须脱俗,要在简洁明了中蕴涵丰富的文化信息,同时要巧妙自然地体现学校"厚德博学,创新和谐"的校训。

2. 歌词内容要有对校园美景的动态描绘,有学生对母校的情感抒发(暗含学生对母校的感恩之情),有对幸福生活的憧憬和对美好未来的向往,有远大抱负的表达和立志成才的梦想等等,既体现学生自由、幸福、快乐的当下的中学生活,又体现学生向往未来、志做栋梁的理想。(面上顾及,点上突出。)

3. 歌词形式上采用长短句,富有强烈的节奏感,比如必要的反复。同时要押韵,便于朗诵,有一种韵律之美、文学之美。

三、曲的方面

1. 必须同时兼备青少年、校园、合唱三个要素。有进行曲式的主旋律,能有一点圆舞曲式的韵味更好。既要考虑能够流行,更要考虑它的历史生命力,不要图流行而致短命。校歌是一校文化的灵魂,要能激励一代一代学子健康成长。

2. 曲子创作的核心是有自己独特的旋律,让人耳目一新。一句话,就是要好唱好听。考虑到青少年的音域限制,本曲子音阶在八度半之间。经钢琴演奏和学生试唱,定为 c 调。

3. 为体现活泼、欢快、跳跃的节奏,以 2/4 节拍为宜。其中的休止符、换气符、着重符,更增添了音乐的节奏美。

四、追求效果

运用青少年独有的音乐艺术语言,让学生感受到、领悟到生活之美、学习之美、进取向上之美,并喜爱唱这首校歌,进而唤起同学们对母校的热爱和感恩之情,陶冶高尚情操,引领中学生对学习的热爱和对美好未来的向往。

后 记

我于 2008 年 7 月离开罗甸职校校长岗位,任罗甸县人民政府教育督导室主任,并兼任罗甸县教育学会会长,在县教育局上班。

离开学校后,我有更多的时间和精力进行学习和思考,主要反思过去工作的得失,研究教育新情况,探索教育的一些规律,有一些反思的心得。有些学校请我去做所谓讲座,我就把这些心得与老师们分享、交流、探讨。又因长期养成了读书写字的习惯,一天不读不舒服,一天不写不自在。于是就把这些所思所想、所得所言变成文字。久而久之,这些文字就多了起来。

本来我是不想再出什么书了,可是泊宁教育集团的几位老总觉得有这个必要,至少可以给集团内部的老师们提供一些参考。于是这本书就这样自然而然地出来了。在本书出版之际,我想表达以下几个意思:

首先,我要感谢黔南北辰教育的王圣强董事长,他是黔南州人大常委会原副主任,也是州教育局的老领导。在几十年的教育职业生涯中,我的每一步成长都与他有直接或间接的关系。特别是我任职校校长那十多年,有些工作难点就是他手把手教的。他一直是我学习的榜样和标杆,符合我所想象和向往的那一道教育家的风景。我们的交情虽淡如水,却日久年深;就是相对无言,也心事了然。在本书的"序"中,不难看出,其情也深深,其意也切切。

其次,感谢罗甸县教育系统的广大教师,他们中有许多人是我的粉丝,他们的信任是我进一步学习和思考的动力。正是他们的鼓励和鞭策,才使我一点一点地成熟起来,他们才是我真正的老师。

再次,感谢泊宁教育集团的领导和老师们,特别是王昭、吴军生、范志国三位老总,不仅给我搭建了一个继续学习、尽其所能、实现人生价值的机会和平台,而且直接资助本书的出版,他们是我的忘年交和良师益友。

最后,感谢光明日报出版社各位编辑的辛勤劳动,感谢中联学林的朋友们!

2018 年 1 月 18 日　于罗甸笠翁居